로스쿨교육 1위*
해커스로스쿨

합격생을 만드는 **해커스로스쿨 전문 시스템**

해커스로스쿨 스타강사
최신 인강 제공

로스쿨 시험 전문
학원 강의 실시간 업로드

해커스로스쿨
전문 교재

로스쿨 시험 전문
스타강사 커리큘럼 제공

여러분의 합격을 응원하는 **해커스로스쿨의 특별 혜택**

논술 답안지(PDF)

GLZR4111VNCZ7941

해커스로스쿨 (lawschool.hackers.com) 접속 후 로그인 ▶
상단의 [교재정보→무료학습자료] 클릭 ▶
해당 교재의 [자료다운] 버튼 클릭 ▶
상단의 인증번호 입력 후 [인증하기] 버튼 클릭

해커스로스쿨 LEET 논술
단과강의 10% 할인쿠폰

KKDFBKD8K09F3000

해커스로스쿨(lawschool.Hackers.com) 접속 후 로그인 ▶
우측 퀵메뉴 내 [쿠폰/수강권 등록] 클릭 ▶
위 쿠폰번호 입력 ▶
등록 버튼 클릭 후 이용

* 등록 후 7일간 사용 가능(ID당 1회에 한해 등록 가능)
* 3만원 미만 단과강의, 첨삭 포함 강의에는 사용 불가

* [로스쿨교육 1위 해커스로스쿨] 주간동아 선정 2023 한국브랜드만족지수 교육(온·오프라인 로스쿨) 부문 1위

해커스로스쿨 lawschool.Hackers.com

해커스 LEET

김종수
논 술

17개년 기출문제+해설집

해커스

서문

"엘리트는 글과 말로 타인을 설득하는 능력을 갖춘 사람입니다."

"법조인 역시 엘리트로, 논리적 글과 말로 타인을 설득해야 합니다."

역사적으로 엘리트는 글과 말로 타인을 설득한 사람입니다. 예를 들어, 존 로크는 자유주의 철학을 기반으로 왕권신수설을 비판하고 천부인권을 담고 있는 <통치론>을 썼습니다. 로크의 사상과 주장은 영국 국민을 설득했고, 영국의 명예혁명과 민주주의의 기반이 되었습니다. 엘리트라는 말이 좋지 않게 들린다면, 이는 엘리트로서의 역할을 제대로 행하지 않은 자들의 탓이지, 엘리트 자체가 문제가 되는 것은 아닙니다.

법조인 역시 우리 사회의 엘리트로서 논리적인 글과 말로 타인을 설득하는 직업인입니다. 법조인은 끊임없이 글을 쓰고 말을 합니다. 이 시험을 준비하는 수험생들도 앞으로 30년 이상 논리적인 글을 쓰고 말을 하면서 직업을 수행하게 될 것입니다. 그렇기 때문에 로스쿨 입시의 전형요소는 법조인의 직업을 수행하기 위한 능력을 측정하고 있습니다. 따라서 LEET는, 논리적인 글을 읽고 사실을 파악하며(언어이해), 알고 있는 것을 바탕으로 알지 못하는 것을 추리하고 의도를 입증하며(추리논증), 자신의 주장을 논리적으로 서술(논술)하는 능력을 갖추었는지 여부와 정도를 측정합니다.

LEET 논술을 대비하기 위한 과정으로 크게 4단계를 제시할 수 있습니다. ① 기초, ② 기본, ③ 실전, ④ 파이널 단계가 바로 그것입니다. ① 기초 과정은 좋은 글을 알아보는 눈을 키우는 것을 목적으로 합니다. 이를 통해 LEET 논술을 공부하는 전체 방향을 명확하게 인식하고 학습전략을 스스로 깨닫는 것입니다. 그리고 이에 더해 원고지 사용법이나 요약, 비판, 개요 작성 등 논술의 기초 능력을 연습합니다. 요리를 예로 들자면, 음식의 맛을 깨닫는 것입니다. 자신이 맛있는 요리를 만들 수 없더라도 내가 목표로 하는 음식이 어떤 맛이어야 하는지 그 목표를 인식하는 것입니다. ② 기본 과정은 전체 논리의 흐름과 이를 위해 필요한 배경지식을 익히는 과정입니다. 특히 기본 과정의 배경지식은 LEET 논술 시험에 국한되지 않고 언어이해, 추리논증, 로스쿨 면접까지 필요한 필수적인 내용을 담고 있습니다. 예를 들어, 법의 전제가 되는 법철학 사상에 대한 배경지식은 LEET 시험의 기초가 됩니다. 로크, 루소, 롤스, 샌델 등 철학자들의 사상은 국가와 민주주의, 법치주의, 정의 등 법의 목적이 되는 논리이기 때문에 반드시 익혀두어야 합니다. ③ 실전 과정은 이 교재의 단계로 LEET 논술 기출문제를 다룹니다. 앞선 기초와 기본 과정에서 학습한 내용이 실제 LEET 논술 시험으로 어떻게 문제화되는지 살펴보고, LEET 논술 기출문제를 직접 분석하면서 문제의 의도에 따른 구조 설정과 논리 전개 방법, 배경지식의 선택과 서술 방법 등을 익히는 과정입니다. ④ 파이널 과정은 모의고사 과정입니다. 기출문제와 유사한 형태의 모의고사를 통해 시험용 글쓰기를 연습합니다. 실제 시험장에서 정해진 시간 안에 합격 가능한 답안을 써내는 연습을 하는 과정입니다.

기출문제+해설집의 목적은 크게 2가지이며, ① LEET 논술 기출문제를 통해 출제 경향을 파악하고, ② 대학 학부과정, 그리고 논술 기초와 기본 과정에서 공부한 지식들을 LEET 논술 문제에 적합하도록 변형, 융합, 구조화, 표현하는 방법을 익히는 것입니다. 이를 위해 최대한 많은 기출문제를 수록하고자 했습니다. 또한 문제에서 허용 가능한 경우 최대한 많은 입장의 예시답안을 수록하고자 했습니다.

본 교재가 다루고 있는 LEET 논술 기출문제는 수험생들을 방심하게 만드는 특징이 있습니다. LEET 논술 기출문제는 겉으로 보면 쉬워 보이고 당연해 보이지만, 안으로 파고 들어갈수록 논리적인 구조로 되어 있으며 특히 이를 짧은 시험시간 내에 파악하기 어렵도록 만들어져 있습니다. 이 분야의 전문가인 출제교수님은 엄청난 공부량과 함께 다수의 출제 경험을 갖고 있기 때문에 수험생이 자주 틀리는 것, 자주 착각하는 것, 겉으로 쉬워 보이지만 사실은 어려운 문제를 출제할 능력이 있습니다. 출제교수님들은 LEET 시험이 우리나라 최고급 시험 중 하나이기 때문에 출제자로서 더 어렵게 출제하여 엘리트를 선별해야 한다는 사명감도 함께 갖고 있습니다. 따라서 단순히 예시답안을 베껴 써보는 정도로 심지어 예시답안을 한두 번 읽어보는 정도로는 고득점을 할 수 없습니다. 이러한 출제자의 의도와 행간의 의미 등에 대한 자세한 해설과 설명은 해커스로스쿨의 LEET 논술 실전 강의를 참고하기 바랍니다.

법조인의 글과 말은 모두 기록되어 공개되고 후세에 전달됩니다. 결국 법조인은 다른 사람에게 평가받게 되는 것입니다. LEET 논술 역시 기록되고 점수화되어 평가받고 수험생의 미래에 영향을 미치게 됩니다. 논리적 글쓰기는 엘리트의 삶을 살아갈 로스쿨 수험생에게 피할 수 없는 일입니다. '공식'이 있다며 근사한 해결법을 제시하는 수험서들도 있으나, 공부에는 '왕도'가 없습니다. 이 교재에서는 LEET 논술을 대비하는 방법으로 힘들지만 제대로 된 방법을 제시하고자 했습니다. 법조인의 꿈을 이루고자 노력하는 수험생 여러분에게 도움이 되기를 바랍니다.

김종수

목차

2025학년도 기출문제

2024학년도 기출문제

2023학년도 기출문제

2022학년도 기출문제

논술 고득점을 위한 이 책의 활용법

1 출제 경향 분석과 원고지 및 교정 부호 사용법으로 탄탄하게 준비한다.

최근 기출문제에 대한 LEET 전문가의 상세한 출제 경향 분석으로 논술의 최신 출제 경향을 파악할 수 있습니다. 또한 '원고지 및 교정 부호 사용법'을 숙지하고 답안 작성 연습을 하면 더욱 효과적으로 시험에 대비할 수 있습니다.

▍출제 경향 분석   ▍원고지 및 교정 부호 사용법

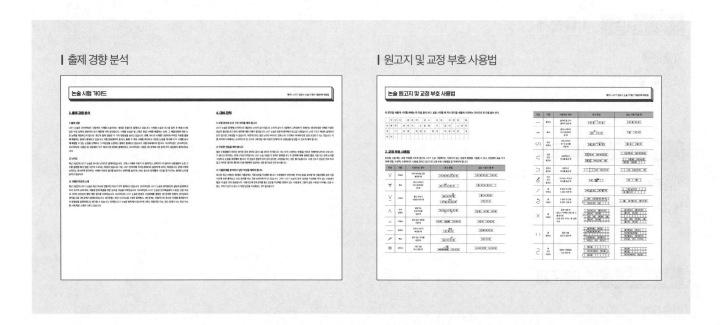

2 자신의 학습 기간에 맞는 학습 플랜으로 전략적으로 학습한다.

학습 기간에 따른 두 가지 종류의 학습 플랜 중 자신의 상황에 맞는 학습 플랜을 선택하여 더욱 전략적으로 학습할 수 있습니다.

▍2주 완성 학습 플랜   ▍4주 완성 학습 플랜

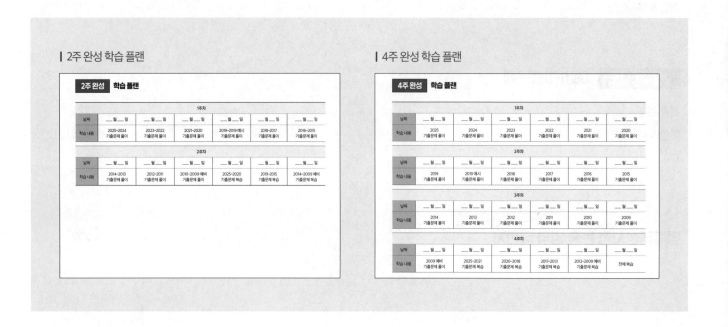

3   전 개년 기출문제 풀이로 실전에 확실하게 대비한다.

전 개년의 풍부한 기출문제를 제한시간에 맞춰 풀어보면서 실전에 확실하게 대비할 수 있습니다. 또한 논술 영역 답안지를 통해 실제 시험처럼 직접 답을 써가며 시간 안배를 연습하고 실전 감각을 극대화할 수 있습니다.

* '논술 영역 답안지'가 추가로 필요할 경우에는 [해커스로스쿨 사이트(lawschool.Hackers.com) ▶ 교재정보 ▶ 무료학습자료]에서 다운로드 받아보실 수 있습니다.

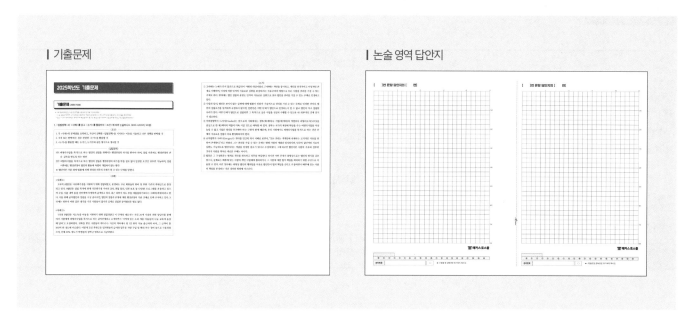

| 기출문제

| 논술 영역 답안지

4   상세한 해설과 예시답안으로 완벽하게 정리한다.

모든 문제에 대한 해설과 예시답안을 수록하여, 논술 기초와 기본 단계에서 배웠던 지식들을 실전 문제풀이에 적합하도록 구조화하고 표현하는 방법을 완벽히 익히고 정리할 수 있습니다.

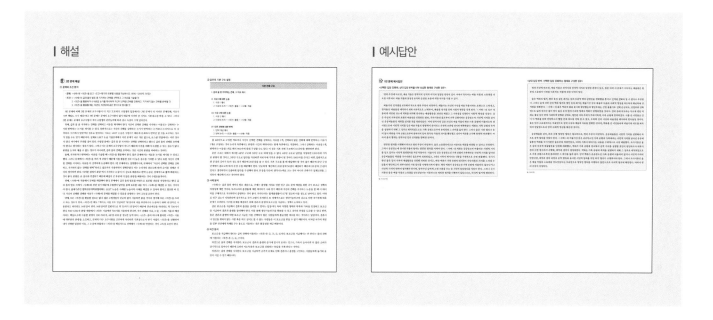

| 해설

| 예시답안

기간별 맞춤 학습 플랜

자신의 학습 기간에 맞는 학습 플랜을 선택하여 계획을 수립하고, 그날에 해당하는 분량을 공부합니다.

2주 완성 학습 플랜

1주차					
날짜	___월___일	___월___일	___월___일	___월___일	___월___일	___월___일
학습 내용	2025~2024 기출문제 풀이	2023~2022 기출문제 풀이	2021~2020 기출문제 풀이	2019~2019 예시 기출문제 풀이	2018~2017 기출문제 풀이	2016~2015 기출문제 풀이

2주차					
날짜	___월___일	___월___일	___월___일	___월___일	___월___일	___월___일
학습 내용	2014~2013 기출문제 풀이	2012~2011 기출문제 풀이	2010~2009 예비 기출문제 풀이	2025~2020 기출문제 복습	2019~2015 기출문제 복습	2014~2009 예비 기출문제 복습

4주 완성 학습 플랜

1주차

날짜	___월___일	___월___일	___월___일	___월___일	___월___일	___월___일
학습 내용	2025 기출문제 풀이	2024 기출문제 풀이	2023 기출문제 풀이	2022 기출문제 풀이	2021 기출문제 풀이	2020 기출문제 풀이

2주차

날짜	___월___일	___월___일	___월___일	___월___일	___월___일	___월___일
학습 내용	2019 기출문제 풀이	2019 예시 기출문제 풀이	2018 기출문제 풀이	2017 기출문제 풀이	2016 기출문제 풀이	2015 기출문제 풀이

3주차

날짜	___월___일	___월___일	___월___일	___월___일	___월___일	___월___일
학습 내용	2014 기출문제 풀이	2013 기출문제 풀이	2012 기출문제 풀이	2011 기출문제 풀이	2010 기출문제 풀이	2009 기출문제 풀이

4주차

날짜	___월___일	___월___일	___월___일	___월___일	___월___일	___월___일
학습 내용	2009 예비 기출문제 풀이	2025~2021 기출문제 복습	2020~2018 기출문제 복습	2017~2013 기출문제 복습	2012~2009 예비 기출문제 복습	전체 복습

논술 시험 가이드

1. LEET 소개

1) LEET란?

LEET(Legal Education Eligibility Test, 법학적성시험)는 법학전문대학원 교육을 이수하는 데 필요한 수학 능력과 법조인으로서 지녀야 할 기본적 소양 및 잠재적인 적성을 가지고 있는지를 측정하는 시험을 말합니다. LEET는 법학전문대학원 입학전형에서 적격자 선발 기능을 제고하고 법학교육 발전을 도모하는 데 그 목적이 있습니다.

2) 응시자격 및 시험성적 활용

LEET의 응시자격에는 제한이 없으나, 법학전문대학원에 입학하기 위해서는 『법학전문대학원 설치·운영에 관한 법률』 제22조에 따라 학사학위를 가지고 있는 자 또는 법령에 의하여 이와 동등 이상 학력이 있다고 인정된 자, 해당년도 졸업예정자(학위취득 예정자 포함)이어야 합니다. 또한 LEET 성적은 당해 학년도에 한하여 유효하며 『법학전문대학원 설치·운영에 관한 법률』 제23조에 따라 개별 법학전문대학원에서 입학전형 필수요소 중 하나로 활용됩니다.

3) 시험영역 및 시험시간

언어이해와 추리논증 영역의 문제지는 홀수형과 짝수형으로 제작되며, 수험번호 끝자리가 홀수인 수험생에게는 홀수형, 짝수인 수험생에게는 짝수형 문제지가 배부됩니다. 한편 논술 영역의 문제지는 단일 유형으로 제작됩니다.

교시	시험영역	문항 수	시험시간	문제 형태
1	언어이해	30	09:00~10:10(70분)	5지선다형
2	추리논증	40	10:45~12:50(125분)	5지선다형
점심시간			12:50~13:50(60분)	
3	논술	2	14:00~15:50(110분)	서답형
계	3개 영역	72문항	305분	

※ 출처: 법학전문대학원협의회 홈페이지

2. 논술 알아보기

1) 출제 방향

논술은 법학전문대학원 교육 및 법조 현장에서 필요한 논증적 글쓰기 능력을 측정하는 것을 목표로 하고 있습니다. 이에 따라 문항을 주어진 사례의 문제 상황을 해결하는 방안과 그 논거를 논리적으로 구성하고, 이를 설득력 있게 표현할 수 있는지를 평가하는 사례형으로 출제하여 제시된 사례를 적절하게 분석하고 쟁점을 정확하게 도출하는 능력, 그리고 쟁점에 대한 자신의 견해를 제시하고 그 근거를 논증 형식으로 서술하는 글쓰기 능력을 평가하는 데 출제의 기본 방향을 두고 있습니다.

2) 출제 범위

논술에서는 법조인에게 기본적으로 필요한 사안 분석, 쟁점 도출, 쟁점 평가 등의 능력을 평가합니다. 이를 위해 문제는 주어진 자료나 원칙, 관점 등을 활용하여 사례를 해결하도록 요구하고 있어, 분석력과 판단력을 갖춘 수험생이라면 전공에 상관없이 일반적으로 풀 수 있는 범위에서 출제되고 있습니다.

3) 문제 구성

① 내용 영역

논술은 인문, 사회, 과학·기술, 규범 및 이들의 복합 영역으로, 총 2문제가 출제됩니다.

내용 영역	내용
인문	인간의 본질과 문화에 대한 탐구와 설명을 목적으로 하는 영역
사회	사회 현상에 대한 탐구와 설명을 목적으로 하는 영역
과학·기술	자연 현상, 기술 공학에 대한 탐구와 설명을 목적으로 하는 영역
규범	법과 윤리에 대한 탐구와 설명을 목적으로 하는 영역

② 인지 활동 유형

논술은 크게 '분석'과 '구성' 능력으로 나눌 수 있으며, 분석에서는 '논제 분석', '제시문 분석', 구성에서는 '논증', '비판', '전개', '표현'의 인지 활동 유형에 따라 논증적 글쓰기 능력을 균형 있게 평가하도록 출제됩니다.

구분	인지 활동 유형	내용
분석	논제 분석	주어진 논제의 의도와 그것이 요구하는 과제의 성격을 정확히 파악할 수 있는 능력
	제시문 분석	주어진 제시문을 이해하고 그것이 조직되어 있는 방식을 발견해 내는 능력
구성	논증	논리적으로 사고를 구성하는 능력
	비판	타당한 근거를 바탕으로 한 평가 및 판단 능력
	전개	심층적 및 독창적 사고를 구성하는 능력
	표현	적절한 언어를 사용하여 글로 표현하는 능력

논술 시험 가이드

3. 출제 경향 분석

1) 출제 경향

LEET 논술은 2019학년도 시험부터 사례형 논술이라는 새로운 유형으로 출제되고 있습니다. 사례형 논술은 로스쿨 입학 후 변호사시험 답안 작성 능력과 관련되어 있기 때문에 더욱 중요합니다. 사례형 논술은 말 그대로 현실 사례를 해결하는 능력, 그 해결과정에 대한 논증 능력을 측정하고자 합니다. 최근의 출제 경향은 두 가지 방향성을 보이고 있습니다. 첫째, 하나의 사례를 다양하게 주어진 자료를 활용해 해결하는 형태가 출제되고 있습니다. 이를 ㉮유형이라 합시다. 둘째, 두 개의 사례를 제시하고 다양한 논점을 제시해 이 두 사례를 동시에 해결할 수 있는 논점을 선택하고 그 타당성을 논증하는 형태가 출제되고 있습니다. 이를 ㉯유형이라 합시다. 2025학년도, 2024학년도, 2023학년도 시험은 ㉮, ㉯유형이 각각 1번과 2번 문제로 출제되었고, 2022학년도 시험은 1번 문제와 2번 문제 모두 ㉯유형이 출제되었습니다.

2) 난이도

최근 3년간의 LEET 논술은 유사한 난이도로 출제되었습니다. 그러나 사례와 자료가 더 길어지고 선택지가 더 많아져 수험생들이 논증 구조를 설정할 때 더 많은 시간이 소요되는 특징이 있습니다. 이는 LEET 언어이해, 추리논증에서도 동일하게 보이는 특징입니다. 문제 자체의 난이도는 유사하게 유지하되, 사례와 자료의 길이를 늘리거나 선택지를 늘리거나 하는 등으로 문제풀이 시간을 증가시키는 형태로 난도를 높이고 있습니다.

3) 사례와 자료의 소재

최근 3년간의 LEET 논술은 최신 이슈와 전통적인 이슈가 모두 출제되고 있습니다. 2025학년도 LEET 논술은 공익법인의 설립과 운영에 있어서 국가의 규제 여부, 저출생 문제 해결을 위한 보조금 지급을 다루었습니다. 2024학년도 LEET 논술은 전시예술품의 소유권, 신종 독감과 사이버 보안상의 행위 제한 정도를 다루었습니다. 2023학년도 LEET 논술은 환경과 가상화폐를 결합한 1번 문제와 민법의 신의성실의 원칙을 다룬 2번 문제가 출제되었습니다. 1번 문제는 최신 시사이슈를 소재로 출제했고, 2번 문제는 전통적으로 중요한 주제를 출제함으로써 균형성을 실현하였다고 평가할 수 있습니다. 이처럼 LEET 논술은 법학에서 중요하게 다루는 전통적인 이슈, 최근 문제가 되는 최신 이슈를 사례 혹은 소재로 다루고 있습니다.

4. 대비 전략

1) 유형 분석과 논리 구조 파악을 해야 합니다.

LEET 논술은 문제에 논리적으로 대답하는 논리적 글쓰기입니다. 논리적 글쓰기 시험에서 고득점하기 위해서는 원리에 대한 이해와 꾸준한 연습이 필요합니다. 먼저, 원리에 대한 이해가 필요합니다. LEET 논술은 인문계 영역에서 최고급 시험입니다. 논리 구조가 제대로 설계되어 있지 않으면 고득점할 수 없습니다. 부분적으로는 좋은 논리라 하더라도 전체 논리 구조에서 어색하다면 감점 포인트가 되는 것입니다. 이를 파악하기 위해서는 논리적으로 큰 구조와 그에 대한 세부 표현이 전체적으로 균형성을 달성할 수 있도록 해야 합니다.

2) 꾸준한 연습을 해야 합니다.

많은 수험생들이 머리로 생각한 것이 곧바로 글로 나올 것이라 착각합니다. 이는 마치 수영하는 방법을 머리로 이해하면 곧바로 수영 선수가 된다고 착각하는 것이나 마찬가지입니다. LEET 논술 시험은 두 문제가 출제됩니다. 두 문제에 대해 정해진 짧은 시험 시간 안에 논리를 구성하고 논증을 표현해야 합니다. 이 연습이 충분히 되어 있지 않다면, 고득점을 하는 것은 불가능합니다. 수영 선수가 연습은 전혀 하지 않고 머리로 생각만 했다면 수영 대회에서 입상하는 것은 불가능한 것과 유사합니다.

3) 기출문제를 분석하고 답안 작성을 해봐야 합니다.

최소한 최근 4개년간 출제된 기출문제는 직접 답안을 작성해야 합니다. 수험생들이 언어이해, 추리논증을 공부할 때 기출문제를 실제 시험 시간에 맞춰 풀어보고 오답 정리를 하는 것은 당연하게 여기고 있습니다. 그러나 LEET 논술의 경우 답안을 작성해본 적이 없는 수험생이 훨씬 더 많은 것이 현실입니다. 시험시간에 맞춰 문제를 풀고 답안을 작성해본 경험이 있는 수험생과 그렇지 않은 수험생 사이에는 건널 수 없는 격차가 있으니 반드시 직접 답안을 작성해보는 것이 필요합니다.

논술 원고지 및 교정 부호 사용법

1. 기본 사용법

LEET 논술은 원고지를 사용하여 작성합니다. QR코드를 스마트폰 카메라로 링크를 연결하면 영상과 함께 아래 내용을 확인할 수 있습니다. 원고지 사용법은 LEET 논술의 기초이므로 반드시 숙지해두어야 합니다.

1) 한글은 한 칸에 한 자씩 쓴다.

나	는		친	구	들	과		만	나	기	로		약	속	했	다	.		
그	런	데		그		약	속	을		깜	빡		잊	었	다	.			

2) 로마 숫자, 알파벳 대문자, 낱자로 된 아라비아 숫자는 한 칸에 한 자씩 쓴다.

K	O	R	E	A		I	II	III	IV	V	VI								
3	·	1	운	동															

3) 대문자로 시작하는 영단어는, 대문자는 한 칸에 한 자씩, 소문자는 한 칸에 두 자씩 쓴다.

K	or	ea	,		J	ap	an												

4) 두 자 이상의 아라비아 숫자와 알파벳 소문자는 한 칸에 두 자씩 쓴다.

19	97	년		9	월		24	일											
a	와		ab	의		관	계												

5) 숫자나 알파벳 소문자는 앞에서부터 두 자씩 끊어 쓴다.

12	0	만		명	의		K	or	ea	n									

6) 숫자와 알파벳을 혼용할 때에는 다른 칸에 쓴다.

12	3	km																	

논술 원고지 및 교정 부호 사용법

7) 줄 끝에서 문장 부호를 처리한다.

① 쉼표와 마침표 뒤에는 한 칸을 비우지 않는다.

동	해	!		동	해	다	.	푸	른		동	해	다	.

② 느낌표(!)나 물음표(?)와 같은 문장 부호는 한 칸에 한 자씩 쓴다. 느낌표나 물음표 등의 문장 부호는 윗말에 붙여 쓰고 다음 한 칸을 비운다. 단, LEET 논술에서는 문제에서 쓸 것을 지시한 경우를 제외하고, 느낌표(!)나 물음표(?) 등의 문장 부호를 사용하지 않도록 한다. 논술이 아니라 감정적인 글쓰기가 되기 때문이다.

"	그	래	요	?		다	행	입	니	다	.	"	

③ 원고지의 첫 칸에는 문장부호를 쓰지 않는다. 원고지의 마지막 칸에 문장부호를 같이 넣거나 마지막 칸의 옆 여백에 쓴다.

(O)

처	벌	을		허	용	하	자	고		주	장	한	다	.

(O)

처	벌	을		허	용	하	자	고		주	장	합	니	다.

(X)

처	벌	을		허	용	하	자	고		주	장	합	니	다
.														

(O)

한	다	고		주	장	한	다	.	이		<	사	례	>

(O)

벌	한	다	고		주	장	한	다	.	이		<	사	례
>	에		따	르	면		이		주	장	은		그	것

(O)

한	다	고		주	장	한	다	.	이		[	1	안	]

(O)

벌	한	다	고		주	장	한	다	.	이		[	1	안
]	에		따	르	면		이		주	장	은		그	것

④ 원고지의 첫 칸은 문단을 새롭게 시작할 때를 제외하고는 비우지 않는다.

(O)

17	59	년		총	재	정	부	가		수	립	되	면	서
프	랑	스	혁	명	은		끝	이		났	다	.		

(X)

17	59	년		총	재	정	부	가		수	립	되	면	서
	프	랑	스	혁	명	은		끝	이		났	다	.	

논술 원고지 및 교정 부호 사용법

8) 문단을 새롭게 시작할 때에는 한 칸을 들여 쓴다. 글을 시작할 때 역시 문단을 새롭게 시작하는 것이므로 한 칸을 들여 쓴다.

	인	민	이		충	분	히		알	고		심	의		의	결	할		때,
보	편	적		의	지	가		도	출	될		수		있	다	.		그	리	하
여		그		심	의	의	결	은		항	상		바	람	직	할		것	
이	다	.																	

2. 교정 부호 사용법

답안을 고칠 때는 교정 부호를 쓰도록 합니다. LEET 논술 시험에서는 지워지지 않는 검정색 볼펜을 사용할 수 있고, 부정행위 등을 막기 위해 연필, 수정액, 수정테이프 사용을 금하고 있으므로 교정 부호 사용법을 잘 익혀둬야 합니다.

부호	이름	사용하는 경우	표시 방법	읽는 사람이 볼 때
∨	띄움표	띄어 써야 할 곳을 붙였을 때	사랑하는∨조국	사랑하는 조국
⩝	둠표	띄어 쓰려다가 다시 원상태로 둘 때	뛰어⩝오른다	뛰어오른다
∨	고침표	틀린 글자나 내용을 바꿀 때	좋아하면/적었든칸에(거나)	좋아하면 / 적거나
∧	부호 넣음표	밑에 찍는 문장부호를 넣을 때	믿음소망사랑 (,) (,)	믿음, 소망, 사랑
=	지움표	필요 없는 내용을 지울 때	너무 너무 고와서	너무 고와서
‿	넣음표	글자나 부호가 빠졌을 때	언제(까지)나	언제까지나
⸘	뺌표	필요 없는 글자를 없앨 때	봄이이면	봄이면
(생)	살림표	지운 것을 다시 살릴 때	고즈넉한 고요만 (생)	고즈넉한 고요만

부호	이름	사용하는 경우	표시 방법	읽는 사람이 볼 때
⌒	붙임표	붙여야 할 곳이 떨어져 있을 때	아름 다운	아름다운
⊬	둠표	붙여 쓰려다가 다시 원상태로 둘 때	몇 가지	몇 가지
S	자리 바꿈표	글자, 단어의 앞·뒤 순서를 바꿀 때	생각 좋은	좋은 생각
⌐	오른 자리 옮김표	오른쪽으로 자리를 옮길 때	아직도 남아있는 / 매일 따스한 밥	아직도 남아있는 / 매일 따스한 밥과 반찬
⌐	왼자리 옮김표	왼쪽으로 자리를 옮길 때	나 보기가	나 보기가 역
♂	부분 자리 옮김표	지시하는 부분만 자리를 옮길 때	사 랑	사 랑
⌐	줄 바꿈표	한 줄로 된 것을 두 줄로 바꿀 때	떠났다. 로웰이	~ 떠났다. / 로웰이 ~
↺	줄 이음표	두 줄로 된 것을 한 줄로 이을 때	…를 못한다. / 언어란 본	…를 못한다. 언어란
✕	줄 비움표	줄을 비울 때 • 필요시 여백에 비울 줄 수를 명시함 • 인쇄 교정 부호는 '줄 넓힘표'임	산에는 꽃피네 / 꽃이 피네 / 갈 봄 여름 없 / 꽃이 피네	산에는 꽃피네 / 꽃이 피네 / / 갈 봄 여름 없 / 꽃이 피네
( )	줄 붙임표	줄을 비울 필요가 없을 때	골짝을 예는 / 바람결처럼 / 세월은 덧없이 / 가신 지 이미	골짝을 예는 / 바람결처럼 / 세월은 덧없이 / 가신 지 이미
⊐	줄 서로 바꿈표	윗줄과 아랫줄을 서로 바꿀 때	접동 / 아우래비 접동 / 접동	접동 / 접동 / 아우래비 접동

기출문제 (2문항/110분)

＊ 교재 뒷부분에 있는 논술 답안지를 사용하여 답안을 작성해보세요.
  • 논술 경험이 있다면, 실전처럼 답안을 바로 작성한 후 예시답안과 비교하여 완성도를 높이는 데 중점을 두어보세요.
  • 답안 작성이 막막하다면, 문제 뒤의 해설을 먼저 참고한 후 답안을 작성하여 논술 감각을 익히는 데 중점을 두어보세요.

1. <입법정책>과 <사례>를 읽고 <논거>를 활용하여 <조건>에 따라 논술하시오. (900~1200자, 50점)

―――――――― 〈조건〉 ――――――――

1. 각 <사례>의 문제점을 요약하고, 자신이 선택한 <입법정책>을 지지하는 이유를 기술하고 다른 정책을 반박할 것

2. 지지 또는 반박하는 경우 관련된 <논거>를 활용할 것

3. <논거>를 활용할 때는 논거①, 논거②와 같은 방식으로 명시할 것

―――――――― 〈입법정책〉 ――――――――

1안: 비영리사업을 목적으로 하는 법인의 설립을 위해서는 행정관청의 허가를 받아야 하며, 설립 이후에도 행정관청의 관리·감독을 받도록 하는 방안

2안: 비영리사업을 목적으로 하는 법인의 설립은 행정관청의 허가를 받을 필요 없이 일정한 요건만 갖추면 가능하며, 설립 이후에도 행정관청이 법인의 활동에 특별히 개입하지 않는 방안

※ 법인이란 사람 외에 법률에 의해 권리와 의무의 주체가 될 수 있는 단체를 말한다.

―――――――― 〈사례〉 ――――――――

<사례 1>

　X국의 A법인은 다문화가정을 지원하기 위해 설립되었고, 운영비는 주로 회원들의 회비 및 후원 기관의 후원금으로 충당되고 있다. A법인은 설립 목적에 맞게 다문화가정 자녀의 교육, 취업 알선, 인권 보호 등 다양한 프로그램을 운용하고 있으며 수입·지출 내역 등을 인터넷에 투명하게 공개하고 있다. 최근 최부자 씨도 부를 대물림하기보다는 사회에 환원하려고 한다. 이를 위해 공익법인의 설립을 구상 중이지만, 법인의 설립과 운영에 대한 행정관청의 각종 규제로 인해 주저하고 있다. X국에는 최부자 씨와 같은 생각을 가진 사람들이 많지만 실제로 설립된 공익법인은 별로 없다.

<사례 2>

　Y국의 B법인은 저소득층 아동을 지원하기 위해 설립되었다. 이 단체의 대표자는 전국 20개 지점의 전화 상담사를 통해 여러 사람에게 비영리사업을 목적으로 하는 공익단체라고 소개하면서 '지역에 있는 소외 계층 아동들의 나눔 교육에 동참해 달라'고 요청하였다. 전화를 받은 사람들의 대다수는 자신의 계좌에서 월 1만 원씩 자동 출금하게 하여, 그 금액이 총 100억 원 정도에 이르렀다. 이렇게 모인 후원금은 임직원들의 급여와 업무용 차량 구입 및 해외 연수 경비 등으로 사용되었으며, 전체 20% 정도가 학생들의 장학금 명목으로 지급되었다.

─────── 〈논거〉 ───────

① 고대에는 노예가 단지 물건으로 취급되어 거래의 대상이었다. 근대에는 개인을 중시하고, 개인을 인격적이고 이성적인 존재로 이해하며, 이성에 의한 인격의 자유로운 실현을 보장하려는 자유주의의 영향으로 모든 사람을 권리를 가질 수 있는 주체로 본다. 현대에는 법인 설립과 운영도 인격의 자유로운 실현으로 보아 법인을 권리를 가질 수 있는 주체로 인정하고 있다.

② 사람과 달리, 법인은 보이지 않는 실체에 대해 법률이 인위적·기술적으로 권리를 가질 수 있는 주체로 인정한 것이다. 법인의 설립요건을 엄격하게 규정하지 않으면, 일반인은 어떤 단체가 법인으로 인정되는지 알 수 없고 법인이 마구 설립될 우려가 있다. 어떤 단체가 법인으로 설립되면 그 목적으로 삼은 사업을 성실히 수행할 수 있도록 내·외부적인 견제 장치가 필요하다.

③ 미래경영학자 드러커(Drucker)는 앞으로의 사회에서는 정부(제1섹터)나 기업(제2섹터)의 역할보다 비영리조직(NPO)을 중심으로 한 제3섹터의 역할이 더욱 커질 것으로 예측한 바 있다. 정부는 국가의 재정에 부담을 주는 비영리사업을 마냥 늘릴 수 없고 기업은 영리를 추구해야 하는 근원적 한계 때문에, 우리 사회에서도 비영리사업을 목적으로 하는 민간 단체의 자유로운 설립이 더욱 활성화되어야 한다.

④ 로마법학자 사비니(Savigny)는 권리를 인간의 의사 지배로 보면서, "모든 권리는 개개인에 내재하는 도덕적인 자유를 위하여 존재한다."라고 하였다. 그는 권리를 가질 수 있는 주체는 원래 사람의 개념과 일치하지만, 인간의 집단적인 자유의 실현도 가능하도록 법인이라는 개념을 인정할 필요가 있다고 주장하였다. 그에 따르면 법인이란 사람의 자유와 결부된 것이지 사람을 벗어난 새로운 주체는 아니다.

⑤ 법인은 그 구성원과는 별개로 권리를 취득하고 의무를 부담한다. 하지만 어떤 단체가 외형상으로는 법인의 형식을 갖추었으나, 실제로는 배후에 있는 사람의 개인 사업체에 불과하거나 그 사람에 대한 법적 책임을 회피하기 위한 수단으로 이용될 수 있다. 이런 경우에는 외형상 법인의 행위임을 이유로 법인만이 법적 책임을 진다고 주장하면서 배후에 있는 사람의 책임을 부정하는 것은 정의와 형평에 어긋난다.

2. <사례>와 <의견>을 읽고 <조건>에 따라 토론할 내용을 작성하시오. (900~1200자, 50점)

─────────── 〈조건〉 ───────────

1. <사례>의 갑과 을의 발표 중 지지하는 견해를 선택하고 그 이유를 기술할 것
2. <의견>을 활용하거나 새로운 논거를 제시하여 자신이 선택한 견해를 강화하고, 지지하지 않는 견해를 반박할 것
3. <의견>을 활용할 때는 의견①, 의견②와 같은 방식으로 명시할 것

─────────── 〈사례〉 ───────────

여성 한 명이 가임 기간(15~49세)에 낳을 것으로 기대되는 평균 출생아 수를 합계출생률이라고 한다. 통계청 발표에 따르면 2022년 0.78명이었던 합계출생률은 작년 0.72명으로 역대 최저 수준을 기록하였다. 올해는 0.7명 선이 무너질 것으로 예상된다. 대한상공회의소 연구보고서는 내년에 합계출생률이 인구 규모를 유지하기 위한 2.1명을 회복하더라도 생산가능인구가 2025년 3,591만 명에서 2040년 2,910만 명이 되어 약 81% 수준으로 감소할 것이라고 분석했다.

미래인구정책학회에서는 이 문제를 해결하기 위한 보조금 정책에 대해 세미나를 개최하였다. 갑과 을이 발표자로 나서서 다음과 같은 견해를 제시하였다. 여러분은 이 세미나에서 갑과 을의 발표에 대해 토론하여야 한다.

갑: 생산가능인구의 회복을 위해서는 결혼과 출생을 장려하기 위한 보조금 제도의 도입이 절실하다. 결혼하지 않거나 출생률이 떨어져 생산가능인구가 계속 줄어든다면 결국 결혼과 출생을 장려하기 위한 보조금보다 더 많은 사회적 비용을 기업과 국가가 부담하게 된다. 이러한 보조금 제도는 비혼자의 인공 수정이나 해외 입양 등으로 아이를 갖는 사람에게도 확대되어야 한다.

을: 결혼과 출생을 장려하기 위해 보조금을 지급하는 것은 일부 인구과밀 국가에서 산아 제한을 위해 2명 이상의 자녀를 낳은 부모에게 벌금을 매기는 것과 마찬가지로 정당하지 않다. 결혼과 임신은 스스로 결정해야 하며, 국민의 세금으로 보조금을 지급하는 것은 결혼과 임신을 원하지 않거나 혹은 하고 싶어도 할 수 없는 사람들에게는 불공정한 세금의 배분이 된다.

─────────── 〈의견〉 ───────────

① 보조금 제도는 결혼과 출생을 일시적으로 증가시킬 수 있지만, 결혼한 부부는 늘어난 가족으로 인해 더 많은 생활비, 주거비, 교육비 등이 필요하게 된다. 그러나 보조금으로는 이를 모두 충족시키는 데 한계가 있어 저소득층은 더 큰 생활고를 겪을 수도 있다.

② 보조금 제도는 저임금이나 내 집 마련의 어려움 등으로 인하여 결혼을 주저하는 2~30대의 교제와 결혼을 장려하고, 이미 결혼한 사람들에게는 비싼 교육비와 양육비 등에 대한 부담을 덜어 주어 자녀를 낳으려는 동기를 부여할 수 있다.

③ 일부 국가는 자국의 생산가능인구를 늘리기 위해 고용 연장 및 여성 취업 장려를 통해 국내 노동인구를 적절히 재배치하고, 취업비자 확대나 이민 수용 등 외국인력 도입 방안을 강구하고 있다.

④ 보조금 제도는 사람들에게 결혼과 출생에는 당연히 금전적인 보상이 따른다는 기대를 갖게 하여 경제 논리에 의해 결혼과 출생이 좌우되는 결과를 초래한다. 이로 인해 보조금을 받기 위한 왜곡된 가족이 형성되는 경우도 생길 수 있다.

⑤ 아이를 가지는 것은 단순히 생물학적 문제가 아니다. 이것은 그 아이에게 물질적인 것을 포함한 충분한 관심과 사랑을 주며 체계적인 교육을 제공하기 위해 많은 시간과 비용을 투여하겠다는 결심의 실천이다. 따라서 결혼과 출생에 경제적인 고려가 뒤따르는 것은 불가피하다.

⑥ 보조금 제도는 자녀 수에 따른 세금 감면이나 공공요금의 지원과 아울러 기업이 임신이나 육아를 위한 휴직제도 및 돌봄 시설을 제대로 운영하고 있으면 정부 지원금을 주고 그렇지 않으면 제재를 부과하는 제도와 병행한다면 더욱 효과적일 것이다.

⑦ 보조금 제도와 상관없이 결혼과 임신을 계획했던 사람도 국내외 경제 사정의 변화로 인해 기대했던 보조금 지급이 줄거나 중단된다면 결혼과 임신을 주저하게 되어 더 큰 인구 급감 현상이 나타날 수 있다.

해설 & 예시답안

📜 출제기관의 출제방향 발표자료

① 출제의 기본 방향

2025학년도 법학적성시험 논술 영역은 공지된 출제 방향에 따라 다음과 같이 출제하였다. 첫째, 2개 문항 모두 사례형으로 출제하였다. 둘째, 제시된 사례를 적절하게 분석하고 쟁점을 정확하게 도출하는 능력을 평가하려고 하였다. 셋째, 쟁점에 대한 자신의 견해를 제시하고 그 근거를 논증 형식으로 서술하는 글쓰기 능력을 평가하려고 하였다.

② 출제 범위

논술 영역에서는 법조인에게 기본적으로 필요한 사안 분석, 쟁점 도출, 해결 방안 제시 및 논증 등의 능력을 평가할 수 있는 문제를 출제하였다. 두 문항은 주어진 자료 및 관점을 활용하여 사례를 해결하도록 요구하고 있어, 분석력과 판단력을 갖춘 수험생이라면 전공에 상관없이 일반적으로 풀 수 있도록 문항을 구성하였다.

③ 문항 구성

1번 문항은 2개 사례와 5개의 논거로 구성되어 있다. 사례는 비영리사업을 목적으로 하는 법인에 대한 규제에 관하여 자율적으로 잘 운용되는 공익법인과 설립 목적을 제대로 실현하고 있지 않은 공익법인을 대비하여 구성하고 있으며, 5개의 논거는 법인에 대한 다양한 의견들로 구성하였다. 이 문항에서는 다음과 같은 과제를 수행해야 한다. 첫째, 사례의 문제점을 파악하여 요약해야 한다. 둘째, 제시된 입법정책 안 중 하나를 선택하고 논거를 활용하여 자신이 선택한 안을 지지하는 이유를 기술하고, 자신이 선택하지 않은 입법정책에 대해 반박해야 한다.

2번 문항은 하나의 사례와 7개의 의견으로 구성된다. 사례는 우리나라의 출생률에 관한 데이터를 소개하고, 이 문제를 해결하기 위한 보조금 정책을 다루는 세미나에서 갑과 을이 발표한 내용이 소개되어 있다. 7개의 의견은 보조금 제도 및 생산가능인구를 늘리기 위한 방안 등에 관한 다양한 내용을 소개하고 있다. 이 문항에서는 다음과 같은 과제를 수행해야 한다. 첫째, 갑과 을의 발표에 대한 토론 내용을 작성해야 한다. 둘째, 이때 갑과 을의 발표 중 지지하는 견해를 선택하고 그 이유를 기술해야 한다. 셋째, 주어진 의견을 활용하거나 새로운 논거를 추가하여 자신이 선택한 견해를 강화하고, 지지하지 않는 견해를 반박해야 한다.

④ 난이도

논술 영역은 제시문에 대한 분석과 쟁점 파악을 기반으로 수험생이 논증적 글쓰기를 할 수 있는지를 측정하려고 한다. 이 목적을 달성하기 위해 간결하고 함축적인 사례, 논거, 의견 등을 제시하였다. 난이도는 예년과 거의 유사하게 구성되었다.

⑤ 출제 시 유의점

- 1, 2번 문항의 배점을 동일하게 50점으로 배분하였다.
- 수험생은 문제의 취지를 정확하게 파악한 후 쟁점에 대한 본인의 견해를 제시할 수 있어야 하며, 단순히 주어진 자료나 관점을 기계적으로 활용하는 것은 지양하여야 한다.

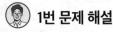

① 문제와 조건 분석

> • 문제: <입법정책>과 <사례>를 읽고 <논거>를 활용하여 <조건>에 따라 논술하시오. (900~1200자, 50점)
> • 조건: 1. 각 <사례>의 문제점을 요약하고, 자신이 선택한 <입법정책>을 지지하는 이유를 기술하고 다른 정책을 반박할 것
>   2. 지지 또는 반박하는 경우 관련된 <논거>를 활용할 것
>   3. <논거>를 활용할 때는 논거①, 논거②와 같은 방식으로 명시할 것

첫째, 각 <사례>의 문제점을 요약해야 한다. 다만, 문제점의 요약은 길어서는 안 된다. 문제의 조건을 볼 때에도 문제점 요약은 그 중요도가 매우 낮을 수밖에 없다. 점수 배점상 문제점의 요약은 점수가 적을 것이고, 자신이 선택한 <입법정책>을 지지하는 이유와 그 논증이 LEET 논술에서 측정하고자 하는 능력인 논증력과 관련되기 때문에 배점이 클 것이기 때문이다. 수험생은 이 문제에 배점된 50점이라는 전체 점수와 약 1000자의 분량을 배분해서 최대 점수를 획득해야 한다는 것을 결코 잊어서는 안 된다. 그리고 자신이 선택한 <입법정책>은 <사례>의 문제점을 해결 가능해야 한다는 점을 유념해야 한다.

둘째, 문제에서 정해준 <입법정책> 중 하나를 선택해서 이를 강화함으로써 지지하는 논증과 다른 정책을 반박하는 논증을 해야 한다. 이때 주의할 점은 지지를 더 강력하게 논증해야 한다는 것이다. 문제에서도 조건 1에서 "자신이 선택한 <입법정책>을 지지하는 이유를 기술"한 다음에 "다른 정책을 반박"하라고 되어 있다. 논리적인 중요도에 따라 순서를 정해준 것이라 생각하면 된다. 이러한 점에서 분량 역시 지지하는 논증이 더 길도록 배분하고 반박 논증은 상대적으로 짧게 배분하는 것이 좋다. 분량은 곧 점수와 연결되기 때문에 배점이 큰 부분에 더 많은 분량을 배분하는 것이 수험효율적이다.

셋째, 문제에서 준 <논거>를 활용해야 한다. 활용하라고 한 것은 활용을 어떻게 할 것인지 수험생의 자유에 맡기겠다는 것이며, 그 자유에 대한 책임을 점수로 부여하겠다는 의미가 된다. 활용이라고 하면 무슨 목적으로 어떻게 이용할 것인지 정해야 하는데, 이 문제에서는 자신이 선택한 <입법정책>이 왜 타당한지 논증하는 것이 목적이 될 수밖에 없다. 그리고 조건 1에서 요구한 각 <사례>의 문제점을 해결할 수 있는 논증이 이루어져야 한다. 이를 만족하는 논증이 고득점 가능한 논증이 된다.

답안을 구성할 때 주의할 점은 <논거>의 모든 것을 다 활용할 필요는 없다는 점이다. 많은 수험생들이 단순히 많이 하면 좋을 것이라 생각해 모든 <논거>를 단순 나열하는 경우가 있다. 답안의 분량이 900~1200자이고, 이를 문장 수로 계산하면 일반적으로 약 50자가 1문장이기 때문에 18~24문장이다. 문제에서 명시적인 채점 포인트로 제시한 것만 보더라도, 다음과 같다. 각 <사례>의 문제점 2개, 자신이 선택한 <입법정책>, 지지하는 이유와 논증, 반박하는 이유와 논증이 바로 그것이다. 그런데 단순히 베끼기만 하면 되는 <논거>의 개수를 늘리는 것은 득점에 도움이 되지 않는다. 오히려 자신이 선택한 <입법정책>에 관련된 핵심적인 <논거>를 적확하게 사용하는 것이 고득점 요소가 될 것이다.

② 답안의 기본 구조 설정

기본 전체 구조

I. 각 <사례>의 문제점 요약
  1. <사례 1>의 문제점
  2. <사례 2>의 문제점

II. 선택한 입법정책과 이유 제시
  (이유가 1개라면 II와 III을 한 문단으로 합쳐서 구성하고, IV는 생략함)

III. 이유 1에 대한 논증
  1. 이유 1 제시
  2. 이유의 논리 → <논거> 활용 → <사례> 적용 → 문제점 해결

IV. 이유 2에 대한 논증 (분량과 시간에 따라 생략 가능)
  1. 이유 2 제시
  2. 이유의 논리 → <논거> 활용 → <사례> 적용 → 문제점 해결

V. 다른 정책에 대한 반박
  1. 반박 대상 제시
  2. 반박 논리 → <논거> 활용 → <사례> 적용 → 다른 정책으로 문제점 해결 불가

총 5문단으로 구성한 개요이다. 개요와 문단의 구성은 문제의 요구사항을 논리적으로 판단한 결과이다. 문단은 생각의 덩어리이기 때문에, 독립적인 의미가 있는 하나의 덩어리를 문단으로 구성해야 한다. 시험 글쓰기에서 생각의 덩어리는 결국 문제의 요구사항이 될 수밖에 없다. 따라서 문단의 구성은 문제의 요구사항을 논리적으로 반영한 것이 되어야만 한다.

먼저, 1문단의 경우 짧게 써야 한다. 문제에서 각 <사례>의 문제점을 제시하라고 했기 때문에 반드시 써야 한다. 그러나 50점 배점인 문제에서 채점기준을 생각할 때, 1문단에 배정된 배점은 10%, 즉 5점 정도에 불과할 것이다. 그렇다면 분량도 10% 정도, 즉 100자 정도를 배분하는 것이 좋다. 이보다 더 많은 분량을 배분하게 되면, 점수에 비해 많은 분량을 소모하는 것이다. 900자~1200자라는 분량 제한 안에서 최대 점수를 획득해야 하기 때문에 균형적인 판단을 해야 한다.

2문단은 자신이 선택한 <입법정책>과 그 이유가 제시되어야 한다. 만약 이유가 2가지 이상이라면 2문단을 별도 문단으로 구성하고, 이유가 1가지라면 2문단은 별도로 구성될 필요가 없다.

3문단과 4문단은 선택한 <입법정책>이 타당한 이유가 논리적으로 증명되어야 한다. 문단이 2개라는 것은 그 이유가 2가지라는 의미가 된다. 만약 시간과 분량의 문제가 있다면 이유를 1개로 설정해서 4문단은 생략해도 된다. 3문단은 반드시 작성해야 하지만, 4문단은 판단에 따라 생략할 수 있다. 4문단을 생략할 경우, 900~1000자 정도의 분량이 될 것이다. 3문단은 문제의 요구사항이기 때문에 필수적인 사항이지만, 4문단은 추가점수를 위해 필요한 선택사항이다. 4문단을 써서 발생하는 소요시간과 추가점수를 판단해서 2번 문제에서 잃을 수도 있는 점수와 계산해야 한다. LEET 논술은 1번과 2번 문제의 점수를 종합했을 때 최고점수가 나와야 한다. 1번 문제를 잘 쓰고 2번 문제는 날림으로 작성하면 종합점수로는 낮은 점수가 나올 수도 있다. 해설과 모범답안만 보고서 머리로 "할 수 있다"와 "해야 한다"의 차이를 깨달을 수 없다. 이는 꾸준히 답안을 작성하면서 몸으로 시간 감각을 체화함으로써 얻게 되는 능력이다.

그러나 고득점을 원한다면 2개의 이유가 적절하기 때문에 4문단을 작성해야 한다. 분량상 1200자까지 쓸 수 있기 때문에 자신이 선택한 견해가 타당하다는 논리적 이유가 2개가 나오고, 자신이 선택하지 않은 반대 입장을 반박하는 것이 논리적으로 강력하기 때문이다. 수험생 중에는 자신이 선택하지 않은 반대 입장을 반박하는 것에 주력하는 경우가 있다. 그러나 상대방의 입장이 틀렸다고 해서 내 입장이 맞는 것은 아니라는 점을 생각하기 바란다. 주장하는 글은 나의 입장이 왜 타당한 것인지 논증하는 것이 중심이 되고, 심지어 상대방의 입장이 타당하지 않다는 반론이 부가적으로 제시되어야 강력하다. 다만, 1번 문제와 2번 문제 전체의 종합점수를 고려해서 4문단 생략이 가능하다는 것을 판단하기 바란다.

5문단은 자신이 선택하지 않은 <입법정책>에 대한 반박이다. 문제에서 반박을 포함하라고 했기 때문에 반드시 써야 한다. 문제의 요구사항을 지키지 않을 경우에는 해당 채점기준상의 배점을 전혀 획득할 수 없다. 논리적인 글쓰기에서는 출제자와 채점자가 채점기준표를 작성하고 이 채점기준표에 따라 채점을 하게 된다. 그렇기 때문에 시험에서는 문제의 요구사항을 분석해서 수험생이 채점기준을 예상하는 것이 중요하다. 전문가의 글쓰기는, 수필이나 일기처럼 자기 생각을 자유롭게 쓰는 글쓰기가 아니라는 것을 유념해야 한다.

③ 입법정책 분석

법인의 설립과 운영에 대한 행정규제 여부와 정도에 대한 정책이다. 공익법인은 사회적인 기여를 하기 때문에 혜택을 주는 경우가 많다. 물론 이 혜택을 노리고 악용하는 사례도 많다. 공익법인의 사회적인 기여를 활성화하기 위해 자율성을 부여해야 하는지, 사회적인 혜택을 주는 만큼 사회적인 규제를 해야 하는지 논쟁이 되고 있다. 이 문제는 2020학년도 LEET 논술 기출 2번 문제의 네거티브 규제와 포지티브 규제의 논리를, 공익법인이라는 새로운 사례로 확장한 것이다. 최근 들어, 기존 기출문제의 논리를 새로운 사례로 확장하는 문제가 출제되고 있다. 2020학년도 기출문제와 함께 보면 더 도움이 될 것이다. 1안은 행정관청이 비영리사업 법인이 공익 목적의 설립과 운용이 되고 있는지 규제해야 한다는 입장이며, 2020학년도 기출문제 2번 문제의 포지티브 규제의 논리와 유사하다. 2안은 비영리사업 법인을 자유롭게 설립하고 운용함으로써 사회에 다양한 기여를 할 수 있도록 자율성을 주어야 한다는 입장이다. 이는 2020학년도 기출문제 2번 문제의 네거티브 규제의 논리와 유사하다.

④ 사례 분석

<사례 1>과 <사례 2>는 비영리사업을 목적으로 하는 공익법인의 사례를 보여주고 있다. <사례 1>은 공익법인의 활동이 자율적으로 잘 운용되고 있는 경우이며, <사례 2>는 공익을 목적으로 설립된 법인이 오히려 사익을 추구하는 경우에 해당한다. 그렇다면 <사례 1>과 <사례 2>는 정반대의 사례이기 때문에 각 <사례>의 문제점 또한 정반대가 될 것이다.

<사례 1>은 공익법인이 다문화가정 지원이라는 공익적 목적을 자율적으로 잘 실현하고 있다. 그러나 공익법인이 공익 목적이 아닌 사익을 추구할 우려가 있기 때문에 행정관청의 다양한 규제가 존재하는 상황이다. 그렇다면 이 사례의 문제점은 공익법인이 더 설립되어 다양한 공익을 실현할 수 있고, 운영의 자율성이 확보되어 새로운 공익 실현 방법이 나타날 수 있는 가능성이 행정규제로 인해 제한되고 있다는 점이 된다.

<사례 2>는 저소득층 아동 지원이라는 공익을 목적으로 설립된 법인이 오히려 사익을 추구하고 있다. 저소득층 아동 지원을 위해 많은 시민들로부터 100억 원의 재원을 기부 받았으나, 단 20%만 저소득층 아동을 위해 사용하고 나머지 80%의 재원을 법인의 임직원들이 사용한 것이다. 따라서 이 사례의 문제점은 공익이라는 명목으로 사익을 추구해 사회적 피해를 입히는 악용이 나타난다는 점이 된다.

⑤ 논거 분석

1안은 법인 설립에 사회적 제한을 두어야 한다는 입장이다. 1안에 어울리는 논거는 ②, ⑤이다. 2안은 법인 설립과 운용에 자율성을 확대해야 한다는 입장이다. 2안에 어울리는 논거는 ①, ③, ④이다.

논거①은 자유주의 관점에서 법인 설립과 운영의 자유가 있음을 제시한다. 개인이 특정한 가치관을 실현하고자 자유롭게 결정하고 이를 구현할 수단으로 법인을 설립하고 운용할 수 있다는 것이다.

논거②는 법인에 대한 규제가 필요함을 제시한다. 자연인은 생득적으로 자연권과 같은 권리를 가지는 것에 반해, 법인은 우리 사회가 특정한 목적과 필요에 따라 인정해주는 권리에 불과하다. 예를 들어, 자연인 A는 생명과 신체의 자유와 같은 천부인권을 갖고 있으며 실체적 존재이자 실체적 권리를 지니지만, 주식회사 B는 이윤 추구를 위해 설립되어 법률적으로 영업의 자유를 인정받는 가상의 존재에 불과하다. 따라서 법인에 대한 사회적 규제가 불가피하다.

논거③은 사회 주체로서 국가, 기업, 시민사회가 있는데, 비영리사업에서 시민사회의 자율성을 폭넓게 인정해야 한다고 제시한다. 기업은 영리를 목적으로 하기 때문에 비영리사업에 어울리지 않는다. 국가는 국가재정에 근거해 사회복지를 행해야 하기 때문에 재정 부담이 크고, 법률적 근거에 따라 행위해야 하기 때문에 일률적 복지를 할 수밖에 없어 사각지대가 존재하게 된다. 반면 시민사회는 시민이 직접 동료시민을 돌볼 수 있고 상황에 적합한 다양한 복지를 행할 수 있다. 따라서 시민사회에 자율성을 확대해서 공익법인 등을 설립하여 시민이 동료시민을 돌볼 수 있도록 해야 한다.

논거④는 개인의 자유와 권리의 연장선상에서 법인의 자유와 권리를 인정해야 한다고 제시한다. 개인이 자신의 자유를 실현할 수 있는 것과 마찬가지로, 이 개인들이 모여 집단적으로 어떤 의사를 실현하고자 하는 것이 법인이기 때문이다.

논거⑤는 개인이 법인을 설립해서 개인의 이익을 취하고 책임은 법인에게 떠넘길 수 있다고 제시한다. 법인을 설립해서 실질적으로 자유는 개인이 행사하고 책임은 법인이 지는 것으로 한다면, 정의와 형평에 반하는 것이다.

📝 1번 문제 예시답안

<사례 1>은 행정규제가 개인의 자유를 제한하고 공익 실현을 저해한다는 문제점이, <사례 2>는 공익이라는 명목으로 사익을 추구해 사회적 피해를 입히는 악용사례가 있다는 문제점이 있다.

<입법정책>으로 2안이 타당하다. 개인의 자유를 보장하고, 공익을 실현할 수 있기 때문이다.

개인은 가치관을 스스로 선택할 자유와 이를 실현할 권리가 있다. 개인의 자유와 권리의 실현이 타인의 자유에 직접적 해악을 주지 않는 한, 국가는 이를 규제해서는 안 된다. 만약 어떤 개인이 자신의 가치관을 공익 실현으로 선택하고 그 수단으로 비영리사업 법인의 설립과 운영을 결정했다면, 이는 논거①과 같이 인격의 자유로운 실현이므로 법인의 설립과 운영은 권리로서 인정되어야 한다. 그러나 <사례 1>의 최부자 씨는 공익법인을 설립하려는 생각이 있으나 각종 행정규제로 인해 주저하고 있다. 이는 국가가 행정규제를 통해 개인의 자유를 이유 없이 제한한 것이다. 따라서 2안이 타당하다.

공익을 실현하기 위해 2안이 타당하다. 공익 실현을 위해 사회의 모든 주체, 즉 국가, 기업, 시민사회의 노력이 필요하다. 그러나 논거③과 같이, 국가는 재정 부담으로 인해 비영리사업을 증가시키기 어렵고, 기업은 이익 추구가 목적이므로 비영리사업에 주력할 수 없다. 반면, 시민사회는 시민이 비영리사업 법인을 설립하거나 운영 자금을 납부하는 등 동료시민을 위한 비영리사업에 적극적으로 참여해 공익을 증진할 수 있다. <사례 1>의 A법인은 다문화가정 지원을 목적으로 설립되어 시민사회의 후원금을 통해 운영됨으로써 공익을 증진시킨다. 따라서 2안이 타당하다.

공익법인을 명목으로 사익을 추구하는 악용 문제가 발생할 것이라는 반론이 제기될 수 있다. 논거⑤는 법인을 전면에 내세우고 배후에 있는 사람의 책임을 부정하는 것은 정의와 형평에 어긋난다고 한다. 실제로 <사례 2>의 B법인은 다수의 회원들로부터 100억 원을 모금해 80억 원을 사익 추구를 위해 사용했다. 그러나 이는 비영리사업 법인의 정보 공개를 통해 해결가능하다. <사례 1>의 X국의 A법인과 같이 수입과 지출 내역을 투명하게 공개한다면, 금액을 납부한 회원뿐만 아니라 모든 주체가 이를 확인할 수 있기 때문에 사익 추구를 제한할 수 있다. 이처럼 비영리사업 목적 법인의 자금 수입, 지출내역을 공개함으로써 악용을 막고 정의와 형평을 실현할 수 있다. 따라서 2안이 타당하다.

※ 1176자

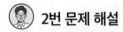 **2번 문제 해설**

① 문제와 조건 분석

> • 문제: <사례>와 <의견>을 읽고 <조건>에 따라 토론할 내용을 작성하시오. (900~1200자, 50점)
> • 조건: 1. <사례>의 갑과 을의 발표 중 지지하는 견해를 선택하고 그 이유를 기술할 것
>   2. <의견>을 활용하거나 새로운 논거를 제시하여 자신이 선택한 견해를 강화하고, 지지하지 않는 견해를 반박할 것
>   3. <의견>을 활용할 때는 의견①, 의견②와 같은 방식으로 명시할 것

1번 문제에 비해 2번 문제의 요구사항이 더 적고 모호하다. 수험생의 입장에서는 2번 문제가 더 어려운 문제인데, 자유가 크면 책임도 크기 때문이다. 1번 문제는 문제의 요구사항이 많기 때문에 이것만 잘 지켜도 기본점수를 받을 수 있다. 그러나 2번 문제는 문제의 요구사항이 적어 수험생의 판단능력에 따라 점수 득점이 크게 달라진다.

첫째, 갑과 을 중 지지하는 견해를 선택하고 이유를 제시해야 한다. 자신이 선택한 견해를 지지하는 이유로는 강화하는 논거와 반박하는 논거를 제시할 수 있다. 일반적으로는 자신의 견해를 강화하는 논거가 반박하는 논거보다 논리적으로 더 강력하다. 여기에서 일반적인 경우로 한정하는 이유는 LEET 논술은 시험이기 때문에 문제에서 반박만 할 것을 요구하는 경우가 있을 수도 있기 때문이다. 실제로 LEET 논술 기출문제에서 이런 문제가 나온 적은 없으나, 로스쿨 면접에서는 이런 경우가 있다. 여기에서 주의할 점이 있다. 수험생 중에는 갑과 을 중 지지하는 견해를 선택하라고 했으니 갑과 을의 견해를 요약해야 한다고 생각하는 경우가 있다. 그러나 이는 문제의 요구사항이 아니기 때문에 이것을 써봐야 득점할 수 있는 점수가 없다. 분량을 도저히 채울 수 없는 경우가 아니라면, 갑과 을의 견해를 요약하는 것은 시간과 분량을 허비하는 것이다.

둘째, 지지하거나 반박하는 이유를 기술할 때 <의견>을 활용해야 한다. 물론 문제에서는 새로운 논거를 제시할 수 있다고 했다. 그러나 문제에서 <의견>을 여러 개 주었기 때문에 이를 활용한 경우 더 높은 점수를 기대할 수 있다. 또한 자신이 선택한 견해를 지지하는 이유를 더 강력하게 논증해야 한다. 1번 문제에서도 설명했다시피, 문제에서 "자신이 선택한 견해를 강화하고, 지지하지 않는 견해를 반박"하라고 쉼표까지 사용하면서 정해주었다. 이는 논리적인 중요도에 따라 순서를 정해준 것이라 생각하면 된다. 이러한 점에서 분량 역시 지지하는 논증이 더 길도록 배분하고 반박 논증은 상대적으로 짧게 배분하는 것이 좋다. 분량은 곧 점수와 연결되기 때문에 배점이 큰 부분에 더 많은 분량을 배분하는 것이 수험효율적이다.

셋째, <사례>에 적용해서 문제를 해결해야 한다. 문제에서 갑과 을의 발표를 바탕으로 토론할 내용을 작성하라고 했다. 갑과 을의 발표 자체가 <사례>와 관련 있기 때문에 수험생이 답안을 통해 토론할 내용 역시 <사례>를 해결할 수 있는 것이어야 한다. 출제기관인 법학전문대학원협의회는 LEET 논술은 사례형 논술이며 사례를 해결할 수 있어야 한다고 발표한 바 있다. 자신이 선택한 견해와 이유가 <사례>의 문제를 해결할 수 있음을 증명하는 것이 고득점 요인이 된다.

넷째, 모든 <의견>을 활용할 필요는 없다. 많은 수험생들이 단순히 많이 사용하면 좋을 것이라 생각해 모든 <의견>을 쓰려고 하는 경우가 있다. <의견>만 해도 7개이고, 이를 모두 언급하면 7문장이며 이를 부연하거나 논증하기 위해 1문장씩만 사용한다고 하더라도 14문장이 된다. 14문장이면 일반적으로 약 50자가 1문장이기 때문에 단순계산을 하더라도 약 700자가 된다. 900~1200자 분량 제한에서 <의견> 서술에만 700자를 사용하게 된다면, 자기 견해와 이유, 논증, <사례> 적용과 해결이라는 핵심요소에 사용할 분량이 200~500자, 4문장~10문장 정도만 남게 된다. <조건> 중의 하나에 불과한 <의견> 사용에 대부분의 분량을 소모하고, 문제의 다수 요구사항을 간단하게 처리하면 기본점수조차 받기 어렵다. <의견>을 선별하여 내가 선택한 입장과 이유, 그 논증에 부합하는 <의견>을 핵심적으로 선택해서 <사례>와 연결하는 것이 고득점 요인이 된다.

② 답안의 기본 구조 설정

기본 전체 구조

I. 갑과 을 중 지지하는 견해, 그 이유 제시

II. 이유 1에 대한 논증
  1. 이유 1 제시
  2. 이유의 논리 → <의견> 활용 → <사례> 적용

III. 이유 2에 대한 논증
  1. 이유 2 제시
  2. 이유의 논리 → <의견> 활용 → <사례> 적용

IV. 다른 견해에 대한 반박
  1. 반박 대상 제시
  2. 반박 논리 → <의견> 활용 → <사례> 적용

총 4문단으로 구성한 개요이다. 자신이 선택한 견해를 강화하는 이유를 2개, 선택하지 않은 견해에 대해 반박하는 이유가 1개로 구성되는 것이 논리적 측면에서도 분량과 시간의 제약이라는 한계 측면에서도 적절하다. 그러나 강화하는 이유를 1개, 반박하는 이유를 1개로 해서 900자에 맞춰 구성할 수도 있다. 이 경우 기본 전체 구조에서 III 문단을 생략하면 된다.

문단 구조는 위에서 제시한 4문단 구조와 3문단 구조 외에 있을 수 없다. 4문단 구조로 답안을 작성하면 1200자에 가까운 분량이 될 것이고, 3문단 구조로 답안을 작성하면 900자에 가까운 분량이 될 것이다. 1000자를 쓴다고 하면, 일반적으로 한 문장의 길이가 50자 정도 되기 때문에 20문장을 쓸 수 있다. 기본 구조를 볼 때 대답해야 할 것이 많기 때문에 문단 구성 단계부터 중요도에 따라 문장 수를 배분해야 한다. 단순하게 계산해서 20문장에 50점이 배점되기 때문에 1문장에 2.5점이 있다고 생각하면서 신중하게 답안을 구성해야 한다. 문장을 단순히 생각나는대로 쓰는 것이 아니라 건축가가 설계도면을 그리듯이 계산해서 쓰는 것이어야 한다.

③ 사례 분석

<사례>는 갑과 을의 세미나 발표 내용으로, 주제는 출생률 저하로 인한 인구 감소 문제 해결을 위한 국가 보조금 정책의 타당성에 대한 것이다. 우리나라의 출생률에 대한 데이터가 나와 있기 때문에 자신의 견해를 지지하는 논증을 할 때 이 데이터를 구체적으로 적시하면서 증명하는 것이 좋다. 우리나라는 합계출생률이 0.7명 정도에 이를 정도로 낮아지고 있다. 이대로 인구 감소가 지속된다면 장기적으로 국가 소멸이 우려된다. 또 경제적으로는 생산가능인구의 감소로 인한 국가경제 위축 문제가 우려된다. 이러한 문제를 해결하기 위해 결혼과 출생에 보조금을 지급하는 정책이 논의되고 있다.

갑은 보조금을 지급해서 결혼과 출생을 장려할 수 있다는 입장이다. 특히 다양한 형태의 부부와 가족을 인정하고 보조금을 지급하여 결혼과 출생을 장려해야 한다. 이를 통해 생산가능인구를 확보할 수 있고 국가의 안정을 도모할 수 있다. 반면, 을은 결혼과 출생에 대한 보조금 지급은 이를 선택하지 않은 사람들에게 불공정한 대우를 하는 것이라는 입장이다. 결혼이나 임신을 원하지 않는 사람 혹은 하고 싶어도 할 수 없는 사람들은 이 보조금을 받을 수 없기 때문이다. 이처럼 국가의 재정을 일부 국민에게 특혜를 주는 용도로 사용하는 것은 불공정한 세금 배분이다.

④ 의견 분석

보조금을 지급해야 한다는 갑의 견해에 어울리는 <의견>은 ②, ③, ⑤, ⑥이다. 보조금을 지급해서는 안 된다는 을의 견해에 어울리는 <의견>은 ①, ④, ⑦이다.

의견①은 을의 견해를 지지한다. 보조금이 결혼과 출생의 증가에 일시적 효과는 있으나, 가족이 늘어나면 더 많은 소비가 장기적으로 일어나기 때문에 오히려 저소득층은 보조금을 상회하는 부담을 지게 된다는 것이다.

의견②는 갑의 견해를 지지한다. 보조금을 지급하면 금전적 문제로 인해 결혼이나 출생을 고민하는 사람들에게 동기와 유인이 커질 수 있기 때문이다.

의견③은 갑의 견해를 지지한다. 저출생과 고령화는 우리나라만의 문제가 아니라 많은 나라들이 겪고 있는 문제이다. 외국에서는 생산가능인구의 부족으로 인해 이민 등의 다양한 방안을 강구하고 있는데, 많은 나라들이 동시에 이런 정책을 펼치고 있어 고학력, 고숙련 노동자를 우리나라에 정착시키기 쉽지 않다.

의견④는 을의 견해를 지지한다. 가족을 형성한 자에게 보조금을 주려는 정책이 오히려 보조금을 받기 위해 가족을 형성하는 것으로 목적과 수단의 전도현상이 일어날 수 있다는 것이다. 이 경우 결혼과 출생이라는 가족의 가치가 보조금이라는 돈에 의해 변질되는 문제가 발생할 수 있다.

의견⑤는 갑의 견해를 지지한다. 아이를 키우기 위해서는 현실적으로 물질적인 지원이 이루어져야 한다. 아이는 부모의 자녀일 뿐만 아니라 장래 사회의 구성원이 되기 때문에 부모의 양육에 더해 사회적 지원 역시 이루어져야 하는 것이다. 이를 위해서는 경제적인 지원이 필수적이고 보조금 또한 이를 위해 지급되어야 한다.

의견⑥은 갑의 견해를 지지한다. 보조금은 기업에도 지급할 수 있다. 결혼과 출생을 장려하는 기업에 대해서는 보조금을 지급하고, 이를 저해하는 기업에 대해서는 제재를 가해서 효과성을 높여야 한다.

의견⑦은 을의 견해를 지지한다. 보조금은 국가 재정을 사용하는 것이기 때문에 재정 추이에 따라 보조금 지급이 달라질 수 있다. 보조금을 지급해서 결혼과 출생을 유도할 수 있다면, 반대로 보조금 지급액수가 적어지거나 중단되면 결혼과 출생이 더욱 감소할 수 있다. 이 의견⑦은 의견④의 연장선상에 있는 논리라 할 수 있다.

갑의 견해와 같이 결혼과 출생 장려 보조금 제도를 도입해야 한다. 공동체의 유지·존속, 국가경제 발전을 도모할 수 있기 때문이다.

공동체의 유지·존속을 위해 갑의 견해가 타당하다. 공동체의 유지·존속을 위해 공동체 구성원의 재생산은 필수적이므로, 국가는 결혼과 출산을 통한 가족의 가치를 법률과 정책으로써 보호하는 것이다. <사례>의 합계출생률은 약 0.7명에 불과해 인구의 급격한 감소와 공동체의 유지·존속이 위협받고 있다. 의견②와 같이, 저임금이나 내 집 마련 등의 금전적 문제로 인해 결혼을 주저하거나, 결혼은 했으나 교육비나 양육비 등의 문제로 출산을 꺼리는 구성원들에게 보조금을 지급함으로써 결혼과 출산을 장려할 수 있다. 국가가 보조금을 지급해 결혼과 출산을 장려하는 것은, 공동체의 유지·존속이 우리 공동체의 중요한 가치임을 밝히는 것이다. 따라서 결혼과 출생 장려 보조금 제도를 도입해야 한다.

국가경제 발전을 위해 갑의 견해가 타당하다. 국가경제 발전을 위해서는 생산가능인구가 충족되어야 하는데, 의견③의 일부 국가는 생산가능인구 증가를 위해 노동인구 재배치와 외국인력 도입 방안까지 강구하는 것에서 그 중요성을 확인할 수 있다. <사례>는 합계출생률이 0.7명에서 2.1명으로 수직상승한다는 비현실적 가정을 하더라도 생산가능인구는 81% 수준으로 감소할 것이라 한다. 생산가능인구 감소는 생산력 저하, 수출 감소, 기업의 고용과 가계소득 감소, 소비여력 저하, 경제활력의 저하와 국가경제 위축으로 이어지고, 인구 감소의 악순환이 될 것이다. 따라서 이 악순환을 막을 시작점이 될 수 있도록 결혼과 출산 장려 보조금을 지급해야 한다.

을은 보조금 지급이 불공정한 세금 배분이라는 반론을 제기한다. 그러나 국가가 공동체적 가치를 실현하기 위해 세금을 사용하는 것은 정당하다. 우리나라를 포함한 많은 국가들이 AI와 바이오 산업 등 미래산업역량 성장을 위한 기초과학 연구개발에 거액의 세금을 투입하고 있다. 국가 발전을 통해 국민의 안정적 삶을 보장하고 국가의 영속을 달성할 수 있기 때문이다. 의견⑤처럼 자녀를 공동체 구성원으로 재생산하기 위해서는 생물학적인 출생에 더해 사회문화적인 학습이 필요하기 때문에 의료, 교육 등 사회의 물질적 지원이 수반되어야 한다. 이를 위한 보조금 지급은 불공정한 세금 배분이 아니라 국가 발전을 위한 필수적 지출이라 할 수 있으므로 이 반론은 타당하지 않다.

※ 1181자

기출문제 (2문항/110분)

* 교재 뒷부분에 있는 논술 답안지를 사용하여 답안을 작성해보세요.
  • 논술 경험이 있다면, 실전처럼 답안을 바로 작성한 후 예시답안과 비교하여 완성도를 높이는 데 중점을 두어보세요.
  • 답안 작성이 막막하다면, 문제 뒤의 해설을 먼저 참고한 후 답안을 작성하여 논술 감각을 익히는 데 중점을 두어보세요.

1. <사례>를 읽고 병이나 정의 주장 중 하나를 택하여 <조건>에 따라 주장을 완성하시오. (900~1200자, 50점)

───────────── 〈조건〉 ─────────────

1. 병의 주장을 택할 경우

  가. 제시되어 있는 병의 주장을 먼저 요약할 것

  나. 을의 입장을 반박하고 갑의 입장을 강화하는 새로운 논거를 제시할 것

2. 정의 주장을 택할 경우

  가. 제시되어 있는 정의 주장을 먼저 요약할 것

  나. 갑의 입장을 반박하고 을의 입장을 강화하는 새로운 논거를 제시할 것

───────────── 〈사례〉 ─────────────

　30년 이상 대학 교수 등으로 활동하여 온 저명한 미술가 갑은 특히 대중에게 개방된 장소에 전시하는 벽화 제작에 특별한 관심을 가지고 작품 활동을 해 왔다. 국가 기관인 을은 대중들이 많이 왕래하는 도심 한가운데에 시민들을 위한 가족 공원을 조성하면서 갑에게 공공장소의 이미지에 맞는 벽화 제작을 의뢰하였다. 갑과 을은 남자아이가 아버지, 할아버지와 함께 뛰어가는 모습을 표현한 미술품을 제작하여 설치하는 내용의 계약을 체결하였고, 이 계약은 을이 실시한 외부 인사를 통한 사전 검사를 통과하였다. 이에 따라 갑은 가족 공원의 담벼락과 기둥에 폭 2.8m, 길이 20m가량의 벽화를 제작하여 설치하였다. 갑은 가족 공원이 완성됨에 따라 제작 대금을 모두 받았으며 벽화의 소유권은 을에 넘어갔다. 그런데 1년 후 을은 벽화의 등장인물이 모두 남자라서 가족 공원의 이미지에 맞지 않는다는 이유로 철거하기로 결정하였다. 을은 갑에게 사전 협의나 동의를 구하지 않은 채 임의로 벽화에 물을 분사하여 원래의 규격보다 작게 절단한 후 벽체에서 분리하는 방법으로 철거를 완료하였으며, 그 과정에서 벽화를 크게 손상시켰다. 그 후 을은 벽화를 가족 공원의 어느 공간에 방치하다가 인근 공터에서 소각하였다.

　문학이나 음악 등 보통의 작품은 책이나 음반 등 복제물의 형태로 유통되므로, 그러한 복제본을 파손 또는 폐기하더라도 그것은 소유하는 자의 권리에 해당할 뿐 특별히 창작자의 이익을 해치지 않는다. 그러나 원본을 특정 장소에 전시하는 것 자체가 큰 의미가 있는 미술 작품의 경우에는 소유자가 창작자의 동의 없이 이를 훼손, 철거 또는 폐기할 수 있는가에 관해 의견이 대립한다.

―〈입장〉―

갑: 작가는 예술 작품의 종류와 성격 등에 따라 자기의 예술 작품이 공공장소에 전시·보존될 것이라는 점에 관해 창작자로서의 정당한 이익을 가질 수 있다. 이 사안에서는 작품의 종류와 성격, 이용의 목적 및 형태, 작품 설치 장소의 개방성과 공공성의 정도, 국가가 이를 선정하여 설치하게 된 경위, 폐기의 이유와 폐기 결정에 이른 과정 및 폐기 방법 등을 종합적으로 고려하여 볼 때 국가 기관인 을이 해당 작품을 폐기한 행위는 현저하게 불합리하고 작가로서의 명예 감정 및 사회적 신용과 명성 등을 침해하는 방식으로 이루어졌다. 따라서 을의 벽화 파괴 행위는 헌법이 보장하는 예술의 자유 또는 인격권을 침해하는 행위로서 커다란 정신적 고통을 겪게 하였으므로, 정신적 손해에 대한 배상을 청구할 수 있다.

을: 소유권의 내용에는 자기가 소유하는 예술 작품을 파괴할 권리도 포함되며, 벽화의 철거, 절단 등은 폐기 과정의 일부일 뿐이다. 또한 갑의 작품 창작 활동에 간섭하거나 작품의 표현 자체를 금지한 적이 없기에 갑의 예술의 자유를 침해하지 않았다. 단순히 갑의 주관적 명예 감정을 침해한 것만으로는 인격권 침해가 되지 않는다. 소유자가 예술 작품을 완전히 파괴하는 경우라면, 일반적으로 그 파괴 행위가 예술가의 이익을 침해한다고 볼 수는 없다. 왜냐하면 통상 자신이 창작한 작품에 대한 소유권을 양도하고 대가를 받은 예술가라면 이후 자기 작품의 운명을 소유자의 손에 맡겼다고 보는 게 타당하기 때문이다. 따라서 취향 변화 등 어떠한 이유로든 미술 작품에 싫증이 났다면 소유자가 해당 작품을 양도·교환·증여하거나, 자신이 거주하는 공간에서 제거하여 자신 또는 다른 사람이 감상하지 못하도록 하는 것이 소유권의 부당한 행사라고 볼 수 없다.

―〈주장〉―

병: 예술가는 자기 작품의 동일성 유지와 온전한 보존에 관한 이익이 있다. 왜냐하면 작품에 대한 외부적 평가는 예술가 자신의 사상, 노력, 명성, 명예 등 인격적 이익과 밀접하게 연관되어 있기 때문이다. 또한 문학이나 음악 작품과 달리 미술 작품은 원본이 파괴되면 더 이상 이 세상에 존재하지 않게 되므로 작가는 작품 원본의 소유권을 넘긴 후에도 계속해서 자신의 이익을 보유할 수 있다(…)

정: 작품의 동일성을 유지한 채 부분적으로 바꾸는 것이 아니라 작품을 완전히 파괴하는 경우에는 해당 작품에 대한 외부적 평가 자체가 사라지기에 병이 주장하는 예술가의 이익이 침해되었다고 보기 힘들다. 또한 원본 작품의 작가가 소유권을 넘긴 후에도 계속 자신의 이익을 주장한다면, 해당 작품의 소유자는 그 보유로 인해 예측할 수 없는 과도한 부담을 갖게 되어 오히려 예술 작품의 원활한 유통이 저해된다. 그 결과 작가의 이익도 침해될 수 있다(…)

2. <사례>를 읽고 <조건>에 따라 논술하시오. (900~1200자, 50점)

――――――――――――――― 〈조건〉 ―――――――――――――――

1. <사례 1>과 <사례 2>의 유사점과 차이점을 제시하시오.

2. <의견>을 활용하여 <사례 1>과 <사례 2>를 논평하고 이에 대한 자신의 견해를 밝히시오.

3. <의견>은 4개 이상 활용하시오.

4. <의견>을 활용할 때는 의견①, 의견④와 같은 방식으로 명시하시오.

――――――――――――――― 〈사례〉 ―――――――――――――――

<사례 1>

　　바이러스를 통해 공기 중으로 감염이 되는 신종 독감이 A국을 비롯한 전 세계에 유행하였다. 이 신종 독감은 전파 및 감염이 잘될뿐더러 치명률도 높았다. 이에 전 세계적으로 팬데믹(pandemic)이 선언되었고, A국 역시 이에 발맞추어 대응해야 했다. A국 정부는 신종 독감에 선제적으로 대응하기 위해 법률에 따라 전면적 행위 제한 조치(lock-down)를 시행하였다. 이의 일환으로 모든 국민에게 외출 금지 명령을 내리고, 불가피하게 외출하는 경우에는 반드시 마스크를 착용하도록 하였다. 이를 위반할 때는 법으로 제재하였다. 동시에 전면적 행위 제한에 필요한 생필품과 손실 보상금도 충분히 지급하였다. 다행히 A국 국민은 기본적으로 정부의 전면적 행위 제한 조치에 적극적으로 호응하였다. 국민 대부분이 외출 금지 및 마스크 착용에 협조하였다. 그 덕분에 A국은 다른 나라보다 먼저 신종 독감 유행 문제를 해결할 수 있었다.

<사례 2>

　　사회의 거의 모든 영역이 인터넷으로 연결되는 초연결 사회가 도래하면서 사회 전체적으로 여러 편익이 증대하였다. 동시에 사이버 공격으로 인한 사이버 보안 침해도 늘어났다. 특히 A국의 경우 전면적 행위 제한 조치의 일환으로 온라인 재택근무가 시행되면서 사이버 보안 문제가 중요한 이슈로 떠올랐다. 재택근무를 하기 위해 자신이 보유한 개인 기기로 회사의 내부 인터넷에 접속하는 경우가 늘어났는데, 기기의 보안 조치가 취약해 이를 통한 사이버 보안 침해가 급증하였다. 메타버스를 활용해 회사 업무를 진행하는 경우에도 유사한 문제가 발생하였다. 이 과정에서 회사가 보유한 최첨단 기술의 데이터가 적대국이나 경쟁 기업으로 유출되거나, 인터넷 이용자의 개인 정보가 침해되는 사고가 빈번하게 발생하였다. 사회의 초연결로 사고의 피해는 손쉽게 사회 전체로 확산되었다. A국 정부는 이 문제에 대응하기 위해 새로운 사이버 보안 모델을 제시하였다. 전면적 행위 제한 조치와 유사한 원칙을 법률에 따라 사이버 보안에 적용하는 것이다. 이에 따르면 인터넷과 같은 사이버 공간에 접속하고자 하는 사람은 그가 누구든 상관없이 정부가 요구하는 보안 조치를 취해야 한다. 보안 조치의 핵심은 보안 프로그램의 강제적 업그레이드와 철저한 본인 확인 제도이다. 그리고 이를 위반한 경우에는 법으로 제재하기로 하였다. 반면 재정적 지원은 고려하지 않았다.

① 안전은 공익이자 생명, 자유, 재산처럼 매우 중요한 권리이다. 안전이 보장되어야 비로소 인간은 생명과 자유, 재산을 온전하게 보호받을 수 있다.

② 인간은 자유롭게 태어났다. 자유는 인간에게 가장 중요한 권리로 생명이나 재산, 안전보다 우선한다. 최대한의 자유는 그 어떤 공간에서도 보장되어야 한다.

③ 사이버 보안 침해는 독감 유행보다 사회 전체에 더 치명적인 결과를 낳을 수 있다. 예를 들어 B국에서는 핵심 송유관 회사가 사이버 공격을 받아 원유 공급이 한동안 중단되어 큰 경제적 손실이 발생하였고, 상수도 관리 회사가 사이버 침해로 상수원에 독극물이 유출될 위험에 처하기도 하였다.

④ 새로운 사이버 보안 정책은 신종 독감 상황에서 성공을 거둔 전면적 행위 제한 조치를 보안 영역에 적용한 것이다. 사이버 보안도 신종 독감 예방처럼 국민의 권익과 안전에 직결되기에 필요하다.

⑤ 인터넷은 그 어떤 공간보다 자유로운 공간이다. 인터넷 공간의 자유를 누리기 위해서는 인터넷에 자유롭고 평등하게 접근할 수 있는 권리가 최대한 보장되어야 한다. 이에 대한 제약은 최소한에 그쳐야 한다.

⑥ 현대 초연결 사회에서는 내부자와 외부자, 사업자와 이용자를 구별하는 경계 중심적 보안 모델은 더 이상 유효하지 않다. 이에 대응하려면 인터넷에서는 그 누구도 신뢰해서는 안 된다는 제로 트러스트(zero trust) 모델을 수용해야 한다.

⑦ 정부가 요구하는 보안 조치를 그대로 따르기 위해서는 이에 상응한 기기를 갖추어야 한다. 그러나 이는 경제적 약자에게 큰 부담이 될 수 있다. 국가는 디지털 포용(digital inclusion)이라는 견지에서 모든 국민이 평등하게 인터넷에 접속할 권리를 보장해야 한다.

⑧ 사이버 보안은 보안 기술을 발전시킴으로써만 완전하게 구현할 수 있다. 이는 국가 주도로 이루어지는 게 아니다. 민간이 주도해야만 보안 기술 향상도, 사이버 보안 구현도 달성할 수 있다.

해설 & 예시답안

📜 출제기관의 출제방향 발표자료

① 출제의 기본 방향

2024학년도 법학적성시험 논술 영역은 공지된 출제 방향에 따라 다음과 같이 출제하였다. 첫째, 2개 문항 모두 사례형으로 출제하였다. 둘째, 제시된 사례를 적절하게 분석하고 쟁점을 정확하게 도출하는 능력을 평가하려고 하였다. 셋째, 쟁점에 관해 자신의 견해를 제시하고 그 근거를 논증적으로 서술하는 글쓰기 능력을 평가하려고 하였다.

② 출제 범위

논술 영역에서는 법적 분쟁을 해결하는 데 법조인에게 기본적으로 필요한 사례 분석, 쟁점 도출, 쟁점 평가 및 논증과 같은 능력을 평가할 수 있는 문제를 출제하였다. 두 문항은 주어진 입장이나 의견 등을 활용하여 사례를 해결하도록 요구한다. 따라서 분석력과 판단력 및 논증 능력을 갖춘 수험생이라면 전공에 상관없이 일반적으로 풀 수 있도록 문항을 구성하였다.

③ 문항 구성

1번 문항은 복합적인 1개의 사례와 2개의 아직 완성되지 않은 주장 그리고 2개의 입장으로 구성된다. 1번 문항은 이번에 새롭게 시도되는 문제 형식이다. 사례에서는 공공장소에 전시된 미술품을 소유하는 국가기관이 작가의 사전 협의나 동의를 구하지 않은 채 철거 및 제거하는 행위가 작품에 관한 작가의 인격권을 침해하는지, 이에 따라 정신적 손해에 대한 배상을 청구할 수 있는지가 문제된다. <입장>은 이 사례에 관해 서로 다른 2개의 입장을 제시한다. <주장>은 이 사례에 관해 서로 다른 2개의 아직 완성되지 않은 주장을 보여준다. 이 문항에서는 다음과 같은 과제를 수행해야 한다. 첫째, 사례에서 갑과 을 사이에 무엇이 문제가 되는지 파악해야 한다. 특히 미술 작품의 소유권이 작가로부터 매수인에게 양도된 이후에도 작가가 작품에 관여할 수 있는지가 쟁점이 된다. 둘째, 아직 완성되지 않은 병과 정의 주장 가운데 어느 하나를 선택하여 <입장>을 참고해 그리고 독창적인 논거를 활용하여 주장을 논증적으로 완성해야 한다.

2번 문항은 2개의 사례와 8개의 의견으로 구성된다. 2개의 사례 가운데 첫 번째 사례는 전 세계적으로 유행한 신종 독감 문제를 선제적으로 해결하기 위해 전면적 행위 제한 조치를 취한 A국 정부 정책의 타당성이 문제가 된다. 두 번째 사례는 신종 독감 문제를 성공적으로 해결한 A국 정부가 이후 새롭게 이슈로 떠오른 사이버 보안 침해 상황에 선제적·예방적으로 대응하기 위해 전면적 행위 제한 조치와 유사한 조치를 보안 영역에 적용하는 게 타당한지가 문제된다. 이 문항에서는 다음과 같은 과제를 수행해야 한다. 첫째, 두 사례의 유사점과 차이점을 밝혀야 한다. 둘째, 두 사례에서 문제가 된 A국 정부의 정책을 논평하고 이에 자신의 견해를 밝혀야 한다. 셋째, 자신의 견해를 밝힐 때 <의견>을 4개 이상 적절하게 활용해야 한다.

④ 난이도

논술 영역은 수험생이 제시문에 대한 분석과 쟁점 파악을 기반으로 하여 논증적 글쓰기를 할 수 있는지를 측정하려고 한다. 이 목적을 달성하기 위해 간결하고 함축적인 사례, 입장, 의견 등을 제시하였다. 난이도는 예년과 유사하게 설정하였다.

⑤ 출제 시 유의점

- 1, 2번 문항의 배점을 동일하게 50점으로 배분하였다.
- 수험생은 문제의 취지를 정확하게 파악한 후 <조건>에 따라 문제를 풀 수 있어야 한다. 이때 주어진 입장이나 의견을 단순히 기계적으로 나열하는 것은 지양해야 한다.

🧑 1번 문제 해설

① 문제와 조건 분석

> • 문제: <사례>를 읽고 병이나 정의 주장 중 하나를 택하여 <조건>에 따라 주장을 완성하시오. (900~1200자, 50점)
> • 조건: 1. 병의 주장을 택할 경우
> 　　　 가. 제시되어 있는 병의 주장을 먼저 요약할 것
> 　　　 나. 을의 입장을 반박하고 갑의 입장을 강화하는 새로운 논거를 제시할 것
> 　　　 2. 정의 주장을 택할 경우
> 　　　 가. 제시되어 있는 정의 주장을 먼저 요약할 것
> 　　　 나. 갑의 입장을 반박하고 을의 입장을 강화하는 새로운 논거를 제시할 것

이 문제는 2019학년도부터 도입된 사례형 논술에서는 새로운 형태의 문제이지만, 이미 유사한 방식의 기출문제가 출제된 바 있다. 문제에서 주장의 일부를 제시하고, 이를 논리적 연속성을 해치지 않도록 이어서 논증을 구성하는 방식이다. 2015학년도, 2013학년도 LEET 논술 기출문제가 이와 유사한 방식의 출제방식을 적용한 사례이며, 이 교재의 해당연도 문제와 해설을 참고하기를 바란다. 문제만 확인하면 다음과 같다.

> • 2015학년도 LEET 논술 문제
> 1. <서론>에 이어 자신의 주장을 제시하고 그 주장을 정당화하는 글을 [조건]에 따라 완성하시오. (900~1200자, 40점)
>
> • 2013학년도 LEET 논술 문제
> 1. 다음은 '갑'과 '을'의 토론의 시작 부분이다. 토론의 맥락을 고려하여 '을'의 두 번째 발언을 쓰시오. (900~1100자, 40점)

이 문제에는 병과 정의 주장이 일부 제시되어 있다. 글의 구성은 다음과 같다. 주장을 먼저 요약한 후, 반대 입장을 반박하고, 새로운 논거를 제시해서 주장을 강화하는 것이다. 이때 분량 배분에 주의해야 하는데, 주장 요약에 가장 적은 분량을, 새로운 논거 제시에 가장 많은 분량을 배분해야 한다. 이는 채점기준을 고려한 결과인데, 새로운 논거를 들어 주장을 강화하는 것이 논리적으로 가장 중요하기 때문에 가장 많은 점수가 있을 것이고 분량 배분도 충분히 되어야 하는 것이다. 문제에서 이미 알려준 기존 주장의 요약은 문제에서 요구했기 때문에 서술하는 것일 뿐, 점수 배점은 미미할 것이 분명하기 때문에 분량을 적게 배분해야 한다.

법학적성시험 출제기관인 법학전문대학원협의회에서 발표한 자료를 보아도 이는 명확하다. 앞의 ⑤ 출제 시 유의점에서 "수험생은 문제의 취지를 정확하게 파악한 후 <조건>에 따라 문제를 풀 수 있어야 한다. 이때 주어진 입장이나 의견을 단순히 기계적으로 나열하는 것은 지양해야 한다."고 했다. 이는 결국 주어진 제시문을 베끼는 정도의 내용으로는 득점이 불가능하다는 것을 의미한다.

② 답안의 기본 구조 설정

기본 전체 구조

I. 병 혹은 정의 주장 요약

II. 논거 1: 선택한 입장에 대한 논거
  1. 논리 제시
  2. <사례>의 벽화 파괴에 적용

III. 논거 2: 반론/재반론도 가능함
  1. 논리 제시
  2. <사례>의 벽화 파괴에 적용

③ 사례 분석

미술가인 갑이 자신이 창작한 예술 작품을 이미 판매하여 소유권이 없는 상황에서 작품의 손상과 파괴에 대한 권리 주장이 가능한 것인지를 다투는 사례이다. 이 사례에서 일반적인 양도 계약, 소유권을 그대로 적용할 수 없는 2가지 이유가 있다.

먼저, 예술가인 갑이 양도한 미술 작품이 설치미술인 벽화라는 점이다. 인간의 지적, 예술적 노력의 결과물인 창작물은 일반적으로 소유권자의 의사에 따라 자유롭게 처분될 수 있다. 예를 들어, 루소의 <사회계약론>의 원고 원본을 A가 B로부터 구매하여 소각했다고 하자. 창작자인 루소 혹은 B가 이에 대해 이의를 제기할 수 없다. 루소가 <사회계약론>을 통해 사회에 전달하고자 하는 의미는 복제본을 통해서도 전달될 수 있기 때문이다. 그러나 이 <사례>의 갑이 창작한 벽화는 가족 공원에 적합하도록 만들어진 것이다. 가족 공원은 공적 시설물로 가족 간의 화목이나 사랑 등과 같은 공공의 가치를 실현하기 위해 설계된 것이며, 이 벽화는 가족 공원의 가치를 드러낼 목적으로 구상되고 만들어진 것이다. 갑의 벽화는 가족 공원과 분리된다면 온전한 의미를 드러낼 수 없고 퇴색되는 것이다. 이는 약탈 문화재 반환 논란의 논리와 밀접한 관계가 있다. 제국주의 시대에 그리스 파르테논 신전에서 분리되어 영국박물관에 전시되어 있는 파르테논 마블스 혹은 엘긴 마블스의 반환 요구와 거부 논란이 그 대표적인 사례이다. 파르테논 신전을 만든 그리스인들은 그리스의 환경에 가장 잘 어울리도록 파르테논 신전을 기획하고 만들었기 때문에 그 장소에 그 문화재가 통합되어 있어야 한다는 의미이다.

둘째, 벽화의 소유권자인 을이 국가기관이라는 점이다. 국가기관인 을은 가족 공원이라는 공공시설물에 설치할 예술 작품을 국민을 대신해 의뢰하고 관리하는 주체이다. 국가기관인 을은 공공시설물에 어울리는 작품을 제작할 것을 갑에게 의뢰하였다. 국민이 이용할 공공시설물에 국민의 세금을 통해 제작하여 설치된 벽화는 공적 절차를 통해 의뢰, 제작, 설치, 철거해야 한다. 그렇기 때문에 창작자인 갑은 국가기관인 을에게 벽화의 내용을 구체적으로 공개하고 외부 인사의 검증까지 받은 것이다.

④ 입장 분석

갑은 공공장소에 설치된 예술 작품이 해당 장소에 어울리는 것으로서 온전히 전시되고 보존될 것이라 정당하게 기대했다. 그리고 전시와 보존이 제한되어야 한다면, 제작과 설치 과정에 진행된 공적 절차가 유사하게 적용될 것이라 정당하게 예측했다. 그러나 을의 파괴 행위는 예술가의 정당한 기대와 예측을 침해한 것이다.

을은 소유권자의 정당한 권리를 행사했을 뿐이라 주장한다. 창작자인 갑은 을이 제안한 조건에 만족하여 계약을 하였으며, 을은 정당한 대가를 지불하여 계약이 성립된 것이다. 갑과 을의 계약은 정당하게 성립하여 소유권이 을에게 있는 것이 명확하다. 작품의 소유권자가 을이므로 작품의 양도, 증여, 파괴에 따른 모든 자유와 책임은 을에게 있다.

⑤ 주장 분석

병은 예술가에게 자기 작품에 대한 이익이 존재한다고 주장한다. 물론 소유권이 양도되었다면 소유 자체에 대한 이익이 있다고 할 수는 없다. 그러나 자기 작품에 대한 평가는 예술가 자신에게 귀속되기 때문에 사상이나 노력의 결과물인 작품에 대한 인격적 이익은 존재할 수 있다.

정은 작품의 소유권자에게 처분에 대한 모든 권리가 있다고 주장한다. 작품을 파괴할 경우 외부 평가가 불가능하므로 외부 평가로부터 발생하는 예술가의 이익은 존재할 수 없다. 또 작품의 매수자가 정당한 대가를 주고 양도 받았음에도 불구하고 예술가의 권리가 인정된다면 계약 자체를 꺼리게 될 것이라 주장한다.

⑥ 입장과 주장의 선택

출제기관은 LEET 논술은 사례형 논술이라 분명히 밝히고 있다. 따라서 수험생은 출제기관의 의도에 적합하게 사례를 해결하는 것을 목적으로 해야 한다.

이 문제의 사례에서 벽화는 공공장소에 설치된 것이며 국가기관의 의뢰를 받아 제작된 것이다. 따라서 소유권의 양도에도 불구하고 창작자인 예술가의 이익이 존재한다고 보는 것이 적절하다. 국가기관인 을은 다른 장소에 이전하거나 창작자인 갑에게 수정을 요청하거나 하는 다른 방법을 선택할 수 있음에도 불구하고, 작품을 절단하고 소각하는 방법을 선택하였기 때문에 예술가의 이익 침해가 결코 작다고 할 수 없다.

이와 유사한 사건에서 우리 대법원 역시 창작자의 이익이 존재한다고 판시한 바 있다. 우측의 QR코드를 통해 이와 관련한 대법원 판례를 확인할 수 있다.

📝 1번 문제 예시답안

<선택한 입장 강화와, 상대 입장 반박을 내부 포섭한 형태로 구성한 경우>

병의 주장에 따르면, 예술 작품은 창작자의 인격적 이익과 밀접한 관련이 있다. 따라서 창작자는 예술 작품의 소유권을 양도한 이후에도 예술 작품의 동일성 유지와 온전한 보존에 대한 이익을 다툴 수 있다.

예술가의 인격권을 보호해야 하므로 병의 주장이 타당하다. 예술가는 자신의 사상을 예술 작품이라는 표현으로 드러내고, 창작물인 예술품을 제작하기 위해 지속적으로 노력하여, 예술품 전시를 통해 사회적 명성을 얻게 된다. <사례>의 갑은 대중에게 개방된 장소에 벽화를 제작해 전시하는 예술활동을 30년간 해왔고 그 지속성을 인정받아 사회적 명성을 얻었다. 갑은 사상의 지속성과 표현의 예술성을 인정받은 결과, 국가기관인 을로부터 가족 공원이라는 공공장소에 시민적 가치를 담아낸 공공예술품인 벽화를 설치할 것을 의뢰받았다. 이에 창작자인 갑은 자신의 예술 작품이 해당 가족 공원에 어울리도록 전시됨으로써 시민적 가치를 담은 예술 작품의 생명력이 유지되고 온전히 보존될 것이라 예측하였다. 벽화는 가족 공원의 목적을 실현하기 위해 그 일부로 제작되었으므로 가족 공원으로부터 분리되면 그 의미를 잃게 된다. 그러나 을은 사전 협의나 동의 없이 벽화를 가족 공원으로부터 분리시켜 갑이 창작한 작품의 의미를 훼손했고 심지어 벽화를 소각해 완전히 파괴했다. 따라서 을의 행위는 창작자인 갑의 인격권을 침해한 것이다.

정당한 절차를 이행해야 하므로 병의 주장이 타당하다. 을은 소유권자이므로 마음대로 벽화를 파괴할 수 있다고 주장한다. 그러나 공공장소에 전시된 작품의 철거는 정당한 절차를 거쳐야 한다. <사례>의 벽화는 공공장소에 어울리는 시민적 가치를 담고 있다는 시민적 합의절차를 거친 작품이다. 미술가인 갑은 공공장소인 가족 공원에 가족애라는 시민적 가치를 담아낸 공공예술품인 벽화를 국가기관인 을로부터 의뢰받았고, 3대의 가족이 뛰어가는 내용을 구체적으로 사전 제출했다. 국가기관인 을은 갑의 지속적 예술활동을 인정해 의뢰한 것이고, 해당 벽화가 가족 공원에 전시되어 시민사회의 가치를 드러낼 수 있을지 판단하고자 외부기관의 사전 검사를 시행하기까지 했다. 해당 벽화가 공공장소인 가족 공원에 어울리지 않는다거나 시민적 가치에 반하여 철거해야 한다면, 창작자인 갑에게 소명 기회를 주는 등 시민적 합의절차를 거쳐야 한다. 그러나 국가기관인 을은 예술 작품의 소유권을 양도받았다는 이유만으로 정당한 절차를 이행하지 않았으므로, 자의적 철거에 해당한다.

※ 1200자

<상대 입장 반박, 선택한 입장 강화하는 형태로 구성한 경우>

병의 주장에 따르면, 예술 작품은 창작자의 인격적 이익과 밀접한 관련이 있고, 원본 파괴 시 존재가 사라지는 예술품은 원본의 소유권이 이전된 이후에도 작품에 대한 이익이 있다.

을은 벽화의 철거, 절단 등과 같은 폐기는 갑의 주관적 명예 감정만을 침해했을 뿐이고 인격권 침해라 할 수 없다고 주장한다. 그러나 을에 의한 갑의 벽화 철거와 절단 등의 폐기는 예술가인 갑의 예술의 자유와 사회적 명성을 과도하게 훼손하여 인격권을 침해한다. <사례>의 을은 벽화에 물을 분사해 절단했는데 절단부위는 강한 물줄기로 인해 손상되고, 인접부위 양측면으로 넓게 장시간 물이 닿아 물감 등이 번져 기괴한 형태로 벽화가 변형되었을 것이다. 갑의 본래 의도와는 다르게 변한 벽화는 물감 등이 번져 기괴하게 변형된 상태로, 절단된 여러 부위가 무의미하게, 가족 공원에 방치되었다. 이를 본 시민들은 갑이 이 벽화를 통해 전달하고자 했던 본래 의도를 전혀 알 수 없고, 오히려 갑의 사상과 예술성을 왜곡하여 받아들일 것이다. 을은 단지 소유권자라는 이유만으로 갑의 사상과 예술의 자유를 침해한 것이며, 벽화를 본 시민들에게 예술가의 의도를 왜곡하여 전달함으로써 갑의 사회적 명성을 훼손한 것이다.

공공예술품 설치, 파괴 시에 정당한 절차가 필요하므로, 병의 주장이 타당하다. 공공예술품은 시민적 가치를 실현해야 하므로 공적 절차를 거쳐야 한다. <사례>의 미술가인 갑은 공공장소인 가족 공원에 가족애라는 시민적 가치를 담아낸 공공예술품인 벽화를 국가기관인 을로부터 의뢰받았고, 3대의 가족이 뛰어가는 내용을 구체적으로 사전 제출했다. 국가기관인 을은 갑의 지속적 예술활동을 인정해 의뢰했고, 벽화가 가족 공원에 전시되어 공적 가치를 실현할 것인지 판단하고자 외부기관의 사전 검사까지 시행해, 제작과 설치가 결정되었다. 벽화는 가족 공원의 목적을 실현하기 위해 그 일부로 제작되었으므로 가족 공원으로부터 분리되면 그 의미를 잃게 된다. 만약 벽화가 공공장소인 가족 공원에 어울리지 않거나 시민적 가치에 반한다면, 제작과 설치 과정의 공적 절차와 유사한 시민적 합의를 거친 파기 절차가 수행되어야 한다. 그러나 국가기관인 을은 예술 작품의 소유권을 양도받았다는 이유만으로 정당한 절차를 이행하지 않았으므로 자의적 철거에 해당한다. 따라서 병의 주장이 타당하다.

※ 1141자

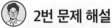 **2번 문제 해설**

① 문제와 조건 분석

> • 문제: <사례>를 읽고 <조건>에 따라 논술하시오. (900~1200자, 50점)
> • 조건: 1. <사례 1>과 <사례 2>의 유사점과 차이점을 제시하시오.
>   2. <의견>을 활용하여 <사례 1>과 <사례 2>를 논평하고 이에 대한 자신의 견해를 밝히시오.
>   3. <의견>은 4개 이상 활용하시오.
>   4. <의견>을 활용할 때는 의견①, 의견④와 같은 방식으로 명시하시오.

첫째, 두 <사례>의 유사점과 차이점을 밝혀야 한다. 이때 유사점과 차이점은 간략하게 대답만 해야 한다. 만약 유사점과 차이점을 여러 가지 제시한다면, 사례에 대한 논평에서 이를 반영해야 한다. 예를 들어, 유사점과 차이점을 4가지 제시했다면, 이 4개의 논리가 사례의 논평에 적용되어야 한다. 이에 더해 중요도를 감안했을 때, 채점 기준상 배점이 가장 작을 것이기 때문에 굳이 많이 생각하거나 많은 분량을 할애할 필요가 없다. 따라서 유사점과 차이점을 먼저 생각하지 말고, 가장 마지막에 구성하는 것이 좋다.

둘째, <사례 1>과 <사례 2>를 논평하면서 자신의 견해를 밝혀야 한다. 논평은 말 그대로 논리적 평가를 의미하는 것이므로 논리적 이유를 제시하고 그에 따라 <사례 1>과 <사례 2>를 평가한다. 그 평가의 결과가 곧 자신의 견해가 되는 것이다. 예를 들어 P라는 논리에 근거해서 <사례 1>을 평가하고 <사례 1>에 대해 자신의 견해를 밝히게 되는 것이다. 이때 주의할 점은 <사례 1>과 <사례 2>를 평가하는 논리적 기준이 동일해야 한다는 것이다. <사례 1>에는 P라는 논리적 기준을 적용했는데, <사례 2>에는 Q라는 논리적 기준을 적용한다고 하자. 그렇다면 <사례 1>과 <사례 2>에 다른 논리를 적용해야 하는 이유를 별도로 증명해야 한다. 그러나 이 문제에 부여된 점수와 분량, 시간적 한계를 감안하면 별도로 증명할 여력이 없다.

셋째, <의견>을 4개 이상 활용해 논평하고 견해를 증명해야 한다. <의견>을 4개 이상 활용하라고 할 때, 많은 수험생들이 단순히 많이 하면 좋을 것이라 생각해 7~8개를 단순 나열하는 경우가 있다. 답안의 분량이 900~1200자이고, 이를 문장 수로 계산하면 일반적으로 약 50자가 1문장이기 때문에 18~24문장이다. 유사점과 차이점, <사례 1>과 <사례 2>의 논평과 견해 제시까지 문제에서 채점 포인트로 정해준 것들이 많다. 그런데 단순히 베끼기만 하면 되는 <의견>의 개수를 늘리는 것은 득점에 도움이 되지 않는다. 핵심적인 4개의 의견을 선별하라는 의미로 받아들여야 한다.

② 답안의 기본 구조 설정

기본 전체 구조

I. 유사점과 차이점: 아래 증명은 중요도에 따라 생략 가능함
  1. <사례 1>, <사례 2>의 유사점
  2. <사례 1>, <사례 2>의 차이점

II. <사례 1> 논평, 견해 (의견 2개 사용)
  1. 논거 제시
  2. 논거의 논리 → <사례 1> 적용 → 평가, 견해 제시

III. <사례 2> 논평, 견해 (의견 2개 사용)
  1. 논거 제시
  2. 논거의 논리 → <사례 2> 적용 → 평가, 견해 제시

총 3문단으로 구성한 개요이다. LEET 논술은 사례 해결을 목적으로 하기 때문에 사례형 논술이라고 한다. 따라서 <사례 1>과 <사례 2>의 논평과 견해 제시에 점수 배점이 클 수밖에 없다. 유사점과 차이점은 채점 기준상 점수 배점이 적을 것이다. 이 문제는 50점 배점이기 때문에, 예를 들어 1문단에 10점, 2문단에 20점, 3문단에 20점이 배점될 수 있다.

1문단의 유사점과 차이점에 적절한 시간과 분량을 배분해야 한다. 필요 이상으로 많은 시간을 들이거나 분량을 사용해서는 안 되는데, 유사점과 차이점이 10점, 배점기준상 20% 정도에 불과하므로 분량은 200자, 즉 4문장 정도가 적절하다. 더 많이 쓰거나 더 잘 쓴다고 하여 더 많은 점수를 주지 않을 것이므로 수험효율적인 방법은 다음과 같다. 2문단과 3문단을 먼저 구상해서 논리를 구성하고, 마지막으로 1문단의 유사점과 차이점을 구상하는 것이다. 2문단과 3문단이 배점이 더 크기 때문에 만약 틀린다면 점수 배점이 적은 1문단을 틀리는 것이 더 수험효율적이다. 그리고 2문단과 3문단의 논리가 적절하다면 1문단의 유사점과 차이점은 자동적으로 적절하게 되는 효과를 기대할 수 있다.

2문단과 3문단에서는 사례의 해결을 논증의 마지막으로 삼아 논리를 전개해야 한다. 이때 의견을 4개 이상 사용하라는 조건이 있는데, 각 사례마다 가장 적절하다고 판단되는 의견을 2개 선택하는 것이 좋다. 의견을 더 많이 선택했다고 해서 득점에 유리하지 않다. LEET 논술은 논증의 적절성을 보는 시험이지 논리 제시를 많이 했는지 측정하지 않는다. 심지어 제시한 논리가 자신이 생각한 것도 아니고 단순히 문제와 제시문에서 준 것이라면 배점에 유리할 수 없다.

③ **사례 분석**

<사례 1>과 <사례 2>의 쟁점은 공동체의 안전과 개인의 자유 제한이다. 법은 개인의 자유를 보장하면서도 공동체의 가치를 실현하려는 목적을 갖고 있으며, 법조인은 현실의 상황에 적합하게 두 가치 간의 적절한 균형을 판단하여 달성해야 한다.

<사례 1>은 감염병의 팬데믹 상황에서 감염병의 확산을 막기 위해 개인의 자유에 대한 전면적 제한 조치를 정당화할 수 있는지 묻고 있다. 이른바 락다운이라고 하는 이동 금지 조치이다. 코로나19 상황에서 우리나라는 전면적 제한 조치를 시행하지 않았으나 질병 확산이 더 심각했던 유럽에서는 이동 금지와 같은 락다운을 시행한 바 있다. 이 사례에서 전면적 자유 제한 조치가 정당화 가능하려면, 공동체의 안전이 심대하게 위협받고 있다는 점이 증명되어야 하고, 이동 금지 등과 같은 자유 제한이 안전 달성에 필수적임을 증명해야 하며, 이 자유 제한이 필요 최소한의 기간 동안 시행될 것이라는 점이 증명되어야 한다. 이 사례의 경우, 이미 감염병이 발생했고 전 세계적으로 팬데믹이 선언되었으며 치명률이 높아 국민 건강에 대한 위협이 명백하다는 점을 강조하는 것이 적절하다. 전쟁 발발 우려가 있거나 발발했을 경우 계엄령을 내려 국민의 자유를 전면 제한하는 것과 유사하다.

<사례 2>는 초연결 사회에서 국민의 개인 정보 보호를 위한 국가적 사이버 보안 조치가 타당한 것인지 묻고 있다. 초연결 사회에서 개인 정보는 곧 개인 그 자체로 의제될 수 있기 때문에 보호 필요성이 커지고 있는 상황이다. 예를 들어, 갑의 스마트폰에 저장된 생체정보, 비밀번호 등을 을이 취득하여 마음대로 이용할 수 있다면 을은 금융거래, 국가 행정작용 등 갑의 많은 권리를 행사할 수 있게 된다. A국은 개인 정보 등의 침해를 일으키는 사이버 보안 침해를 막기 위해 국가 차원의 보안 조치로, 보안 프로그램을 강제하고 강력한 본인 확인 제도를 운영하려 한다. 그러나 이는 <사례 1>의 상황과는 다른 부분이 있는데, 국민의 안전이 직접적으로 위협받는 상황이라 할 수 없기 때문이다. 감염병의 경우 치명률이 높아 국민의 생명과 신체, 건강에 대한 직접적 위해가 존재하고, 호흡기 감염 등을 통해 전파되어 사회적 유행이 일어날 가능성이 매우 높다. 그러나 사이버 보안 침해의 경우, 감염병의 상황과 같이 국민 안전이 직접적으로 위협된다고 할 수 없다. 따라서 국민 안전을 위해 국가가 개인의 자유를 전면적으로 제한할 수 있는 경우에 해당하지 않는다.

④ **의견 분석**

8개의 의견 중에 ①과 ②를 제외한 ③~⑧까지 6개의 의견은 <사례 2>의 사이버 보안 정책과 관련된 내용이다. <사례 1>의 감염병에서 언급 가능한 의견은 ①과 ②이고, <사례 2>에서는 6개의 의견 중 2개를 선별해야 한다.

①은 사회 안전이라는 공동체의 가치가 중요하다는 입장이다. 사회 안전이 달성된 이후에야 개인의 자유와 권리가 실현될 수 있기 때문이다.

②는 개인의 자유가 다른 어떠한 가치보다도 중요하다는 입장이다. 이에 따르면, 사회적 가치 실현을 이유로 개인의 자유를 제한해서는 안 된다.

③은 사이버 보안 침해로 인한 사회 안전 문제가 직접적 위험이라 주장한다. 에너지, 식수 등에 대한 위협이 실제로 발생한 바 있다.

④는 사이버 보안 정책은 국민의 권익과 안전에 직결된 위험을 해결하기 위한 정책이라 주장한다. 발생 가능한 치명적인 위험이 사회에 확산되기 전에, 사전 예방을 위해서는 전면적인 자유 제한이 필요하다.

⑤는 인터넷의 특성상 개인의 자유가 최대한 보장되어야 한다고 주장한다. 국가 주도의 사이버 보안 정책은 개인의 자유로운 인터넷 사용을 저해하는 것이다.

⑥은 A국의 사이버 보안 정책과 같은 경계 중심적 보안 모델이 유효하지 않다고 주장한다. A국의 사이버 보안 정책은 본인 확인 정책과 같은 내부자 식별을 중심으로 한다. 그러나 내부자도 사이버 보안 문제의 주체일 수 있으므로, 아무도 신뢰하지 않는 모델을 사용해야 한다. 이른바 제로 트러스트 모델이라는 것인데, 미국 행정부를 중심으로 이 모델의 적용이 논의되고 도입 중이다. 이에 대한 구체적인 내용은 QR코드를 통해 확인할 수 있다.

⑦은 국가 주도의 사이버 보안 정책은 보편적 접근권에 반하며 디지털 포용적이지 않다고 주장한다. 국가가 강제하는 보안 조치가 가능한 디바이스는 가격이 높기 때문에 저소득층이 인터넷에 접근하기 어려워질 것이다. 물론 저소득층에 디바이스 가격 보조 등의 정책이 가능하나, 이 사례에서는 국가의 재정적 지원이 없다고 하였으므로 저소득층의 인터넷 접근이 제한될 수 있다.

⑧은 사이버 보안 정책의 주체는 국가가 아니라 민간이 되어야 한다고 주장한다. 사이버 보안 침해를 막기 위한 보안 기술은 국가가 주도하여 해결할 수 없고, 다양한 민간 사업자가 다양한 기술을 자율적으로 개발하여 해결 가능하다.

📝 2번 문제 예시답안

<사례 1>과 <사례 2>의 유사점은 국민 안전 침해 우려이고, 차이점은 국민 안전 달성 여부이다.

<사례 1>의 A국의 전면적 행위 제한 조치는 타당하다. 국민 안전을 달성할 수 있기 때문이다. 의견①에서 말하듯이 국민 안전은 생명과 신체의 자유, 재산의 전제조건이 된다. A국은 신종 독감이 유행 중인데 치명률이 높아 국민 개개인의 생명이 위협받고 있는 데다가, 공기 감염을 통해 널리 전파될 경우 감염자가 기하급수적으로 늘어나게 되어 사회 전체의 안전이 직접적으로 위협받을 것이다. 이에 A국은 모든 국민에게 강제적으로 외출을 금지함으로써 질병 전파를 차단하여 국민 안전을 달성하고 생필품과 손실 보상금을 지급해 국민의 재산 침해를 최소화했다. 물론 의견②와 같이 전면적 행위 제한 조치로 인해 가장 중요한 권리인 자유가 침해된다는 반론이 제기될 수 있다. 그러나 신종 독감이 장기간 지속된다면, 개개인은 잠깐의 외출에도 질병 감염을 두려워해야 하고 생명과 신체의 위협을 감내해야 할 것이다. 전면적 행위 제한 조치를 과감하게 단기간 시행한다면, 감염과 전파 가능성을 획기적으로 낮춰 국민 안전을 달성할 수 있어 개인의 자유가 장기간 안정적으로 보장될 것이다.

<사례 2>의 A국의 사이버 보안 모델은 타당하지 않다. 국민 안전을 달성할 수 없기 때문이다. 초연결 사회에서 발생하는 사이버 보안 문제는 국민 안전을 위협하는 것이 분명하다. 그러나 국가의 보안 프로그램 강제와 본인 확인으로 이를 해결할 수 없다. 의견⑥에 따르면 초연결 사회에서는 내부자와 외부자를 구별하는 경계 중심적 보안 모델이 유효하지 않다고 한다. A국의 사이버 보안 모델은 국가의 보안 프로그램을 전 국민에게 강제하여 본인 여부를 확인함으로써 내국인과 외국인을 구별하고 개인 정보를 탈취하려는 자들을 식별하겠다는 것이다. 국가가 모든 국민에게 일률적인 보안 프로그램을 강제한다면, 민간 사업자들은 사이버 보안 기술을 개발할 유인이 사라진다. 반면, 전 국민에게 강제되는 국가 보안 프로그램의 우회, 공격에 성공한다면 얻을 수 있는 범죄이익은 커질 것이어서 다양한 집단이 사이버 보안 침해를 시도할 것이다. 사이버 보안 침해는 예측할 수 없는 다양한 방법으로 시도될 것이므로, 의견⑧과 같이 사이버 보안 문제는 민간 사업자의 다양한 보안 기술의 자율적 개발로 해결해야 한다. 따라서 A국의 사이버 보안 모델은 타당하지 않다.

※ 1178자

* 교재 뒷부분에 있는 논술 답안지를 사용하여 답안을 작성해보세요.
  • 논술 경험이 있다면, 실전처럼 답안을 바로 작성한 후 예시답안과 비교하여 완성도를 높이는 데 중점을 두어보세요.
  • 답안 작성이 막막하다면, 문제 뒤의 해설을 먼저 참고한 후 답안을 작성하여 논술 감각을 익히는 데 중점을 두어보세요.

1. <사례>를 읽고 <조건>에 따라 논술하시오. (900~1200자, 50점)

―〈조건〉―

(1) <여론>을 활용하여 A국 당국의 '리오' 규제에 대한 자신의 견해를 밝히시오.

(2) 자신의 견해를 밝힐 때 5개 이상의 <여론>을 지지하거나 반박하시오.

(3) <여론>을 활용할 때는 여론①, 여론⑩과 같은 방식으로 명시하시오.

―〈사례〉―

　A국에서는 환경보호를 위해 사람의 배설물을 에너지원으로 바꾸는 획기적인 신기술 장치를 개발하였다. A국에서는 이 신기술 장치를 공공화장실은 물론 개인 주거에도 무상으로 설치해 주었다. 처음에는 신기술 장치를 반신반의하던 A국 시민들은 자신의 배설물이 에너지원으로 변환되는 것을 직접 확인하면서 신기술 장치를 적극적으로 이용하기 시작하였다. 이에 더하여 A국 유명 컴퓨터 공학자는 신기술 장치를 통해 변환된 에너지원을 가상화폐로 전환하는 공개 프로그램을 만들어 인터넷에 무료로 배포하였다. A국 시민들은 신기술 장치와 공개 프로그램을 이용해 자신의 배설물을 에너지원으로, 그리고 가상화폐로 전환하여 물건을 사고팔거나 교환하기 시작하였다. 이렇게 만들어진 가상화폐를 A국 시민들은 기존 법정화폐 '오(O)'와 구분하여 '리오(ReO)'라고 불렀다.

　이렇게 '리오'가 널리 사용되자 A국에서는 새로운 사회문제가 발생하였다. 배설물을 통해 에너지를 절약한다는 본래 취지와 달리 '리오'를 더 많이 확보하려는 욕심에 시민들은 식사 시간을 과도하게 늘리면서 과식을 하였고 그로 인해 비만 인구가 늘어났다. 또한 '리오'의 보유와 이를 통한 거래에 대해서는 당국의 감독이나 과세가 없다는 점이 알려지면서 시민들은 '오'보다 '리오'의 사용을 선호하였다. 그에 따라 '오'와 동일하던 '리오'의 가치가 상승하였고 '오'의 법정화폐로서 지위가 흔들리기 시작하였다.

　이에 A국 당국은 '리오'에 대해 규제를 시행하기로 하였다. 주요 내용은 시민 1인당 발행할 수 있는 '리오'의 총량을 제한하고, '리오'에 세금을 부과하는 것이었다. 이러한 규제 발표가 있자, '리오'를 둘러싼 사회문제가 어느 정도 해결될 것을 기대한 A국 당국의 예상과는 달리 오히려 여론이 들끓었다.

─── 〈여론〉 ───

① 누구든지 행복을 추구할 자유가 있어. 조금 과식하더라도 더 많은 '리오'를 얻어서 풍족하게 살고 싶다는 시민들의 의견도 존중해야 해. 조금 더 일하고 성과급을 더 받는 것과 차이가 없다고 생각해.

② 신기술 장치를 개발해서 보급한 것은 시민들을 위한 것이었지만, 지금은 다른 사회문제를 낳고 있잖아. 완벽한 정책은 없다고 봐. 이럴 때 당국이 아무것도 하지 않는다면 정책 실패를 감추려고 하는 것으로밖에 안 보여.

③ '리오'를 사용해서 물건을 사고팔고 있기는 하지만, 규제 발표 이후 '리오'는 가치 등락이 너무 심해. 그래서 최근에는 '오'로 '리오'를 사고팔면서 큰 차익을 남기기도 하잖아. 그런 점에서 '리오'는 화폐보다 자산으로 보는 것이 맞아.

④ 당국이 신기술 장치를 무상으로 설치해 주었잖아. 그런데 환경보호를 지속하기 위해서는 신기술 장치를 관리하고 개선할 필요가 있어. 그런 점에서 '리오'에 세금을 부과하는 것이 맞다고 생각해.

⑤ '리오'의 1인당 발행 총량을 제한한다고 하지만 효과가 있을까? 사람마다 배설물 양에도 차이가 있을 거고, 자신의 배설물을 다른 가족에게 주어도 잘 알 수가 없잖아. 자신의 배설물을 아예 다른 사람에게 파는 경우도 생길 거야.

⑥ '리오'를 많이 가지고 있다는 것만으로 세금을 부과하는 것은 부당해. 새로운 소득이 없는데 '리오'의 가치가 올라간다는 사실만으로 세금을 부과하는 것은 더욱 그래. '리오'의 가치가 폭락하면 당국이 손실을 보전해 주는 것도 아니잖아.

⑦ 애초에 신기술 장치는 환경보호를 위한 것이었어. 그런데 비만이라는 사회문제가 발생한 것도 사실이잖아. 그런 예상치 못한 사회문제를 해결하려면 세금을 부과해서 비용을 마련하는 것이 필요해.

⑧ 사람들은 유혹에 약해. 이럴 때는 윤리나 종교가 큰 역할을 하지. 그런데 때로는 윤리나 종교로도 해결하지 못하는 문제가 발생할 수 있어. 이때 당국이 적절히 개입하지 않으면 스스로 역할을 포기하는 것이야.

⑨ 화폐의 기본 기능은 지불 수단이야. 이 기능을 갖추었다면 화폐로 보아야 한다고 생각해. '리오'의 가치가 등락이 있지만, '오'의 가치도 외환시장에서는 등락을 거듭하잖아. 그런 점에서 '리오'도 똑같은 화폐로 봐야 해.

⑩ 신기술 장치를 통해 변환된 에너지원에는 세금을 부과하지 않았잖아. '리오'는 그 에너지원이 전환된 것뿐인데 과세한다는 것은 앞뒤가 맞지 않아. '리오' 때문에 신기술 장치 이용이 활성화되면서 환경이 더 보호되었는데도 말이야.

2. <사례>를 읽고 <조건>에 따라 논술하시오. (900~1200자, 50점)

─────────────────── 〈조건〉 ───────────────────

(1) <사례 1>과 <사례 2>의 유사점과 차이점을 제시하시오.

(2) <사례 1>과 <사례 2>에서 공통되는 논점을 제시하고, <관점>을 활용하여 B와 C의 주장에 대한 자신의 견해를 밝히시오.

(3) <관점>을 활용할 때는 관점①, 관점④와 같은 방식으로 명시하시오.

─────────────────── 〈사례〉 ───────────────────

<사례 1>

　A가스회사는 가스 공급을 원활하게 하기 위하여 법률이 정하는 보상 절차를 통해 B가 소유하는 개발제한구역 내의 토지 위에 가스 공급기지를 건설하였다. 그런데 그 과정에서 A가스회사의 실수로 B에게 보상금을 제대로 지급하지 않은 사실이 밝혀졌다. 그러자 B는 보상 절차에 흠이 있었고, 그 토지는 자신의 소유이므로 공급기지는 철거되어야 한다고 주장하였다. 이에 대해 A가스회사는 공급기지를 철거하면 가스 공급 중단으로 10만 가구의 인근 주민에게 큰 불편이 초래되며, 대체 부지를 확보한다고 하더라도 공급기지를 신축하는 데는 상당한 기간과 큰 비용이 소요된다며 철거에 난색을 표하였다. 그러면서 A가스회사는 시세의 2배 가격으로 토지를 매수하겠다고 제안했지만, B는 그 제안을 거절하고 공급기지의 철거만을 요구하고 있다.

<사례 2>

　C는 10년 전에 농지를 구입하여 농사를 짓고 있는데, 구입 당시부터 설치되어 있던 D통신회사의 중계탑 때문에 불편을 겪고 있었다. 예를 들어 중계탑에 모여든 새 떼가 농작물을 훼손하거나, 중계탑에서 소음이 발생하는 등의 문제가 있었다. 그런데 D통신회사는 처음 중계탑을 설치할 때 농지에 대한 적법한 사용권을 취득하거나 손실을 보상하지 않았다. 한편, C의 농지가 포함된 지역을 주택단지로 개발한다는 지방자치단체의 계획이 발표되었는데, C는 이 계획이 확정되면 그 땅에 집을 지으려고 생각하고 있다. 이런 이유로 C는 D통신회사를 상대로 중계탑을 철거하라고 요구하였다. 이에 대해 D통신회사는 C가 애초에 농지를 구입할 때 이미 중계탑이 설치된 것을 알았는데 지금에 와서 이를 철거하라고 하는 것은 부당하며, C가 겪고 있는 불편도 중계탑을 철거할 만큼 심각한 것이 아니라고 반박하였다.

─────────────────── 〈관점〉 ───────────────────

① 개인도 사회의 구성원인 이상 자신의 이해만을 따져서는 안 되고, 사회 전체에 이익이 크다면 개인의 불이익은 감수하는 것이 바람직하다. 사회적으로 최선의 결과를 산출하는 행위를 한다면 개인 자신도 궁극적으로 이익을 보게 될 것이다. 개인의 권리를 인정해 줄 때도 사회 전체의 이해관계와 조화를 고려해야 한다.

② 자유는 인격의 본질적인 부분이고 권리는 자유를 실현하는 수단이다. 그러므로 소유권은 최대한 존중되어야 하고 공익을 위해 제한하더라도 극히 예외적인 경우로 한정하여야 한다. 또한 소유권 침해 여부가 재산 가치의 경중에 따라 달라질 수는 없으므로, 아무리 사소한 침해라도 소유자가 받아들이지 않는 한 정당하다고 할 수 없다.

③ 권리를 행사할 때는 상대방을 고려해야 한다. 만일 권리를 행사하여 얻게 되는 이익은 매우 작지만, 상대방에게 끼치게 되는 불이익이나 피해가 막대하다면 그러한 권리 행사는 제한될 수 있다. 그리고 권리 행사의 목적이 오직 상대방에게 고통을 주고 손해를 입히려는 데 있을 뿐인 경우에도 그러한 권리 행사는 허용될 수 없다.

④ 어떠한 내용을 권리로 인정할 것인지 여부는 여러 상황을 종합해서 판단해야 한다. 권리를 행사하여 달성하고자 하는 내용은 확정할 수 있어야 하며, 실현 가능하지 않은 경우에는 권리로 인정할 수 없다. 또한 권리의 목적이 사회의 일반적 가치에 어긋나거나 법질서에 위반되는 것을 내용으로 하는 경우에도 권리로 인정할 수 없다.

해설 & 예시답안

📜 출제기관의 출제방향 발표자료

① 출제의 기본 방향

2023학년도 논술 영역은 공지된 출제 방향에 따라 다음과 같이 출제하였다. 첫째, 2개 문항 모두 사례형으로 출제하였다. 둘째, 제시된 사례를 적절하게 분석하고 쟁점을 정확하게 도출하는 능력을 평가하려고 하였다. 셋째, 쟁점에 대한 자신의 견해를 제시하고 그 근거를 논증 형식으로 서술하는 글쓰기 능력을 평가하려고 하였다.

② 출제 범위

논술 영역에서는 법조인에게 기본적으로 필요한 사안 분석, 쟁점 도출, 쟁점 평가 등의 능력을 평가할 수 있는 문제를 출제하였다. 두 문항은 주어진 자료 및 관점을 활용하여 사례를 해결하도록 요구하고 있어, 분석력과 판단력을 갖춘 수험생이라면 전공에 상관없이 일반적으로 풀 수 있도록 문항을 구성하였다.

③ 문항 구성

1번 문항은 복합적인 하나의 사례와 10개의 여론으로 구성되어 있다. 사례는 환경보호를 위해 사람의 배설물을 에너지원으로 바꾸는 신기술 장치에 관한 내용과 변환된 에너지원을 활용한 가상화폐에 관한 내용 그리고 이로 인해 발생한 사회문제에 대한 당국의 규제 정책에 관한 내용 등을 담고 있으며, 10개의 여론은 당국의 규제 정책에 대한 다양한 의견들로 구성하였다. 이 문항에서는 다음과 같은 과제를 수행해야 한다. 첫째, 사례의 함의를 파악하고 규제의 타당성에 관한 주요 쟁점을 도출하여야 한다. 둘째, 규제의 타당성에 대한 본인의 견해를 명확하게 주장하고 여론을 활용하여 그 이유를 제시하여야 한다.

2번 문항은 2개의 사례와 4개의 관점으로 구성된다. 2개의 사례는 서로 비슷하지만 차이점도 있어서, 주어진 상황에서 개인의 권리 행사가 적절한지를 평가할 수 있는 내용으로 구성되어 있다. 4개의 관점은 개인의 권리와 공익의 관계에 대한 입장 및 개인의 권리 행사에 대한 입장을 반영하고 있다. 이 문항에서는 다음과 같은 과제를 수행해야 한다. 첫째, 두 사례의 유사점과 차이점을 밝혀야 한다. 둘째, 사례에 나타난 공통되는 논점을 제시하고, 자신의 견해를 밝혀야 한다. 셋째, 자신의 견해를 밝힐 때 관점을 적절히 활용하여야 한다.

④ 난이도

논술 영역은 제시문에 대한 분석과 쟁점 파악을 기반으로 수험생이 논증적 글쓰기를 할 수 있는지를 측정하려고 한다. 이 목적을 달성하기 위해 간결하고 함축적인 사례, 자료, 관점 등을 제시하였다. 난이도는 예년과 거의 유사하게 구성되었다.

⑤ 출제 시 유의점

- 1, 2번 문항의 배점을 동일하게 50점으로 배분하였다.
- 수험생은 문제의 취지를 정확하게 파악한 후 쟁점에 대한 본인의 견해를 제시할 수 있어야 하며, 단순히 주어진 자료나 관점을 기계적으로 활용하는 것은 지양하여야 한다.

1번 문제 해설

① 문제와 조건 분석

> • 문제: <사례>를 읽고 <조건>에 따라 논술하시오. (900~1200자, 50점)
> • 조건: (1) <여론>을 활용하여 A국 당국의 '리오' 규제에 대한 자신의 견해를 밝히시오.
>   (2) 자신의 견해를 밝힐 때 5개 이상의 <여론>을 지지하거나 반박하시오.
>   (3) <여론>을 활용할 때는 여론①, 여론⑩과 같은 방식으로 명시하시오.

이 문제는 A국 당국의 '리오' 규제에 대한 견해를 밝히라고 하였다. '리오' 규제에 대한 견해는 두 가지이다. 규제가 타당하다는 견해와 규제가 타당하지 않다는 견해가 바로 그것이다. 여기에서 주의해야 할 점은 '리오' 규제에 대한 견해를 논증할 때 신기술 장치의 타당성을 논해서는 안 된다는 점이다. 신기술 장치는 환경보호를 달성할 수 있기 때문에 이 자체로는 전혀 문제가 없다. 그러나 이 에너지원을 가상화폐인 '리오'로 전환할 수 있게 됨으로써 사회문제가 발생하고 있다. 규제 여부는 바로, 이 사회문제에 관련되어 있다. 따라서 배설물을 에너지원으로 전환하는 신기술 장치에 대한 논의는 이 문제의 요구사항과 아무 관련이 없다.

<조건>의 (2)에서 5개 이상의 여론을 지지 혹은 반박하라고 하였다. <여론>이 10개 제시되었기 때문에 이 견해들을 먼저 견해에 따라 분류하는 것이 선행되어야 한다. 견해에 따라 분류한 후에 자신이 정한 견해와 논거에 적합한 여론을 선별하면 된다. 여기에서 주의할 점은 10개의 여론을 모두 사용해서는 안 된다는 점이다. 5개 이상을 사용하라고 하였을 때, 단순히 많은 여론을 사용하면 고득점을 받을 것이라는 단순한 생각은 좋지 않다. 분량 제한이 900~1200자인데, 이를 문장 수로 변환하면 일반적으로 한 문장이 50자 정도이기 때문에 18~24문장만 사용해서 득점해야 한다. 단순히 산술적으로 생각할 때, 10개의 여론을 한 문장씩 사용해서 10문장을 사용한다면 남은 분량은 고작 8~14문장뿐이다. 자신의 견해를 논증함에 있어서 논거와 여론의 관계를 증명해야 하는데 남은 분량으로는 단순 나열 정도만 가능하다. 따라서 여론을 모두 다 사용하려는 생각은 고득점에 불리하고, 여론을 5~6개 정도로 선별해서 자신의 견해와 논거에 맞도록 논증해야 고득점을 받을 수 있다.

② 답안의 기본 구조 설정

기본 전체 구조

I. 서론
  1. 견해 제시
  2. 논거 제시

II. 논거 1: 환경보호 목적 달성 - 총량 제한
  1. 환경보호 목적 실현에 총량 제한이 타당함
  2. 반론 + 재반론

III. 논거 2: 국민경제 안정화 - 세금 부과
  1. 국민경제 안정화에 기여
  2. 반론 + 재반론

③ 사례 분석

A국의 사회문제와 해결방안은 각각 두 가지이며, 서로 대응하고 있다.

첫째, 환경보호 목적의 배설물 전환 신기술 장치와 이를 보조하는 가상화폐 기술이 국민건강에 악영향을 미치고 있다는 점이다. 신기술 장치와 공개 프로그램으로 인해 배설물이 에너지원이 되고 에너지가 '리오'로 전환되어 경제적 가치를 가지게 된다. 국민들은 배설물이 에너지원이 되는 것에 주목하지 않고, 돈이 된다고 생각하게 된다. 목적과 수단이 서로 뒤바뀐 셈이다. 결국 배설물의 양을 늘리면 돈을 더 얻을 수 있으므로 과식을 하게 되고 비만과 같은 국민건강 문제가 발생하게 된다. 또한 환경보호 목적의 신기술 장치로 인해 과식 문제가 발생하게 되면 식료품 생산 등에 더 많은 에너지를 사용하게 되므로 환경을 오히려 훼손할 수도 있다.

둘째, 가상화폐인 '리오'에 대한 국가 감독이나 과세가 없어 국민경제의 불안정을 야기할 수 있다는 점이다. 국가는 국민경제의 안정적 유지를 위해 필요한 물품 거래와 금융 거래 수단인 법정화폐를 운용하고 이를 저해하는 요소들을 규제한다. 이때 법정화폐가 아닌 가치 거래 수단 역시 국가의 규제 대상이 된다. 예를 들어, 유가증권이나 부동산, 미술품 등도 국가의 규제 대상이 된다. 가상화폐인 '리오' 역시 법정화폐는 아니지만 가치의 거래 수단이다. 단지 새롭게 나타난 거래 수단이기 때문에 아직 국가의 규제 대상이 되지 않았을 뿐이다. 이에 A국 당국은 '리오'가 가치의 저장과 교환 수단으로 기능을 하고 있기 때문에 세금을 부과하고자 한다.

④ 여론 분석

여론	내용	지지 견해
①	누구든지 행복을 추구할 자유가 있어. 조금 과식하더라도 더 많은 '리오'를 얻어서 풍족하게 살고 싶다는 시민들의 의견도 존중해야 해. 조금 더 일하고 성과급을 더 받는 것과 차이가 없다고 생각해.	규제 반대 (총량 제한)
②	신기술 장치를 개발해서 보급한 것은 시민들을 위한 것이었지만, 지금은 다른 사회문제를 낳고 있잖아. 완벽한 정책은 없다고 봐. 이럴 때 당국이 아무것도 하지 않는다면 정책 실패를 감추려고 하는 것으로밖에 안 보여.	규제 찬성 (총량 제한)
③	'리오'를 사용해서 물건을 사고팔고 있기는 하지만, 규제 발표 이후 '리오'는 가치 등락이 너무 심해. 그래서 최근에는 '오'로 '리오'를 사고팔면서 큰 차익을 남기기도 하잖아. 그런 점에서 '리오'는 화폐보다 자산으로 보는 것이 맞아.	규제 찬성 (세금 부과)
④	당국이 신기술 장치를 무상으로 설치해 주었잖아. 그런데 환경보호를 지속하기 위해서는 신기술 장치를 관리하고 개선할 필요가 있어. 그런 점에서 '리오'에 세금을 부과하는 것이 맞다고 생각해.	규제 찬성 (세금 부과)
⑤	'리오'의 1인당 발행 총량을 제한한다고 하지만 효과가 있을까? 사람마다 배설물 양에도 차이가 있을 거고, 자신의 배설물을 다른 가족에게 주어도 잘 알 수가 없잖아. 자신의 배설물을 아예 다른 사람에게 파는 경우도 생길 거야.	규제 반대 (총량 제한)
⑥	'리오'를 많이 가지고 있다는 것만으로 세금을 부과하는 것은 부당해. 새로운 소득이 없는데 '리오'의 가치가 올라간다는 사실만으로 세금을 부과하는 것은 더욱 그래. '리오'의 가치가 폭락하면 당국이 손실을 보전해 주는 것도 아니잖아.	규제 반대 (세금 부과)
⑦	애초에 신기술 장치는 환경보호를 위한 것이었어. 그런데 비만이라는 사회문제가 발생한 것도 사실이잖아. 그런 예상치 못한 사회문제를 해결하려면 세금을 부과해서 비용을 마련하는 것이 필요해.	규제 찬성 (세금 부과)
⑧	사람들은 유혹에 약해. 이럴 때는 윤리나 종교가 큰 역할을 하지. 그런데 때로는 윤리나 종교로도 해결하지 못하는 문제가 발생할 수 있어. 이때 당국이 적절히 개입하지 않으면 스스로 역할을 포기하는 것이야.	규제 찬성 (총량 제한)
⑨	화폐의 기본 기능은 지불 수단이야. 이 기능을 갖추었다면 화폐로 보아야 한다고 생각해. '리오'의 가치가 등락이 있지만, '오'의 가치도 외환시장에서는 등락을 거듭하잖아. 그런 점에서 '리오'도 똑같은 화폐로 봐야 해.	규제 찬성 (세금 부과)
⑩	신기술 장치를 통해 변환된 에너지원에는 세금을 부과하지 않았잖아. '리오'는 그 에너지원이 전환된 것뿐인데 과세한다는 것은 앞뒤가 맞지 않아. '리오' 때문에 신기술 장치 이용이 활성화되면서 환경이 더 보호되었는데도 말이야.	규제 반대 (세금 부과)

⑤ 구조 분석과 개요

　　규제 반대 견해는 자유지상주의의 논리이다. 자유지상주의는 사회적 문제 해결을 위해 개인의 자유를 제한해서는 안 된다고 주장한다. 또한 사회적 문제 해결을 위한 세금 부과 역시 개인의 재산권에 대한 침해이므로 인정할 수 없다고 주장한다. 이를 보여주는 여론은 ①, ⑤, ⑥, ⑩이다. 이를 가장 잘 드러내는 여론이 바로 ①인데 "행복을 추구할 자유가 있고, 과식하더라도 그것은 개인의 자유로운 선택이므로 사회문제가 일부 있다고 하더라도 개인의 자유를 제한할 수 없다"고 하기 때문이다.

　　규제 찬성 견해는 자유지상주의에 대한 비판 입장 전체를 포괄한다. 공동체주의의 논리를 중심으로 하고 있으나, 경제학의 기본 원리나 자유주의의 논리로 볼 수 있는 여론도 포함되어 있다.

　　이 문제에서는 규제 찬성 견해를 선택하는 것이 답안 구성과 고득점에 유리할 것으로 판단된다. 자유지상주의의 논리를 엄밀하게 구성하는 것도 어려운 일이고, 특히 A국 사례에 맞춰 적용하는 것은 더 어렵기 때문이다. 시간 내에 고득점을 해야 하는 시험의 특성과, 논리를 사례에 적용하여 타당성을 논증해야 하는 LEET의 특성을 감안한다면, 규제 반대 입장을 선택해서 어렵게 점수를 획득할 필요는 없다. 더군다나 1번 문제와 2번 문제, 두 문제에서 균형감 있게 고득점을 받으려면 1번 문제에서 굳이 어려운 방식을 선택해서 노력에 비해 적은 점수를 얻는 견해를 선택할 필요는 없을 것이다.

　　여론을 5개 이상 사용해서 논리를 구성해야 한다는 조건이 있다. 따라서 <사례>의 논리에 따라 논거를 2개로 설정하고 이 논거에 대한 증명을 위해 여론을 사용한 다음, 이에 대한 반론과 재반론에 각각 여론을 이용하면 좋을 것이다. 이렇게 논리를 구성하면 6개의 여론을 사용하여 조건을 만족하게 된다.

1문단　서론

- 견해 제시: 규제 찬성
- 논거 제시: (1) 환경보호 목적 실현, (2) 국민경제 안정화

2문단　논거 1: 환경보호 목적 실현

- 목적 실현이 안 된다면 국가 개입 필요 - 여론⑧
- 반론: 총량 제한 의미 없음 - 여론⑤
- 재반론: 완벽한 정책은 없고 후속조치 필요함 - 여론②

3문단　논거 2: 국민경제 안정화

- 가치 교환 수단에 대한 국가 규제 - 여론⑨
- 반론: 새로운 소득 없는 과세는 부당함 - 여론⑥
- 재반론: 부동산 등의 보유세는 새로운 소득 없어도 과세함 - 여론③

A국 당국의 '리오' 규제는 타당하다. 환경보호와 에너지 절약의 본래 목적에 부합하고, 국민경제의 안정화를 도모할 수 있기 때문이다.

환경보호와 에너지 절약이라는 본래 목적을 실현하기 위해 A국 당국의 '리오' 규제는 타당하다. 신기술 장치는 배설물을 에너지원으로 바꾸어 환경을 보호하려는 목적이었으나, 가상화폐 전환이 가능해지면서 과식과 비만이라는 사회문제가 새롭게 대두되었다. 이를 위해 A국 당국은 시민 1인당 발행할 수 있는 '리오'의 총량을 제한했는데, 이 후속 정책을 통해 환경보호라는 본래 목적을 실현할 수 있다. 여론⑧과 같이 사람들은 유혹에 약하기 때문에 목적과 수단이 전도될 수 있다. 발행할 수 있는 1인당 '리오'의 총량을 규제하면 과식과 비만이라는 문제를 해결하면서 환경보호와 에너지 절약이라는 본래 목적을 달성할 수 있다. 물론, 이에 대해 여론⑤와 같이 1인당 '리오' 총량을 제한하는 것이 의미 없다는 반론이 제기될 수 있다. 그러나 여론②가 주장하는 바처럼 완벽한 정책은 없으며 문제 해결을 위해 후속 정책이 필요하다. 우려하는 바처럼 배설물 양의 차이나 가족 간의 양도가 존재할 수는 있으나, 일반적인 기준을 정해 '리오' 획득을 위한 과식이나 비만이 사회로 확산되는 것을 막아야 한다. 이로써 '리오'가 환경보호라는 본래 목적을 위해 사용되도록 할 수 있으므로, A국 당국의 '리오' 규제는 타당하다.

국민경제 안정화를 도모할 수 있으므로 A국 당국의 '리오' 규제는 타당하다. 화폐는 가치의 지불 수단으로 교환을 매개한다. A국의 국민들의 안정적 경제생활을 위해서는 교환 수단인 화폐가 공급, 관리되어야 한다. 이를 위해 A국은 '오'를 법정화폐로 하고 A국 당국의 감독과 과세가 이루어지고 있는 것이다. 여론⑨와 같이 '리오'는 물건을 사고팔거나 교환하는 역할을 하고 있으므로 화폐의 역할을 하며, A국 당국의 감독과 과세 대상이 되어야 한다. 물론 이에 대해 여론⑥과 같이 새로운 소득이 없는데도 '리오'의 가치가 오른 것만으로 과세의 대상이 되는 것에 대한 반론이 제기될 수 있다. 그러나 부동산 등의 자산은 보유세와 같이 새로운 소득이 없더라도 과세할 수 있다. 여론③처럼 '리오'는 자산이기 때문에 '리오'에 과세한 A국 당국의 규제는 타당하다.

※ 1115자

2번 문제 해설

① 문제와 조건 분석

> • 문제: <사례>를 읽고 <조건>에 따라 논술하시오. (900~1200자, 50점)
> • 조건: (1) <사례 1>과 <사례 2>의 유사점과 차이점을 제시하시오.
>   (2) <사례 1>과 <사례 2>에서 공통되는 논점을 제시하고, <관점>을 활용하여 B와 C의 주장에 대한 자신의 견해를 밝히시오.
>   (3) <관점>을 활용할 때는 관점①, 관점④와 같은 방식으로 명시하시오.

문제의 조건이 많은 편이다. 두 <사례>의 유사점과 차이점을 밝혀야 하고, 공통되는 논점과 이에 적용할 관점을 선택해야 한다. 그리고 B와 C의 주장에 대한 견해를 각각 밝혀야 한다. 대답해야 할 것을 산술적으로 계산해보면, 1) 유사점, 2) 차이점, 3) 공통 논점, 4) 적용할 관점, 5) B의 주장에 대한 견해, 6) B에 대한 사례 적용, 7) C의 주장에 대한 견해, 8) C에 대한 사례 적용이 된다. 대답해야 할 것은 8가지나 되는데 분량은 900~1200자에 불과하다. 분량을 문장 수로 계산하면 일반적으로 약 50자가 1문장이기 때문에 18~24문장이다. 그런데 대답할 것이 8개나 되기 때문에 단순 계산하면 대답 하나당 고작 2~3문장으로 작업해야 한다. 따라서 개요를 미리 작성하면서 분량에 대한 고민을 해두어야 한다. 유사점과 차이점을 열심히 쓰다가 정작 중요하고 배점이 큰 B와 C의 주장에 대한 견해와 이에 대한 사례 적용에 분량이 남아 있지 않게 될 수 있기 때문이다. LEET 논술은 사례형 논술이라는 이름이 붙어있다. 사례를 해결해야 고득점을 받을 수 있다는 점을 명심해야 한다.

개요 작성 시 배점을 고려해서 분량을 미리 배분해야 한다. 이 방법은 변호사시험이나 행정고시 2차 시험 등의 주관식 논술형 답안에서 반드시 익혀야 할 것이기도 하다. 자신이 출제자나 채점자라면 유사점과 차이점에 얼마나 점수를 줄 수 있을지 생각해보자. 총 50점 중에 유사점과 차이점에 가능한 점수는 5~10점 정도에 불과할 것이다. 게다가 대부분의 수험생이 유사점과 차이점 정도는 쓸 것이므로, 배점이 10점이라 하더라도 고득점자가 10점이라면 저득점자도 6점 정도는 받을 수 있다. 결국 실제 점수 격차는 별로 없는 것이나 다름없다. 그러나 배점이 큰 문제, 주장에 대한 견해와 사례 적용은 분량 문제로 인해 쓰지 못하는 수험생이 있을 수 있고 이 경우 해당 문제에 대한 득점은 0점이 된다. 그런데 어떤 수험생은 미리 분량을 적절히 배분해 대답을 잘 쓰지는 못했더라도 쓰기라도 했다면 기본점수를 받게 될 것이다. 그렇다면 두 수험생의 점수 격차는 크게 발생하게 된다. 그렇기 때문에 조건이 많은 문제의 경우일수록 배점을 고려해서 분량을 미리 배분하는 개요 작성 과정을 거치는 것만으로도 큰 점수 격차를 낼 수 있다는 점을 알아두어야 한다.

② 답안의 기본 구조 설정

기본 전체 구조

I. 유사점과 차이점
  1. <사례 1>, <사례 2>의 유사점
  2. <사례 1>, <사례 2>의 차이점

II. 논점과 관점
  1. <사례 1>, <사례 2>의 공통 논점
  2. 관점 선택

III. <사례 1>의 B의 주장에 대한 견해
  1. B의 주장에 대한 견해
  2. 선택한 관점을 <사례 1>에 적용하여 주장의 타당성 논증

IV. <사례 2>의 C의 주장에 대한 견해
  1. C의 주장에 대한 견해
  2. 선택한 관점을 <사례 2>에 적용하여 주장의 타당성 논증

총 4문단으로 구성한 개요이다. 여기에서 2문단을 별도로 독립시킨 이유는 공통 논점과 관점 때문이다. 문제에서 공통 논점을 요구했기 때문에 <사례 1>과 <사례 2>에 이 공통 논점을 모두 적용해야 한다. 수험생 중에는 <사례 1>과 <사례 2>에 각각 다른 관점을 적용하려는 경우도 있을 것이다. 그러나 이 경우 고득점을 받을 수 없다. 문제에서 공통 논점을 요구했고 <사례 1>과 <사례 2>의 각 주장에 대해 관점을 활용한 견해를 요구했으므로 관점 역시 일관성 있게 적용해야 고득점을 받을 수 있다. 물론 관점을 다르게 적용할 수도 있을 것이나 이는 출제 의도에 부합하지 않으므로 고득점을 받을 수 없다.

③ 사례 분석

<사례 1>과 <사례 2>는 민법의 신의성실의 원칙에 관련된 사례이다. 특히 <사례 1>은 신의성실의 원칙과 관련된 유명한 판례이다. 신의성실의 원칙이란, 권리의 행사나 의무의 이행에 있어서 신의와 성실에 따라 행동해야 한다는 원칙이다. 그 내용은 상대방의 정당한 이익을 해쳐서는 안 되고, 상대방이 자기에게 갖고 있는 신뢰를 배반하지 않고 성의를 갖고 행동해야 하며, 상대방의 정당한 이익을 고려해 권리와 의무를 행사해야 한다는 것이다. 권리 남용 금지의 원칙이라고도 한다. 예를 들어, 소비자인 A가 농민인 B에게 귤 한 박스를 주문했다고 하자. 그런데 A가 귤을 받아 보니 절반 이상이 상한 귤이었다. 농민인 B는 귤 한 박스를 보낸 것은 분명하지만 상하지 않은 귤로 보내달라고 하지 않았으므로 자기 책임이 없다고 했다. 이 경우 농민인 B는 신의성실의 원칙을 위반한 것이다. 귤 한 박스를 주문할 때 일부러 상한 귤을 주문할 사람은 없다. 따라서 이는 상대방의 정당한 신뢰를 배반한 것이다.

<사례 1>은 신의성실의 원칙을 위반한 것으로서 B의 권리 행사는 권리 남용에 해당한다. A가스회사는 B의 토지에 가스 공급기지를 짓기 위해 토지 보상을 했으나 절차의 흠결로 인해 B는 정당한 보상을 받지 못했다. 그 사이 가스 공급기지는 완공되었고 이미 지역주민 10만 가구에게 가스를 공급하고 있다. A가스회사는 B에게 시세의 2배 가격으로 토지를 매수하겠다고 제안했으므로 B는 민사적 피해를 모두 보전받을 수 있다. 그럼에도 B는 가스 공급기지를 철거해야 한다고 주장한다. 이는 단지 A가스회사와 지역주민에게 손해를 입히려는 의도라 보아야 한다. 우리 대법원은 소위 알박기 사건, 변전소 관련 사건에서 권리 남용에 대한 판결을 내린 바 있다. QR코드를 스마트폰으로 촬영하면 관련 판례를 확인할 수 있다.

<사례 2>는 신의성실의 원칙에 부합한 것으로서 C의 권리 행사는 정당하다. D통신회사는 중계탑에 대한 사용권을 획득하지도 않았고 보상을 하지도 않았다. 오히려 C는 중계탑으로 인해 농사와 소음 피해를 지속해서 입었다. C는 지방자치단체의 계획에 따라 자신의 농지를 주택으로 전환할 예정으로 D통신회사에게 중계탑 철거를 요구했으나, D통신회사는 중계탑 철거를 거부하고 있다. D통신회사는 중계탑을 이전해야 하기 때문에 이전 비용이 들 것이다. 그러나 이전 비용으로 인해 엄청난 피해를 보게 되는 것도 아니고, C의 토지에 중계탑이 있어야만 소비자들의 원활한 통신이 이루어지는 것도 아니다. 따라서 C는 신의성실의 원칙에 부합하는 정당한 재산권 행사를 한 것이다.

④ 관점 분석

관점①은 사회의 공익 실현을 위해 개인의 불이익을 감수해야 한다는 입장이다. 이 관점에 따르면, <사례 1>의 B의 주장은 지역 내의 10만 가구에 가스 공급을 저해시킴으로써 공익을 저해할 가능성이 있으므로 타당하지 않다. <사례 2>의 C의 주장은 중계탑 이전 비용과 이전으로 인한 통신 소비자의 혼란 비용이라는 공익 저해가 예상되므로 타당하지 않다.

관점②는 개인의 자유와 소유권, 재산권을 최대한 보장해야 한다는 입장이다. 이에 따르면 개인의 자유, 소유권에 대한 제한은 매우 예외적인 경우에 한해서만 인정할 수 있고, 재산 가치의 경중이 문제가 아니라 개인의 자유에 대한 제한이 문제가 된다. 이 관점에 따르면, <사례 1>의 B의 주장은 타당하다. A가스회사가 시세의 2배 가격으로 매수를 제안했고 가스 공급기지 철거로 인해 지역주민 10만 가구의 불편이 예상된다고 하더라도, 소유권자인 B가 자신의 토지에서 가스 공급기지 철거를 원하고 있기 때문이다. <사례 2>의 C의 주장 역시 타당하다. D통신회사는 소유주인 C에게 설치권을 획득한 것도 아니고 정당한 보상도 하지 않았다. 토지 소유주인 C가 철거를 원하고 있으므로 D통신회사는 중계탑을 철거해야 한다.

관점③은 현대민법의 기본 원리인 신의성실의 원칙에 따른 권리 행사와 권리 남용에 대한 입장이다. 이에 따른 <사례 1>, <사례 2>의 적용은 예시답안을 확인하기 바란다.

관점④는 권리의 내용에 따라 종합적으로 판단해야 한다는 입장이다. 특히 이는 공서양속에 반하는 계약은 원천무효라는 민법 원리를 담고 있다. 공서양속에 반해 원천무효인 계약에 대한 문제는, 필자가 직접 출제한 2023학년도 대비 해커스로스쿨 전국모의고사 1회 논술 1번 문제로 이미 셰익스피어의 <베니스의 상인>을 사례로 이용해 출제한 바 있다. 고리대금업자인 샤일록은 안토니오에게 돈을 빌려주며 안토니오가 돈을 갚지 못할 경우 살 1파운드를 잘라내겠다고 하였다. 이 계약은 금전적 이익을 목적으로 한 금전대차계약인데 샤일록이 안토니오의 살을 베어낸다고 하더라도 금전상의 이익은 없다. 그러므로 이 계약은 안토니오의 생명을 빼앗겠다는 의도가 분명하다는 점에서 사회 일반의 윤리 관념인 공서양속에 명백하게 반하는 내용을 담고 있어 계약 자체가 무효이다. 따라서 이 관점은 <사례 1>과 <사례 2>에 적용할 수 없기 때문에 선택해서는 안 된다.

⑤ 구조 분석과 개요

답안의 구조를 설계할 때, 문제의 요구사항이 많기 때문에 일단 다 대답해야 한다는 점에 주목해야 한다. 대답해야 할 것은 8가지이고, 크게 5가지 사항으로 분류할 수 있다.

첫째, 유사점과 차이점을 제시해야 한다. 유사점이 무엇이고, 차이점이 무엇인지 명확하게 제시하는 것이 중요하다. 여기에서 유사점과 차이점을 각각 논증해야 하는데, 분량에 따라 생략 가능하다. 그러나 분량과 배점의 한계로 인해 생략하는 것이지 상세한 논증에서도 생략해서는 안 된다. 예를 들어, 유사점이 P라면 <사례 1>과 <사례 2>의 어떤 부분이 P에 해당하는지를 증명해야 한다.

둘째, 공통 논점을 제시해야 한다. 공통 논점이라 하였으므로 <사례 1>과 <사례 2>에서 이에 대해 논해야 한다. 문제에서 <사례 1>의 B와 <사례 2>의 C의 주장에 대한 견해를 요구했으므로, 공통 논점은 B, C의 주장과 관련이 있을 것이 분명하다.

셋째, 관점을 선택해야 한다. <사례 1>과 <사례 2>에 공통으로 적용되는 관점을 선택하면 논리적으로 일관성을 갖춘 고득점 답안이 될 수 있다. 여기에서 주의할 점은 고득점 답안을 쓰려다가 답안 자체를 완성하지 못하는 것보다는 저득점 답안이라도 쓰는 것이 현실적으로 더 좋은 선택이라는 점이다. 시험에서는 고득점 아니면 0점이라는 식의 접근보다는 부분 점수라도 받을 수 있는 더 나은 선택을 해야 한다. 그러나 어떤 선택이 고득점에 유리한 선택인지는 분명히 알고 있어야 한다. 알고 있지만 할 수 없는 것과 아예 모르는 것은 발전 가능성과 기회 자체에 차이가 있다.

넷째, <사례 1>의 B의 주장에 대한 견해를 제시해야 한다. 그리고 이 주장의 타당성에 대한 논증을 해당 사례에 적용해야 한다. 이 논증을 할 때 논리만 제시하고 사례에 대한 적용을 하지 않는 경우가 많은데 이 경우 고득점을 받기 어렵다. LEET 논술은 사례형 논술이라는 이름을 갖고 있다. 해당 사례에 대한 적용이 필수적이라는 의미이다. 예를 들어, 수학에서 응용문제 주관식 풀이 문제가 있는데 공식만 제시하고 곧바로 답을 써버리면 풀이 과정에 대한 점수를 받을 수 없는 것과 동일하다. 답만 맞으면 되는 것 아니냐는 볼멘소리를 할 수도 있을 것이다. 그러나 법은 수학처럼 객관적인 답을 내리는 것보다 사회 구성원이 합의하고 납득함으로써 정의에 도달하는 절차적 정당성을 중시한다는 점을 유념해야 한다. 유무죄 여부가 중요한 것이 아니라 유죄나 무죄라는 결론에 도달하게 되는 논리적 증명 과정을 중시한다는 것이다.

다섯째, 동일하게 <사례 2>의 C의 주장에 대한 견해를 제시해야 한다. 마찬가지로 주장의 타당성에 대한 논증, 사례 적용을 해야 한다.

1문단	유사점과 차이점
• <사례 1>, <사례 2>의 유사점과 차이점을 제시 • <사례 1>, <사례 2>에서 유사점과 차이점을 증명(분량에 따라 생략 가능)	

2문단	공통 논점, 관점 선택
• 공통 논점 제시 • 공통으로 적용할 관점 선택: 관점③	

3문단	<사례 1> B 주장에 대한 견해
• B의 권리 행사는 신의성실원칙에 반하기에 권리 남용이다. • <사례 1> 적용: 상대방에게 고통과 손해를 줄 뿐이다.	

4문단	<사례 2> C 주장에 대한 견해
• C의 권리 행사는 신의성실원칙에 부합하기에 정당하다. • <사례 2> 적용: 상대방의 피해나 고통, 손해가 미미하다.	

2번 문제 예시답안

<사례 1>과 <사례 2>의 유사점은 권리 침해가 발생했다는 점이고, 차이점은 권리 남용 여부이다.

<사례 1>과 <사례 2>에서 공통되는 논점은, 권리 행사를 할 때 상대방이 자기에게 가진 신뢰를 배반하지 않고 성의를 갖고 행동해야 한다는 점이다. 관점③에 의하면, 권리를 행사하여 얻게 되는 이익은 매우 작지만, 상대방에게 끼치게 되는 불이익이나 피해가 막대하다면 권리 행사가 제한될 수 있다. 또한 권리 행사의 목적이 상대방에게 고통을 주고 손해를 입히려는 데 있을 뿐이라면 그 권리 행사는 허용될 수 없다.

<사례 1>의 B의 권리 행사는 인정할 수 없다. B는 자신의 토지에 대한 정당한 보상을 받지 못하였다는 점에서 권리 침해가 발생했다. 그러나 A가스회사는 B에게 정당한 보상을 하지 않으려는 의도가 아니며, 단지 보상 절차상 흠결이 있었을 뿐이다. 그럼에도 불구하고 B는 자신의 토지에 세워진 가스 공급기지를 철거해야 한다고 주장함으로써 10만 가구의 불편이라는 막대한 피해를 초래하고 있다. 특히 A가스회사는 시세의 2배 가격으로 B의 토지를 매수하겠다고 하였으므로 B는 충분한 이익을 얻을 수 있고 보상 절차의 흠결에 대한 보상을 받을 수 있다. 그럼에도 가스 공급기지를 철거하라고 주장하는 것은 A가스회사와 지역주민에게 고통을 주고 손해를 입히려는 의도라고 보아야 한다. 따라서 B의 가스 공급기지 철거 주장은 타당하지 않다.

<사례 2>의 C의 권리 행사는 타당하다. D통신회사는 최초 중계탑 설치 시 농지에 대한 적법한 사용권을 얻지 않았고 정당한 보상도 하지 않았으므로, C의 권리를 침해했다. 그럼에도 불구하고 C는 10년간 중계탑으로 인한 불편과 손해를 감수했다. 지방자치단체의 주택단지 개발계획에 따라 C가 해당 농지에 자기 주택을 짓는 것은 재산권의 정당한 행사이다. 물론 C의 농지에 주택을 건축하게 되면 D통신회사는 중계탑 이전 비용을 부담해야 할 것이다. 이에 D통신회사는 C의 불편이 크지 않다며 중계탑 철거 요구를 거부하고 있다. 그러나 전국통신망을 가진 D통신회사의 규모를 고려할 때 C의 중계탑 철거 요구로 인해 발생하는 중계탑 이전 비용이 막대한 피해라고 할 수 없다. 또한 C의 철거 요구가 D통신회사에 고통을 주고 손해를 입히려는 목적이라 할 수도 없다. 따라서 C의 중계탑 철거 주장은 타당하다.

※ 1147자

기출문제 (2문항/110분)

＊ 교재 뒷부분에 있는 논술 답안지를 사용하여 답안을 작성해보세요.
 • 논술 경험이 있다면, 실전처럼 답안을 바로 작성한 후 예시답안과 비교하여 완성도를 높이는 데 중점을 두어보세요.
 • 답안 작성이 막막하다면, 문제 뒤의 해설을 먼저 참고한 후 답안을 작성하여 논술 감각을 익히는 데 중점을 두어보세요.

1. <사례>를 읽고 <조건>에 따라 논술하시오. (900~1200자, 50점)

━━━━━━━ 〈조건〉 ━━━━━━━

(1) <A국 정책>과 <B국 정책> 가운데 어느 쪽이 타당한지 주장하고 이유를 제시하시오.

(2) 이유를 제시할 때 지지 또는 반박의 근거로 <자료>를 활용하시오.

(3) 최소 3개 이상의 자료를 활용하시오.

(4) 자료의 출처를 표시할 때는 ①, ②와 같은 방식으로 명시하시오.

━━━━━━━ 〈사례〉 ━━━━━━━

　세계가 인터넷으로 연결되고 사회의 거의 모든 영역에 디지털 전환(digital transformation)이 진행되면서 다양하고 엄청난 양의 데이터(data)가 형성 및 축적된다. 더불어 플랫폼(platform) 기업처럼 데이터를 활용하여 막대한 이익을 창출하는 경우가 늘어나면서 데이터가 혁신 성장을 위한 중요한 자원으로 취급된다. 이에 많은 기업들이 양질의 데이터를 가능한 한 많이 확보하기 위해 노력한다. 데이터를 둘러싼 경쟁 및 불평등 문제도 심화된다. 예를 들어 데이터 생산 및 보유에 관해 대기업과 중소기업, 기존 플랫폼 기업과 신생 스타트업(start-up) 기업 사이의 격차가 심화된다. 이러한 문제를 해결하기 위해 다양한 방안이 검토된다.

<A국 정책>

　A국은 두 가지 방안을 도입하기로 하였다. 첫째는 '데이터 강제 매수'이다. 특정한 기업이 중요한 데이터를 독점하는 경우, 국가가 데이터를 강제로 매수하여 이를 데이터가 필요한 중소기업이나 스타트업 기업에 무상으로 제공하는 것이다. 둘째는 '데이터 세(稅)'를 신설하고 데이터를 보유하는 양에 비례하여 누진적으로 세금을 부과하는 것이다. 다만 이에 대한 반발을 최소화하기 위해 데이터를 보유한 기업이 데이터를 다른 기업들과 공유하는 경우에는 그만큼 세금을 감면하기로 하였다.

<B국 정책>

　B국은 두 가지 방안을 도입하기로 하였다. 첫째는 '데이터 시장 활성화'이다. 데이터 거래를 촉진하여 자율적인 시장 질서에 의해 데이터 보유를 둘러싼 불평등을 해소하는 것이다. 둘째는 '공공 데이터 풀(pool)' 조성이다. 공공 단체가 데이터를 보유한 기업이나 개인들로부터 데이터를 기부 받아 자율적으로 공공 데이터 풀을 조성하도록 하는 것이다. 공공 데이터 풀을 조성한 후 데이터를 필요로 하는 모든 기업에게 무상으로 제공하여 데이터 공유를 장려하고자 한다.

──────── 〈자료〉 ────────

① 어떤 이들은 다른 이들보다 본래부터 탁월한 능력을 가진다. 이런 경우에는 탁월한 능력으로 획득한 결과에 세금을 부과하여 사회적 약자에게 도움이 되도록 사용하는 것이 정의에 합치한다.

② 물건과 데이터는 엄연히 구별된다. 데이터는 환경과 비슷한 측면이 있다. 환경이 우리 모두를 위한, 모든 세대를 위한 자산이 되는 것처럼 데이터 역시 공공재로서 어느 일방이 독점할 수 없다.

③ 시장은 합리적인 체계이다. 단기적으로 시장이 무질서하고 때로는 혼란스럽게 보일지라도 장기적으로 시장은 가장 합리적인 판단을 한다.

④ 자신의 의지와 노동으로 획득한 결과물은 자기 생명처럼 자신의 소유물이 된다. 이러한 소유물에 세금을 매기는 것은 강제 노동을 부과하는 것과 같다.

⑤ 인간이 존엄한 이유는 자율성을 갖춘 존재이기 때문이다. 모든 면에서 자율성이 최대한 보장될 때 인간은 존엄해질 수 있다. 공동체의 목적을 달성하기 위해 자율성을 억압하면 인간은 단순한 수단으로 전락하고 말 것이다.

⑥ 혁신이 이루어지려면 자연계의 진화처럼 다양성이 전제되어야 한다. 독점으로 다양한 신생 기업들이 시장에 진출하지 못하면 혁신은 실현될 수 없다.

⑦ 오늘날 데이터는 물건처럼 소유, 이용, 거래의 대상이 될 수 있다. 따라서 소유권 존중 원칙은 데이터에도 적용되어야 한다.

⑧ 시장에 참여하는 주체는 인간이다. 인간은 이성적인 존재이지만 동시에 감정을 지닌 존재이다. 때로 감정은 인간의 눈을 멀게 하고 극단적인 경우에는 시장을 광기의 늪으로 몰아넣는다.

기출문제 **2022** 해커스 LEET 김종수 논술 17개년 기출문제+해설집

기출문제 **61**

2. <사례>를 읽고 <조건>에 따라 논술하시오. (900~1200자, 50점)

─── 〈조건〉 ───

(1) <사례 1>과 <사례 2>의 유사점과 차이점을 밝히시오.

(2) <사례 1>의 수문장 및 <사례 2>의 배심원들의 판단을 평가하고 그 이유를 밝히시오. 이때 (1)의 유사점과 차이점 및 <관점>을 활용하여 근거를 제시하시오.

(3) 관점의 출처를 표시할 때는 ㉮, ㉯, ㉰와 같은 방식으로 명시하시오.

─── 〈사례〉 ───

<사례 1>

　도적 떼가 들끓는 무법천지의 시대에 한 도시가 큰 고통을 받고 있다. 도시는 도적들의 살육과 약탈, 방화 등을 피하기 위해 새 법을 만들었다. 도적들이 가까이 접근하고 있다는 소식이 전해지면 성문을 지키는 수문장은 도적들이 도시에 진입할 수 없도록 즉시 성문을 닫아야 하고, 도적들이 물러간 것이 확인될 때까지 계속 닫아 두어야 한다는 것이다. 도시의 일부 시민들이 성 밖에 나갔다가 도적들이 접근하고 있다는 소식을 듣고 급히 도시로 돌아왔다. 하지만 이미 소식이 성 안에 전달된 후였고, 성문은 굳게 닫혀 있었다. 도적들에게 희생될 것을 두려워한 시민들이 수문장에게 성문을 열라고 소리쳤다. 하지만 도적들이 도시 부근까지 가까이 접근한 것을 육안으로 확인한 수문장은 새 법을 그대로 따라야 한다며 시민들의 요구를 거부한다.

<사례 2>

　경제 활동이 융성해진 상공업 시대를 맞아 한 도시가 재산 범죄를 특히 무겁게 처벌하는 법을 새로 만들었다. 새 법은 높아진 개인의 소유권 존중 의식을 반영하여 피해액이 10만 원을 초과하는 절도 범죄를 저지른 자는 사형에 처하도록 했다. 도시의 마을 주변에는 미개척 토지들이 방치되어 있었는데, 마을 사람들은 오래전부터 그곳에서 땔감과 열매, 야생동물 등 생활에 필요한 자원을 얻었다. 그 토지를 소유한 도시의 몇몇 시민들이 토지를 개발하려고 마을 사람들의 출입과 이용을 막았다. 그러자 가난한 사람들이 새 법에 따라 기소되는 일이 자주 일어났다. 재판에 참여한 배심원들은 이들을 불쌍히 여겨 재판 과정에서 토지 소유자에게 발생한 피해액이 사실은 10만 원을 초과하는 경우에도 그에 못 미치게 낮추어 인정하는 방법으로 이들이 사형을 선고받는 것을 모면하게 했다.

─── 〈관점〉 ───

㉮ 입법자는 일반적으로 일어나는 사태를 염두에 두고 법을 만든다. 입법자라도 미래에 일어날 일을 모두 예견하고 법을 만들 수는 없기 때문에 법을 그대로 적용해서는 적절한 결과를 도출하지 못하는 경우도 생길 수 있다. 법이 그대로 적용된 결과가 불합리한 때는 이를 바로잡는 것이 마땅하다. 이때는 입법자가 간과하거나 지나친 부분을 알았다면 어떻게 입법했을지 생각해보고 법이 추구하려고 했던 궁극적인 정의를 이루도록 법의 문구를 바로잡아야 한다.

㉯ 입법 단계에서는 여러 법들을 놓고 비평할 수 있어도, 일단 법이 만들어진 후에는 법을 교정한다는 명목으로 법의 문구에 이의를 제기하는 것은 옳지 않다. 이 세상에서 진정한 정의를 구현하는 것은 불가능한 이상에 불과하다. 더 중요한 것은 질서와 평화를 확보하는 것이다. 시민의 품성을 고양할 목적으로 법을 만드는 것보다 무질서와 폭력을 방지하는 법을 만드는 것이 훨씬 가치 있다. 전자의 경우 법의 불완전함은 곧바로 드러날 것이지만, 후자의 경우 법의 엄격한 집행만으로도 세상에 평화를 가져올 것이다.

㉰ 법의 궁극적인 목적은 공동체 전체의 유익이다. 입법에서는 물론 법의 해석 및 집행에서도 공동선이 최고의 가치로 작용한다. 법은 그 자체가 목적이 아니라 도구에 불과하므로 법의 협소한 시각으로 사람을 수단으로 보아서는 안 된다. 한 사람이라도 부당하게 취급되지 않도록 대우하는 것이 정의이다. 그러나 누구든 자기 판단에 따라 법의 문구에 반하여 행위하는 것은 허용될 수 없다. 이러한 행위가 허용되려면 두 가지 요건을 충족해야 한다. 첫째, 법을 문구대로 적용하는 것이 명백하게 공동선에 큰 해악이 되어야 한다. 둘째, 긴급한 필요가 있거나 현저한 부정의를 피하기 위한 행위이어야 한다.

해설 & 예시답안

📜 출제기관의 출제방향 발표자료

① 출제의 기본 방향

2022학년도 법학적성시험 논술 영역은 공지된 출제방향에 따라 다음과 같이 출제하였다. 첫째, 2개 문항 모두 사례형으로 출제하였다. 둘째, 제시된 사례를 적절히 분석하고 쟁점을 도출하는 능력을 평가하려고 하였다. 셋째, 분석된 쟁점을 평가하고 이를 논증 형식으로 서술하는 글쓰기 능력을 평가하려고 하였다.

② 출제 범위

논술 영역에서는 법조인에게 기본적으로 필요한 사안 분석, 쟁점 도출, 쟁점 평가 등의 능력을 평가할 수 있는 문제를 출제하였다. 두 문항은 주어진 자료 및 관점을 활용하여 사례를 해결하도록 요구하고 있어, 분석력과 판단력을 갖춘 수험생이라면 전공에 상관없이 일반적으로 풀 수 있도록 문항을 구성하였다.

③ 문항 구성

1번 문항은 2개의 사례와 8개의 자료로 구성된다. 사례는 데이터 불평등을 해소하기 위한 두 가지 정책 대안에 관한 것이며, 8개의 자료는 각 정책 대안을 지지할 수 있는 내용을 담고 있다. 이 문항에서는 다음과 같은 과제를 수행해야 한다. 첫째, 두 가지 정책의 함의를 파악하고 쟁점을 도출하여야 한다. 둘째, 본인이 타당하다고 생각하는 정책을 선택하고 그 이유를 제시하여야 한다. 셋째, 자료의 내용을 파악하고 이유를 제시할 때 적절하게 활용하여야 한다.

2번 문항은 2개의 사례와 3개의 관점으로 구성된다. 사례는 법을 문구대로 엄격하게 적용한 결과 부적절한 결과가 발생하는 상황을 제시하고 있다. 관점은 이 경우 어떻게 대처하는 것이 올바른 것인가에 대한 다양한 입장을 제시하고 있다. 이 문항에서는 다음과 같은 과제를 수행해야 한다. 첫째, 두 사례의 유사점과 차이점을 밝혀야 한다. 둘째, 사례에 나타난 수문장 및 배심원들의 판단을 평가하고 그 이유를 밝히되, 유사점 및 차이점과 주어진 관점을 활용해 근거를 제시하여야 한다.

④ 난이도

논술 영역은 제시문에 대한 분석과 쟁점 파악을 기반으로 수험생이 논증적 글쓰기를 할 수 있는지를 측정하려고 한다. 이 목적을 달성하기 위해 간결하고 함축적인 사례, 자료, 관점 등을 제시하였다. 난이도는 예년과 거의 유사하게 구성되었다.

⑤ 출제 시 유의점

- 1, 2번 문항의 배점을 동일하게 50점으로 배분하였다.
- 수험생은 문제의 취지를 정확하게 파악한 후 본인의 주장을 제시할 수 있어야 하며, 단순히 주어진 자료나 관점을 기계적으로 활용하는 것은 지양하여야 한다.

1번 문제 해설

① 문제와 조건 분석

> • 문제: <사례>를 읽고 <조건>에 따라 논술하시오. (900~1200자, 50점)
> • 조건: (1) <A국 정책>과 <B국 정책> 가운데 어느 쪽이 타당한지 주장하고 이유를 제시하시오.
>   (2) 이유를 제시할 때 지지 또는 반박의 근거로 <자료>를 활용하시오.
>   (3) 최소 3개 이상의 자료를 활용하시오.
>   (4) 자료의 출처를 표시할 때는 ①, ②와 같은 방식으로 명시하시오.

1번 문제는 A국 정책과 B국 정책 중 한 입장을 선택해 타당성을 입증해야 한다. <조건>의 (2)를 볼 때 자신이 정한 입장을 지지하는 논거만 허용되는 것이 아니라 자신이 선택하지 않은 입장에 대한 반박도 허용하고 있다. 이러한 논리적 연장선상에서 <조건>의 (3)에서 최소 3개 이상의 자료를 활용하라고 한 것은 자신의 입장을 강화할 수 있는 논거를 선별해서 구성할 것을 요구한 것이라 보면 된다.

분량 제한이 900~1200자라는 것은 논거가 최소 3개, 최대 4개 정도라는 점을 의미하고, 문단 구성 역시 3개에서 4개가 적절한 구성임을 보여주고 있다. A국 정책과 B국 정책 모두 각각 2개의 방안이 포함되어 있으므로, 어느 정책을 선택하더라도 자신의 입장에 대한 논거 2개와 반박 2개가 가능하다는 점에서 3~4개의 문단을 구성하는 것은 충분히 가능하다.

② 답안의 기본 구조 설정

기본 전체 구조

I. <정책> 선택
  1. 목적 제시
  2. 선택한 정책이 목적을 실현함을 간략하게 제시

II. 근거 1: 혁신 성장
  1. 혁신 성장 논리 + 자료
  2. 현재 상황에 대한 적용

III. 근거 2: 불평등 완화
  1. 불평등 완화 논리 + 자료
  2. 현재 상황에 대한 적용

IV. 반론/재반론
  1. 선택한 정책에 대해 예상되는 반론
  2. 재반론 + 자료

③ 사례 분석

　　디지털 전환과 플랫폼 기업의 성장으로 인해 데이터가 혁신 성장의 중요 자원이 되고 있다. 또한 데이터로 인해 불평등 문제가 심화되고 있다. 결국 데이터 문제는 혁신 성장을 위한 경쟁 활성화, 그리고 새로운 불평등의 완화라는 과제를 안고 있다.

　　A국과 B국의 정책은 모두 각 2가지 방안을 담고 있다. 이는 혁신 성장 방안과 불평등 완화 방안이다.

　　A국의 정책은 다음과 같다. 혁신 성장 방안으로 데이터 강제 매수를 통해 독점을 막아 경쟁을 유발하는 것이다. 그리고 불평등 완화 방안으로 데이터 세를 신설해 데이터를 독점하는 기업에 세금을 누진하여 이를 재원으로 불평등을 해소하거나 데이터 공유 시 세금을 감면해 불평등 완화를 유도한다.

　　B국의 정책은 다음과 같다. 혁신 성장 방안으로 데이터 시장 활성화를 통해 데이터를 기업끼리 서로 사고팔도록 해서 경쟁을 유도한다. 그리고 불평등 완화 방안으로 기업의 데이터 기부를 받아 공공 데이터 풀을 조성하고 무상으로 사용하도록 한다.

　　현실적으로 볼 때 B국의 정책은 현실성이 떨어진다. 이윤 추구가 목적인 기업이 어떤 이익도 없이 자발적으로 데이터를 기부할 가능성은 매우 낮다. 또한 데이터 거래 시장을 활성화한다고 하더라도 플랫폼 기업과 같은 데이터 독점기업은 데이터의 독점이 곧 자신들의 경쟁력이기 때문에 이를 팔 유인이 없다. 따라서 B국의 정책은 혁신 성장과 불평등 완화가 현실적으로 가능하다고 논증하기 어렵다.

④ 자료 분석

자료	내용	지지 정책
①	어떤 이들은 다른 이들보다 본래부터 탁월한 능력을 가진다. 이런 경우에는 탁월한 능력으로 획득한 결과에 세금을 부과하여 사회적 약자에게 도움이 되도록 사용하는 것이 정의에 합치한다.	A국 정책 둘째 방안
②	물건과 데이터는 엄연히 구별된다. 데이터는 환경과 비슷한 측면이 있다. 환경이 우리 모두를 위한, 모든 세대를 위한 자산이 되는 것처럼 데이터 역시 공공재로서 어느 일방이 독점할 수 없다.	A국 정책 첫째 방안
③	시장은 합리적인 체계이다. 단기적으로 시장이 무질서하고 때로는 혼란스럽게 보일지라도 장기적으로 시장은 가장 합리적인 판단을 한다.	B국 정책 첫째 방안
④	자신의 의지와 노동으로 획득한 결과물은 자기 생명처럼 자신의 소유물이 된다. 이러한 소유물에 세금을 매기는 것은 강제 노동을 부과하는 것과 같다.	B국 정책 둘째 방안
⑤	인간이 존엄한 이유는 자율성을 갖춘 존재이기 때문이다. 모든 면에서 자율성이 최대한 보장될 때 인간은 존엄해질 수 있다. 공동체의 목적을 달성하기 위해 자율성을 억압하면 인간은 단순한 수단으로 전락하고 말 것이다.	B국 정책 둘째 방안
⑥	혁신이 이루어지려면 자연계의 진화처럼 다양성이 전제되어야 한다. 독점으로 다양한 신생 기업들이 시장에 진출하지 못하면 혁신은 실현될 수 없다.	A국 정책 첫째 방안
⑦	오늘날 데이터는 물건처럼 소유, 이용, 거래의 대상이 될 수 있다. 따라서 소유권 존중 원칙은 데이터에도 적용되어야 한다.	B국 정책 첫째 방안
⑧	시장에 참여하는 주체는 인간이다. 인간은 이성적인 존재이지만 동시에 감정을 지닌 존재이다. 때로 감정은 인간의 눈을 멀게 하고 극단적인 경우에는 시장을 광기의 늪으로 몰아넣는다.	A국 정책 둘째 방안

⑤ 구조 분석과 개요

1문단	A국 정책이 타당함

- 혁신 성장이 가능하다.
- 불평등 완화가 가능하다.

2문단	논거 1: 혁신 성장 가능함

- 독점하에서는 경쟁이 없고, 기업들 간의 자유로운 경쟁이 있어야 혁신이 가능하다.
- ⑥ 다양성이 있어야 혁신이 일어난다.

3문단	논거 2: 불평등 완화 가능함

- 데이터는 공공재이고, 기업은 데이터로 인한 이익을 독식해서는 안 된다.
- ① 데이터 세를 불평등 완화 목적의 재원으로 사용해야 한다.

4문단	반론/재반론

- 반론: ⑦ 데이터의 기업 소유권을 존중해야 한다.
- 재반론: 데이터는 기업의 전적인 소유물이라 할 수 없다.

📝 1번 문제 예시답안

A국 정책이 타당하다. A국의 정책은 다양한 기업의 경쟁을 통해 혁신 성장을 실현할 수 있고, 데이터 세금 부과로 불평등을 완화할 수 있기 때문이다.

다양한 기업의 경쟁 활성화로 혁신 성장이 실현되므로, A국 정책이 타당하다. 데이터가 특정기업에 독점되면 시장 경쟁이 불가능하다. 다양한 기업이 데이터를 이용해 다양한 서비스를 제공해야 혁신이 일어나는데 ⑥과 같이 데이터 독점은 신규 기업의 시장 진출 기회를 차단하기 때문이다. A국은 특정기업이 독점한 데이터를 강제 매수하여 무상 제공함으로써 다양한 기업이 데이터를 새로운 방법으로 서비스하도록 한다. 미래의 성공 방향은 예측 불가하므로 다양한 서비스가 제공되어야 혁신 성장이 가능하다. 따라서 A국의 정책이 타당하다.

데이터 공유로 인해 불평등이 완화되므로, A국 정책이 타당하다. 기업은 자사의 독점이익이 될 데이터를 스스로 내놓거나 기부하지 않을 것이다. 특히 데이터는 시민들이 창출한 것이기 때문에 ②와 같이 공공재의 성격을 가진다. 그럼에도 공공적 성격의 데이터를 독점한 기업이 모든 이익을 독식하는 것은 부당하다. A국은 공공재인 데이터에 세금을 부과해 모든 이익을 독식하지 못하도록 하고 ①과 같이 사회적 약자를 위한 재원으로 사용해 불평등을 완화할 수 있다. 또한 데이터를 타 기업과 공유할 경우 세금을 감면함으로써 기업이 불평등의 완화에 자발적으로 참여하도록 유도한다. 따라서 A국 정책이 타당하다.

이에 대해 ⑦과 같이 데이터는 물건처럼 소유, 이용, 거래 대상이 될 수 있고 소유권을 존중해야 한다는 반론이 제기될 수 있다. 그러나 데이터는 기업이 전적으로 소유권을 가지고 있다고 볼 수 없다. 물건과 같은 기업의 생산물은 기업이 자신의 의지와 노력으로 만들어낸 것이다. 그러나 데이터는 기업이 자체적으로 만든 것이 아니라 일반 시민의 정보가 그 원천이 되고 기업은 이를 가공하여 이용가치를 만들어내는 것이다. 따라서 데이터는 기업이 전적으로 소유, 이용, 거래할 수 있는 것이라 볼 수 없으므로 이 반론은 타당하지 않다.

※ 1005자

2번 문제 해설

① 문제와 조건 분석

> • 문제: <사례>를 읽고 <조건>에 따라 논술하시오. (900~1200자, 50점)
> • 조건: (1) <사례 1>과 <사례 2>의 유사점과 차이점을 밝히시오.
> 　　　　(2) <사례 1>의 수문장 및 <사례 2>의 배심원들의 판단을 평가하고 그 이유를 밝히시오. 이때 (1)의 유사점과 차이점 및
> 　　　　　　<관점>을 활용하여 근거를 제시하시오.
> 　　　　(3) 관점의 출처를 표시할 때는 ㉮, ㉯, ㉰와 같은 방식으로 명시하시오.

　　문제에서 2가지를 요구하고 있다. 2가지 조건을 단순히 만족시키는 것뿐만 아니라 구조상으로도 내용상으로도 만족시켜야
할 것이 있으니 주의해야 한다.

　　먼저, <사례 1>과 <사례 2>의 유사점과 차이점을 밝혀야 한다. 이 유사점과 차이점을 자세하게 논해서는 안 된다. 유사점
과 차이점에 대한 서술이 길어지면 더 중요하고 배점이 큰 사항을 서술할 시간과 분량을 소모하게 되기 때문이다.

　　둘째, <사례 1>과 <사례 2>에 대해서 각각 평가하고 그 이유를 밝혀 논해야 한다. 이때 (1)의 유사점과 차이점을 활용하라
고 하였으므로 (2)에서 활용할 수 없는 유사점과 차이점은 (1)에서 제시해서는 안 된다. 예를 들어, (1)에서 유사점을 P, Q, R
로 제시하였다면, (2)에서 P, Q, R에 대한 논리가 반드시 활용되어야 한다. 만약 (2)에서 P만 활용했다면 Q와 R은 논리적 오
류를 일으키는 원인이 되고 감점의 이유가 된다. 또한 <관점>을 활용하라고 했는데 <사례 1>과 <사례 2>에 각각 관점을 적
용하는 것보다 하나의 관점을 일관되게 두 사례에 적용하는 것이 고득점할 수 있다. 예를 들어 <사례 1>에는 관점 ㉮를 적용
하고 <사례 2>에는 관점 ㉯를 적용하는 것보다, 두 사례에 모두 관점 ㉰를 적용한 답안이 고득점할 가능성이 높다. 논리적
구조에 대한 이해도가 높은 것이고, 일관된 논리 적용이 가능하며, 사례를 해결하는 능력이 더 뛰어나다는 의미이기 때문이다.

② 답안의 기본 구조 설정

기본 전체 구조

I. 유사점과 차이점
　1. <사례 1>, <사례 2>의 유사점
　2. <사례 1>, <사례 2>의 차이점

II. <사례 1>의 수문장의 판단 평가
　1. 관점 선택
　2. <사례 1> 적용 - 유사점과 차이점 활용
　3. 수문장의 판단 평가

III. <사례 2>의 배심원의 판단 평가
　1. 관점 선택
　2. <사례 2> 적용 - 유사점과 차이점 활용
　3. 배심원의 판단 평가

③ 사례 분석

　　<사례 1>은 도적 떼의 살육과 약탈 문제를 해결해야 하는 도시 시민들의 대응방안을 제시한다. 도시 시민들은 공동체의 안전과 생명 보호를 위해 성문 개폐에 대한 법을 제정했다. 도적이 성 가까이 접근해 성 안으로 들어올 경우 모든 도시민들이 위험해지므로, 성 가까이에 도적이 있을 경우 성문을 열 수 없도록 한 것이다. 이에 따르면 도시 시민들은 자신이 성 밖에 있을 때 도적이 성에 접근한다면 자신이 성 안으로 들어가지 못할 수 있음을 이미 알고 있다. 그럼에도 도시의 안전이 더 중요하기 때문에 도적이 성 가까이 있는 경우 예외 없이 성문을 열지 못하도록 법을 제정하였다. 이 사례의 성을 국가로 성의 주민들을 국민이라 생각한다면, 수문장은 계엄법에 따라 권한을 부여받은 계엄사령관이라 할 수 있다. 계엄사령관이 국가안보를 위한 목적으로 일부 국민의 자유를 제한하는 명령을 했고 그 명령의 결과로 일부 국민의 피해가 실제로 발생한 상황이라 여기는 것이 적절하다.

　　<사례 2>는 재산 범죄의 처벌에 대한 법 제정을 제시한다. 개인의 소유권을 존중하기 위해 10만 원 이상의 피해액이 발생한 절도범죄자를 사형에 처한다. 그러나 이유를 막론하고 단지 10만 원 이상의 피해액이 발생하기만 하면 사형에 처하는 것은 부당한 처벌이 될 수도 있다. 배심원은 일반 시민들로 자신들이 정한 법률의 목적에 부합하지 않는 처벌이 이루어지는 것을 회피하고자 피해액을 낮추어 인정함으로써 사형을 모면하게 한다. 이 사례를 현대 국가의 경우로 추론하면, 생계형 범죄를 저지른 자를 엄벌에 처해야 한다는 엄벌주의 주장이라 할 수 있다. <사례 2>의 절도범은 재산을 절도한 것은 맞지만, 단지 10만 원 상당의 과일이나 땔감 등 생필품을 생계 유지 목적으로 절도한 것이다. 이익을 위한 목적이 아니라 생계로 인한 절도라는 점을 보았을 때 비난 가능성이 매우 적다. 또한 토지 소유자의 토지 개발을 막아 재산상의 이익을 얻으려는 소위 알박기 목적의 부동산 점유에 해당하지도 않는다. 그럼에도 불구하고 매우 미미한 재산상의 손실에 대해 사형이라는 처벌을 가하는 것은 과도하다. 이는 자기 책임의 원칙에 반하고 형벌의 비례성에 위배된다.

④ 관점 분석

　　㉮는 입법자가 모든 상황을 예견할 수 없기 때문에 현실 사례에 법을 적용할 때 문제가 발생할 수 있다고 한다. 따라서 입법자의 의도와 현실 사례의 간격이 발생했을 때 입법자의 의도를 고려해 법의 문구를 바로잡아야 한다고 말한다. 이 관점을 <사례 1>과 <사례 2>에 적용할 경우, 입법자의 의도가 무엇인지, 그 의도에 부합한 행위인지를 증명해야 한다. 입법자가 예견한 상황이라면, 법은 입법자의 의도 그 자체이므로 법을 문구 그대로 적용해야 한다. 그러나 입법자가 예견하지 못한 상황이라면, 입법자의 의도와 맞지 않는 상황에 대한 판단을 해야 한다. 이 관점의 문제점은 입법자가 예견한 상황인지 여부가 자의적이라는 것에 있다. 엄밀한 의미에서 이 관점에서의 해결방안은 입법자가 문제점을 깨닫고 법을 개정하는 것이다. 그러나 이 경우에도 소급 금지 원칙, 즉 개정된 법률을 개정 전의 사건에 적용할 수 없다는 원칙에 따라 적용 불가능하다. 그런데 소급 금지 원칙이 이 사례에서 성립할 수 있을 것인지 여부 자체도 이 문제에서 출제자가 준 정보만으로는 추론 불가능하다. 따라서 이 관점으로 <사례 1>과 <사례 2>를 해결할 수는 있으나 미흡한 측면이 있다.

　　㉯는 법의 문구가 정해진 이상 사회 질서 유지를 위해 법을 그대로 적용해야 한다는 입장이다. 이 입장에 따르면, 법을 현실에 적용할 때 일정한 문제가 발생한다고 하더라도 이를 감수해야 한다. 이를 사례에 적용하면 수문장은 법을 그대로 실현한 것으로 타당하고, 배심원은 법을 그대로 적용하지 않았으므로 타당하지 않다는 평가를 내리게 된다.

　　㉰는 법은 공동체 전체의 유익을 목적으로 하며, 공동체는 모두 법을 평등하게 적용받아야 한다. 그러나 법을 문구 그대로 적용하는 것이 오히려 공동체에 유익하지 못한 경우, 법의 문구에 반하여 행위하는 것이 인정될 수 있다. 이를 인정받기 위해서는 두 요건을 모두 만족해야 한다. 법의 문구를 그대로 적용하는 것이 명백히 공동선에 해악이 될 때, 긴급한 필요가 있거나 현저한 부정의를 피하기 위한 행위일 때가 바로 그것이다. 이 관점을 사례에 적용할 경우 공동체의 유익이라는 목적과 두 요건을 모두 적용해야 한다.

⑤ 구조 분석과 개요

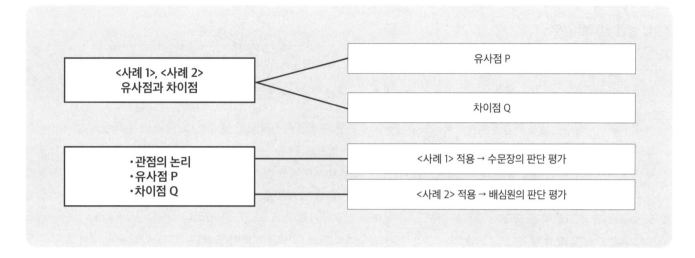

📝 2번 문제 예시답안

<관점 ㉰를 선택한 경우>

<사례 1>과 <사례 2>의 유사점은 두 사례 모두 공동선을 실현하고자 법을 제정했다는 것이다. 차이점은 실현하고자 하는 공동선이 도시의 안전과 재산범죄의 예방이라는 점에서 서로 다르다는 것이다.

<사례 1>의 수문장의 판단은 타당하다. 도시 시민들의 안전과 생명을 보호했기 때문이다. ㉰에 따르면 법의 궁극적인 목적은 공동체 전체의 유익이다. 도시 시민들은 도적들의 살육과 약탈로부터 공동체의 안전을 보장하고자 법을 제정했다. 도적들이 도시에 접근하면 성문을 닫고 도적들이 물러간 것이 확인되기 전에는 성문을 열 수 없도록 한 것은 도시 전체를 보호하기 위함이다. 시민들은 자신이 성벽 밖에 있을 때 도적이 접근해 성 안으로 들어갈 수 없는 상황이 자신에게 발생할 수 있음을 충분히 알고 있음에도, 공동체 전체의 안전을 위해 이를 감수하기로 스스로 결정한 것이다. 게다가 수문장의 결정은 ㉰의 예외 요건에 해당하지 않는다. 성문을 열지 않는 것이 공동체에 크고 명백한 해악이라 할 수 없으며, 성문을 열어 도적이 들어오면 오히려 공동체에 명백한 해악이 된다. 또한 일부 시민을 위해 성문을 열어 도시 전체가 학살당할 수 있으므로 성문을 열지 않은 것이 현저한 부정의라 할 수도 없다.

<사례 2>의 배심원의 판단은 타당하다. 가난한 자들의 생명을 구할 수 있기 때문이다. ㉰에 의하면, 법을 어기는 것이 허용되려면 두 요건을 충족해야 한다. 먼저, 법의 적용이 공동체에 명백하고 큰 해악을 주어야 한다. 토지 소유자들은 토지를 개발할 목적으로 마을 사람들의 출입을 막은 것이다. 가난한 자들은 단지 생계를 유지할 목적으로 이 토지에서 땔감이나 열매 등 소액의 절도를 한 것에 불과하며, 토지 소유자의 토지 개발을 막거나 할 목적이라 할 수 없다. 그럼에도 불구하고, 법을 그대로 적용하는 것은 법의 목적에 반하여 가난한 자들의 생명을 해치는 것으로서 공동체에 명백한 해악을 주는 것이다. 둘째, 긴급한 필요가 있거나 현저한 부정의를 피하기 위한 행위여야 한다. 이 도시의 법에 따르면 10만 원 이상의 절도피해액 발생 시 예외 없이 사형에 처하도록 규정되어 있다. 가난한 자들의 억울한 사정을 해소하려면 법을 개정해야 하는데 시간이 오래 소요될 수밖에 없고, 사형에 처해진 자들의 권리 침해는 결코 돌이킬 수 없다. 배심원의 판단은, 가난한 자들의 생명을 구할 긴급한 필요와, 현저한 부정의를 피하기 위한 결정이라 할 수 있다.

※ 1193자

<관점 ㉮를 선택한 경우>

<사례 1>과 <사례 2>의 유사점은, 법의 목적을 고려한 판단이라는 것이다. 차이점은 법의 목적과 현실 사례 간의 간격인데, <사례 1>은 간격이 없으나 <사례 2>는 간격이 있어 이를 해결해야 했다.

<사례 1>의 수문장의 판단은 타당하다. 도시 시민들의 안전과 생명 보호라는 목적을 실현했기 때문이다. ㉮에 따르면 현실 사례에 법을 적용할 때에는 입법자의 의도를 고려해야 한다. 입법자인 도시 시민들은 도적들의 살육과 약탈로부터 공동체의 안전을 보장하고자 법을 제정했다. 도적들이 도시에 접근하면 성문을 닫고 도적들이 물러간 것이 확인되기 전에는 성문을 열 수 없도록 한 것은 도시 전체를 보호하기 위함이다. 시민들은 자신이 성벽 밖에 있을 때 도적이 접근해 성 안으로 들어갈 수 없는 상황이 자신에게 발생할 수 있음을 충분히 알고 있음에도, 공동체 전체의 안전을 위해 이를 감수하기로 스스로 결정한 것이다. <사례 1>의 수문장은 일부 시민들이 성 안으로 들어오지 못했으나 입법자인 시민들이 직접 정한 내용 그대로 도적 떼가 완전히 물러가지 않은 상황에서 시민을 안정적으로 보호하기 위해 성문을 열지 않은 것이다. 따라서 입법자인 시민들의 의도에 부합하는 선택을 했으므로 수문장의 판단은 타당하다.

<사례 2>의 배심원의 판단은 타당하다. 재산 범죄 예방과 생계형 범죄의 간격을 해소했기 때문이다. ㉮에 따르면 입법자가 모든 상황을 예견할 수 없으므로 입법자의 의도와 현실의 간격이 발생한 경우 입법자의 의도를 고려해 법의 문구를 바로잡아야 한다. <사례 2>에서 입법자인 시민들은 재산 범죄를 예방하고자 할 목적으로 재산 범죄에 대한 처벌을 강화하였다. 그러나 생계형 절도의 경우 처벌을 강화한다고 하여 막을 수 없고, 복지와 교육 등의 방법으로만 예방 가능하다. <사례 2>의 과일이나 땔감 등을 절도한 생계형 절도범을 사형에 처한다면 범죄가 예방되기는커녕 법률과 사회에 대한 반감만 커질 것이다. 입법자인 시민들은 이러한 모든 상황을 예견하지 못했고, 결국 일반시민인 배심원단이 법의 의도와 현실의 간격을 바로잡고자 한 것이다. 배심원단은 법을 개정하기 전까지 법률과 현실의 간격을 바로잡고자 생계형 범죄의 경우에 한해 재산 피해액을 낮게 판단하는 선택을 했다. 이로써 부당한 이익을 얻고자 하는 재산 범죄와 생계 문제로 인한 범죄를 구분하고자 한 것이다. 따라서 배심원의 판단은 타당하다.

※ 1178자

기출문제 (2문항/110분)

* 교재 뒷부분에 있는 논술 답안지를 사용하여 답안을 작성해보세요.
  • 논술 경험이 있다면, 실전처럼 답안을 바로 작성한 후 예시답안과 비교하여 완성도를 높이는 데 중점을 두어보세요.
  • 답안 작성이 막막하다면, 문제 뒤의 해설을 먼저 참고한 후 답안을 작성하여 논술 감각을 익히는 데 중점을 두어보세요.

1. <사례>를 읽고 <관점>을 고려하여 <조건>에 따라 글을 작성하시오. (900~1200자, 50점)

───── 〈조건〉 ─────

1. 입법안에 대한 자신의 의견서를 작성할 것
2. 입법안에 대한 평가를 포함하고 수정이 필요하다면 제시할 것
3. 입법안을 활용할 때는 가①, 나②와 같은 방식으로 표시할 것
4. 소급입법 문제는 판단하지 말 것

───── 〈사례〉 ─────

A국에서는 10년 넘게 폭정을 일삼아 온 독재 정권이 시민혁명으로 무너지고, 시민 다수의 지지를 받는 새로운 의회정부가 들어서게 되었다. 새로운 의회정부는 과거 독재 정권이 유지될 수 있었던 원인을 부패한 공직자 및 권력과 결탁하여 부정하게 재산을 축적한 자들로 보고 이들을 척결하기 위한 특별법을 제정하려 한다. 특별법 제정에서 가장 문제가 된 부분은 부패 공직자와 부정 축재자의 범위를 정하는 것이었다. 이를 두고 1년 넘게 지지부진한 논의만 계속되었다. 이에 더 이상 과거 청산을 늦출 수 없었던 의회정부는 논의를 종결하기 위해 시민들의 여론 조사를 토대로 하여 다음과 같은 입법안을 제시하였다.

가. 이 법에서 부패 공직자는 다음을 대상으로 한다.
① 독재 정권에서 임명된 장·차관 중 재임기간이 1년 이상이었던 사람
② 독재 정권에서 선출된 여당 국회의원 중 재선 이상이었던 사람
③ 독재 정권에서 임명된 재판관 중 각급 재판소의 장이었던 사람

나. 이 법에서 부정 축재자는 다음을 대상으로 한다.
① 독재 정권에서 부동산 취득액이 10억 원 이상이었던 사람
② 독재 정권에서 주식 취득액이 5억 원 이상이었던 사람
③ 독재 정권에서 세금 포탈액이 1억 원 이상이었던 사람

그런데 막상 입법안이 발표되자 기준이 너무 높다는 의견, 기준이 너무 낮다는 의견, 기준을 더 구체화해야 한다는 의견, 기준을 여론 조사로 정하면 안 된다는 의견, 기준을 정하지 말고 개별적으로 판단하자는 의견 등 다양한 반대 의견이 제기되었다. 이에 A국 의회정부 책임자들 사이에서는 입법안을 그대로 고수해야 한다는 의견과 더욱 가다듬을 필요가 있다는 의견이 대립하였다.

1. 과거 청산 과정에서 억울한 대상자가 발생하면 안 된다. 시민들의 분노를 잠재운다는 명목으로 부패 공직자와 부정 축재자를 일률적으로 정하고 대상자를 공개하거나 처벌 범위를 과도하게 넓히는 것은 지양해야 한다.

2. 과거 청산은 신속하게 미래 지향적으로 이루어져야 한다. 고통스러운 과거에 얽매여 있는 것은 사회 발전에 도움이 되지 않는다. 주요 대상자로 한정하여 진상 규명 및 책임자 처벌을 수행한 후 화해와 상생으로 나아가야 한다.

3. 과거 청산은 진실에 근거하여 철저하게 이루어져야 한다. 독재 정권의 희생자와 시민혁명의 주체들을 기리고 정의로운 사회로 이행하기 위해서는 부패 공직자와 부정 축재자를 남김없이 찾아내어 강력하게 처벌해야 한다.

2. <조건>에 따라 <사례>를 해결하시오. (900~1200자, 50점)

〈조건〉

1. <관점> 가운데 하나를 선택하고 다른 <관점>을 모두 반박할 것
2. <의견>을 모두 활용하여 논변할 것
3. <관점>을 활용할 때는 X, Y, Z로 표시할 것
4. <의견>을 활용할 때는 ①, ②와 같은 방식으로 표시할 것

〈사례〉

중세 A국에서는 다음과 같은 사건이 발생했다. 가족 및 이웃과 지속적인 불화를 겪던 젊은 농민 갑은 아내를 버려둔 채 가출했다. 몇 년 후 전쟁이 발발하여 징병되었다는 소문을 끝으로 연락이 두절된 그가 십수 년이 지나 돌연히 귀향했다. 돌아온 갑은 예전에 비해 건강해지고 성실해졌으며 가출 전과 달리 아내에게 매우 다정해졌다. 둘 사이에는 자녀가 태어나기도 했다. 마을 사람들 또한 갑이 외지에서 배워 전파한 농작 기법 덕분에 마을의 수확량이 늘어난 데 기뻐했다. 그런데 재산이 늘어나면서 동업 관계에 있던 갑과 숙부 을 사이에 재산 다툼이 발생했다. 이 과정에서 을과 일부 친척들은 타인사칭 혐의로 갑을 고소하였다. 당시에는 다른 사람을 사칭하여 재산을 빼앗는 범죄가 자주 발생했기 때문에 A국 형법은 타인사칭을 중한 범죄로 규정하고 있었다. 지방 재판소는 선례에 따라 마을 사람들을 광장에 모이게 하여 갑이 진짜인지 가짜인지 의견을 물었다. 그리고 다수의 의견에 따라 무죄로 판단하였다. 을은 재판 방식 및 결과에 불복하여 상소하였다. 중앙 재판소는 마을 사람들 중 여섯을 선정하여 <의견>을 청취하였다. 이를 모두 들은 재판관 3인은 각자의 <관점>을 피력하고 갑의 유무죄를 판단하기로 했다.

〈관점〉

재판관 X: 선례와 공동체의 이익을 고려하여 유무죄를 판단해야 한다.
재판관 Y: 모든 증거가 유죄임을 증명할 수 없다면 무죄로 판단해야 한다.
재판관 Z: 중한 범죄의 경우 개연적인 유죄 증거가 있다면 유죄로 판단해야 한다.

〈의견〉

① 재단사: 저는 이 마을에서 수십 년간 옷을 만들어 왔습니다. 가출 전에 갑이 수선을 맡겨놓고 찾아가지 않은 바지를 돌려준 적이 있는데 얼마 전 새로 주문한 바지는 이보다 두 치수 더 작았습니다. 제가 평생 보아온 바에 따르면 사람의 키가 커지는 경우는 있어도 작아지는 경우는 없었습니다.

② 갑의 누이: 타인사칭을 주장하는 이들은 을로부터 돈을 받거나 협박을 받은 자들입니다. 재단사의 경우도 처남이 을의 소작농이라 그의 말을 믿기 어렵습니다. 설령 그의 말대로 치수가 줄었다 해도 긴 타지 생활로 몸이 변할 수 있습니다. 저는 갑의 동생으로, 누구보다 오빠를 잘 압니다. 거짓된 말들로 섣불리 판단하지 마십시오.

③ 촌장: 저는 을의 의도가 조카에 대한 애정이 아닌 재산 욕심이라는 것을 분명히 밝히고자 이 자리에 섰습니다. 그로 인해 마을 사람들이 갈라지고 불신이 팽배해진 상황이 개탄스럽습니다. 만에 하나 그가 가짜라 해도 진짜는 이미 전쟁터에서 사망했을 텐데 을의 불순한 의도 때문에 마을 사람들이 반목하는 것은 옳지 않다고 생각합니다.

④ 제빵사: 갑이 전쟁 이전과 많이 달라진 것은 사실입니다. 그렇지만 충분히 그럴 수 있다고 생각합니다. 저도 징병으로 전장에 나가서 싸웠던 경험이 있습니다. 그 참혹한 현장을 보고서는 사랑하는 가족을 다시 만날 수 있을까 하는 생각에 절로 눈물이 났습니다. 전쟁에 갔다 오면 사람은 변할 수밖에 없습니다.

⑤ 을의 부인: 저는 갑이 어렸을 때 거의 매일 돌보아 주었습니다. 그런데 돌아온 그를 지켜보며 의심스러운 점이 한둘이 아니었습니다. 사실 마을 사람 상당수가 의심을 품고 있을 텐데 지금 상황이 득이 되어서 모른 체하는 걸로 짐작됩니다. 갑의 누이와 아내 역시 가짜임을 알고 있으면서도 제 남편의 재산을 빼앗기 위해 진실을 은폐하고 있는 것입니다.

⑥ 원로: 저희 마을에서는 심한 다툼이 발생할 때마다 마을 사람들 모두 광장에 모여 토론을 벌인 후 다수결에 따라 판단을 내려왔습니다. 마을에서 발생한 사건과 그 결과에 직접 영향 받는 사람들은 그곳에서 나고 자라 평생을 살아가는 저희이기 때문입니다. 지방 재판소는 이를 잘 알고 있기에 선례를 존중해준 것이라 생각됩니다.

해설 & 예시답안

📜 출제기관의 출제방향 발표자료

① 출제의 기본 방향

2021학년도 법학적성시험 논술 영역은 공지된 출제 방향에 따라 다음과 같이 출제하였다. 첫째, 2개 문항 모두 사례형으로 출제하였다. 둘째, 이러한 사례형 제시문에 대한 이해 및 분석 능력과 논증적 글쓰기 능력을 평가하고자 하였다.

② 출제 범위

논술 영역에서는 법조인에게 기본적으로 필요한 사안 분석 및 해법 제시 능력을 평가하는 데 적합한 문제를 출제하였다. 두 문항은 주어진 관점과 의견을 활용하여 사례를 해결할 것을 요구하는 것으로, 분석적이고 종합적인 사고 능력을 갖춘 수험생이라면 전공에 상관없이 일반적으로 풀 수 있도록 문항을 선정 및 구성하였다.

③ 문항 구성

1번 문항은 한 개의 사례와 세 개의 관점으로 구성된다. 사례는 과거 청산에 관한 문제로서 구체적으로는 부패 공직자 및 부정 축재자를 어떻게 설정해야 하는지가 문제 된다. 세 개의 관점은 과거 청산의 방향을 어떻게 설정해야 하는지에 관한 것이다. 이 문항에서는 다음과 같은 과제를 수행해야 한다. 첫째, 사례의 쟁점을 파악해야 한다. 둘째, 관점을 어떻게 활용할 것인지 논증해야 한다. 셋째, 관점에 따라 사례에서 문제 되는 입법안을 평가하고 필요한 경우에는 수정안을 제시해야 한다. 특히 세 번째 과제를 수행할 때는 분석적 사고 능력뿐만 아니라 창의적 사고 능력을 보여줄 필요가 있다.

2번 문항은 한 개의 사례와 세 개의 관점 및 여섯 개의 의견으로 구성된다. 사례에서는 중세의 가상 국가 A국에서 발생한 타인사칭 사건이 문제 된다. 이에 대한 유무죄를 판단하는 것이 사례가 묻는 문제이다. 세 개의 관점은 타인사칭 사건의 유무죄를 판단할 때 무엇을 우선시해야 하는지를 보여준다. 여섯 개의 의견은 세 개의 관점을 뒷받침하는 논거에 해당한다. 이 문항에서는 다음과 같은 과제를 수행해야 한다. 첫째, 사례에서 무엇이 쟁점인지 파악해야 한다. 둘째, 사례를 해결하는 데 적합한 관점을 한 개 선택한 후 나머지 관점을 반박해야 한다. 이를 통해 자신이 선택한 관점의 타당성을 논증해야 한다. 셋째, 관점과 의견을 활용하여 타인사칭 사건에 대한 유무죄를 판단해야 한다. 이때 중요한 점은 여섯 개의 의견을 모두 활용해야 한다는 것이다. 더불어 유무죄를 판단할 때 사례 및 의견에 주어진 다양한 상황을 섬세하고 치밀하게 분석 및 평가할 필요가 있다.

④ 난이도

논술 영역은 수험생의 논증적 글쓰기 능력을 측정하는 것을 목적으로 한다. 따라서 간결하면서 함축적인 사례를 제시함으로써 수험생이 글쓰기에 더 많은 시간을 할애할 수 있게 하였다. 또한 2018학년도부터 도입한 사례형 문항 유형이 안착될 수 있도록, 올해도 모두 사례형 문항으로 출제하였다.

⑤ 출제 시 유의점

- 1, 2번 문항의 배점을 동일하게 50점으로 배분하였다.
- 수험생은 문제의 취지를 정확하게 파악한 후, 체계적이고 정합적인 답안을 작성하는 데 더욱 힘을 써야 할 것이다.

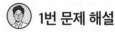 **1번 문제 해설**

① 문제와 조건 분석

> • 문제: <사례>를 읽고 <관점>을 고려하여 <조건>에 따라 글을 작성하시오. (900~1200자, 50점)
>
> • 조건: 1. 입법안에 대한 자신의 의견서를 작성할 것
>
>   2. 입법안에 대한 평가를 포함하고 수정이 필요하다면 제시할 것
>
>   3. 입법안을 활용할 때는 가①, 나②와 같은 방식으로 표시할 것
>
>   4. 소급입법 문제는 판단하지 말 것

1번 문제는 입법안에 대한 의견을 제시하고 평가해야 한다. <사례>를 보면 1) 입법안을 그대로 고수하는 입장과 2) 입법안을 더욱 가다듬어야 한다는 입장이 제시되어 있으므로 의견은 이 둘 중 하나가 된다.

먼저, 1) 입법안을 그대로 고수하는 의견을 취한다면 입법안에 대한 수정이 필요 없다. 그렇다면 왜 수정할 필요가 없는지를 서술하여야 하는데, 이것만으로는 900~1200자의 답안 분량을 채우기가 매우 어렵다.

그러나 2) 입법안을 더욱 가다듬어야 한다는 의견을 선택한다면 입법안에 대한 수정이 필요하다. 따라서 900~1200자를 써야 한다는 분량 제한을 고려했을 때 2) 입법안을 더욱 가다듬어야 한다는 의견을 취하는 것이 논리를 전개하기 쉽고 답안의 분량을 채우기도 쉬울 것이다. 이에 더해 내용적으로 볼 때에도 이 의견을 취하는 것이 더 쉽다. 더욱 가다듬어야 한다는 의미는 어떤 방향으로 가다듬어야 하는 것인지가 지정되어 있지 않으므로 더 폭넓게 처벌해야 한다는 관점으로도, 폭을 좁혀 처벌해야 한다는 관점으로도 쓸 수 있다.

② 답안의 기본 구조 설정

문제의 의도에 따르면, 의견과 논거를 제시하고, 논거를 사례에 적용해 증명하며, 해당 논거와 논증의 연장선상에서 해결방안을 제시하라고 한 것이다. 이 의미를 구조적으로 목차를 통해 표현하면 아래와 같다.

기본 전체 구조

I. 의견 선택
  1. 자신이 선택한 의견 표명
  2. 의견과 부합하는 <관점> + <사례>의 입법안 적용

II. 입법안에 대한 판단: 부패 공직자 조항 판단
  1. <관점>의 논리 제시
  2. <사례>의 입법안에 대한 적용

III. 입법안에 대한 판단: 부정 축재자 조항 판단
  1. <관점>의 논리 제시
  2. <사례>의 입법안에 대한 적용

IV. 입법안에 대한 수정안
  1. 부패 공직자에 대한 수정안
  2. 부정 축재자에 대한 수정안

③ 사례 분석

　　A국의 입법안은 특정 목적을 위한 수단이다. 따라서 부패 공직자와 부정 축재자를 처벌하려는 목적이 무엇인지 그 목적이 달성하려는 가치가 무엇인지 생각해야 한다. 여기에서는 시민혁명을 통해 독재 정권이 무너졌다는 점을 고려했을 때, 국민주권의 억압과 침해를 도운 자들에 대한 처벌을 하려는 것이다. 이 입법안의 목적은 정의의 실현과 재발 방지라 할 수 있고, 실현하려는 가치는 국민주권의 실현과 안정적 보장이 될 것이다.

④ 관점 분석

　　관점 1은 과거 청산 과정에서 억울한 대상자가 발생하면 안 된다는 입장이다. 과거 청산의 목적이 정의 실현이라면 각자에게 올바른 몫을 주어야 한다. 이 과정에서 자신이 행하지 않은 일로 혹은 자신이 행한 정도보다 더 큰 처벌을 받는 일은 없어야 한다는 생각이다. 이는 자유주의 입장과 관련이 깊은데, 사회적인 가치이자 다수의 요구로 인한 과거 청산이 개인의 자유보다 앞서서는 안 된다고 여기기 때문이다. 결국 이에 따르면 처벌대상을 축소하라는 결론이 도출된다.

　　관점 2는 과거 청산은 미래를 위한 것이라는 입장이다. 이에 따르면, 독재 정권에 주요 책임이 있는 자만 처벌하고 책임이 작은 자들은 용서하여 과거의 문제에 얽매이지 말고 미래를 향해 나아가야 한다. 그러나 이 입장에 의하면 독재 정권의 유지에 책임 있는 자들이 처벌을 받지 않아 향후 동일한 상황이 발생했을 시에 재발 우려가 있다는 문제점이 있다. 이 관점은 주요 대상자를 한정해서 진상을 규명하고 책임자를 처벌한 후, 사회 발전을 위해 노력하자는 것이다. 이를 통해 사회 전체의 이익, 즉 공리가 증진될 것이라 한다. 결국 현재의 입법안이 적절하다는 결론이 도출된다. 이 입장을 자신의 입장으로 선택할 경우, 좋은 평가를 받기 어렵다. 독재 정권에 대한 처벌을 하지 않고서 국민주권의 원리가 실현될 수 없기 때문이다. 민주주의 국가는 주권이 국민에게 있어야 하는데, 독재에 기여함으로써 국민주권을 훼손한 자들을 처벌하지 않는다는 것은 국민주권이 훼손되는 미래가 찾아와도 괜찮다는 의미가 된다. 문제에서 사례의 국가는 시민들이 독재 정권을 무너뜨리고 의회정부를 세웠다고 설정되어 있다. 민주주의와 국민주권의 원리를 해치는 해결방안은 문제의 조건에도 적절하지 않다.

　　관점 3은 과거 청산을 철저하게 해야 한다는 입장이다. 독재 정권에 기여한 만큼, 즉 큰 책임이 있는 자에게는 강한 처벌을, 작은 책임이 있는 자에게는 약한 처벌을 해야 한다고 한다. 이를 통해 각자에게 올바른 몫을 준다는 정의를 실현할 수 있고, 사회 구성원들과 미래 공동체 구성원들에게 경각심을 주어 역사적 악행의 재발을 방지할 수 있다. 이 관점에 따르면, 처벌대상을 확대해서 사회정의를 실현해야 한다는 결론이 도출된다.

⑤ 구조 분석과 개요

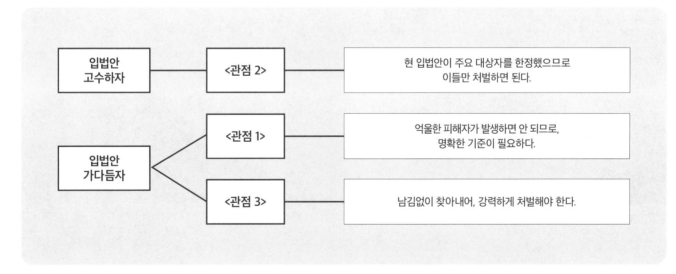

📝 1번 문제 예시답안

\<관점 3\>을 선택한 경우

> \<사례\>의 입법안은 더욱 가다듬어야 한다. 입법안의 목적은 과거 청산을 통해 정의를 바로 세우고 재발을 예방하고자 함이다. 이를 위해 \<관점 3\>은 정의로운 사회로 이행하기 위해 부패 공직자와 부정 축재자를 철저히 찾아내어 처벌해야 한다고 한다. \<사례\>의 입법안은 부패 공직자와 부정 축재자의 대상 범위가 좁고, 기준이 낮다는 문제가 있어, 각자에게 올바른 몫을 주라는 정의원칙에 부합하지 않으므로, 더욱 가다듬어야 한다.
>
> 부패 공직자의 대상과 기준을 가다듬어야 한다. 독재 정권의 유지에 기여한 부패 공직자는 각자의 부패 정도에 비례하여 처벌받아야 한다. 먼저, \<사례\>의 입법안의 가①, 가②, 가③은 각각 장·차관과 여당 국회의원, 각급 재판소의 장들을 대상으로 하고 있다. 이는 부패를 행하였으나 이 대상에 해당하지 않은 공직자를 처벌할 수 없다. 예를 들어 행정부의 장·차관이 아닌 고위 공무원, 야당 국회의원, 재판소의 고위 법관 등은 부패에 가담하였더라도 처벌할 수 없다. 또한 \<사례\>의 입법안의 가①과 가②는 재임기간 1년 이상과 재선 이상을 기준으로 하고 있다. 이 기준은 부패에 가담한 1년 이하의 공직자와 초선 국회의원 등을 처벌할 수 없어 정의롭지 않다. 따라서 이 조항은 "독재 정권에서 임명되거나 선출된 공무원 중 국민주권에 반하여 독재 정권 유지에 기여한 사람"으로 수정해야 한다.
>
> 부정 축재자의 대상과 기준 또한 가다듬어야 한다. 먼저, \<사례\>의 입법안의 나①, 나②, 나③은 각각 부동산, 주식, 세금을 대상으로 하므로, 이 대상 외의 재산적 가치를 부정 축재한 자를 처벌할 수 없다. 예를 들어 선박이나 항공기 등의 동산을 부정 축재한 자는 처벌대상에서 제외된다. 또한 \<사례\>의 입법안은 금액을 기준으로 처벌하여 기준금액 이하의 부정 축재자를 처벌할 수 없다. 예를 들어 나②에 따르면 주식 취득액이 4억 원인 부정 축재자는 처벌할 수 없어 정의에 반한다. 따라서 이 조항은 "독재 정권의 권력과 결탁하여 취득한 유무형의 이익이 있는 사람"으로 수정해야 한다.
>
> 입법안을 통해 국민주권을 훼손하거나 부역한 자는 그에 상응하는 처벌을 받는다는, 국민적 정의를 세우고 역사적 재발을 막아야 한다. 과거 청산을 위해서는 명확한 기준과 국민적 합의가 필요하다. 따라서 부패 정치인과 부정 축재자 기준을 학술기관이 제시하고, 국민투표로 결정하도록 해야 한다.

※ 1169자

<관점 1>을 선택한 경우

<사례>의 입법안은 더욱 가다듬어야 한다. <관점 1>은 과거 청산 과정에서 시민들의 분노를 잠재우기 위해 자신이 행하지도 않은 책임을 지는 억울한 피해자가 발생하면 안 된다고 한다. <사례>의 입법안은 부패 공직자와 부정 축재자의 기준이 일률적이어서 억울한 피해자가 발생할 수 있으므로, 더욱 가다듬어야 한다.

부패 공직자에 관한 입법안 가는 억울한 피해자를 발생시킬 수 있으므로 가다듬어야 한다. 입법안 가는 부패 공직자의 기준을 재임기간 등으로 정해 부패 여부와 정도에 관계없이 일률적으로 정하고 있다. 그런데 단지 독재 정권에서 1년 이상 고위 공직자로 일했다는 것이 독재 정권의 유지에 기여할 목적으로 일했다는 것을 의미하지는 않는다. 대표적으로 <사례>의 입법안 가①은 독재 정권에서 임명된 장·차관 중 재임기간이 1년 이상이면 부패 공직자로 취급한다. 예를 들어, 독재 정권에서 임명된 기상청장이 2년간 재임하면서 날씨 예측의 정확성을 높이기 위해 과학적인 날씨 예측 시스템을 구축한 결과 날씨 예측의 정확성이 크게 상승해 국민 생활에 기여했다고 하자. 이 기상청장은 국민의 복리 향상에 기여한 공직자임에도, 입법안 가①에 의해 부패 공직자로 처벌받는 억울한 피해자가 될 것이다. 따라서 입법안 가는 "독재 정권 기간 동안 임명, 선출된 공직자 중 독재 정권의 유지에 기여한 것이 명확한 사람"으로 수정해야 한다.

부정 축재자에 관한 입법안 나는 억울한 피해자를 발생시킬 수 있으므로 가다듬어야 한다. 입법안 나는 부정 축재자의 기준을 독재 정권 유지 기간의 가격상승분으로 일률적으로 정하고 있다. 부정 축재는 독재 정권과 결탁하여 금전적 이익을 얻은 것을 말하는 것인데, 일정 정도 이상의 금전적 이익을 모두 부정 축재로 취급하는 것이다. 대표적으로, <사례>의 입법안 나②에 따르면 주식 취득액이 5억 원 이상인 자는 부정 축재자로 처벌받는다. 예를 들어, 독재 정권 기간에 한 기업 경영자가 경영권 방어를 목적으로 자사 주식 5억 원을 취득했다고 하자. 이 기업 경영자는 독재 정권과 관계 없이 기업 경영상의 목적으로 주식을 취득한 것임에도 불구하고, 단지 주식 취득액이 5억 원 이상이라는 이유만으로 입법안 나②에 의해 억울한 피해자가 될 것이다. 따라서 입법안 나는 "독재 정권 기간 동안 독재 정권과 결탁하여 부정한 금전적 이익을 얻은 사람"으로 수정해야 한다.

※ 1168자

2번 문제 해설

① 문제와 조건 분석

> • 문제: <조건>에 따라 <사례>를 해결하시오. (900~1200자, 50점)
> • 조건: 1. <관점> 가운데 하나를 선택하고 다른 <관점>을 모두 반박할 것
>   2. <의견>을 모두 활용하여 논변할 것
>   3. <관점>을 활용할 때는 X, Y, Z로 표시할 것
>   4. <의견>을 활용할 때는 ①, ②와 같은 방식으로 표시할 것

　문제는 X, Y, Z 중 하나의 관점을 선택하여 <사례>를 해결하라고 하였다. <사례>는 갑의 타인사칭에 대해 유죄 판단을 할 것인지에 관한 것이므로, <사례>의 해결이란 갑을 유죄로 판단해야 하는지 여부를 밝히고 그 이유를 논증하는 것을 의미한다. 이때 주의해야 할 것은 자신이 선택한 관점 외의 다른 2개의 관점을 모두 반박하라고 했으며, 6개의 의견을 모두 활용해야 한다는 조건이다. 개요를 작성할 때부터 이 조건의 충족 여부를 신중히 살펴야 한다. 문제의 요구사항은 모두 채점기준표에 반영되어 있으므로 지키지 않을 경우 곧바로 감점된다는 점을 유념해야 한다. 이러한 채점기준을 중심으로 판단할 때, 만약 어떤 관점을 선택했는데 그 관점에서는 모든 의견을 활용하기 어렵다면 선택한 관점을 포기하는 것이 득점에 도움이 될 수 있다.

② 답안의 기본 구조 설정

기본 전체 구조

I. 선택한 관점과 갑에 대한 유죄 판단
　1. 선택한 관점의 논리
　2. 위 논리를 <사례>의 갑에 적용 + 의견 활용해 증명

II. 선택하지 않은 관점 1과 갑에 대한 유죄 판단
　1. 선택하지 않은 관점 1의 논리
　2. 위 논리를 <사례>의 갑에 적용했을 때 문제점 + 의견 활용해 증명

III. 선택하지 않은 관점 2와 갑에 대한 유죄 판단
　1. 선택하지 않은 관점 2의 논리
　2. 위 논리를 <사례>의 갑에 적용했을 때 문제점 + 의견 활용해 증명

③ 사례 분석

　중세 A국은 타인을 사칭해 재산을 빼앗는 범죄를 중범죄로 규정하는데, 마을 주민들이 마을회의에서 지역주민의 처벌 여부를 다수결로 결정하는 선례가 있다. 갑은 타인을 사칭했다는 혐의로 고발되어, 선례에 따른 결정으로 무죄로 판단되었다. 갑과 재산 다툼 중인 숙부 을은 중앙 재판소에 상소했고, 재판관 3인의 의견이 갈리고 있다.

④ 관점 분석과 사례 적용

　　재판관 X는 선례와 공동체의 이익을 고려해 유무죄를 판단해야 한다는 입장이다. 이에 따르면 다수 마을 주민들의 이익이 크다면 무죄가 되고, 이익이 작다면 유죄가 된다. 이는 유무죄의 판단 기준이 다수의 이익이 되기 때문에 범죄의 여부, 정도가 그 기준이 되지 않는다. <사례>에 적용할 경우, 마을 주민 다수는 무죄로 보고 있으므로 갑은 무죄이다.

　　이 <사례>에서 X의 관점을 적용해서는 안 된다. X의 관점에 따르면, <사례>의 갑이 타인사칭을 했는지 여부는 판단하지 않아도 된다. 단지 마을 사람들 중 다수가 갑을 어떻게 생각하는지가 문제될 뿐이다. 이는 법적 판단이 아니라 다수결에 불과하다. 이는 법조인이 될 사람이 판단기준으로 삼을 수 있는 관점이 될 수 없다. 만약 X의 관점을 선택했다면 고득점을 획득하는 것은 어렵고, 상대평가 기준에서 고득점을 기대하는 수밖에 없다. 즉, 다른 수험생들 중에 나보다 더 답안 구성에 실패한 수험생이 많기를 기대해야 하는 것이다.

　　재판관 Y는 모든 증거가 유죄임을 증명할 수 없다면 무죄로 판단해야 한다는 입장이다. 유죄임을 명백하게 증명할 수 있는 증거가 없다면 무죄라는 것이다. 이는 범죄를 저질렀음이 명백하지 않다면 개인의 자유를 제한할 수 없다는 입장이다. Y의 관점이 이 <사례>에 가장 적절한 관점이다. 의심스러울 때에는 피고인에게 유리하게(in dubio pro reo), 즉 명확한 증거가 없다면, 증명할 수 없다면 피고인에게 유리하게 적용하라는 형사법의 대원칙을 따라야 한다. 법조인은 무죄추정의 원칙에 따르기 때문이다. <사례>의 A국은 중세시대의 국가이므로 갑의 타인사칭을 명확하게 증명할 수 있는 유전자 검사 등의 과학수사가 불가능하다. 그렇다면 갑이 타인사칭을 했을 것이라는 가능성과 개연성은 있으나, 갑이 타인사칭을 했다는 명확한 증거는 없다. 따라서 갑이 타인사칭의 범죄를 저질렀다는 명확한 증거는 없으므로 갑은 무죄이다.

　　재판관 Z는 중범죄의 경우 유죄 증거의 개연성이 있다면 유죄로 판단할 수 있다는 입장이다. 명백한 증거 입증이 되지 않는다고 하더라도 개연적인 증거, 즉 범죄를 저질렀을 것이라는 상당한 의심을 뒷받침할 수 있다면 유죄로 판단할 수 있다는 것이다. Z의 관점은 근현대 법학과는 달리 중세시대 법학의 관점을 보여주고 있다. 중범죄의 개연성이 있다면 그 개연성만으로도 처벌함으로써 범죄 예방이라는 사회적 가치를 실현해야 한다는 것이다. 공동체의 안전을 위해서는 범죄예방이라는 사회적 가치가 실현되어야 하고, 이를 위해서는 범죄의 발생 가능성을 미연에 방지할 수 있도록 개연성만으로도 처벌해야 한다는 것이다. 개연성만으로도 처벌하게 된다면, 범죄를 저지르려는 의도가 있는 자와 범죄의지가 없는 일반적인 사람들이 모두 이를 보고서 범죄를 저지르면 안 되겠다는 생각을 하게 될 것이다. 이를 특별예방효과, 일반예방효과라고 한다. 최근에도 강력범죄가 일어날 때마다 범죄자를 강력하게 처벌해야 한다는 목소리가 커지는데, 이를 엄벌주의라 한다. 이는 형벌의 위하력을 통해 특별예방효과, 일반예방효과를 기대할 수 있다는 생각으로부터 비롯된 것이다. Z의 관점을 <사례>에 적용할 경우, A국은 타인사칭을 중범죄로 보고 있고 갑은 타인을 사칭했다고 볼 개연성이 있으므로 유죄이다.

⑤ 의견 분석

의견	주민	발언 내용	지지 입장
①	재단사	• 갑의 바지 치수가 예전에 비해 작아졌다.	갑 유죄
②	갑 누이	• 타인사칭을 주장하는 자들은 을과 관련이 있다. • 바지 치수는 타지 생활로 인해 바뀔 수 있다.	갑 무죄
③	촌장	• 을은 재산 욕심으로 혐의를 제기했다. • 을의 불순한 의도 때문에 마을이 갈등을 겪고 있다.	갑 무죄
④	제빵사	• 갑의 변화는 전쟁 때문이고 충분히 그럴 수 있다.	갑 무죄
⑤	을 부인	• 갑이 과거에 비해 너무 다르다는 의심이 든다.	갑 유죄
⑥	원로	• 마을 사람들의 다수결 결정을 존중해야 한다.	갑 무죄

⑥ 구조 분석과 개요

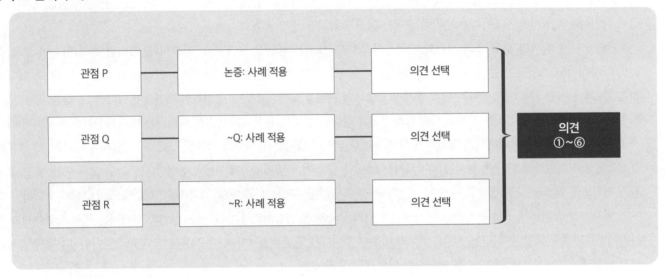

📝 2번 문제 예시답안

<관점> Y를 선택한 경우

<관점> Y에 따라 <사례>의 갑을 무죄로 판단해야 한다. Y는 모든 증거가 유죄임을 증명할 수 없다면 무죄로 판단해야 한다고 한다. <사례>의 갑이 타인을 사칭했는지 여부는 주변사람들의 증언을 종합하여 판단할 수밖에 없다. <의견> ①과 ⑤는 갑의 바지 치수가 줄어들었다는 점과 어릴 때와 다른 점이 의심스럽다는 이유로 타인을 사칭했다고 한다. 그러나 이는 타인사칭의 명백한 증거라 할 수 없다. ②에 따르면 긴 타지 생활로 몸이 변할 수 있으므로 바지 치수의 변화를 반박할 수 있다. ④에 따르면 전쟁에 참전한 병사는 신체적, 정신적으로 변화가 발생할 수 있으므로 어릴 때와 다른 점들이 있다는 것을 반박할 수 있다. 따라서 갑이 타인을 사칭했다고 인정할 명백한 유죄 증거는 없으므로, 무죄로 판단해야 한다.

<관점> X는 선례와 공동체의 이익을 고려해야 한다는 입장에 따라 <사례>의 갑을 무죄로 판단할 것이나, 이는 타당하지 않다. 선례와 공동체의 이익을 고려해 유무죄를 결정한다면 억울한 피해자가 발생하거나, 타인사칭이 명백한 자도 처벌할 수 없다. <의견> ⑥에 따르면 마을의 심한 다툼을 다수결로 결정한다고 했는데, 다수 주민에게 이익이 된다면 무죄인 자를 유죄로 판단할 수 있다는 의미가 된다. 또한 ⑤에 따르면 갑은 농작 기법 등을 전수해 마을 사람 상당수에게 이득을 준 상황이므로, 만약 갑이 타인사칭을 하였다고 하더라도 처벌할 수 없을 것이다. 따라서 X에 따라 갑의 유무죄를 결정해서는 안 된다.

<관점> Z는 중한 범죄의 경우 개연적인 유죄 증거가 있다면 유죄 판단을 할 수 있다는 입장이므로, <사례>의 갑을 유죄로 판단할 것이나 이는 타당하지 않다. <사례>의 A국은 타인을 사칭해 재산을 빼앗는 것을 중한 범죄로 규정하고 있다. 물론 <의견> ①과 ⑤는 갑이 타인을 사칭했다는 개연적 증거가 될 수 있다. 그러나 ②에 따르면 재단사와 같이 갑이 타인을 사칭했다고 주장하는 이들이 을의 소작농이거나 을과 이해관계가 있는 자들이라는 점, ③에 따르면 재산을 탐내는 을의 불순한 의도가 있다는 점을 볼 때 을이 허위 주장을 할 수 있다는 개연성 또한 있다. 따라서 개연적 증거만으로 유죄 판단을 하는 것은 타당하지 않고, 오히려 타인사칭을 주장하면서 정당한 재산을 빼앗으려는 시도를 정당화할 수 있다는 점에서 타당하지 않다.

※ 1147자

<관점> Z를 선택한 경우

<관점> Z에 따라 <사례>의 갑을 유죄로 판단해야 한다. Z는 중한 범죄의 경우 개연적인 유죄 증거가 있다면 유죄 판단을 할 수 있다고 한다. <사례>의 A국은 타인을 사칭해 재산을 빼앗는 것을 중한 범죄로 규정하고 있다. <의견> ①의 재단사는 갑의 바지 치수가 이전에 비해 줄어들었다는 점을 볼 때 변할 리 없는 키가 줄었으므로 갑이 타인을 사칭했을 것이라 의심을 제기한다. 또 <의견> ⑤의 을의 부인은 조카인 갑을 어린 시절부터 보아왔는데 이전과 다른 부분이 많아 타인을 사칭했을 것이라 의심된다고 한다. 이는 갑이 타인을 사칭했을 개연성으로 판단하기에 충분하다. 따라서 타인사칭은 중범죄임이 분명하고 개연적인 유죄 증거가 있으므로 갑을 유죄로 판단하여야 한다.

<관점> X는 선례와 공동체의 이익을 고려해야 한다는 입장에 따라 <사례>의 갑을 무죄로 판단할 것이나, 이는 타당하지 않다. 선례와 공동체의 이익을 고려해 유무죄를 결정한다면 유무죄의 결정 근거가 타인사칭이 아니어도 된다는 의미가 된다. <의견> ③과 ⑤에 따르면, 을이 재산 욕심으로 마을을 갈등으로 몰아넣어 손해를 입히는 반면, 갑은 농작 기법을 전수해 마을 사람 상당수에게 이득을 주었다. 그리고 ⑥에 따르면 마을의 심한 다툼을 다수결로 결정하게 되는데, 마을 사람들은 다수결로 갑을 무죄로 결정했다. 결국 갑이 타인사칭을 한 중범죄자인 것과 관계없이 다수 주민의 이익으로 무죄가 되는 것이다. 따라서 X에 따라 갑의 유무죄를 결정해서는 안 된다.

<관점> Y는 모든 증거가 유죄임을 증명할 수 없다면 무죄로 판단할 것이나, 이는 타당하지 않다. 모든 증거가 명확할 때에만 유죄가 된다면 타인사칭과 같은 중범죄가 늘어나 사회문제가 심각해질 것이다. <의견> ②와 ④에 따르면 긴 타지 생활로 몸이 변하거나 전쟁 등 극한경험을 한 자는 변화가 발생할 수 있다고 하나, ①과 같이 사람의 키는 줄어들지 않는다는 의견도 있다. ④에 따르면 전쟁에 참전한 병사는 변화가 발생할 수 있다고 하나, 변화가 있다고 하여 아예 다른 사람이 되는 것은 아니기 때문에 ⑤와 같이 갑을 어린 시절부터 보아온 을의 부인의 의심을 볼 때 여전히 갑의 타인사칭 의혹이 크다. <사례>의 갑은 여전히 타인사칭의 의혹과 중범죄의 개연성이 있다. 따라서 Y에 따라 갑을 무죄로 판단해서는 안 된다.

※ 1146자

* 교재 뒷부분에 있는 논술 답안지를 사용하여 답안을 작성해보세요.
  • 논술 경험이 있다면, 실전처럼 답안을 바로 작성한 후 예시답안과 비교하여 완성도를 높이는 데 중점을 두어보세요.
  • 답안 작성이 막막하다면, 문제 뒤의 해설을 먼저 참고한 후 답안을 작성하여 논술 감각을 익히는 데 중점을 두어보세요.

1. 제시된 <조건>에 따라 <사례>를 논평하시오. (900~1200자, 50점)

─── 〈조건〉 ───

1. 아래 <관점> 중에서 하나를 선택하고, 다른 <관점>을 모두 반박할 것

2. 각 <사례>에 나타난 쟁점을 발견하고, 선택한 <관점>에 따라 각 <사례>의 법적 판단을 평가할 것

3. <관점>을 활용할 때는 ㉮, ㉯, ㉰와 같은 방식으로 표시할 것

─── 〈사례〉 ───

<사례 1>

　중세 말 X국은 최고 법전인 치국대전(治國大典)에서 형법의 개정을 금지하고, 대신 형법전에 '마땅히 처벌할 만한 행위에는 유사한 조문을 적용할 수 있다'는 원칙을 규정하고 있었다. X국 사람인 甲은 화약을 사사로이 제조하여 화적패에게 팔아 넘기려다 발각되었다. X국의 형법전에는 사인(私人)이 화약을 제조하는 행위를 처벌하는 조문이 없었다. X국 병기창이 화약 제조에 관한 신기술을 외국에서 수입하였던 까닭에 개인이 화약을 밀조하는 상황을 형법은 예상하지 못했던 것이다. 법원은 논의 끝에 형법전상 동전 또는 달력 위조죄를 이 사건에 적용하기로 하였다. X국에서 동전의 주조나 달력의 제작은 국가가 독점해 왔다. 경제적 신용 수단으로서 화폐의 공급은 국가의 전권에 속하기 때문에 조폐창에서 동전의 주조를 전담하도록 하였고, 달력은 농사 일정에 관련되어 정확한 정보가 요구되기 때문에 일기청에서만 제작하도록 하였다. 법원은 화약을 사사로이 제조하는 행위를 동전 또는 달력의 위조와 같이 국가의 전권에 도전하는 행위로 보고 甲에게 유죄를 선고하였다.

<사례 2>

　Y국 사람인 乙은 돈을 걸고 전통적인 카드 게임을 하다가 종교법 위반으로 체포되었다. Y국의 헌법에 의하면 법원은 종교법 사건에서 종교법 위원회의 판단을 따르도록 되어 있다. Y국 종교법에는 '화살 던지기 내기'만 명시적으로 금지되어 있었다. 화살 던지기는 일곱 걸음 거리에서 통에 화살을 던져 넣어 승패를 결정하는 게임을 의미한다. 그러나 당시 널리 알려진 도박 행위의 하나였던 화살 던지기 내기는 세월이 흐르면서 도박의 대명사가 되었다. 乙은 종교법이 금지하는 내기는 화살 던지기뿐이므로 카드 게임은 여기에 해당하지 않는다고 항의하였다. 또한 카드 게임의 승패는 화살 던지기와 달리 실력과 훈련에 따라 결정된다고 주장하였다. 법제정 당시의 기록을 검토한 종교법 위원회는 종교법이 내기를 금지한 이유가 불필요한 금전적 손실의 위험으로부터 사람을 보호하는 데에 있으며, 따라서 그러한 위험이 있는 모든 내기는 금지된다고 판단하였다. 법원은 이러한 판단에 따라 乙에게 유죄를 선고하였다.

<관점 ㉠>

입법자가 모든 사례를 고려할 수는 없어. 처음부터 완벽한 법이란 존재하기 어려워. 그런 까닭에 다양한 역사적 자료나 유사한 입법례를 통해 입법자의 본래 의도를 발견해서 법을 해석하고 적용하는 것이 옳다고 생각해.

<관점 ㉡>

법의 해석과 적용에 있어서는 언어의 사전적(辭典的) 의미가 가장 중요해. 사람들은 통상 그런 의미로 법을 이해하거든. 그런 점에서 언어의 객관적인 의미에 따라 법을 해석하고 적용하는 것이 옳다고 생각해.

<관점 ㉢>

사회적 상황이나 판단은 변할 수 있기 때문에 법을 사전적 의미로 한정하는 것은 지나치게 좁은 해석이야. 그리고 법의 제정 시점보다 법의 적용 시점에서 합당한 것으로 수용된 견해에 따라 법을 해석하고 적용하는 것이 옳다고 생각해.

2. <사례>에서 나타난 문제점을 분석하고 <규제 형식> 중 하나를 선택하여 <조건>에 따라 <사례>를 해결하시오.
(900~1200자, 50점)

─────────────── 〈조건〉 ───────────────
1. 자신이 선택한 <규제 형식>을 두 <사례>에 일관되게 적용할 것
2. 자신이 선택하지 않은 <규제 형식>을 반박할 것
3. <규제 지침>을 활용하여 논변할 것
4. <규제 지침>을 활용할 때는 ㉮, ㉯, ㉰와 같은 방식으로 표시할 것

─────────────── 〈사례〉 ───────────────
<사례 1>

　최근 개나 고양이 이외에도 파충류나 야생 포유류 등 다양한 동물을 키우는 사람이 늘고 있다. 그러나 관련 법은 국제적 멸종 위기종에 해당하는 동물을 개인이 키우는 것을 금지할 뿐 그 밖의 동물을 개인이 키우거나 거래하는 것에 별도의 규제를 마련하고 있지 않다. 이로 인해 멸종 위기종에 해당하지 않는 뱀, 거북이, 악어, 북극여우 등과 같은 야생동물이 인터넷에서 제한 없이 거래되고 있다. 이에 동물 보호 단체 P는 충분한 정보나 지식 없이 개인이 야생동물을 키우게 되면 공중 보건 위해, 질병 및 상해 위험, 생태계 위협 등 각종 문제가 발생할 수 있을 뿐만 아니라, 해당 동물의 건강과 복지에도 나쁜 영향을 미칠 수 있다고 경고한다. 실제로 외국에서는 키우던 뱀의 공격을 받아 사망한 사고도 있었음을 강조한다. P는 보건 당국이 지정한 동물만을 개인이 반려 동물로 키울 수 있도록 법으로 규제해야 한다고 주장한다.

<사례 2>

　스타트업(start-up) 기업 Q는 이용자가 현재 있는 곳에서 가까운 주차장의 위치와 주차 요금을 알려 주는 주차 공유 서비스 사업을 시작하려 한다. 서비스의 핵심 기능은 현재 활용되지 않는 주차 공간을 다른 사람이 쓸 수 있게 함으로써 도심지의 주차난을 해소하려는 것이다. Q는 사업을 위해 관할 지방자치단체에 사업허가를 신청하였다. 그러나 담당 공무원은 관련 법에는 주차 공유를 금지하는 규정도 없지만 이를 허용하는 규정도 없으므로 기존의 조례를 개정하여 법령상 근거를 마련하지 않는 한 사업을 허가해 줄 수 없다고 하였다. 이에 Q는 사업의 신속한 시행을 위해 관할 지방자치단체에 조례의 개정을 여러 차례 요구하였지만 수년 동안 개정 작업은 진척되지 않고 있다. Q는 스타트업 기업이 새로운 상품이나 서비스를 개발해도 각종 규제 때문에 신속하게 시장에 진출하는 데 어려움을 겪고 있다고 토로한다.

─────────────── 〈규제 형식〉 ───────────────
(1) 포지티브 규제(positive regulation): 허용되는 것만을 규정하고 나머지는 원칙적으로 금지하는 규제 형식
(2) 네거티브 규제(negative regulation): 금지되는 것만을 규정하고 나머지는 원칙적으로 허용하는 규제 형식

─────────────── 〈규제 지침〉 ───────────────
㉮ 규제는 사회가 요구하는 바를 정확하게 포착하여 이에 응답해야 한다.
㉯ 규제는 인간의 자유와 권리를 최대한 보장하는 데 역점을 두어야 한다.
㉰ 규제는 행위를 제한하는 것을 넘어 특정한 정책이나 가치를 형성하고 조정해야 한다.
㉱ 규제는 사회 및 시장이 스스로 문제를 해결할 수 있으므로 가능한 한 적게 해야 한다.
㉲ 규제는 인간과 자연의 지속 가능한 공존을 추구해야 한다.
㉳ 규제는 사회의 공리를 극대화하는 데 이바지해야 한다.
㉴ 규제는 사회에 해악이 되는 행위를 예방하고 금지해야 한다.

해설 & 예시답안

출제기관의 출제방향 발표자료

① 출제의 기본 방향

2020학년도 법학적성시험 논술 영역은 공지된 출제 방향에 따라 출제하였다. 첫째, 2개 문항 모두 사례형으로 출제하였고, 둘째, 평가의 방향도 제시문에 대한 이해 및 분석 능력과 논증적 글쓰기 능력을 측정하고자 하였다.

② 출제 범위

논술 영역은 법조인의 기본 조건으로서 사안 분석 및 해법 제시의 능력을 평가하는 데 적합한 문제를 출제하였다. 두 문항은 규범 해석과 규제 원칙에 관한 것으로서 분석적이고 종합적인 사고 능력을 갖춘 수험생이라면 전공에 상관없이 일반적으로 풀 수 있는 문제를 선정하였다.

③ 문항 구성

1번 문항에는 두 개의 사례와 세 개의 관점이 주어져 있고, 그중 하나의 관점을 선택하여 사례를 평가하도록 하였다. 첫 번째 사례는 중세의 한 국가에서 새로운 사태에 대한 기존 법의 유추적용에 관한 것이고, 두 번째 사례는 종교국가에서 도박의 개념을 둘러싼 해석에 관한 것이다. 이 문항에서 수행해야 할 과제는 세 가지이다. 첫째, 두 사례의 기본적인 쟁점을 파악하는 것이다. 둘째, 세 관점 중에서 선택한 관점에 입각하여 다른 관점들을 반박하는 것이다. 셋째, 두 사례의 법적 판단을 정합적으로 평가하는 것이다.

2번 문항에는 두 개의 사례와 규제 형식 그리고 규제 지침이 주어져 있다. 첫 번째 사례는 네거티브 규제가 문제되는 경우이고, 두 번째 사례는 포지티브 규제가 문제되는 경우이다. 이로 인해 각 사례에서 어떤 문제가 나타나고 있는지, 이를 해결하기 위해서는 어떤 규제 형식을 선택해야 하는지가 주된 논점이다. 이때 규제 지침을 다양하게 활용하여 자신이 선택한 규제 형식을 논변하도록 하였다.

④ 난이도

논술 영역의 목적은 논증적 글쓰기 능력을 측정하는 데 있기 때문에, 간결하면서 함축적인 사례들을 제시함으로써 수험생이 글쓰기에 더 많은 시간을 안배할 수 있게 하였다. 또한 2018학년도부터 도입한 사례형 문항 유형을 안착시키기 위해, 올해 출제한 2개 문항을 통해 각각 사례를 평가하고 해결하는 능력을 중점적으로 측정하고자 하였다.

⑤ 출제 시 유의점

- 1, 2번 문항의 배점을 동일하게 50점으로 배분하였다.
- 수험생은 문제의 취지를 정확하게 파악한 후, 체계적이고 정합적인 답안을 작성하는 데 더욱 힘을 써야 할 것이다.

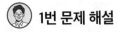 **1번 문제 해설**

① **문제와 조건 분석**

> • 문제: 제시된 <조건>에 따라 <사례>를 논평하시오. (900~1200자, 50점)
> • 조건: 1. 아래 <관점> 중에서 하나를 선택하고, 다른 <관점>을 모두 반박할 것
>   2. 각 <사례>에 나타난 쟁점을 발견하고, 선택한 <관점>에 따라 각 <사례>의 법적 판단을 평가할 것
>   3. <관점>을 활용할 때는 ㉮, ㉯, ㉰와 같은 방식으로 표시할 것

1번 문제는 하나의 관점을 선택하고, 이 관점을 2개의 사례에 각각 적용하여 평가하는 문제이다. 이에 따르면 3개의 문단으로 구성하는 것이 적절하다.

먼저, 1문단은 관점을 선택하고 자신이 선택하지 않은 다른 관점을 반박해야 한다. 주의해야 할 점은 1문단을 너무 길게 서술하면 <사례>에 대한 평가를 할 수 없게 된다는 점이다. 출제기관인 법학전문대학원협의회는 LEET 논술을 사례형 논술이라고 지칭하고 있다. 사례에 대한 적용이 미흡하다면 고득점할 수 없다.

2문단은 <사례 1>에 나타난 쟁점을 제시하고 위에서 선택한 관점의 논리를 사례에 적용하여야 한다. 그리고 이 적용에 따라 <사례 1>의 법적 판단에 대한 평가가 이루어져야 한다.

3문단 역시 2문단과 동일한 방식으로 <사례 2>의 법적 판단에 대한 평가를 해야 한다.

이 문제에서 관점을 선택할 때 관점 자체에 대해 판단하려고 해서는 안 된다. 관점 자체가 아무리 논리적으로 타당하다고 하더라도 결국 2개의 사례에 적용해서 사례에 대한 판단을 해야 한다는 점을 잊어서는 안 된다. 관점 자체에 대해 깊이 생각하려 하지 말고 각각의 관점을 경우의 수라고 전제하고 <사례 1>과 <사례 2>에 적용해보기 바란다. 예를 들어, 관점 ㉮를 판단한다고 하자. ㉮ 자체의 논리를 따지려 하지 말고 ㉮의 논리를 있는 그대로 받아들인 후에 이 논리를 <사례 1>과 <사례 2>에 적용해봐야 한다. 그리고 사례 적용이 잘 되는지, 법적 판단이 가능한지, 2개의 사례에 일관된 논리를 적용할 수 있는지를 판단해야 한다. 이러한 방식으로 3개의 관점을 모두 생각해보고 이 중에서 가장 깔끔하게 논리가 전개되고 적용되는 관점을 선택하면 고득점이 가능하다.

② 답안의 기본 구조 설정

기본 전체 구조

I. 관점의 선택
  1. 선택한 관점
  2. 선택하지 않은 관점 1에 대한 반박
  3. 선택하지 않은 관점 2에 대한 반박

II. <사례 1>의 법적 판단에 대한 평가
  1. <사례 1>의 쟁점 제시
  2. 선택한 관점의 논리 제시
  3. 관점의 논리를 <사례 1>에 적용
  4. 쟁점에 대한 법적 판단을 평가

III. <사례 2>의 법적 판단에 대한 평가
  1. <사례 2>의 쟁점 제시
  2. 선택한 관점의 논리 제시
  3. 관점의 논리를 <사례 2>에 적용
  4. 쟁점에 대한 법적 판단을 평가

문제에서 구체적인 논리 형태를 다 결정해서 정해주었기 때문에 위의 구조 외에 다른 구조를 설정해서는 안 된다. 이 구조에서 벗어난다면 수험생이 문제를 스스로 출제하고 대답하는 것이나 다름없어 득점할 수 없다. 이를 언어이해나 추리논증으로 적용해보자면 "다음 중 가장 적절한 것을 고르시오"라는 문제에서 제시된 5개의 선지 중에 없는 6번 선지를 스스로 만들고 이를 선택한 것이나 다름없다. 시험은 채점기준이 있고 이 채점기준은 문제에 근거해서 만들어진다. 따라서 문제의 요구를 정확하게 파악하고 이에 따라 문단을 구성해서 출제자의 요구사항에 명확하게 대답해야 한다.

③ 사례 분석

<사례 1>은 형법에 명확한 조문이 없음에도 불구하고 유사 조문을 근거로 법원이 유죄 판결을 내렸다. 甲은 과거 입법자가 예상하지 못한 화약 제조와 판매 행위를 하였다. 이 행위는 사회에 해악을 주고 국가 전반에 위협이 되는 행위임에 분명하다. 그러나 형법에는 甲의 행위를 금지하고 처벌하는 조문이 없다. 법원은 국가에게 전권이 부여된 동전 주조, 달력 위조죄를 적용하여 유죄 판결을 하였다. 이 유죄 판결이 타당한지 여부를 평가해야 한다.

<사례 2>는 종교법에 명확한 조문이 없음에도 헌법에서 규정한 종교법 위원회의 해석을 따라 법원이 유죄 판결을 내렸다. 乙은 전통 카드 게임 내기를 하였으나, 이를 처벌하는 법조문은 없는 상황이다. 그러나 헌법은 종교법에 대해 종교법 위원회의 판단을 따르도록 규정한다. 종교법 위원회는 법조문이 없음에도 불구하고 도박 행위를 넓게 보아 전통 카드 게임 내기 역시 도박 행위에 해당해 처벌 가능하다고 해석했다. 법원은 이 해석을 따라 乙에 대해 유죄 판결했다. 이 유죄 판결이 타당한지 평가해야 한다.

④ 관점 분석과 사례 적용

㉮는 입법자의 의도를 존중해서 법을 해석하고 적용해야 한다고 한다. 입법자의 의도를 알기 위해서는 입법 당시에 관한 역사적 자료, 다른 입법례 등을 종합적으로 판단해서 법을 해석하고 적용해야 한다. 이에 따르면 <사례 1>은 화약 제조와 판매에 대한 처벌 법조문이 없으므로 입법자의 의도를 파악해야 한다. 화폐와 달력을 국가에서 전담하고 있는데, 이는 국민 생활 안정을 위한 목적이다. 화약은 처벌 규정은 없으나 국민 생활을 근본적으로 위협할 수 있으므로 국가가 전담해야 하는 것으로 보아야 한다. 따라서 입법자의 의도에 따라 처벌함이 타당하다. <사례 2>는 종교법에서 전통 카드 게임을 비롯해 여러 도박 중 화살 던지기 내기만을 처벌할 것을 규정하고 있다. 그럼에도 불구하고 헌법에서 종교법 사건은 종교법 위원회가 결정한다고 규정하였다는 이유로 종교법 위원회는 처벌을 결정하였다. 이는 법률에서 규정하지 않은 것을 헌법에 따라 결정한 것이다. 헌법이 상위법인 것은 맞지만 법률의 명확한 규정을 무시해서는 안 된다.

㉯는 법을 문구 그대로 해석하고 적용해야 하며, 이를 벗어나서는 안 된다고 한다. 국민이 법에 있지 않은 내용을 지켜야 한다면 자신이 예측하지 못한 내용에 따라 자신의 권리, 의무가 변동될 수 있다. 따라서 법은 사전적 의미 그 자체로 받아들여야 하며 해석과 적용 역시 문구 그대로 이루어져야 한다. 이에 따르면 <사례 1>의 甲의 화약 제조 및 판매는, 이것이 처벌할 만한 행위로 보고 화폐나 달력에 대한 처벌 등 유사 조문을 적용할 수 있다면 유죄가 되고, 처벌할 만한 행위가 아니거나 유사 조문을 적용할 수 없다면 무죄가 된다. <사례 2>의 乙은, 헌법에 따라 종교법 위원회가 종교법 관련사건 전반에 대한 결정권을 가진 것으로 보면 유죄가 되고, 종교법의 화살 던지기 내기만 금지한 것을 보았을 때 무죄가 된다.

㉰는 법을 사전적으로 해석한다면 다양한 사회문제를 해결할 수 없고, 제정 당시인 과거 시점보다 적용 시점인 현재에 합당한 해석을 해야 한다고 한다. 따라서 법조문에 한정하여 해석해서는 안 되고 현재 발생한 다양한 사회문제를 해결할 수 있는 해석을 적극적으로 해야 한다고 주장한다. 이에 따르면 <사례 1>의 화약 제조와 판매는 사회 전체를 직접적으로 위협하는 것이므로 법조문의 유무와 관계없이 처벌해야 한다. <사례 2>의 乙의 전통 카드 게임 내기는 이것이 가져올 사회적 영향에 따라 유무죄가 결정된다. 전통 카드 게임 내기를 처벌하지 않았을 경우 사회적으로 사행성 도박이 유행할 것이라 본다면 유죄로 처벌해야 한다. 그러나 乙의 개인적인 일탈 정도로 끝날 것이어서 사회적인 문제가 없을 것이라면 유죄로 처벌할 필요는 없다.

⑤ **구조 분석과 개요**

　문제 출제자의 본래 의도는 ㉮의 관점을 적용하라는 것으로 보인다. 법조인은 학자와는 달리 현실 문제를 해결하는 직업인이다. 현실 문제의 해결은, 현실에 중첩되어 존재하는 여러 가치의 균형성을 달성하는 것에서 시작하는 경우가 많다. 법조인은 현실의 직업인으로서, 입법자가 미처 예상하지 못한 현실 문제를 입법자의 의도에 부합하도록 해석하고 적용하는 일을 한다.

　그러나 다른 관점을 선택한다고 해서 틀렸다고 할 수는 없다. 다만, ㉯는 선택해도 좋으나 ㉰는 적절하지 않다. ㉰를 선택할 경우 법이 존재할 필요가 없기 때문이다. 이 문제에서 각 <사례>의 법적 판단을 평가하라고 하였는데, ㉰는 현재 시점에서 사회적 문제가 심대하기만 하면 법관이 입법자, 즉 주권자인 국민의 의사에 반하는 결정을 할 수 있다는 입장이기 때문이다.

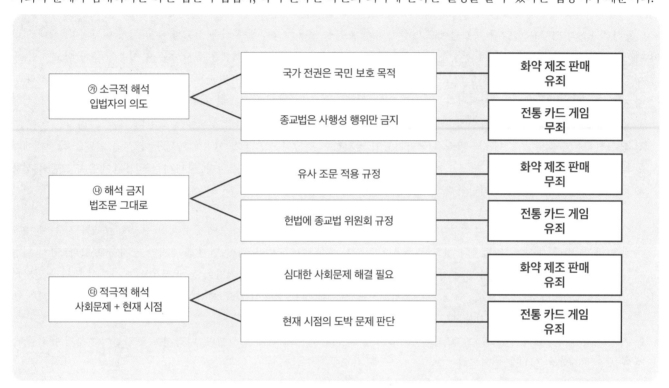

<관점 ㉮를 선택한 경우>

법의 해석과 적용에 있어 ㉮를 선택해야 한다. ㉮에 따르면, 유사 입법례 등을 통해 입법자의 의도를 종합적으로 파악해 법률을 해석, 적용해 법 제정의 목적을 실현하고 발생 가능한 다양한 사회적 문제를 해결할 수 있다. 그러나 ㉯에 따라 법을 사전적 의미로 한정하면 입법자가 예상하지 못한 사례를 해결할 수 없어 다양한 사회문제에 대응할 수 없다. 또한 ㉰에 따라 법의 적용 시점에 합당한 해석을 하면 법원이 입법자의 의도를 무시하고 법을 자의적으로 해석할 수 있다는 문제가 발생한다.

<사례 1>의 쟁점은, 법조문이 없음에도 법원이 유사 조문을 적용해 甲에게 유죄를 선고할 수 있는지 여부이다. ㉮에 의하면, 법률 해석 시 입법자의 의도를 존중해야 한다. X국 형법은 마땅히 처벌할 행위에는 유사 조문을 적용할 수 있다고 하는데, 제정 이후 변화하는 상황에 대응할 의도로 제정된 것이다. 또한 국민을 보호하기 위해, 국민경제에 직결되는 동전 주조와 달력 제작을 국가의 전권으로 규정하였다. <사례 1>의 甲은 화약을 사적으로 제조하고 판매했다. 화약의 제조는 X국 형법에 규정되어 있지는 않으나 사회 다수에 피해를 발생시킬 수 있으므로 마땅히 처벌할 행위에 해당한다. 그리고 화약은 국민 안전을 위협하는 군사무기로 제조와 관리를 국가기관인 병기창이 전담하므로 국가 전권에 해당한다. 甲은 화약을 화적패에게 판매해 국민 안전을 심대하게 위협했으며 이는 국가 전권에 도전한 행위임이 분명하다. 따라서 X국 법원이 유사 조문을 적용해 甲에게 유죄를 선고한 것은 타당하다고 평가된다.

<사례 2>의 쟁점은, 법조문이 없음에도 법원이 종교법 위원회의 해석에 따라 乙에게 유죄를 선고할 수 있는지 여부이다. ㉮에 의하면, 법률 해석 시 입법자의 의도를 존중해야 한다. Y국의 종교법은 화살 던지기 내기만 금지하고 있다. 당시 입법자는 전통적 카드 게임을 비롯해 널리 알려진 여러 도박 행위 중 화살 던지기 내기만이 운에 좌우되는 사행성 행위라 판단한 것이라 해석할 수 있다. <사례 2>의 乙은 종교법에서 금지하지 않은 전통적 카드 게임 내기를 했다. 종교법의 입법자는 전통적 카드 게임을 금지할 수 있었음에도 화살 던지기 내기만을 금지했다. 그러나 종교법 위원회는 금전적 손실의 위험이 있는 모든 내기를 금지하는 것으로 보아, 입법자의 의도를 필요 이상으로 확대 해석했다. 따라서 Y국 법원이 乙에게 유죄를 선고한 것은 타당하지 않다고 평가된다.

※ 1197자

<관점 ㉯를 선택한 경우>

법의 해석과 적용에 있어 ㉯를 선택해야 한다. ㉮에 따라 입법자의 의도를 중시하는 해석을 할 경우 법률에 규정된 이상의 법 적용을 할 수 있어 자의적 법률 해석의 문제가 있다. 또한 ㉰에 따라 법의 적용 시점에 합당한 해석을 하면 법원이 법률의 의도를 무시하고 법을 자의적으로 해석할 수 있다는 문제가 발생한다.

<사례 1>의 쟁점은, 법조문이 없음에도 법원이 유사 조문을 적용해 甲에게 유죄를 선고할 수 있는지 여부이다. ㉯에 의하면, 법률 해석 시 사전적 의미에 따라 법을 해석하고 적용해야 한다. <사례 1>의 甲은 화약을 사적으로 제조하고 판매해 사회적인 문제를 일으킨 것이 분명하다. 그러나 법에는 화약 제조와 판매를 금지하고 처벌하는 조항이 없는 것도 분명하다. 화폐나 달력의 위조는 명확하게 형법에 처벌을 규정하고 있으나 화약의 밀조는 형법에 처벌 규정이 존재하지 않음이 명백하다. 이에 따라 형법 규정이 있는 화폐와 달력 위조와 규정이 존재하지 않는 화약 밀조는 유사 조문이라 할 수 없다. 따라서 형법의 사전적 의미에 따르지 않은 X국 법원의 甲에 대한 유죄 선고는 타당하지 않다고 평가된다.

<사례 2>의 쟁점은, 법조문이 없음에도 법원이 종교법 위원회의 해석에 따라 乙에게 유죄를 선고할 수 있는지 여부이다. ㉯에 의하면, 법률 해석 시 사전적 의미에 따라 법을 해석하고 적용해야 한다. <사례 2>에서 Y국의 헌법은 종교법 사건이 종교법 위원회의 판단을 따르게 되어 있다. 그리고 종교법 위원회는 불필요한 금전적 손실의 위험이 있는 내기를 모두 금지한다고 판단한 것이 분명하다. 내기 게임의 경우 헌법과 법률에서 종교법 위원회가 판단하도록 명확하게 규정하였고 그에 따라 종교법 위원회가 판단한 결과 역시 명확하다. Y국 법원은 헌법과 법률에 따라 乙에게 유죄를 선고한 것이므로 타당하다고 평가된다.

※ 907자

2번 문제 해설

① 문제와 조건 분석

> • 문제: <사례>에서 나타난 문제점을 분석하고 <규제 형식> 중 하나를 선택하여 <조건>에 따라 <사례>를 해결하시오.
> (900~1200자, 50점)
>
> • 조건: 1. 자신이 선택한 <규제 형식>을 두 <사례>에 일관되게 적용할 것
> 　　　2. 자신이 선택하지 않은 <규제 형식>을 반박할 것
> 　　　3. <규제 지침>을 활용하여 논변할 것
> 　　　4. <규제 지침>을 활용할 때는 ㉮, ㉯, ㉰와 같은 방식으로 표시할 것

　문제에 요구사항이 많기 때문에 이 요구사항을 빠짐없이 모두 지키는 것만으로도 좋은 평가를 받을 수 있다. <사례>에서 나타난 문제점을 제시하고, 포지티브 규제와 네거티브 규제 중 하나를 선택하고, 이와 관련한 <규제 지침>을 선택한 후, 규제 형식과 규제 지침을 <사례>에 적용하고, 앞에서 제시한 문제점을 해결할 수 있음을 증명해야 한다. 이 문제에서 주의해야 할 점은 자신이 선택하지 않은 규제 형식을 반박하는 데 너무 많은 분량을 할애해서는 안 된다는 점이다. 자신의 선택이 <사례>의 문제점을 해결할 수 있다는 것이 논증의 목적이 되어야 하며, 자신이 선택하지 않은 규제 형식이 문제점을 해결할 수 없음을 증명하는 것이 목적이 아니기 때문이다. 상대방의 의견이 문제점을 해결할 수 없다고 하여 자신의 의견이 문제점을 해결할 수 있다는 의미가 되지는 않는다.

② 답안의 기본 구조 설정

기본 전체 구조

I. 규제 형식 선택
　1. 규제 형식에 대한 자신의 입장
　2. 자신이 선택하지 않은 입장에 대한 반박

II. <사례 1>
　1. <사례 1>의 문제점 제시
　2. 관련된 규제 지침 제시
　3. 규제 형식과 규제 지침을 <사례 1>의 상황에 구체적으로 적용
　4. <사례 1>의 문제점 해결

III. <사례 2>
　1. <사례 2>의 문제점 제시
　2. 관련된 규제 지침 제시
　3. 규제 형식과 규제 지침을 <사례 2>의 상황에 구체적으로 적용
　4. <사례 2>의 문제점 해결

③ 규제 형식 분석

　규제 형식은 포지티브 규제와 네거티브 규제가 제시되었다.

　포지티브 규제는 사회에 긍정적인 기능을 할 것이라 기대되는 것만을 허용하고 그 외의 것은 금지하는 규제방식이다. 포지티브 규제는 사회와 국가가 개인보다 더 현명한 결정을 할 것이기 때문에 개인은 사회와 국가의 결정을 따르는 것이 좋다는 규제 형식이다. 이 규제 형식은 일본이나 한국, 싱가포르 등 발전국가 모델에서 주로 사용하는 방식인데, 국가가 주도하여 발전 방향을 설정하고 이에 따라 규제를 형성하는 방식이다. 개인의 창의성이 억제되는 부작용이 있는 반면, 사회와 국가가 정한 목표를 신속하고 효율적으로 실현할 수 있다는 장점이 있다.

네거티브 규제는 개인의 자유를 최대한 보장하는 규제 형식이다. 금지되는 것만을 규정하고 그 외의 것은 허용하는 것이 원칙이다. 개인은 자유롭게 자신의 판단하에 스스로 결정하고 이에 대해 책임을 지게 된다. 개인의 자유로운 선택의 결과가 문제를 발생시킨다면 이는 개인의 책임이 된다. 그러나 개인의 자유를 극단적으로 보장할 경우 생명이나 신체에 대한 위해가 발생하는 등 타인의 자유에 직접적인 해악이 발생할 수도 있다. 따라서 타인의 자유에 직접적 해악이 발생할 수 있는 경우에 한하여서만 개인의 자유를 제한한다. 개인의 창의성이 증진되고 자유로운 경쟁이 발생하는 결과 공리가 증진되는 장점이 있는 반면, 예상하지 못한 사회적 문제가 발생할 우려가 있다는 단점이 있다.

④ 사례 분석

<사례 1>은 반려 동물을 선택할 자유와 반려 동물로 인해 발생할 사회문제가 쟁점이다.

어떤 동물을 자신의 반려 동물로 선택할 것인지는 개인의 자유에 해당한다. 어떤 개인이 선택한 반려 동물이 타인이 보기에 혐오스럽거나 할 수 있으나, 타인이 혐오하지 않는 반려 동물을 키워야 할 의무가 있다고 볼 수 없다. 어떤 동물이 자신에게 기쁨을 주고 키우고 싶은지는 개인이 스스로 판단하여 선택하고 이에 대해 책임지는 것이다. 그러나 이러한 개인의 선택이 타인의 자유에 직접적인 해악을 준다면 이는 규제해야 한다. 예를 들어, 개인이 독사나 독충, 맹수 등을 반려 동물로 선택하여 이로 인해 타인의 생명에 직접적 해악을 준다면 이는 규제할 수 있다. 따라서 네거티브 규제가 이 논리에 적합하다.

반려 동물로 인해 사회문제가 발생할 수 있다. 반려 동물을 자유롭게 선택한다면 그로 인해 다양한 사회문제가 우려된다. 예를 들어, 공중 보건 위해, 질병 및 상해 위험, 생태계 위협 등이 있다. 사회문제를 예방하기 위해 개인이 반려 동물을 선택할 자유를 일부 제한할 수 있다. 따라서 포지티브 규제가 이 논리에 적합하다.

<사례 2>는 새로운 서비스를 시도하고자 하는 기업의 영업의 자유와 새로운 서비스로 인해 발생할 사회문제가 쟁점이다.

기업은 소비자의 선호를 발견하고 이를 충족하는 서비스를 함으로써 이윤을 얻게 된다. 만약 기업이 소비자의 선호를 적절히 발견하고 서비스를 제공하여 소비자의 선택을 받게 되면 그 결과로 이익이 발생한다. 만약 기업이 소비자의 선호가 없거나 적은 서비스를 제공한다면 소비자의 선택을 받을 수 없어 파산하는 등의 손해를 입게 된다. 기업은 영업의 자유를 실현함으로써 그에 대한 책임으로 이윤 혹은 손해를 보게 된다. 그러나 기업이 영업의 자유의 주체라 하더라도 그 자유의 결과로 타인에 대한 직접적 해악이 발생한다면 그 자유는 제한될 수 있다. 예를 들어 기업이 영업의 자유를 실현하여 유휴 주차 공간을 제공하는 서비스를 시작하였다고 하더라도 그 결과가 교통사고나 범죄 등으로 이어져 소비자의 생명과 신체의 안전에 해악을 주는 것이라면 해당 서비스를 규제할 수 있다. 따라서 이는 네거티브 규제와 어울린다.

기업의 신규 서비스로 인해 사회문제가 발생할 수 있다. Q는 신규 사업의 신속한 시행을 위해 관할 지방자치단체에 조례의 개정을 여러 차례 요구하였지만 수년 동안 개정 작업은 진척되지 않았다. 이러한 사회문제의 예방을 위해 신규 사업을 허용할 수 없다는 입장이 포지티브 규제이다.

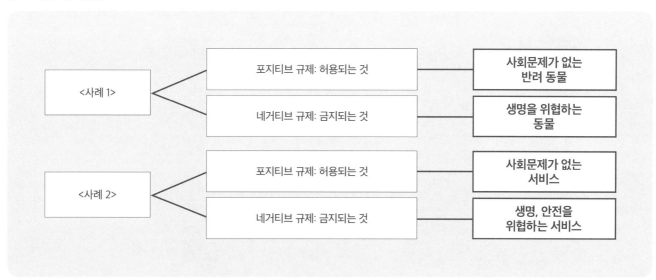

⑤ 규제 지침 분석

구분	규제 지침
포지티브 규제	㉮ 규제는 사회가 요구하는 바를 정확하게 포착하여 이에 응답해야 한다. ㉯ 규제는 행위를 제한하는 것을 넘어 특정한 정책이나 가치를 형성하고 조정해야 한다. ㉳ 규제는 사회에 해악이 되는 행위를 예방하고 금지해야 한다.
네거티브 규제	㉰ 규제는 인간의 자유와 권리를 최대한 보장하는 데 역점을 두어야 한다. ㉲ 규제는 사회 및 시장이 스스로 문제를 해결할 수 있으므로 가능한 한 적게 해야 한다. ㉴ 규제는 사회의 공리를 극대화하는 데 이바지해야 한다.
중립	㉵ 규제는 인간과 자연의 지속 가능한 공존을 추구해야 한다.

⑥ 구조 분석과 개요

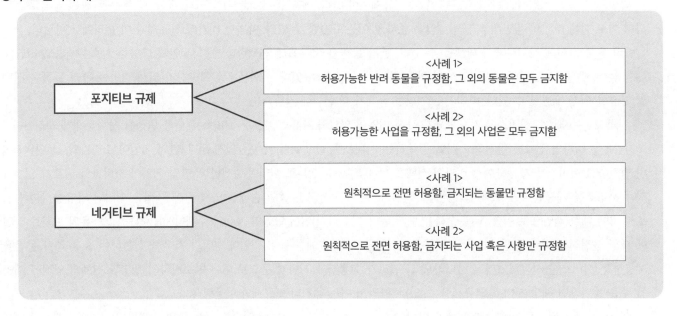

<사례>의 문제를 해결하기 위해 네거티브 규제를 선택해야 한다. 네거티브 규제는 금지되는 것만을 규정하고 나머지는 자유롭게 선택하게 함으로써, 개인의 자유를 최대한 보장하고 결과적으로 사회적 이익을 극대화할 수 있다. 그러나 포지티브 규제는 사회적 가치에 부합하는 것만을 허용하고 그 외의 모든 선택을 금지함으로써 개인의 자유를 과도하게 제한하므로 타당하지 않다.

<사례 1>의 문제점은, 사회문제가 발생할 가능성이 있다는 이유만으로 반려 동물을 선택할 자유를 과도하게 제한한다는 점이다. ㉯에 따르면 규제는 인간의 자유와 권리를 최대한 보장하는 데 역점을 두어야 한다. <사례 1>에서 개인은 자유롭게 반려 동물을 선택하고, 반려 동물로 인해 발생할 건강, 상해 등의 문제를 스스로 예측하고 결정하여 그 결과에 책임진다. P가 우려하는 공중 보건이나 생태계 위협 등은 보건 당국의 정보 제공, 검역이나 관리 강화를 통해 해결할 일이며, 이를 이유로 개인의 반려 동물 선택권을 포괄적으로 제한할 일이 아니다. 그러나 개인이 자신과 타인의 생명을 위협할 수 있는 동물을 키울 수도 있다. 이는 독사, 독충 등 안전을 위협하는 동물만을 금지하고 그 외에는 자유롭게 반려 동물을 선택하도록 하는 네거티브 규제를 통해 해결할 수 있다.

<사례 2>의 문제점은, 공급자와 소비자의 자유가 제한되어 사회적 이익이 저해되고 있다는 점이다. ㉰는 사회와 시장이 스스로 문제를 해결할 수 있고, ㉱는 사회 공리를 극대화해야 한다고 한다. 개별주체는 사회문제를 스스로 발견, 해결하고 다른 주체와 자유롭게 경쟁해 소비자의 선택을 받음으로써 이윤을 추구할 자유가 있다. 이 과정에서 사회문제를 해결하지 못하거나 오히려 사회문제를 가중시킬 경우 파산하는 등의 책임을 진다. <사례 2>의 Q는 도심 주차난이 심각한 상황에서 유휴 주차 공간을 필요한 사람에게 연결하는 새로운 서비스를 제공하고자 한다. 소비자는 이 서비스를 자유롭게 선택하여 결과적으로 사회적 효용이 증대된다. 만약 Q로 인한 문제가 발생한다면 Q는 소비자의 외면을 받아 파산하는 등 손해를 볼 것이므로 사전에 문제를 해결하려 할 것이다. 그러나 Q의 서비스 과정에서 교통사고나 범죄 등 개인의 자유에 직결되는 안전 문제가 발생할 수 있다. 이는 관련 법에 사고나 범죄 등이 우려되는 서비스만을 금지하고 그 외의 서비스는 허용하는 네거티브 규제를 통해 해결할 수 있다.

※ 1182자

기출문제 (2문항/110분)

* 교재 뒷부분에 있는 논술 답안지를 사용하여 답안을 작성해보세요.
　• 논술 경험이 있다면, 실전처럼 답안을 바로 작성한 후 예시답안과 비교하여 완성도를 높이는 데 중점을 두어보세요.
　• 답안 작성이 막막하다면, 문제 뒤의 해설을 먼저 참고한 후 답안을 작성하여 논술 감각을 익히는 데 중점을 두어보세요.

1. <사례 1>, <사례 2>를 읽고 <관점>을 반영하여 <질문>의 순서에 따라 글을 작성하시오. (단, 실정법적 판단은 제외할 것)
(900~1200자, 50점)

───────────── 〈질문〉 ─────────────

(1) <사례 1>과 <사례 2>의 유사점과 차이점은 무엇인가?
(2) A와 C에 대한 규범적 판단이 동일해야 한다면 그 근거는 무엇인가?
(3) A와 C에 대한 규범적 판단이 상이해야 한다면 그 근거는 무엇인가?
(4) 본인의 견해는 (2)와 (3) 중 어느 것이고, 그 근거는 무엇인가?

───────────── 〈사례〉 ─────────────

<사례 1>

　의사인 A는 해외학회 참석을 위하여 공항으로 가려고 콜택시를 요청하였다. 잠시 후 도착한 택시 운전사 B는 A를 태우고 공항으로 출발하였다. A는 네비게이션이 안내하는 길대로 가자고 하였지만, B는 자신이 빠른 길을 더 잘 안다고 네비게이션을 켜지 않았다. 길은 막혔고, 택시가 도로에 멈춰 있던 중에 B는 의식을 잃었다. A는 B를 깨워 보려 하였지만, B는 의식을 회복하지 못하였다. 비행기 출발 시각이 가까워져 다급해진 A는 B를 그대로 둔 채 다른 택시를 타고 다시 공항으로 향하였다. A는 사람들의 왕래가 많은 지역이어서 B가 곧 구조될 것이라고 생각하였다. B는 A의 기대와 달리 의식을 회복하지 못하고 사망하였다.

<사례 2>

　회사원 D는 동료들과 회식 후 귀가하기 위하여 대리 기사를 요청하였다. 잠시 후 도착한 대리 기사 C는 D의 집으로 출발하였다. 만취한 D는 자신이 사는 아파트의 정확한 동·호수를 알려 주지는 못한 채 운전하는 C에게 욕설을 퍼부었다. 아파트 근처에 도착할 무렵 D는 차 안에서 의식을 잃었다. C는 D를 깨워 보려 하였지만, D는 의식을 회복하지 못하였다. D가 사는 곳을 정확히 알 수 없었던 C는 다른 대리 호출을 받고 아파트 주차장에 D의 차를 주차하고 떠났다. C는 D를 차 안에 홀로 남겨놓았지만, 시간이 지나 술에서 깨면 괜찮을 것이라고 생각하였다. D는 C의 기대와 달리 의식을 회복하지 못하고 사망하였다.

───────────── 〈관점〉 ─────────────

갑: 어떤 상황에서 어떤 행동이 올바른지를 고민하는 것은 바람직한 일이야. 하지만 현실에서는 개인이 어떤 행동을 선택하든 행동의 자유가 있어. 위급한 상황에 처한 사람을 내가 구할 수 있다고 해도 그 사람과 내가 특별한 관계가 없다면 구하지 않았다고 해서 비난할 수는 없어. 선한 행동을 하는 것이 그 사람이나 다른 사람에게 유익할 뿐 아니라 전체 공동체를 위해서 바람직하다고 해도 강제할 수는 없어.

을: 행동의 자유를 누리는 것도 좋지만 생명이나 안전을 전적으로 개인의 선택에 맡기는 것은 절대 바람직하지 않아. 공동체의 유익을 증진시키기 위해서는 다른 사람을 구할 수 있는데도 그렇게 하지 않은 사람에 대해서는 제재를 가할 필요가 있어. 물론 동등하거나 우월한 가치가 있는 일을 하기 위해 부득이한 경우라면 예외로 해야겠지. 하지만 사람의 생명을 구하는 것보다 더 가치 있는 일이 어디 있겠어.

2. <사례>를 읽고 <조건>에 따라 논술하시오. (900~1200자, 50점)

───── 〈조건〉 ─────

1. 두 입장 중 하나를 선택하고 이유를 제시할 것

2. 자신이 선택하지 않은 입장을 반박할 것

3. <정관>을 활용하여 논변할 것

4. <정관>을 활용할 때는 '정관-가', '정관-나'와 같은 방식으로 명시할 것

───── 〈사례〉 ─────

A는 지속 가능한 사회적 이익을 추구하는 협동조합* 형태의 기업이다. A는 이러한 목표를 실현하기 위한 여러 규칙과 절차를 협동조합 정관에 규정하고 있다.

그런데 최근 기업 환경이 급변하고 이러한 변화에 A가 제때에 대응하지 못함으로써 재정 적자가 지속되는 문제가 발생하였다. 다수의 조합원들은 이에 대응하고자 정관 개정안을 발의하였다. 정관 개정안은 A의 목표로 이윤 추구의 원리를 새롭게 추가하고, 긴급한 사유가 있는 경우 경영진에게 정관이 정한 규칙 및 절차 준수 의무를 면제할 수 있도록 하였다. 또한 기업 환경에 적극 대응할 수 있도록 이사장의 권한을 강화하고 감사의 권한은 대폭 축소하였다.

그러나 소수의 조합원들은 이러한 정관 개정안은 A의 존재 이유를 부정하는 것일 뿐만 아니라, A가 지속 가능하게 발전하는 데 필요한 규칙 및 절차를 훼손하는 것이기에 허용될 수 없다고 반대한다. 또한 정관 개정안은 권한 배분의 취지를 약화시켜 이사장의 전횡을 막을 수 없다고 한다.

이에 정관 개정을 지지하는 다수의 조합원들은 A 역시 기업으로서 수익을 창출해야 한다고 반박한다. 또한 협동조합의 운영은 다수결 원리에 따라 이루어지는 것이므로, 다수의 조합원들이 정관을 개정하여 권한 배분의 취지를 완화하고자 한다면 이는 허용될 수밖에 없다고 한다.

* 협동조합: 재화 또는 용역의 구매·생산·판매·제공 등을 협동으로 영위함으로써 조합원의 권익을 향상하고 지역 사회에 공헌하고
자 하는 사업조직

───── 〈정관: 현 정관의 주요 내용〉 ─────

가) A는 조합원의 권익을 향상하고 지역 사회에 공헌하는 것을 목적으로 한다.

나) A는 모든 조합원의 자유롭고 평등한 민주적 참여와 결정으로 운영된다.

다) A의 의사결정 방식은 다수결 원리를 따른다.

라) A의 운영은 정관이 정한 규칙 및 절차에 구속된다.

마) 조합원은 정관 개정안을 직접 발의하여 이를 조합원 투표에 부칠 수 있다.

바) A의 조합원총회, 이사회, 감사의 기능과 권한은 분리된다.

사) A의 중요 사항을 결정하기 위하여 조합원총회를 소집할 수 있다. 조합원총회 소집은 총회 7일 전까지 서면으로 통지한다.

아) 이사회는 A의 경영을 담당한다. 이사회에는 이사장을 둔다. 이사장은 A를 대표한다.

자) 감사는 이사회의 결정에 대해 사전 및 사후 감사를 할 수 있다. 특별한 경우 감사는 조합원총회에 이사 또는 이사장의 해임을 건의할 수 있다.

차) 지속 가능하고 투명한 경영 실현을 위하여 감사의 독립성과 신분은 보장된다.

해설 & 예시답안

📜 출제기관의 출제방향 발표자료

① 출제의 기본 방향

2019학년도 법학적성시험 논술 영역은 이미 공지된 개선 방안에 따라 출제하였다. 첫째, 2개 문항 모두 사례형으로 출제하였고, 둘째, 평가의 방향도 제시문에 대한 깊이 있는 이해와 분석 능력 측정 중심에서 논증적 글쓰기 능력 측정 중심으로 바뀌었다.

② 출제 범위

법조인의 주된 임무 중 하나가 사안을 정확하게 분석하여 논리에 맞는 해결책을 설득력 있게 제시하는 것인 만큼, 논술 영역에서도 그와 같은 능력을 평가하는 데 적합한 문제를 출제하였다. 또한 대학교육을 이수하였다면 전공에 상관없이 풀 수 있는 문제로서 특별한 법적 지식을 요하지 않는 문제를 선정하였다.

③ 문항 구성

1번 문항에는 두 개의 사례와 두 개의 관점이 주어져 있고, 답안은 관점을 반영하여 작성하도록 하였다. 첫 번째 사례는 의사인 승객이 탄 택시에서 기사가 의식을 잃은 것이고, 두 번째 사례는 대리 기사를 요청한 회사원 승객이 의식을 잃은 것이다. 문제는 주어진 네 가지의 질문에 대해 순서대로 답하는 것이다. 첫째, 두 사례의 유사점과 차이점을 찾아내도록 하고, 둘째, 두 사례에 대한 규범적 판단이 동일해야 한다고 가정할 경우와, 셋째, 상이해야 한다고 가정할 경우, 어떤 답변을 제시할 것인지를 정하고, 그 답변에 대한 근거를 제시하도록 하였다. 마지막으로 앞선 논의를 바탕으로 자신의 입장을 정하고, 자신의 입장을 정당화하도록 하였다.

2번 문항에는 사례와 현행 정관의 내용이 주어져 있다. 사례는 재정 적자가 지속되어 위기 상황에 처한 협동조합 형태의 기업에서 조합원들이 정관 개정안을 둘러싸고 찬성 입장과 반대 입장으로 나뉘어 대립하는 상황에 관한 것이다. 답안 작성은 찬성과 반대의 입장 중 하나를 선택하여, 선택한 입장에 대하여는 지지하는 논거를, 선택하지 않은 입장에 대하여는 반박하는 논거를 제시하도록 하였다. 다만, 정관을 활용하여 논변할 것을 요구하였다.

④ 난이도

2019학년도 논술 시험의 목적은 논증적 글쓰기 능력의 측정에 있기 때문에, 문제를 이해하고 분석하는 데 소요되는 시간을 줄이고자 하였다. 수험생은 이를 통해 확보되는 시간을 답안을 잘 구성하여 논증하는 데 적절히 사용하여, 만족할 만한 답안을 작성하도록 해야 할 것이다. 문제 이해에 드는 시간이 줄었으므로 예년의 시험에 비해 어렵지 않다고 느낄 수 있지만, 평가의 초점이 바뀌었다는 점을 잘 이해해야 할 것이다.

⑤ 출제 시 유의점

- 1, 2번 문항의 배점을 동일하게 50점으로 배분하였다.
- 수험생은 문제의 취지를 정확하게 파악하고, 체계적이고 조리 있는 답안을 작성하는 데 더욱 힘을 써야 할 것이다.

2019학년도 기출문제의 특징

　　2019학년도 기출문제는 분설형 문제가 출제되었다. 분설형 문제란, 하나의 큰 논리를 여러 개의 문제로 나누어 출제하는 것을 말한다. 분설형은 사법시험과 변호사시험, 행정고시 2차 시험에서 자주 출제되는 형식이다. 이는 분설형 문제를 출제할 경우에 아래와 같은 장점이 있기 때문이다.

　　첫째, LEET 논술의 출제 목적인 논증력을 중심으로 명확한 채점기준을 제시할 수 있다. 여러 개의 질문에 순차적으로 대답하도록 하면 수험생은 하나하나의 질문에 집중할 수밖에 없다. 채점자는 수험생이 대답한 여러 개의 답안을 보고 논리적 일관성이 있는지 여부와 정도를 판단할 수 있다는 장점이 있다.

　　둘째, 채점의 신속성과 정확성, 편이성이 높다는 장점이 있다. 위에서 제시한 바대로 논리적 일관성을 중심으로 답안 채점의 큰 기준을 세우고 세부적인 표현들로 작은 기준을 잡을 수 있기 때문이다. LEET 논술은 2가지 형태로 채점을 한다. 공동채점과 개별채점이다. 첫째, 공동채점을 시행하는 로스쿨이 있다. 명확하게 발표를 하지는 않았으나, 확인 결과 10여 개 이상의 로스쿨에서 법학전문대학원협의회에 의뢰하여 공동채점을 진행하고 있다. 둘째, 로스쿨에서 직접 채점하는 방식이다. 2가지 채점 방식 모두, 짧은 기간 안에, 정확한 채점이 가능해야 하고, 채점 결과가 점수로 서열화되어야 한다. 그러한 점에서 분설형 문제는 채점의 신속성과 정확성, 편이성을 확보할 수 있는 방법이므로 더욱 확대될 것이다.

　　마지막으로, 문제에 대답한 답안과 그렇지 않은 답안을 명확하게 구분할 수 있기 때문에 주관식 답안의 점수를 객관화할 수 있다는 장점이 있다. 주관식 답안의 경우 채점의 객관성이 문제될 수 있는데 채점 포인트가 명확하게 규정되기 때문에 객관성을 확보하는 데 큰 도움이 된다. 특히 변호사시험의 경쟁이 격화되고 있기 때문에 지방대 로스쿨을 중심으로 하여 합격률 관리에 비상이 걸린 상황이다. 변호사시험의 당락이 서술형 답안, 이른바 사례형 답안에서 결정되고 있다. LEET 논술 시험이 '사례형'으로 개편된 것은 결코 우연이 아니다. 변호사 시험에서 좋은 평가를 받을 수 있는 글쓰기 능력을 갖춘 학생을 선발하겠다는 생각이 반영되어 있는 것이다.

1번 문제 해설

① 문제와 질문 분석

> - 문제: <사례 1>, <사례 2>를 읽고 <관점>을 반영하여 <질문>의 순서에 따라 글을 작성하시오. (단, 실정법적 판단은 제외할 것)
>   (900~1200자, 50점)
> - 질문: (1) <사례 1>과 <사례 2>의 유사점과 차이점은 무엇인가?
>   (2) A와 C에 대한 규범적 판단이 동일해야 한다면 그 근거는 무엇인가?
>   (3) A와 C에 대한 규범적 판단이 상이해야 한다면 그 근거는 무엇인가?
>   (4) 본인의 견해는 (2)와 (3) 중 어느 것이고, 그 근거는 무엇인가?

　1번 문제에서는 4개의 세부 질문으로 나누어 질문하고 있다. 각각의 질문에 대해 대답하는 것은 당연한 것이고, 4개의 대답이 큰 관점에서 일관된 논리를 증명하는 것이어야 한다. 각각의 질문에 대한 대답을 연결해보니 논리적 모순이나 오류가 있다면 논리적인 글을 썼다고 볼 수 없기 때문이다.

문제 1-(1) 분석	• <사례 1>과 <사례 2>의 유사점과 차이점을 대답한 후, <사례 1>과 <사례 2>의 내용을 적용하여 이 유사점과 차이점을 증명해야 한다. 만약 유사점을 ⓐ라고 하였다면, <사례 1>과 <사례 2>의 내용 중 ⓐ가 나타난 부분을 제시하여야 한다. 차이점도 이와 동일하다. • 그리고 여기에서 제시된 유사점과 차이점은 (2), (3), (4) 문제의 논리와 관련이 있어야 한다.
문제 1-(2) 분석	• 'A와 C에 대한 규범적 판단이 동일해야 한다면'이라는 조건을 주었다. 문제에서 실정법적 판단을 제외하라고 하였기 때문에 불법이라거나 위법이라는 판단을 해서는 안 된다. 그렇다면 규범적 판단의 의미는 논리적 타당성을 논하라는 의미가 되고, 문제에서 '그 근거는 무엇인가'라고 물은 것은 규범적 판단의 근거가 되는 가치를 제시하라는 것이다. A와 C에 대한 규범적 판단이 동일해야 한다면, <관점>에서 제시하고 있듯이 A와 C에 대한 제재를 해야 한다는 주장이 도출된다. 그리고 왜 A와 C 모두 제재해야 하는지 그 근거를 제시해야 한다.
문제 1-(3) 분석	• (2)번 문제와 동일한 형태의 문제이다. 'A와 C에 대한 규범적 판단이 상이해야 한다면'이라는 조건을 주었다. (2)번 문제와 같은 형태이므로, <관점>에서 제시하고 있듯이 A와 C 모두를 제재해서는 안 된다는 주장이 도출된다. 마찬가지로 A와 C 모두를 제재해서는 안 된다는 근거를 제시해야 한다.
문제 1-(4) 분석	• (2)와 (3) 중에 자신의 견해를 정하고 그 근거를 물었다. 자신의 견해를 정해야 하는데, 이 문제에서 (2)를 선택하거나 (3)을 선택하거나 차이는 없으며 근거와 함께 논증을 잘하는 것이 중요하다. (1), (2), (3)번 문제에서 제시된 논리들이 (4)번에서 논증으로 구체화되어야 한다.

기본 전체 구조

I. 유사점과 차이점

1. 유사점
   (1) <사례 1>의 유사점 증명
   (2) <사례 2>의 유사점 증명
2. 차이점
   (1) <사례 1>의 차이점 증명
   (2) <사례 2>의 차이점 증명

II. 동일한 규범적 판단: A, C 제재

1. 근거 제시
2. 사례 적용
   (1) <사례 1> 적용 → A 제재 O
   (2) <사례 2> 적용 → C 제재 O

III. 상이한 규범적 판단: A 제재 O, C 제재 X

1. 근거 제시
2. 사례 적용
   (1) <사례 1> 적용 → A 제재 O
   (2) <사례 2> 적용 → C 제재 X

IV. 자신의 견해와 근거: A 제재 O, C 제재 X

1. 근거
   (1) 근거에 대한 논증
2. 사례 적용
   (1) 근거 논리를 <사례 1>에 적용 → A 제재 O
   (2) 근거 논리를 <사례 2>에 적용 → C 제재 X

문제에서 구체적인 논리 형태가 이미 다 결정되어 있기 때문에 이외의 구조는 없다. 이 구조에서 벗어난다면 수험생이 쟁점을 스스로 창조한 것이므로, 문제를 무시하고 엉뚱한 답안을 작성한 것이나 다름없다. 이를 언어이해나 추리논증으로 적용해 보자면 "다음 중 가장 적절한 것을 고르시오"라는 문제에서 제시된 5개의 보기 중 보기 중에 없는 6번 보기를 스스로 만들고 이를 선택한 것이라 할 수 있다. 시험은 채점기준이 있고 이 채점기준은 문제에 근거해서 만들어지기 때문에 문제의 요구를 정확하게 파악하고 이에 대답해야 한다.

③ 답안의 내용 구성 방법

먼저, 답안을 쉽게 작성하는 방법은 자신의 입장을 정한 후 (2) 혹은 (3)에서 제시한 근거를 <관점>과 <사례>를 이용해 구체적으로 논증하는 방법이 있다. 1번 문제 전체의 분량만 정해주었을 뿐, 4개의 소문제에 대한 분량을 정해주지 않았으므로 분량 배분은 수험생에게 전적으로 맡겨져 있다. 이러한 자유를 이용해 (1), (2), (3)번 문제의 대답을 가볍게 하고 (4)번 문제에서 답안의 중요도와 논증을 집중시키는 방법이다. 이 방법은 (2)번과 (3)번의 논리 중 하나를 선택하고 (4)번 문제에서 앞의 논리를 구체화시키기만 하기 때문에 시간을 많이 줄일 수 있는 방법이다. 논리가 중복되기 때문에 초고득점을 기대할 수는 없으나, 안정적인 득점을 기대할 수 있는 방법이다.

두 번째 방법은, (2)와 (3)에서 제시한 논리와 다른 논리를 (4)에서 새롭게 제시하는 방법이다. 공부가 많이 되어 있는 수험생이 연습을 통해 시험시간 내에 답안을 구성할 수 있는 능력을 갖춘 상태에서 초고득점을 노릴 때 사용하는 방법이다.

마지막 방법은, 자신이 선택하지 않은 입장에 대해 비판을 하는 방법이 있다. 예를 들어, (4)번 문제에서 (3)을 선택했다고 하자. 그렇다면 어차피 (3)번 문제에서 왜 (3)의 논리가 타당한지 논증했을 것이므로 (4)번 문제에서 (2)의 논리가 타당하지 않음을 입증할 수 있다. 이 구조를 택할 경우 (3)의 논리가 타당함을 이미 밝혔고, 제시된 (2)의 논리가 타당하지 않음도 비판했기에 최종적으로 문제의 요구사항을 모두 충족하게 된다.

선생의 개인적 판단으로는 첫 번째 방법을 추천한다. 시험을 보는 실전 상황에서는 새로운 논거를 찾아내어 사례에 적용하는 것이 꽤 어렵고, 심지어 틀릴 경우 감점요인이 더 클 수 있기 때문이다.

④ 관점 분석

관점 갑 분석	갑은 개인의 행동의 자유를 중요한 가치로 판단하고 있다. 선한 행동을 할 것인지 여부는 개인의 자유이며, 사회가 이를 강제할 수는 없다는 것이다. 개인은 자신의 가치관에 따라 스스로 판단하여, 도덕적인 행위를 할 수도 있고 부도덕한 행위를 할 수도 있다. 도덕적인 행위를 했다면 그에 걸맞은 책임, 즉 도덕적인 평가를 받을 것이다. 반면 부도덕한 행위를 했다면 그에 걸맞은 책임으로서 도덕적 비난을 받게 될 것이다. 이에 따르면, 자유로운 선택이 전제되지 않을 경우 그에 대한 책임을 지울 수 없게 된다. A는 자신의 선택으로 행인을 때렸고, B는 예상치 못하게 넘어지면서 행인을 때렸다고 하자. A는 자유를 행사한 것이지만, B는 자유를 행사한 것이 아니다. 따라서 A는 자신의 자유에 대한 책임으로 법적 책임을 져야 하고, 도덕적 비난도 받을 것이다. 그러나 B는 자유에 대한 책임이 없으므로 법적 책임은 없고, 다만 도덕적 비난을 받을 수는 있다. 그 연장선상에서 자유의 정도에 따라 책임의 정도도 달라진다. 의사가 진료를 하면서 환자에게 한 진단과 평범한 일반인이 환자에게 한 조언을, 같은 정도의 책임으로 볼 수는 없다. 자신의 자유 행사로 인해 발생할 결과를 예측할 수 있는 능력에 차이가 있기 때문이다.
관점 을 분석	을은 공동체가 유지·존속되기 위해서는 공유된 가치가 지켜져야 한다고 주장한다. 이러한 공유된 가치가 훼손되면 공동체는 붕괴될 수밖에 없기 때문에 공유된 가치를 훼손하는 행위는 처벌해야 한다. 공동체는 어려운 상황에 처한 구성원을 서로 도울 도덕적 의무가 있다. 이 도덕적 의무는 상호부조라는 공동체의 공유된 가치를 지킬 의무이고 이를 훼손한 행위는 공유된 가치의 보호를 위해 처벌해야 한다. 특히 생명은 다른 어떤 가치보다도 중요한 가치이고 우리 공동체는 구성원의 생명을 보호하기 위해 서로 도덕적 의무를 공유한다. 물론 부득이한 상황, 즉 타인의 생명을 구하기 위해 자신의 생명이 위협받는 경우라 한다면 이 의무를 반드시 행해야 한다고 할 수 없다. 그러나 다른 구성원의 생명과 안전이 위협되고 있는 상황에서 자신이 이를 구조한다고 하더라도 자신의 안전이 위협받지 않는데도 구조하지 않았다면 반드시 처벌해야 한다.

⑤ 사례 분석

사례 1 분석	• <사례 1>은 의사인 A가 택시기사인 B의 생명의 위험을 알고서도 이를 방치하여 B가 죽음에 이른 사례이다. • <관점> 을, 즉 공동체주의 관점에 따르면 A는 B의 생명을 구할 수 있었음에도 이를 행하지 않은 것으로 보아 제재해야 한다. A는 B의 생명을 구할 가능성이 있었다. A는 119에 신고하는 등으로 B를 도우면서도 해외학회에 참석할 수 있었다. A는 단지 번거롭다는 이유로 B를 돕지 않은 것이다. 물론, A는 주변에 다른 차량들이 많은 상황이었고 B가 다른 사람들로부터 도움을 받을 수 있었을 것이라 생각했다고 반론할 것이다. 그러나 공항으로 가는 도로에 아무리 많은 차량이 있다고 하더라도 다른 차량 안에 누가 있는지 어떤 상황인지 관심을 기울이기는 어렵다. 갓길에 서 있는 차량 안에 운전자가 엎드려 있는 것을 보았다고 하더라도, 그것이 졸음운전을 막고자 자고 있는 것인지, 질병으로 인한 위험상황인지 알 수 없다. 결국, B의 위험을 알고 무료전화인 긴급전화를 시도하여 B의 생명을 구할 수 있는 자는 A뿐이라 할 수 있다. • <관점> 갑, 즉 자유주의 관점에 따르면 A는 B의 생명이 위험한 상황임을 예측가능한 능력이 있었으므로 더 큰 책임이 있다. A는 의사이기 때문에 B의 생명이 위험한 상황임을 예측가능한 전문능력이 있다. 따라서 A는 자신의 선택이 가져올 결과를 예측하였음에도 불구하고 B를 방치하는 자유를 행한 것으로 그에 대한 책임이 더 크다고 할 수 있다.
사례 2 분석	• <사례 2>는 대리 기사인 C가 만취상태의 승객인 D를 차량에 방치하고 떠나 D가 죽음에 이른 사례이다. • <관점> 을에 따르면, C는 D의 생명을 구할 가능성이 있었음에도 이를 행하지 않았으므로 제재해야 한다. C는 D를 인근 경찰서에 인계하거나 119에 구조전화를 하는 등 C를 도우면서도 다른 대리 호출을 받을 수 있었다. C는 단지 번거롭다는 이유로 D를 돕지 않은 것이다. 물론, C는 술에 취한 D가 죽을 것이라 예상할 수 없었다고 항변할 수 있다. 그러나 전문적인 능력을 가지고 있지 않더라도 인사불성이 될 정도로 술을 마신 경우 위험할 수 있으므로 타인의 도움이 필요하다는 것은 알고 있다. 그러나 그 역할을 반드시 C가 해야 할 필요는 없다. • <관점> 갑에 따르면, C의 책임은 작고 도덕적 비난은 할 수 있으나 제재할 수는 없다. C는 대리 기사이므로 D가 만취상태인지 의식불명상태인지 구별할 수 있는 전문능력이 없다. 대리 기사인 C는 D가 자고 일어나면 술에서 깰 것이라 판단했을 뿐이다. 만취상태인 D가 죽음에 이른 점에 대해 C는 도덕적 비난을 받을 수는 있으나 제재할 수는 없다.

⑥ 구조 분석과 개요

구분	규범적 판단 동일함		규범적 판단 상이함	
A	제재 O	제재 X	제재 O	제재 X
C	제재 O	제재 X	제재 X	제재 O
관점 적용 1	갑		을	
관점 적용 2	을		갑	

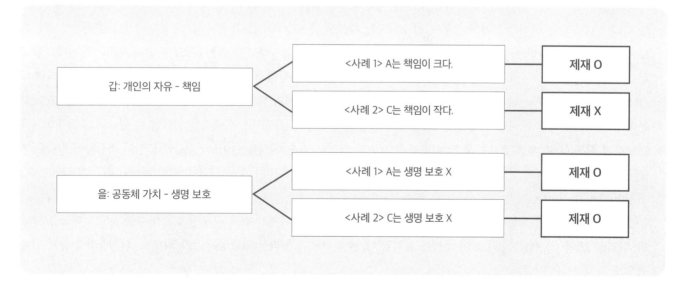

⑦ 학생들의 질문 1

　학원 현장강의에서 대면첨삭을 하면, 학생들이 다음 질문을 많이 한다.

　"규범적 판단이 동일하다는 입장에서 갑의 관점을 적용하면 안 되나요?"

　질문의 핵심논리는 다음과 같다. 갑의 관점은 개인의 자유를 중시하는 입장인데, A에게는 구조를 하지 않을 자유가 있고, C에게도 구조하지 않을 자유가 있다는 것이다. 물론 이러한 해석을 할 수도 있다. 그러나 이는 부분적으로는 성립할 수 있으나, 전체 구조상 불가능하다.

　만약 규범적 판단이 동일하다는 입장에서 갑의 관점을 적용하면, 규범적 판단이 상이하다는 입장에서는 을의 관점을 적용해야 한다. 을은 사람의 생명을 구하는 것보다 더 가치 있는 일은 없다고 한다. 그런데 규범적 판단이 상이해야 하므로, 일반적으로 A는 의사인데도 생명을 구하지 않았고 B는 대리기사이므로 전문능력이 없어 생명을 구할 수 없다고 논리를 전개할 수밖에 없다. 그래야만 A는 제재하고 C는 제재하지 않음으로써 규범적 판단이 상이하게 된다.

　그런데 이런 논리를 사용할 경우, 사람의 생명을 구하는 일이 가장 중요한 일이 아니라 부차적인 중요도를 갖게 된다. 왜냐하면 B와 D의 생명을 구하는 것보다 더 중요한 것은 A와 C가 전문능력이 있는지 여부가 되기 때문이다. 을의 논리에 의하면, A와 C는 119와 같은 긴급구조전화를 하기만 하면 B와 D의 생명을 구할 수 있었으나 이를 행하지 않은 것이다. 따라서 전문능력의 유무는 중요하지 않다.

　그럼에도 불구하고 을의 관점을 적용해서 상이한 규범적 판단에 이르려면, A와 C 중 하나는 생명을 구하는 가장 중요한 일을 이행했으나 다른 하나는 그렇지 않다고 증명해야 한다. 사례에서 주어진 사실과 정보들을 아무리 해석하려 하더라도 이러한 증명은 불가능하다. 따라서 을의 관점을 적용하면, A와 C는 각각 B와 D의 생명을 구할 수 있었음에도 그렇게 하지 않아 생명이라는 가장 중요한 가치를 동일하게 해쳤으므로 동일하게 제재해야 한다는 결론이 도출된다.

⑧ 학생들의 질문 2

　"<질문>의 (4)에서 (2)와 (3) 중 하나를 선택하라고 했으니, (2)와 (3)은 대답만 하고 (4)에 집중해서 써도 되나요?"

　답부터 하자면, 그렇게 해도 되지만 감점될 수밖에 없다. <질문> (2), (3), (4)를 논리 구조로 만들어서 생각해보자. (2)의 논리를 P라 하고, (3)의 논리를 Q라 하자. 이 경우 (4)에 나올 수 있는 논리의 경우의 수는 크게 3가지가 된다. <질문> (4)에서 자신의 입장을 (2)로 선택했다고 가정하자. (4)에 가능한 논리는 ①P, ②~Q, ③R이 된다. 첫째, P를 반복하는 것이다. 이는 이미 해설에서 설명했기 때문에 생략한다. 둘째, 반박 이유를 제시하는 ~Q가 있다. 자신이 선택하지 않은 입장의 이유를 반박하는 것인데, 이것도 일종의 새로운 논리가 된다. 셋째, R이라는 새로운 이유를 제시하는 것이다. 가장 어렵고 큰 득점을 기대할 수 있다.

　위의 경우의 수 중에서 ①P를 반복하는 경우를 제외하고, 두 개의 경우의 수는 모두 (2)와 (3)의 논리를 완결해야 성립할 수 있다. P와 Q라는 논리를 증명해야만 ~Q와 R이라는 새로운 근거가 의미를 가질 수 있다. P와 Q를 논증하지 않았는데 새로운 논리를 제시한다면 이는 논리의 나열에 불과한 것이고 논증력을 측정하고자 하는 LEET 논술의 목적에 반한다. P를 반복하는 첫째 경우의 수는 논리적으로 타당한 방법이라기보다 수험생의 현실적 한계로 인한 선택지에 불과하다. 그렇다면 (2)와 (3)에서 P와 Q에 대한 논리 증명을 완결하고 (4)에서는 그와 다른 근거가 나오는 것이 적절한 문제 분석이다. 다만, 문제와 질문에서 새로운 논거를 제시하라는 지시사항이 없기 때문에 수험생은 (4)에서 P의 반복을 선택할 수 있다. 그리고 P의 반복을 선택하면 질문 (4)에 배점된 점수 중 일부만 득점 가능할 것이다. 점수 예시를 들어보면, (4)에 15점이 배점되어 있다면, 새로운 근거인 R을 제시하고 증명한 경우 15점이, 반박인 ~Q를 제시하고 증명한 경우 12점이, 앞선 논리인 P를 반복하면 10점의 득점이 가능할 것이다.

　질문 4개가 하나의 큰 문제로 종합된다는 점을 고려할 때, 각각의 문제가 전체 구조상으로 의미를 갖고 있다고 보아야 한다. 따라서 (2)와 (3), (4)는 위와 같이 문제를 분석할 때 전체 구조가 논리적 일관성을 갖게 되므로, 학생들의 질문과 같은 방식으로 해석해서는 안 된다.

<사례 1>과 <사례 2>의 유사점은 구조 의무를 행하지 않아 사망자가 발생했다는 것이고, 차이점은 예측가능성과 책임 정도이다. <사례 1>에서 의사인 A는 B가 위험함을 예측가능했음에도 구조 의무를 행하지 않아 B가 사망했으므로 책임이 크다. <사례 2>에서 대리 기사인 C는 D의 의식불명상태를 만취한 것으로 판단해 곧 회복할 것이라 기대했으나 사망한 것이므로 책임이 작다.

타인의 생명을 구조할 의무를 동일하게 어겼으므로, A와 C에 대한 규범적 판단은 동일해야 한다. <관점> 을은, 생명은 가장 중요한 가치이기 때문에 타인의 생명을 구할 수 있었음에도 그렇게 하지 않은 자를 제재해야 한다고 한다. A는 응급구조전화를 할 수 있었고, C는 만취상태인 D를 경찰서에 인계하여 생명을 구할 수 있었다. A와 C는 사람의 생명이 가장 중요함에도 불구하고 생명을 구하는 행위를 하는 대신 방치하는 선택을 했고, 그 결과 B와 D는 생명을 잃었다. 따라서 A와 C는 모두 동일하게 제재해야 한다.

개인의 책임 정도가 다르므로, A와 C에 대한 규범적 판단은 상이해야 한다. 개인은 선택의 결과를 예측하여 자유롭게 행동하고 책임을 지는 존재이다. 만약 자신이 예측할 수 없는 선택에 대해 책임을 지운다면 개인의 자유를 과도하게 제한하는 것이다. 의사인 A는 의식을 잃은 B가 생명이 위험한 상태임을 예측가능한 전문능력을 보유하고 있음에도 B를 방치하고 떠나는 선택을 했다. 반면, 대리 기사인 C는 만취상태인 D가 수면상태인지 의식을 잃은 것인지 예측할 전문능력이 없다. 결국 A는 예측가능한 자유로운 결정을 해 책임이 크지만, C는 그렇지 않다. 따라서 A만을 제재하고 C는 제재하지 않는, 상이한 결정을 해야 한다.

A만을 제재해야 한다는 (3)의 견해가 타당하다. 평등원칙에 부합하기 때문이다. 평등이란 같은 것을 같게, 다른 것을 다르게 대하라는 원칙이다. <사례 1>에서 의사인 A는 B의 생명의 위험을 예측가능하였으나, <사례 2>에서 대리 기사인 C는 만취상태인 D의 생명의 위험을 예측할 수 없었다. A와 C의 예측가능성이 다르므로 책임도 달라야 함은 명백하다. 이처럼 A와 C의 책임의 정도가 다름에도 불구하고, A와 C를 모두 제재하는 동일한 규범적 판단을 하는 것은, 다른 것을 같게 대하는 것으로 평등원칙에 반한다. 따라서 다른 것을 다르게 대해야 한다는 평등원칙에 부합하므로, A만을 제재함이 타당하다.

※ 1190자

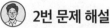 **2번 문제 해설**

① **문제와 조건 분석**

> • 문제: <사례>를 읽고 <조건>에 따라 논술하시오. (900~1200자, 50점)
> • 조건: 1. 두 입장 중 하나를 선택하고 이유를 제시할 것
>   2. 자신이 선택하지 않은 입장을 반박할 것
>   3. <정관>을 활용하여 논변할 것
>   4. <정관>을 활용할 때는 '정관-가', '정관-나'와 같은 방식으로 명시할 것

    문제는 단순하지만 지켜야 할 조건이 많다. 이 조건을 어길 경우 점수를 얻을 수 없기 때문에 조건을 준수해야 한다. 먼저 <사례>에 제시되어 있는 두 입장 중 하나의 입장을 선택해야 하고 그 이유를 제시해야 한다. 또한 자신이 선택하지 않은 입장을 반박하라고 하였으므로 반론/재반론이 포함되어야 한다. <정관>을 활용하여 논변할 것과 표현방법을 지시한 조건은 답안의 형식에 대한 지시사항이다.

② **답안의 기본 구조 설정**

기본 전체 구조

I. 서론
    1. 자신의 입장
    2. 논거 제시

II. 논거 1
    1. 논거 1에 대한 논증: 관련된 <정관> 제시
    2. <사례> 적용: 정관을 사례에 적용하여 입장의 타당성 논증

III. 논거 2
    1. 논거 2에 대한 논증: 관련된 <정관> 제시
    2. <사례> 적용: 정관을 사례에 적용하여 입장의 타당성 논증

IV. 자신이 선택하지 않은 입장에 대한 반박
    1. 자신이 선택하지 않은 입장의 반론
    2. 재반론: 재반론의 논리를 사례에 적용하여 타당함을 논증

    이 문제 또한 1번 문제와 동일하게 구체적인 논리 형태가 이미 다 결정되어 있기 때문에 이외의 구조는 없다. 단, 선택은 존재할 수 있는데 문단 III을 생략할 수 있다. 문단 III은 문제의 요구와 직접적 관계를 맺고 있지는 않기 때문이다.

    그러나 문단 III을 생략한다면 초고득점은 불가능하다. 자신의 입장을 강화할 수 있는 논거가 단 1개에 불과하고, 반대 입장을 반박하였다고 해서 자신의 입장이 타당한 것은 아니다. 자신의 입장을 강화하는 논거가 2개이고, 반대 입장이 틀리기까지 했다면 설득력이 더 클 것이다.

③ 사례 분석

<사례>에서 A기업은 협동조합 형태의 기업으로 지속 가능한 사회적 이익을 추구하는 기업이다. 일반적인 기업은 이윤 추구를 목적으로 하여 기업의 주인인 주주의 이익을 극대화해야 한다. 그러나 A기업은 협동조합이므로 주인인 조합원들의 의사를 실현하는 것이 목적이 된다. 이 사례에서 A기업의 조합원들은 이윤 추구 대신 지역 사회 공헌을 목적으로 정했으며 이를 정관에 규정하였다. 그러나 기업 환경의 변화로 인해 재정 적자가 누적되어 A기업의 존립 자체가 문제되었다. 이러한 위험에 대해 다수 조합원과 소수 조합원의 의견 대립이 발생하였다.

다수 조합원은 정관을 개정해야 한다고 주장한다. 그 이유는 A기업의 생존이 달성되어야 지역 사회 공헌도 가능하므로 A기업이 경영위기를 극복하고 존속하기 위해 경영효율성이 달성되어야 한다는 것이다. 이를 위해 A의 목표에 이윤 추구 원리를 추가하고, 현재와 같은 긴급한 경영상의 위기 상황에 한해 절차준수의무를 면제하고, 경영진에 대한 견제와 통제를 약화하여 기업 운영의 자율성을 부여하는 정관 개정안을 발의하였다.

그러나 소수 조합원은 정관 개정을 해서는 안 된다고 주장한다. 그 이유는 A의 존재 이유가 사회적 이익의 추구이므로, 개정 정관과 같이 기업의 이윤 추구를 목표로 해서는 안 되기 때문이다. 따라서 정관 개정안은 A의 존재 이유를 부정하고, A의 목표를 훼손하는 규칙과 절차를 규정할 뿐만 아니라, 경영진의 권한을 강화해서 권한 배분의 문제가 발생하기 때문에 기존 정관을 유지해야 한다고 주장한다.

다수 조합원은 소수 조합원의 반대 입장에 대해, A는 조합이면서 기업이므로 수익 창출이 필요하고, 다수결 원리에 의해 운영되는 만큼 다수 조합원이 원한다면 규칙을 개정할 수 있다고 한다.

④ 정관 분석

A기업의 정관은 정관을 개정해야 한다는 입장, 정관을 개정해서는 안 된다는 입장, 중립적 입장으로 분류할 수 있다. 중립 입장의 정관은 그 내용의 해석과 논증에 따라 정관을 개정해야 한다는 입장의 논리가 될 수도, 반대 입장의 논리가 될 수도 있다.

구분	정관 내용
정관 개정 찬성 입장	다) A의 의사결정 방식은 다수결 원리를 따른다. 마) 조합원은 정관 개정안을 직접 발의하여 이를 조합원 투표에 부칠 수 있다.
정관 개정 반대 입장	바) A의 조합원총회, 이사회, 감사의 기능과 권한은 분리된다. 차) 지속 가능하고 투명한 경영 실현을 위하여 감사의 독립성과 신분은 보장된다.
정관 개정 중립 입장	가) A는 조합원의 권익을 향상하고 지역 사회에 공헌하는 것을 목적으로 한다. 나) A는 모든 조합원의 자유롭고 평등한 민주적 참여와 결정으로 운영된다. 라) A의 운영은 정관이 정한 규칙 및 절차에 구속된다. 사) A의 중요 사항을 결정하기 위하여 조합원총회를 소집할 수 있다. 아) 이사회는 A의 경영을 담당한다. 자) 감사는 이사회의 결정에 대해 사전 및 사후 감사를 할 수 있다.

⑤ 구조 분석과 개요

　　이 문제에서 정관 개정 찬반 입장에 대한 판단은 사례를 중심으로 해야 한다. A기업이 당면한 문제는 무엇인지, A기업이 해결해야 할 문제는 무엇인지 생각하는 것이다. 정관은 목적이 아니고 수단에 불과하다. 정관은 필요에 따라 제정되고 개정될 수 있다.

　　A기업이 해결할 문제는 재정 적자의 누적이다. A기업의 재정 적자가 얼마나 누적되었는지는 사례의 정보에서 알 수 없다. 그러나 재정 적자가 장기간 누적되었다는 점은 제시되어 있으니 이 상황이 계속되면 파산할 수 있다는 점은 추론 가능하다. 또한 재정 적자가 미미한 수준이라면 정관을 개정해야 한다는 주장이 다수 조합원에게 지지를 받을 수 없을 것이다. 이러한 점에서 정관을 개정해야 한다는 입장을 선택하는 것이 적절하다. A기업의 조합원들은 이 기업이 파산하더라도 괜찮다고 여길 것이라는 논리는 어색하다. 예를 들어, A기업이 현재 재정 흑자가 10년 이상 지속되어 막대한 이익금이 있는 상황이거나, 재정 적자가 미미한 수준이라서 A기업의 존폐가 우려되는 상황이 아니라고 가정해보자. 그렇다면 정관을 개정해야 한다는 논의 자체가 나오지 않았을 것이다. 이러한 점에서 A기업의 정관을 개정하는 것이 적절하다.

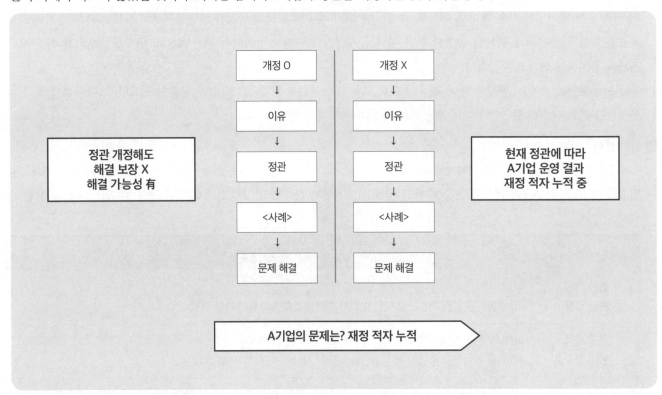

1문단	정관 개정해야: 논거 1 기업의 유지와 존속

- 정관-가: 지속 가능한 사회적 이익 추구라는 기업 목적 달성 필요
- <사례> A기업의 현재 위기를 극복하지 못하면, 기업 목적 달성 불가

2문단	정관 개정해야: 논거 2 기업 내 갈등 해소

- 정관-다: 다수결 의사결정방식 규정
- <사례> 다수 조합원 개정안 발의, 소수 조합원 반대의사 표명, 토론과 합의

3문단	반론/재반론

- 반론: A기업의 존재 이유가 부정됨
- 재반론: 정관-자에서 사전/사후 감사 규정하고 이사 해임 건의 가능하므로 부정되지 않음

📝 2번 문제 예시답안

A기업의 정관 개정은 타당하다. 기업의 유지·존속을 가능하게 하고, 기업의 갈등을 해소할 수 있기 때문이다.

기업의 유지·존속을 위해 정관 개정은 타당하다. A기업은 정관-가에서 규정하고 있듯이 지속 가능한 사회적 이익 추구를 목적으로 조합원들이 자발적으로 구성한 협동조합 형태의 기업이다. 그런데 <사례>의 A기업은 재정 적자가 누적되어 기업의 지속이 위협받는 상황이다. 다수 조합원은 A기업의 위험을 신속하게 해결해서 기업이 생존해야만 지속 가능한 사회적 이익 추구라는 기업 목표를 안정적이고 장기적으로 실현할 수 있다고 판단했다. 경영진이 위험을 신속하게 해결할 수 있도록 절차준수의무를 간소화하는 등 정관을 개정하면, 경영효율성이 증대되어 재정 적자 축소와 기업건전성을 달성할 수 있다. 이는 A기업의 유지·존속을 가능하게 해 조합원 권익과 지역 사회 공헌을 지속할 수 있도록 한다. 따라서 정관 개정은 타당하다.

기업 내의 갈등 해소를 위해 정관 개정은 타당하다. A기업의 운영절차와 규칙은 그 주인인 조합원들의 의견을 반영한 것이어야 한다. 정관-나와 정관-다는, A기업의 주인인 조합원이 기업 운영 목적과 실현방법을 결정할 권리를 보장하고, A기업의 의사결정을 조합원 다수의 동의로써 정당화한다. <사례>는 A기업이 정관을 제정했을 때와 상황이 변했고, 이 대처방안에 관한 조합원의 의사가 서로 다른 상황이다. 이에 다수 조합원이 개정안을 발의하고, 소수 조합원이 반대의견을 제시해, 갈등이 드러난 것이다. 정관을 개정하는 과정에서 조합원의 의사가 개진, 조정, 타협, 반영된다. 따라서 정관 개정 절차를 통해 A기업의 조합원 간 갈등이 해소되므로 정관 개정은 타당하다.

소수 조합원들은 정관 개정안이 지속가능한 사회적 이익의 추구라는 A기업의 존재 이유를 부정하는 것이기 때문에 기존 정관을 유지해야 한다고 주장한다. 그러나 정관 개정은 A기업의 경영위기를 해결하기 위한 것이다. 정관-자와 정관-차에 따르면, 감사는 독립적인 권한으로 이사에 대한 해임 건의를 할 수 있어 이사회를 견제할 수 있다. 만약 A기업 이사회가 경영위기가 해결되었음에도 불구하고 사회적 이익 대신 자기 이윤만을 추구하는 등 기업 목적에 반하는 영업활동을 한다면, 감사는 이사회의 해임을 건의하여 통제할 수 있다. 따라서 정관을 개정한다고 해서 A기업의 존재 이유를 부정한다고 볼 수는 없으므로, 소수 조합원의 주장은 타당하지 않다.

※ 1189자

2019학년도 사례형 예시문항

기출문제 (2문항 / 110분)

* 교재 뒷부분에 있는 논술 답안지를 사용하여 답안을 작성해보세요.
  • 논술 경험이 있다면, 실전처럼 답안을 바로 작성한 후 예시답안과 비교하여 완성도를 높이는 데 중점을 두어보세요.
  • 답안 작성이 막막하다면, 문제 뒤의 해설을 먼저 참고한 후 답안을 작성하여 논술 감각을 익히는 데 중점을 두어보세요.

1. 다음 <사례>와 <생명윤리위원회 윤리규정>, 그리고 <관점>을 읽고, 이어지는 물음에 순서대로 답하시오. (800~1000자, 50점)

〈사례〉

결혼한 지 5년차 주부인 영원해 씨는 한 달 전 남편을 교통사고로 잃었다. 영원해 씨와 남편은 그동안 아이가 없어 고민을 하던 차에, 6개월 전부터는 불임클리닉에서 체외수정 시술을 시작하였다. 그동안 자신과 남편의 난자와 정자로 체외에서 수정을 시도하여 5개의 배아를 얻게 되었고, 이제 그 배아를 착상하는 일만 남게 되었다. 그러던 차에 갑작스럽게 남편이 교통사고를 당하여 사망한 것이다.

한 달간을 슬픔에 잠겨있던 영원해 씨는 드디어 결심하고 불임클리닉의 담당의사 신중한 박사를 찾아갔다. 영원해 씨는 신 박사에게 죽은 남편이 남겨 준 소중한 선물인 배아를 착상하여 아이를 갖겠다고 얘기하였다. 신 박사는 영원해 씨의 뜻을 잘 알겠다고 한 후, 하지만 지금은 남편이 사망한 상태이기 때문에 그 배아를 착상하는 시술을 하는 것이 정당한지 여부를 스스로 확신할 수 없기 때문에 생명윤리위원회의 자문을 받은 후 그 결과를 알려주겠다고 얘기하였다.

〈생명윤리위원회 윤리규정〉

* 배아의 생성에 관한 준수사항
① 누구든지 임신 외의 목적으로 배아를 생성하여서는 아니 된다.
② 누구든지 배아를 생성할 때 사망한 사람의 난자 또는 정자로 수정하는 행위를 하여서는 아니 된다.

〈관점〉

[가] 윤리규정은 배아의 생성에 대해서만 정하고 있다. 이미 생성된 배아에 대해서는 아무런 규정을 두고 있지 않다. 이 경우는 남편이 사망하기 전에 이미 배아가 생성된 경우이므로, 부인이 그 배아를 착상하는 시술을 받는 것은 본인의 선택에 달린 것이며 이는 윤리규정의 취지에 부합한다.

[나] 윤리규정은 사망한 사람의 생식세포를 사용하여 배아를 생성하는 것을 금지하고 있다. 그 취지는 이렇게 생성된 배아가 모체에 착상되어 태어나게 되면 나중에 상속 등 복잡한 문제를 야기할 수 있기 때문이다. 따라서 이미 생성된 배아라 하더라도 모체에 착상하는 것은 금지되어야 윤리규정의 취지에 부합한다.

(1) <관점> [가]와 [나] 중 하나를 정하여 신중한 박사에게 제출할 의견을 써 보자. 단, 이 경우 자신이 채택하지 않은 관점에 대한 반박 내용이 포함되어 있어야 한다. (500~600자, 30점)

(2) 자신의 자문 내용에 따르면 위 윤리규정은 어떤 문제점이 있는지 밝히고, 그 문제점을 보완하기 위하여 위 윤리규정에 대한 수정안을 써 보자. (300~400자, 20점)

2. 다음 <사례>에 <원칙>을 적용하여 판단할 때, A구청은 [1안]과 [2안] 중 어느 것을 선택하는 것이 적절한가? 세 가지 원칙 간 우선순위를 부여하고, 주어진 <자료>의 모든 항목을 활용하여 논증하시오. (900~1100자, 50점)

───────────── 〈사례〉 ─────────────

A구청은 자체 인력과 장비로 관내 쓰레기를 직접 수거하고 있다. 관내는 크게 저소득층 거주지역과 아파트단지 및 상가지역으로 구분된다. 저소득층 거주지역은 주로 고지대에 위치해 있으며, 도로도 좁은 까닭에 쓰레기 수거 차량의 진입이 어려워 쓰레기 수거에 많은 인력이 요구된다. 또한 그 지역에는 소득이 낮아 쓰레기 수거 수수료를 지불하지 못하는 주민들도 상당히 있다. 쓰레기 수거의 어려움으로 인해 주당 쓰레기 수거 횟수가 많지 않아 쓰레기 수거 서비스에 대한 주민들의 만족도는 낮은 편이다. 한편 아파트단지 및 상가지역은 차량이 쉽게 접근할 수 있어서 수거가 용이한 편이지만, 구청이 보유한 수거 차량의 부족으로 이 지역도 역시 쓰레기 수거 횟수가 충분히 많지 않아 주민들의 만족도가 높지 않은 것으로 조사되었다.

A구청의 또 다른 문제로는 주민들로부터 징수하는 수수료만으로 쓰레기 수거 비용을 충당할 수 없어 일반 세입금을 사용할 정도로 재정 부담이 크다는 점이 있다. 이에 A구청의 청소과 담당자는 쓰레기 수거를 민간에 위탁하는 방안을 새로 검토하기 시작했다. 즉, A구청이 선택할 수 있는 안은 다음 두 가지다.

[1안] 현재와 같이 구청이 보유한 인력과 장비로 쓰레기를 직접 수거한다.
[2안] 공개경쟁입찰을 통해 민간 기업과 계약하여 쓰레기 수거 업무를 위탁한다.

───────────── 〈원칙〉 ─────────────

○ 효과성: 주민들의 복지 수준을 높이도록 하라.
○ 효율성: 최소의 노력으로 최대의 효과를 얻도록 하라.
○ 공평성: 사회적 약자를 배려하라.

───────────── 〈자료〉 ─────────────

① 민간 위탁 방식이 구청 직영 방식에 비해 청소노동자 1인당 1일 평균 쓰레기 수거량이 많았다.
② 민간 업체가 저소득층 거주지역의 쓰레기 수거업무를 위탁받은 경우 낮은 수익성과 수거의 어려움 때문에 구청이 직접 쓰레기를 수거할 때보다 서비스의 질이 떨어질 것으로 조사되었다.
③ 민간 위탁의 경우, 민간 기업의 서비스 공급 업무에 대한 감독을 위해 구청 내에 전담 관리 인력이 배치된다.

사례형 예시문항

2019

해커스 LEET 김종수 논술 17개년 기출문제+해설집

해설 & 예시답안

📖 **사례형 논술의 정의와 특징(출제기관 발표자료)**

정의	• 논술 영역에서 '사례형'이란 주어진 사례의 문제 상황을 해결하는 방안과 그 논거를 논리적으로 구성하고, 이를 설득력 있게 표현할 수 있는지를 평가하는 문항 유형임
특징	• 문제 해결이 요구되는 상황인 <사례>가 제시됨 • 사례는 실제 사건에 기초한 것일 수도 있고, 가상의 것일 수도 있음 • 관련된 원칙이나 자료, 일반적인 이론적 견해 등이 제공될 수 있음 • 문제 상황을 논리적으로 해결하는 능력, 즉 문제 상황과 관련된 자신의 주장을 적절한 근거를 제시하며 설득력 있게 표현하는 논증적 글쓰기 능력을 측정하고자 함 • 법조 실무에서 흔히 사용되는 특정한 양식의 글쓰기를 요구하는 것은 아니며, 글쓰기에 대한 구체적인 요구 사항은 문항에 따라 달라질 수 있음 • 기존에도 문항에 <사례>가 등장하는 경우가 있었으나 <사례>와 함께 나오는 긴 제시문에 대한 깊이 있는 이해가 필수적으로 요구되었던 반면, 2018학년도부터 출제되는 사례형 유형에서는 독해 능력보다 사고를 논리적으로 표현하는 능력의 평가에 초점을 둠

1번 문제 해설

① 문제 분석

다음 <사례>와 <생명윤리위원회 윤리규정>, 그리고 <관점>을 읽고, 이어지는 물음에 순서대로 답하시오. (800~1000자, 50점)
(1) <관점> [가]와 [나] 중 하나를 정하여 신중한 박사에게 제출할 의견을 써 보자. 단, 이 경우 자신이 채택하지 않은 관점에 대한 반박 내용이 포함되어 있어야 한다. (500~600자, 30점)
(2) 자신의 자문 내용에 따르면 위 윤리규정은 어떤 문제점이 있는지 밝히고, 그 문제점을 보완하기 위하여 위 윤리규정에 대한 수정안을 써 보자. (300~400자, 20점)

1번 문제를 (1)과 (2)로 나누어서 묻고 있다. 이렇게 출제하는 이유는, 1번 문제라는 큰 틀에서 (1), (2)의 소문제가 논리적 일관성을 갖출 것을 원하기 때문이다. 예를 들어 (1)에 대한 답변과 (2)에 대한 답변이 각각의 답변으로는 적절하다고 하더라도, (1)과 (2)의 답변 내용을 종합할 때 논리적으로 일관되지 않는다면 감점할 수 있다는 의미가 된다.

(1)의 경우, <관점> [가], [나] 중 하나를 정해서 신중한 박사의 문제를 해결할 수 있는 의견을 써야 한다. 그리고 자신이 채택하지 않은 관점에 대해 반박해야 한다. 이때 주의할 점은 의견과 이를 뒷받침할 논거, 이에 대한 사례 적용과 해결 가능성을 논증하는 것이 더 중요하다는 점이다. 대부분의 수험생들이 반대 입장에 대해 반박하면 자신의 입장이 타당한 것으로 착각하는 경우가 많다. 흑백논리에서 배웠다시피, 상대방의 의견이 틀렸다고 하여 내 의견이 당연히 맞는 것은 아니다. 따라서 [가], [나] 중 한 관점을 택하여 이 논리를 신중한 박사의 사례에 적용해 문제가 해결됨을 증명해야 한다. 그리고 자신이 선택하지 않은 입장의 논리로는 신중한 박사의 문제가 해결되지 않음을 증명하면 된다.

(2)의 경우, (1)과 논리적으로 연결되어야 한다. (1)에서 답변한 내용과 윤리규정의 문제점이 논리적으로 연결되고, 수정안이 결국 문제를 해결하는 형태가 되어야 한다. 여기에서 특히 주의할 점은 수정안을 쓰라고 했기 때문에 "윤리규정을 어떤 방향으로 수정하면 된다."는 정도가 아니라 그 방향을 직접 표현하는 수정안 자체를 써야 한다는 점이다.

② 답안의 기본 구조 설정

구분	기본 전체 구조
문제 1-(1)	I. <관점> 선택 　1. 자신이 선택한 입장에 대한 논리 제시 　2. <사례> 적용 → 문제 해결됨을 증명 II. 자신이 선택하지 않은 <관점>에 대한 반박 　1. 자신이 선택하지 않은 관점에 따른 문제점 혹은 반론 제시 　2. <사례> 적용 → 반론이 타당하지 않음을 증명
문제 1-(2)	I. 윤리규정의 문제점 　1. 윤리규정의 문제점 제시 　2. <사례> 적용 II. 수정안 제시

　문제를 볼 때, 위의 구조 외의 다른 구조가 논리적으로 도출될 수는 없다. 문제의 요구사항을 가장 단순한 구조로 드러내는 것이 시험에서 한정된 시간 안에 고득점하는 수험효율적인 방법이 된다.

③ 사례 분석

　<사례>는 남편과 부인이 서로 동의하여 임신과 출산을 결정하고 배아를 형성하였으나, 이후 남편이 사망한 상황이다. 이 사례의 쟁점은 남편과 부인의 상호합의로 배아를 형성하였으나, 착상과 출산에 있어 홀로 남은 부인의 의사만으로 이를 자유롭게 결정할 수 있는지 여부가 된다. 이 사례와 일치하지는 않으나 관련된 대법원 판례가 있다. 우측의 QR코드를 통해 확인하기 바란다.

④ 관점 분석

　[가]는 개인의 자기결정권을 중요시한다. 임신과 출산의 주체는 부부이고 남편과 부인의 자유로운 의사가 합치된 결과로 임신과 출산이 이루어진다. 그 이유는 임신과 출산의 책임을 남편과 부인이 지기 때문이다. 따라서 임신과 출산의 자유로운 결정은 남편과 부인이 온전히 하는 것이고 그 책임 역시 온전히 부부가 지게 된다. 남편이 사망하였다면 결국 임신과 출산의 책임은 부인이 전적으로 지게 된다. 홀로 남은 부인은 자신의 선택으로 발생하게 될 자신의 책임을 예측하여 착상과 임신, 출산을 선택하거나 선택하지 않을 자유가 있다.

　[나]는 사회적 가치를 중요시한다. 부부의 결정이라 하더라도 자녀의 출산은 상속 등과 같은 사회적인 영향을 미친다. 만약 특정인의 정자를 당사자의 동의 없이 난자에 수정해 착상 후 출산하여 탄생한 아이는 상속이나 아이의 양육 문제 등과 같은 사회적 문제를 일으킬 수 있다. 따라서 사회적 문제의 예방을 위해 사망한 자의 생식세포를 이용하여 배아를 생성하는 등의 행위를 금지해야 한다.

⑤ 구조 분석과 개요

구분	[가]	[나]
문제 1-(1)	•개인의 자기결정권에 따라 허용해야 한다. •상속 등의 사회적 문제를 일으키지 않는다.	•상속 등의 사회적 문제를 일으킬 것이므로 허용해서는 안된다. •개인의 자기결정권을 침해하지 않는다.
문제 1-(2)	•윤리규정의 문제점: 개인의 자기결정권을 이유 없이 제한한다. •개선안: 사회적 문제가 없는 자기결정권은 행사 가능하다.	•윤리규정의 문제점: 사회적 문제를 발생시킨다. •개선안: 사회적 문제가 있는 자기결정권은 제한할 수 있다.

📝 1-(1)번 문제 예시답안

[가]에 따라 <사례>의 배아착상시술은 정당하다. <생명윤리위원회 윤리규정>은, "배아를 생성할 때 사망한 사람의 정자로 수정하는 행위"를 금지하고 있다. 이는 개인의 자기결정권에 반하는 수정을 금지하겠다는 의미이다. 개인은 자기 선택의 결과를 예측하고 숙고하여 결정한 의사에 책임을 진다. <사례>의 영원해 씨와 남편은 심사숙고해 임신을 위한 체외수정을 결정했다. 게다가 영원해 씨는 남편의 사망 후 배아를 착상시켜 출산하는 것과 그렇지 않았을 경우를 충분히 고민하였다. 따라서 배아 생성은 영원해 씨와 남편의 자발적이고 숙고한 선택의 결과이며, 배아의 착상 역시 영원해 씨의 자유로운 선택의 결과로 존중해야 한다. 따라서 <사례>의 배아착상시술은 정당하다.

[나]처럼 상속 등의 복잡한 문제를 불러올 것이라는 반론이 제기될 수 있다. 영원해 씨가 배아를 착상하면 상속의 이해관계자가 늘어나는 것이다. 그러나 영원해 씨는 상속의 이해관계자가 늘어나는 문제를 예측했고, 늘어난 이해관계자로 인한 문제를 자신이 감수하겠다고 결정하였다. 따라서 상속의 이해관계자가 늘어나기는 하지만 상속을 둘러싼 문제는 발생하지 않을 것이므로, 이 반론은 타당하지 않다.

※ 589자

📝 1-(2)번 문제 예시답안

<생명윤리위원회 윤리규정>은 배아를 생성할 때 생존하여 있었으나 착상 이전에 사망한 사람의 자유로운 의사결정을 이유 없이 제한한다는 문제점이 있다. 물론 개인의 자유로운 의사결정이라 하더라도 상속 등과 같이 사회적 문제를 발생시킨다면 이를 제한할 수 있다. 그러나 <사례>의 영원해 씨와 남편의 경우는 부부의 심사숙고한 의사가 합치된 결과 배아를 생성하였고 상속 등의 문제 또한 없다. 따라서 사회적 문제가 없으므로, 당사자인 영원해 씨가 원한다면 배아착상시술이 이루어져야 한다.

이 문제점을 보완하기 위해 <생명윤리위원회 윤리규정>의 배아의 생성에 관한 준수사항에 다음과 같은 ③항을 추가해야 한다. "③ 누구든지 배아를 생성할 때 금전, 재산상의 이익, 또는 그 밖의 반대급부를 조건으로 해서는 안 된다."

※ 398자

2번 문제 해설

① 문제 분석

> 다음 <사례>에 <원칙>을 적용하여 판단할 때, A구청은 [1안]과 [2안] 중 어느 것을 선택하는 것이 적절한가? 세 가지 원칙 간 우선순위를 부여하고, 주어진 <자료>의 모든 항목을 활용하여 논증하시오. (900~1100자, 50점)

문제에서 <사례>의 문제를 해결할 것을 요구하고 있다. [1안]과 [2안] 중 어떤 것을 선택하는 것이 A구청의 문제점을 해결할 수 있는지 논증하라는 것이다. 또한 요구사항이 명확하다. 원칙 간에 우선순위를 부여해야 하고 <자료>의 모든 항목을 활용해야 한다. 이러한 요구사항은 채점기준에 해당하기 때문에 지키지 않으면 반드시 감점된다.

특히 주의할 점은 세 가지 원칙 간에 우선순위를 부여하라는 조건이 있다는 것이다. 원칙의 우선순위가 바뀔 경우 논리적 일관성이 깨지거나 사례의 문제를 해결할 수 없는 등의 함정이 숨어있다는 의미일 가능성이 매우 높다. 이처럼 문제에서 중요한 채점 포인트에 대한 힌트를 주기 때문에 문제 분석을 꼼꼼하게 할 필요가 있다.

② 답안의 기본 구조 설정

기본 전체 구조

I. 선택한 문제 해결방안 + 원칙의 우선순위

II. 첫째 원칙의 적용
  1. 첫째 원칙 논리 제시
  2. 원칙의 논리를 <사례>에 적용 + 자료 제시
  3. 문제 해결 가능함을 도출

III. 둘째 원칙의 적용
  1. 둘째 원칙 논리 제시
  2. 원칙의 논리를 <사례>에 적용 + 자료 제시
  3. 문제 해결 가능함을 도출

IV. 셋째 원칙의 적용
  1. 셋째 원칙 논리 제시
  2. 원칙의 논리를 <사례>에 적용 + 자료 제시
  3. 문제 해결 가능함을 도출

문제를 볼 때, 위의 구조 외의 다른 구조가 논리적으로 도출될 수는 없다. 문제의 요구사항을 가장 단순한 구조로 드러내는 것이 시험에서 한정된 시간 안에 고득점하는 수험효율적인 방법이 된다.

구조를 잡았으면 내용을 채울 때 3가지 원칙의 순서가 논리정합적인지 반드시 확인해야 한다. 각각의 원칙이 문제를 해결하는 데 적절하다고 하더라도 우선순위의 문제는 여전히 발생할 수 있다. 예를 들어, 좋은 자재를 사용해서 기초와 벽체와 지붕을 각각 만들었다고 하자. 기초 위에 벽체, 마지막으로 지붕이 올라가야 온전한 집이라 할 수 있다. 만약 지붕, 기초, 벽체의 순서로 집을 만든다면 결코 집이라 할 수 없을 것이다. 각각의 재료가 적절해도 순서가 맞지 않으면 문제를 해결할 수 없다.

이 문제에서는 [1안]과 [2안] 중 하나를 택해야 한다. [2안]을 선택할 경우, 새로운 해결방안을 시도하는 것이기 때문에 이 방안의 타당성을 입증하면 그만이다. 그러나 [1안]을 선택할 경우, 기존의 방법을 유지하는 것이기 때문에 방안 자체의 타당성을 입증할 수 없다. 따라서 [1안]을 논증할 때에는 [2안]보다 [1안]이 낫다는 비교를 통해 타당성을 입증할 수밖에 없다.

③ 사례 분석

<사례>는 A구청의 쓰레기 수거와 관련한 문제이다. 쓰레기 수거는 사회적 인프라에 해당하는 공공서비스이다. 공공서비스는 국방이나 치안과 같이 국민의 생명과 직결되는 경우도 있고, 쓰레기 수거와 같이 국민보건이나 국민생활의 편의성과도 연결된다. 이러한 공공서비스는 소득의 정도와 관계없이 국민이라면 누구나 누려야 하는 것이다. 따라서 원칙의 우선순위를 설정할 때 공공성이라는 목적을 실현할 수 있도록 해야 한다.

④ 원칙 분석

원칙을 볼 때 내부 논리를 잘 보아야 하는데, 효율성이 결코 효과성보다 앞선 원칙이 될 수 없다는 점을 깨달아야 하기 때문이다. 효과성은 주민들의 복지 수준을 높이도록 하는 것이고, 효율성은 최소의 노력으로 최대의 효과를 얻는 것이다. 만약 효율성이 효과성보다 앞선 원칙이 된다면 효율성 원칙을 증명할 때 이미 효과성을 입증해야 한다. 그런데 효과성이 효율성보다 앞선 우선순위가 되면 효율성에서는 효과가 앞에서 이미 증명되었기 때문에 최소의 노력만 증명하면 된다. 마지막으로 공평성은 A구 주민 중 사회적 약자가 누구인지, 배려하는 것이 무엇인지를 사례에 적용해야 한다.

⑤ 자료 분석

①은 2안의 민간 위탁 방식이 1안의 구청 직영 방식에 비해 청소노동자 1인당 1일 평균 쓰레기 수거량이 많다는 사실을 보여준다. 그러나 이는 청소노동자의 1인당 생산성을 보여줄 뿐이다. 만약 청소노동자의 감소폭이 생산성의 증가폭보다 크다면 전체 쓰레기 수거량이 줄어든다. 또 전체 쓰레기 수거량이 증가한다고 하더라도 저소득층 거주지역의 쓰레기 수거량은 오히려 줄어들 수도 있다. 한 번에 대량의 쓰레기 수거가 가능한 아파트단지와 상가지역의 쓰레기 수거량이 증가한 폭이 저소득층 거주지역의 쓰레기 수거량 감소분을 넘어서면 되기 때문이다.

②는 2안의 민간 위탁 방식이 1안의 구청 직영 방식보다 서비스 질이 떨어질 것이라는 조사 내용이다. 이 역시 예상이기 때문에 이를 막기 위한 조치를 취한다면 서비스 질의 하락을 막을 수 있다.

③은 민간 위탁 방식은 추가적으로 서비스 관리 전담 인력이 필요하다는 내용이다. 이는 서비스 관리 전담 인력이 추가로 필요하기 때문에 비용의 증가로 볼 수도 있고, 비용이 증가하는 것보다 더 큰 효과가 있다면 서비스 효율성이 달성될 수도 있기 때문에 필요한 비용 집행으로 볼 수도 있다.

⑥ 구조 분석과 개요

1문단	A구청의 문제 해결방안
• 1안과 2안 중 A구청의 문제 해결방안 선택	
• 원칙의 우선순위	

2문단	원칙 1: 공평성
• 공평성: 사회적 약자를 배려하라	
• <사례> [2안] 도입 시 저소득층 주민의 어려움이 가중됨	

3문단	원칙 2: 효과성
• 효과성: 주민들의 복지 수준을 높여라	
• <사례> [2안] 도입 시 고소득층 주민 만족도 소폭 증가, 저소득층 주민 만족도 대폭 감소	

4문단	원칙 3: 효율성
• 효율성: 최소 노력으로 최대 효과를 얻어라	
• <사례> [2안] 도입 시 효과는 적고, 비용은 상승할 것	

📝 2번 문제 예시답안

<1안을 선택한 경우>

A구청은 [1안]을 선택함이 적절하다. [1안]이 공평성과 효과성, 효율성의 측면에서 [2안]보다 문제 해결에 적절하기 때문이다.

먼저 공평성 측면에서 [1안]이 적절하다. 공평성은 사회적 약자를 배려하라는 의미이다. <사례>의 사회적 약자인 저소득층 거주지역은 고지대인 데다가 도로도 좁아 쓰레기 처리가 어려운 상황이다. [2안]의 민간 위탁 업체는 이윤 추구를 목적으로 하므로, 수수료조차 지불할 수 없는 저소득층 거주지역의 쓰레기 수거에 소홀할 것이다. 반면, <자료> ①에서 민간 위탁 업체의 청소노동자 1인당 1일 평균 쓰레기 수거량이 더 많다는 것을 볼 때, 고소득층 주민의 쓰레기 수거는 더 원활해질 것이다. 이는 사회적 약자인 고지대 거주주민들의 어려움을 가중시키므로 공평성을 저해한다. 따라서 [1안]이 적절하다.

둘째 효과성 측면에서 [1안]이 적절하다. 주민들의 복지 수준을 높이려면 쓰레기 수거 서비스에 대한 전체 주민의 만족도가 높아져야 한다. <사례>의 아파트단지 및 상가지역의 만족도는 높지 않지만 낮다고는 볼 수 없는 반면, 저소득층 거주지역은 만족도가 낮은 편이다. 이 상황에서 [2안]을 도입하면, 아파트단지 및 상가지역의 만족도는 다소 높아질 것이다. 그러나 <자료> ②에서 확인 가능하듯 저소득층 거주지역은 서비스 질이 떨어져 현재 낮은 수준의 만족도가 더 크게 낮아질 것이다. 결국 고지대 주민의 위생과 보건에 직접적 해악이 발생하고, A구 전체의 쓰레기 수거 서비스에 주민 만족도는 낮아질 것이다. 따라서 주민의 복지 수준을 낮추지 않는 [1안]이 적절하다.

마지막으로 효율성의 측면에서 [1안]이 적절하다. 효율성은 비용 대비 효과가 커야 한다. [2안]의 효과가 낮으므로, 비용은 더 크게 절감되어야 효율성이 높아질 수 있다. <사례>의 A구 상황에서 저소득층 거주지역은 쓰레기 차량이 진입할 수 없어 많은 인력이 필요하므로, 비용 절감을 기대하기 어렵다. 게다가 <자료> ③과 같이 구청 내에 서비스 전담 관리 인력을 배치해야 하므로 비용이 추가된다. 결과적으로 [2안]은 서비스의 효과는 감소하고, 비용은 절감하기 어려워 효율성이 [1안]보다 낮다. 따라서 [1안]이 더 효율적이므로 적절하다.

※ 1087자

<2안을 선택한 경우>

A구청은 [2안]을 선택함이 적절하다. [2안]이 효과성과 효율성, 공평성의 측면에서 [1안]보다 문제 해결에 적절하기 때문이다.

먼저 효과성의 측면에서 [2안]이 적절하다. 효과성은 쓰레기 수거를 원활하게 하여 주민의 복지 수준을 높이는 것이다. <사례>의 저소득층 거주지역과 아파트단지 및 상가지역 모두 쓰레기 수거가 잘 이루어지지 않아 쓰레기 수거 서비스에 대한 주민 만족도가 낮다. [2안]을 선택하면, <자료> ①과 같이 평균 쓰레기 수거량이 늘어나기 때문에 쓰레기 수거가 더 잘 이루어져 주민들의 만족도를 높일 수 있다. 따라서 A구 주민들의 복지 수준을 향상시킬 수 있기 때문에 [2안]이 적절하다.

둘째로 효율성이 증대되므로 [2안]이 적절하다. 효율성은 비용 대비 효과가 커야 한다. <사례>의 A구는 재정 부담은 매우 큰 반면, 주민들의 쓰레기 수거 서비스에 대한 만족도는 낮아 효율성이 낮다. [2안]을 선택하면, 쓰레기 수거량이 증가하여 주민들의 만족도를 높일 수 있다. 반면 <자료> ③의 전담 관리 인력 비용이 추가되지만, 일반 세입금 사용이라는 막대한 재정 부담을 덜 수 있으므로 쓰레기 수거 비용을 큰 폭으로 줄일 수 있다. 따라서 주민들의 만족도는 높이고 재정 부담은 줄어들어 효율적이므로 [2안]을 선택해야 한다.

마지막으로 공평성이 증진되므로 [2안]이 적절하다. 공평성은 사회적 약자인 저소득층 주민들을 배려하라는 의미이다. <자료> ②에 따르면 [2안]을 선택할 경우 낮은 수익성과 수거의 어려움으로 인해 저소득층 거주지역의 서비스 질이 떨어질 수 있다. 그러나 이는 <자료> ③과 같이 민간 위탁 기업에 대한 구청의 관리감독을 통해 해결할 수 있다. 민간 업체는 공개경쟁입찰을 통해 선정하므로 A구청은 쓰레기 수거 서비스의 질이 하락했다고 판단되면 다른 업체를 선정할 수 있어 저소득층 거주지역의 쓰레기 수거 문제가 악화되지 않을 것이다. 이에 더해 장기적으로는 쓰레기 수거 서비스에 사용되던 일반 세입금을 저소득층 거주지역인 고지대의 도로 확장에 사용하는 등 저소득층 주민들의 복지 수준을 높일 수도 있다. 따라서 [2안]을 선택함이 적절하다.

※ 1056자

기출문제 (2문항/120분)

* 교재 뒷부분에 있는 논술 답안지를 사용하여 답안을 작성해보세요.
  • 논술 경험이 있다면, 실전처럼 답안을 바로 작성한 후 예시답안과 비교하여 완성도를 높이는 데 중점을 두어보세요.
  • 답안 작성이 막막하다면, 문제 뒤의 해설을 먼저 참고한 후 답안을 작성하여 논술 감각을 익히는 데 중점을 두어보세요.

1. <보기>에 나타난 두 입장 중 하나를 선택하고, 자신이 선택한 입장을 <조건>에 따라 논변하시오. (900~1200자, 40점)

―――― 〈조건〉 ――――

1. 자신이 선택하지 않은 입장을 반박할 것

2. 자료를 모두 논거로 활용할 것

3. 자료를 활용할 때 '자료 ①', '자료 ②'와 같은 방식으로 명시할 것

―――― 〈보기〉 ――――

　　현대 정보화 사회에서는 큰 규모의 데이터를 이용해 작은 규모에서 불가능했던 새로운 통찰이나 가치를 찾아내고 이 과정에서 사회 전 분야에 걸쳐 변화를 가져오고 있다. 정부는 제4차 산업혁명에 대응하기 위해 의료 빅데이터를 적극 활용하기로 하였다. 의료 빅데이터의 활용은 암이나 에이즈와 같은 난치병을 해결할 수 있는 치료법과 의약품을 개발하는 데 도움을 줄 것이다. 이를 위해 정부는 개인의 의료 정보를 수집·관리·공유하겠다고 발표하였다. 그러나 시민 단체들은 정부의 계획대로 의료 빅데이터를 구축하면, 개인의 의료 정보가 심각하게 침해될 뿐만 아니라 새로운 사회적 문제를 야기할 것이라고 우려한다.

〈자료〉

① 몇 년 전 구글의 연구원은 『네이처』에 흥미로운 논문을 발표했다. 논문의 내용은 구글이 겨울철 미국에서 독감의 확산을 예측할 수 있다는 것이었다. 전국적 규모에서뿐만 아니라 어느 지역에서 유행할지도 예측할 수 있다고 하였다. 이를 위해 구글이 사용한 방법은 사람들이 인터넷에서 검색한 내용을 살피는 것이었다. 전 세계적으로 구글에 보내는 검색 질문은 매일 30억 개 이상이었으므로 이용 가능한 데이터는 충분했다.

② 미국 샌프란시스코 시 당국은 외식을 하는 사람들에게 비위생적인 음식점에 관한 정보를 제공하기 위해 생활 정보 서비스 업체와 협력하여 음식점 이용 후기 데이터를 위생 점검 데이터와 연계하는 실험을 하였다. 이를 통해 각 음식점에 대한 위생 평가점수를 만들어 고객에게 공개하고 있다. 사람들은 관련 홈페이지의 정보를 검색하는 것만으로도 어느 음식점이 더 위생적인지 알 수 있게 되었다.

③ 스티븐 스필버그가 감독한 영화 『마이너리티 리포트』는 매우 인상적인 사회를 그려 낸다. 이 사회에서는 세 명의 예언자가 범죄를 정확하게 예측한다. 이를 토대로 경찰은 아직 범죄를 저지르지 않은 사람을 그가 장래에 범죄를 저지른다는 이유로 사회로부터 격리한다.

④ 혁신적인 과학기술은 때로 새로운 산업혁명의 원동력이 된다. 그러나 과학자가 본래부터 새로운 산업혁명을 의도하고 과학기술을 개발한 것은 아니다. 현재의 제4차 산업혁명 역시 과학자가 의도했던 것은 아니다. 과학기술이 사회에서 어떻게 활용될 것인지, 인간의 삶을 어떻게 바꿀 것인지를 정확하게 예측하는 것은 어렵다. 따라서 과학기술 자체에 대해 가치판단을 하는 것은 피해야 한다.

⑤ 미국의 유통업체 '타깃'은 고객들의 구매 패턴 데이터를 수집·분석하여 고객들에게 유용한 맞춤형 광고 전단지를 제공한다. 이 과정에서 '타깃'은 10대 여학생의 구매 패턴 데이터를 분석함으로써 그녀가 임신했다는 사실을 예측하고 아기 용품 쿠폰이 첨부된 광고 전단지를 우편으로 보내기도 하였다.

⑥ 일정 직급 이상 공무원들의 병역 면제 사유인 질병명을 관보와 인터넷을 통해 공개하도록 하는 것은 허용되지 않는다. 왜냐하면 그러한 질병명은 내밀한 사적 영역에 근접하는 민감한 개인정보로서, 특별한 사정이 없는 한 타인에 의해 지득되거나 외부로 공개되지 않고 개인의 내밀한 영역 내에 유보되어야 하는 정보이기 때문이다.

기출문제

2018

해커스 LEET 김종수 논술 17개년 기출문제+해설집

2. <사례>에 나타난 세대 간의 갈등을 최소화할 수 있는 방안을 <조건>에 따라 제시하시오. (1300~1600자, 60점)

―――――――――― 〈조건〉 ――――――――――
1. 제시문 (가), (나), (다) 모두에 대한 평가를 포함할 것
2. 제시문을 활용하여 자신의 주장을 강화할 것

―――――――――― 〈사례〉 ――――――――――
　우리나라에서 저출산·고령화의 파급 효과는 21세기에 들어와 본격적으로 문제 되기 시작했으며, 인구 구성비의 불균형으로 인한 다양한 경제적·사회적 문제들이 점차 세대 간의 갈등으로 번지고 있다. 정치적으로는 고령 인구의 비율 증가에 따른 보수화 경향이 짙어지는 가운데, 경제 활동 인구의 감소, 사회복지 부담의 증가 등으로 인하여 경제 성장도 둔화되고 있다. 그 결과 복지 재원이 축소되어 사회적 약자들 사이에서도 재원 배분의 우선순위를 둘러싼 갈등이 심화되고 있다. 한정된 재원의 투입에서 고령 인구를 위한 국민연금 및 건강보험의 강화를 우선할 것인지, 젊은 세대를 위한 교육 투자 및 실업 대책에 더 많은 재원을 사용할 것인지에 대하여 견해가 대립하고 있다.

―――――――――― 〈제시문〉 ――――――――――

(가) 가장 대표적인 민주적 의사 결정 방식으로 다수결을 지칭하는 경우가 많다. 이는 다수결이 민주주의의 이념인 자유와 평등을 가장 잘 실현할 수 있다고 믿기 때문이다. 다수결의 정당성을 위한 전제로는 두 가지가 중요하다. 하나는 결정의 대상이 되는 사안이 다수결로 결정하기에 적합해야 한다는 것이다. 예컨대 학문적 진리를 다수결로 결정할 수 없으며, 유사한 맥락에서 고도의 전문성을 갖는 사안에 대해서는 비전문가의 다수결이 정당하지 않다. 다른 하나는 다수와 소수가 바뀔 수 있어야 한다는 것이다. 다수결의 한계로는 소수자가 납득할 수 있는 범위의 결정일 것, 즉 다수와 소수가 합의한 공동의 기초, 근본 가치를 침해하지 않는 것이 중요하다. 다수결이 다수의 횡포, 다수의 독재가 되어 소수자들의 극단적 저항을 불가피하게 만드는 경우에는 다수결의 정당성 또한 인정되기 어렵다.

(나) 세대 간의 문제는 정의의 문제이다. 후속 세대가 선행 세대로부터 과중한 부담을 떠안은 경우는 정의롭지 않다고 말할 수 있다. 세대 간의 문제를 정의의 관점에서 접근할 때 사회의 모든 구성원들은 선행 세대로부터 받아야 할 적정한 몫과 후속 세대를 위해 이행해야 할 본분과 관련해서 합당한 원칙을 채택할 수밖에 없다. 그렇게 되면 서로 다른 세대에 속하는 사람들이 마치 같은 세대의 사람들처럼 서로에 대해 책무를 지게 된다. 현 세대는 미래 세대까지도 가상적인 협상 주체로 고려하여 정의로운 저축 원칙에 도달할 것이다. 물론 정의로운 저축의 비율은 고정불변이 아니라 사회의 발전 단계에 따라 달라진다. 빈곤한 사회라면 높은 저축률이 필요한데도 저축률이 낮을 수밖에 없고, 부유한 사회라면 더 높은 저축률이 기대된다. 완전히 정의로운 사회에 근접하고 시민의 권리가 충실하게 실현된다면 요구되는 저축은 영(零)에 가깝게 될 것이다.

(다) 청년 세대가 직면하고 있는 취업과 경제적 어려움의 원인을 '세대 간 불평등'에서 찾는 시각이 있다. 이러한 시각은 청년 문제의 사회 구조적 측면을 가볍게 취급한다는 데에 문제가 있다. 본래 세대 간 갈등은 히피문화, X세대, Y세대와 같은 청년 문화와 기성 문화의 충돌과 관련된 사회 문화적 맥락에서 등장하였다. 그런데 사회 문화적인 범주에 속하는 세대 간 갈등 개념을 경제적 범주로 끌어들여 무비판적으로 사용하고 있다. 현재 우리 사회가 겪는 갈등의 대부분은 사회 문화적인 측면보다는 사회 구조적 모순에서 그 원인을 찾을 수 있다. 청년 세대에 속한다고 해서 다 가난한 것도, 장년 세대에 속한다고 해서 다 부유한 것도 아니다. 그러므로 우리 사회의 구조적 문제를 풀기 위해서는 세대 간 갈등보다는 오히려 부의 불평등에 관심을 기울여야 한다.

해설 & 예시답안

1번 문제 해설

① 문제와 조건 분석

문제 분석	<보기>에 나타난 두 입장 중 하나를 선택하고, 자신이 선택한 입장을 <조건>에 따라 논변하시오. (900~1200자, 40점)
	• 문제의 요구사항은 반드시 지켜야 한다. 이 문제에서 <보기>의 두 입장 중 하나를 선택하라고 하였다. 수험생 중에는 이러한 요구사항을 어기고, 자신이 스스로 문제를 만들어내는 경우가 있다. 흔히 말하는 절충 입장을 선택하거나 하는 등으로 답안을 작성하는 것이 대표적인 예이다. LEET 논술은 시험이기 때문에 아무리 내용적으로 좋은 글을 썼다고 하더라도 문제에 대답하지 않았다면 점수를 받을 수 없다. • 문제에서는 크게 2가지를 요구하고 있다. 첫째로 <보기>의 입장 중 하나를 선택해야 한다. 둘째로 자신이 선택한 입장을 논리적으로 뒷받침하되 <조건>을 준수해야 한다.
조건 분석	1. 자신이 선택하지 않은 입장을 반박할 것 2. 자료를 모두 논거로 활용할 것 3. 자료를 활용할 때 '자료 ①', '자료 ②'와 같은 방식으로 명시할 것
	• 답안을 쓸 때 지켜야 할 준수사항의 중요도를 생각하면 다음과 같다. 문제의 요구사항이 가장 중요하고, <조건>은 문제의 요구사항을 지키는 범위 안에서 의미가 있다. 이에 의하면, 먼저 문제에서 요구했듯이 두 입장 중 하나를 선택하여야 하고, 둘째로 자신이 선택한 입장을 논리적으로 증명해야 하며, 셋째로 <조건>의 1번 사항과 같이 자신이 선택하지 않은 입장을 반박해야 한다. • 여기에서 이를 다시 강조하는 이유는, 대부분의 수험생이 자신이 선택하지 않은 입장에 대한 반박을 중심으로 답안을 구성하기 때문이다. 타인의 입장이 틀렸다고 해서 자신의 입장이 타당한 것은 아니다. 따라서 자신의 입장이 타당함을 논리적으로 입증하는 것이 중심이 되어야 하고, 그 이후에서야 반대 입장에 대한 반박이 의미가 있음을 알아야 한다. • <조건>의 2번 사항에 의하면 자료를 모두 논거로 사용하라고 하였으며, 3번 사항에서는 논거로 활용함에 있어서 어떻게 사용했는지 그 출처를 명시적으로 밝히라고 하였다.

② 답안의 기본 구조 설정

기본 전체 구조 1	기본 전체 구조 2
I. 의료 빅데이터 활용에 대한 입장 제시 1. 논거 1 2. 논거 2 3. 논거 3 II. 반대 입장에 대한 반박	I. 의료 빅데이터 활용에 대한 입장 제시 1. 논거 1 - 반박 - 재반박 2. 논거 2 - 반박 - 재반박 3. 논거 3 - 반박 - 재반박

'구조 1'과 '구조 2' 중에서 '구조 1'을 선택하는 것이 수험효율적이다. 이 문제의 경우 '구조 2'의 형태로 답안을 구성하려 할 때 논리적으로 문제가 발생할 가능성이 크다. 이는 뒤에 나오는 '자료 분석'을 확인하면 알 수 있는데 각각의 논거와 반박, 재반박이 논리적으로 일관된 내용을 갖고 있지 않기 때문이다. 예를 들어, '구조 2'에서 논거 1을 P라 한다면 반박은 ~P가 되어야 하고, 재반박은 ~(~P)가 되어야 하며, 논거 2와 논거 3도 동일한 형태가 되어야 한다. 그러나 <자료>의 논리를 분류해보면 논거와 반박, 재반박이 서로 맞지 않는다. 따라서 '구조 1'을 선택하는 것이 적절하다.

③ 보기 분석

1차 산업혁명은 기계혁명이다. 1760년대 영국에서 일어난 증기기관과 방직기의 발명이 대표적인 사례이다. 농경시대에 중국은 넓은 토지와 많은 인구를 통해 1인당 GDP가 영국보다 훨씬 높았다. 그러나 영국에서 증기기관이 발명되면서 산업혁명이 일어났고 중국과 영국의 1인당 GDP는 역전되었다. 그 결과 영국은 '해가 지지 않는 나라'인 대영제국으로 발돋움하였다.

2차 산업혁명은 전기혁명이다. 1870년대부터 독일과 프랑스, 미국의 생산력이 비약적으로 발전한 것을 의미한다. 2차 산업혁명은 에디슨과 테슬라의 전기 발명과 보급, 포드와 테일러의 과학적 관리법으로 인한 산업생산력의 확대와 직결된다. 전기의 발명과 석유화학산업의 출현, 대규모 조선업, 철강 산업의 발전이 2차 산업혁명의 대표적 사례이다. 특히 2차 산업혁명의 결과로 인해 인류는 최초로 물질적 부를 사회 대다수의 사람들이 누릴 수 있는 사회를 이룩했고, 중산층이 폭발적으로 증가했다.

3차 산업혁명은 컴퓨터의 등장과 인터넷의 확산이 일으킨 정보화 혁명을 의미한다. 세계 전체를 아우를 수 있는 연결망이 확립되었고 이것이 전자적으로 가상공간화되었다는 특징이 있다.

4차 산업혁명은 정보기술로 인해 자동화의 연결이 극대화된 초연결과 초지능이 가능한 사회이다. AI와 빅데이터기술을 기반으로 해서 사물과 사물, 인간과 사물, 인간과 인간이 연결되어 기존산업과 신사업이 혁신적으로 변화할 것이다. 기존의 제조업이 ICT와 결합하여 스마트 팩토리가 된다. 4차 산업혁명이 앞의 산업혁명들과 구분되는 차이점은 각자의 영역이 무너지고 모든 것이 융합된다는 점인데, 예를 들어 자동차 업체가 헬스, 의료, 소셜미디어 등과 결합하게 된다. 전통적인 제조업이었던 자동차가 AI와 빅데이터를 기반으로 자율주행을 하게 될 것이고 차에 탄 사람은 운전 외의 다른 활동을 할 수 있기 때문이다.

AI는 지능이 필요한 업무를 기계에 시키고자 하는 노력, 기술을 말한다. 즉 기계로 하여금 보고, 듣고, 언어를 사용하여 소통하며, 필요한 정보를 획득하고, 문제를 해결하기 위하여 의사결정을 하며, 계획을 수립하고, 추론을 거쳐 상황을 파악하고, 새로운 사실을 배우고, 알고 있던 지식을 수정하고 보완하여 성능을 스스로 개선할 수 있는 능력을 갖게 하는 것이다. 여기에서 기계라는 것은 컴퓨터를 말하는데 컴퓨터가 보편기계이기 때문에 만들어질 때 무엇을 할 것인지 결정되어 있지 않고 사용자가 무엇을 시킬 것인가로 용도가 결정되기 때문이다.

AI는 수많은 데이터, 즉 빅데이터와 이를 분석할 수 있는 컴퓨팅 파워에 의해 동작한다. AI는 수많은 사실로부터 귀납적으로 결론을 도출하는 것이다. "He is a boy."를 AI가 한국어로 번역한다면, "그" 다음에 올 수 있는 말은 "-는"이라는 데이터가 많기 때문이지, 이것이 조사이기 때문이라는 이해를 한 것이라 볼 수 없다. 결국 AI가 더 정확해지려면 더 많은 데이터와 더 많은 컴퓨팅 파워가 필요하다. 예를 들어, 의료 AI가 인간 의사보다 정확한 진단을 내릴 수 있는 이유는 인간 의사보다 압도적으로 많은 데이터, 즉 빅데이터를 기반으로 진단하기 때문이다. 의학적인 부분에서 보면 기존 의료차트의 엄청나게 많은 데이터를 분석한 결과, 인간이 알아낼 수 없었던 새로운 상관관계를 귀납적으로 발견할 것이라 할 수 있다. 예를 들어 경력이 짧은 의사와 경력이 긴 의사는 모두 의학적 지식을 갖추고 있다는 점에서 동일하나, 환자에 대한 경험적 데이터가 많은 의사가 직관력을 발휘할 가능성이 높다. AI는 수많은 의사의 모든 의료차트를 데이터로 확보했을 뿐만 아니라, 인간처럼 수면시간이나 식사시간 등 생활을 위한 시간이 필요 없다. 그뿐만 아니라 인간 의사는 대학, 병원, 학회 등을 통해 자신의 노하우를 동료 의사에게 전달하는데, 의사소통 과정에서 오류가 발생한다. 그러나 AI는 인간과 달리 컴퓨팅 자원이 추가적으로 연결되어도 오류 없이 자료 전달과 의사소통이 가능하다.

모든 사물이 AI와 결합되는 4차 산업혁명 시대, 디지털 경제의 핵심은 데이터일 수밖에 없다. 인공지능이 성립하기 위해서는 대량의 데이터, 즉 빅데이터가 필수적이기 때문이다. 이러한 빅데이터는 결국 일반 시민의 데이터가 누적된 결과물이다. 디지털 경제에서는 다수 시민의 다양한 데이터가 수집되고 가공되고 활용되어 디지털 기업의 이익으로 재탄생하게 된다. 심지어 디지털 경제의 상품은 일국 내에 머무르지 않고 전세계로 퍼진다. 예를 들어, 아마존, 구글, 페이스북의 상품을 사용하는데 물리적 국경은 아무 의미가 없다. AI 시대의 핵심자원은 데이터이고, 이 데이터는 수많은 개인들의 자기정보에 해당한다. 따라서 AI 발전을 위해서는 수많은 개인정보가 필요하고, 개인정보의 수집과정에서 개인의 권리 침해가 우려된다는 문제가 제기된다.

개인정보자기결정권은 자기에 관한 정보가 언제 누구에게 어느 범위까지 알려지고 또 이용되도록 할 것인가를 스스로 결정할 수 있는 권리이다. 개인정보자기결정권의 보호대상이 되는 개인정보는 개인의 신체, 신념, 사회적 지위, 신분 등과 같이 개인의 인격주체성을 특징짓는 사항으로서 그 개인의 동일성을 식별할 수 있게 하는 일체의 정보라고 할 수 있고, 반드시 개인의 내밀한 영역이나 사사(私事)의 영역에 속하는 정보에 국한되지 않고 공적 생활에서 형성되었거나 이미 공개된 개인정보까지 포함한다. 또한 그러한 개인정보를 대상으로 한 조사·수집·보관·처리·이용 등의 행위는 모두 원칙적으로 개인정보자기결정권에 대한 제한에 해당한다.[1] 이는 인격권의 일종으로 능동적, 적극적 권리이다.

개인정보자기결정권의 헌법상 근거로는 헌법 제17조의 사생활의 비밀과 자유, 헌법 제10조의 인간의 존엄과 가치 및 행복추구권에 근거를 둔 일반적 인격권 또는 위 조문들과 동시에 우리 헌법의 자유민주적 기본질서 규정 또는 국민주권원리와 민주주의원리 등을 고려할 수 있으나, 개인정보자기결정권으로 보호하려는 내용을 위 각 기본권들 및 헌법원리들 중 일부에 완전히 포섭시키는 것은 불가능하다고 할 것이므로, 그 헌법적 근거를 굳이 어느 한두 개에 국한시키는 것은 바람직하지 않은 것으로 보이고, 오히려 개인정보자기결정권은 이들을 이념적 기초로 하는 독자적 기본권으로서 헌법에 명시되지 아니한 기본권이라고 보아야 할 것이다.[2] 개인정보를 대상으로 한 조사·수집·보관·처리·이용 등의 행위는 모두 원칙적으로 개인정보자기결정권에 대한 제한에 해당한다.[3]

개인정보자기결정권과 AI 발전을 위한 데이터 수집 사이에서 어떤 법률적 제한이 있어야 하는지 세계적으로 논의가 진행되고 있다. 이를 가장 먼저 시작한 것은 EU이며, 우리나라는 2024년 AI기본법을 제정했다. EU의 일반개인정보보호법(The EU General Data Protection Regulation ; GDPR)에 따르면, EU는 자국민의 데이터가 구글, 페이스북, 아마존 등 외국기업으로 아무 제한없이 이전되는 개인정보 역외 이전을 원칙적으로 금지한다. 데이터 주권을 지키겠다는 선언이다. 단, 해당 기업이 GDPR이 요구하는 안전조치를 준수하거나 국가 차원의 적정성 결정을 받은 경우에 한하여 추가적 조치 없이 개인정보 역외 이전이 가능하다. EU의 GDPR은 개인정보 보호 위반에 대한 심각한 규정 위반 사례가 드러날 경우 직전 회계연도 전세계 매출액 4% 또는 2천만 유로(약 270억 원) 중 큰 금액을 상한으로 하는 과징금을 부과한다. 2019년 구글은 GDPR 위반으로 5000만 유로(한화 640억 원)의 과징금 처분을 받았다.

④ 자료 분석

자료 번호	의료 빅데이터 활용 입장	내용
①	찬성	빅데이터를 통해 질병 유행을 예측할 수 있다.
②	찬성	사람들이 직접 위생 등과 관련한 정보를 확인할 수 있다.
③	반대	범죄를 저지를 것이라 예측된 자를 격리할 수 있다.
④	찬성	현대 정보사회에서 과학기술은 예측하지 못한 효과가 나타난다.
⑤	반대	빅데이터 분석으로 개인정보가 쉽게 노출될 수 있다.
⑥	반대	개인의 내밀한 정보를 보호하도록 법을 통해 규제한다.

[1] 헌재 2005.5.26. 99헌마513
[2] 헌재 2005.5.26. 99헌마513
[3] 헌재 2005.5.26. 99헌마513, 2004헌마190

⑤ 구조 분석과 개요

정부: 의료 빅데이터 활용 찬성	시민: 의료 빅데이터 활용 반대
• 난치병 환자 치료 • 산업 발전	• 의료 정보 침해 • 새로운 사회문제
• 국민 생명 - 자료 ① • 국민 보건 - 자료 ② • 국가 발전 - 자료 ④	• 자기정보결정권 - 자료 ⑤ • 사회갈등 유발 • 공공복리 저해

• 자료 ③: 개인의 자유 침해 - 범죄 가능성만으로도 격리
• 자료 ⑥: 개인들의 동의 - 법으로 개인정보 보호 가능

📝 1번 문제 예시답안

<보기>에서 정부는 난치병 환자 치료와 산업 발전에 기여할 수 있으므로 의료 빅데이터를 활용해야 한다는 입장이다. 반면, 시민단체들은 개인의 의료 정보 침해와 새로운 사회문제를 야기할 수 있으므로 개인의 의료 정보를 수집·관리·공유하겠다는 정부의 입장을 반대하는 입장이다. 이 중 의료 빅데이터를 활용하자는 정부의 입장이 타당하다. 의료 빅데이터 활용을 통해 국민의 생명을 보호하고, 국민 보건을 실현할 수 있으며, 국가 발전을 도모할 수 있기 때문이다.

국민의 생명을 보호할 수 있으므로 정부의 입장이 타당하다. 의료 빅데이터를 활용하면 질병 예방이 가능해 국민의 생명과 신체를 보호할 수 있다. 자료 ①에 따르면, 빅데이터를 활용하여 독감 유행을 예측할 수 있다. 전염성 질병을 예측할 수 있다면 국민의 생명에 위해를 주는 질병에 미리 대처할 수 있게 되어 국민의 생명을 보호할 수 있다.

국민 보건을 실현할 수 있으므로 정부의 입장이 타당하다. 의료 빅데이터를 활용하여 건강에 관한 정보를 공개하면 국민이 스스로 자신의 건강을 달성할 수 있다. 자료 ②와 같이 의료 빅데이터가 구축되면 국민이 직접 음식점의 위생상태를 확인할 수 있다. 국민이 빅데이터를 활용해 건강의 위해요소를 스스로 파악하고 회피할 수 있다면 건강한 삶을 살 수 있다.

국가 발전이 가능하므로 정부의 입장이 타당하다. 현대 정보화 사회는 빠르게 발전하고 있으며 누구도 예측할 수 없다. 자료 ④에 따르면 과학자 역시 미래를 예측하고 과학기술을 개발하는 것이 아니다. 따라서 의료 빅데이터를 활용할 수 있도록 하면 그 응용과정에서 예측하지 못한 사용가치가 도출되고 관련산업과 다른 산업 분야까지 영향을 줄 수 있다. 이러한 다양한 과학기술의 발전은 국가 발전의 원동력으로 작동할 수 있다.

이러한 정부의 입장에 대해 개인의 자유를 광범위하게 침해할 수 있다는 반박이 제기될 수 있다. 자료 ③과 같이 빅데이터 분석으로 범죄를 저지를 것이라 예상되는 사람을 사전에 격리하거나, 자료 ⑤의 임신 등과 같이 자신이 드러내기를 원하지 않는 개인정보가 빅데이터 분석으로 인해 노출되는 경우가 있을 수 있다. 그러나 이러한 문제는 자료 ⑥과 같이 국민의 민주적 합의과정을 통해 법과 제도를 마련하여 문제 발생을 최소화할 수 있다. 따라서 의료 빅데이터로 인해 개인의 자유가 광범위하게 침해된다고 단정할 수 없다.

※ 1162자

2번 문제 해설

① **문제와 조건 분석**

- **문제**: <사례>에 나타난 세대 간의 갈등을 최소화할 수 있는 방안을 <조건>에 따라 제시하시오. (1300~1600자, 60점)
- **조건**: 1. 제시문 (가), (나), (다) 모두에 대한 평가를 포함할 것
            2. 제시문을 활용하여 자신의 주장을 강화할 것

　문제에서 수험생에게 요구하고 있는 것은 <사례>의 세대 간의 갈등을 최소화할 수 있는 방안을 제시하라는 것이다. 문제에서는 이를 요구하면서 <조건>을 통해 힌트를 주고 있다. 제시문 (가), (나), (다) 모두에 대한 평가를 하라고 하였는데, 3개의 제시문이 세대 간의 갈등을 최소화할 수 있는 방안을 알려주고 있다는 것을 추론할 수 있다. 따라서 3개의 제시문이 제시하는 3개의 방안 중 하나의 방안을 선택하여 논증하면서 이것이 적절한 방안이라고 평가하고, 나머지 2개의 방안은 적절한 방안이 아니라고 평가하면 된다.

② **답안의 기본 구조 설정**

기본 전체 구조 1	기본 전체 구조 2
I. 자신이 선택한 제시문과 방안 II. 제시문 (가)에 따른 방안 　1. (가)의 논리 + 해결방안 　2. <사례> 적용 → 세대 간 갈등 해소 여부 　3. 평가 III. 제시문 (나)에 따른 방안 　1. (나)의 논리 + 해결방안 　2. <사례> 적용 → 세대 간 갈등 해소 여부 　3. 평가 IV. 제시문 (다)에 따른 방안 　1. (다)의 논리 + 해결방안 　2. <사례> 적용 → 세대 간 갈등 해소 여부 　3. 평가	I. 쟁점에 대한 요약 + 각 제시문 요약 II. 자신이 선택한 입장에 따른 방안 　1. 논리 + 해결방안 　2. <사례> 적용 → 세대 간 갈등 해소 여부 　3. 긍정적 평가 III. 자신이 선택하지 않은 입장에 대한 평가 　1. 선택하지 않은 입장 ① 　2. <사례> 적용 → 세대 간 갈등 해소 불가 　3. 부정적 평가 　4. 선택하지 않은 입장 ② 　5. <사례> 적용 → 세대 간 갈등 해소 불가 　6. 부정적 평가 IV. 결론

　문제를 볼 때 위의 표처럼 두 가지 구조로 답안을 작성할 수 있다. 짧은 시간 안에 최고점수를 득점해야 하는 수험효율성을 고려할 때 '구조 1'이 적절하다. ① 제시문의 논리 제시, ② 논리에 따른 해결방안, ③ <사례> 적용, ④ 세대 간 갈등 해소 여부, ⑤ 평가라는 일관된 서술방식을 3개의 문단에 동일하게 적용할 수 있기 때문에 이에 소요되는 시간을 줄일 수 있기 때문이다.

　만약 '구조 2'를 선택한다면, 자신이 선택한 입장에 대해 쓰는 것은 쉬울 것이지만 자신이 선택하지 않은 입장에 대한 평가가 어려울 것이다. 왜냐하면 선택하지 않은 입장이 2개이기 때문에 한 문단 안에 다른 입장 2개가 동시에 나와야 하고 이에 대한 부정적 평가도 2번 해야 되는 데다가 그 논리 전개가 명확하게 드러나도록 표현해야 하기 때문이다. 시험장에서 복잡한 논리 구조를 선택해서 표현력으로 극복하고자 하는 시도는 좋지 않다. 특히 LEET 논술은 LEET 언어이해와 추리논증을 응시한 이후에 보게 된다는 점에서 더욱 그렇다. 준비과정부터 미리 이러한 점을 고려해서 준비하는 것이 고득점의 가능성을 높이는 방법이다.

　예시답안은 시험장에서 수험생들이 쓰기 쉬운 형태인 '구조 1'을 선택하고 그에 따라 작성하였다.

③ 사례 분석

<사례>의 상황은, 저출산과 고령화로 인해 발생하는 사회갈등 상황을 제시하고 있다. 복지 재원이 한정되어 있는 상황에서 이 복지 재원을 어떻게 사용해야 할지 갈등이 발생하고 있다. 고령 세대는 고령 인구의 안정된 삶을 위한 국민연금과 건강을 위한 건강보험 강화에 사용해야 한다고 주장한다. 젊은 세대는 자신들을 위한 교육 투자와 실업 대책에 사용해야 한다고 주장하고 있다. 세대 갈등을 해결하기 위해 한정된 복지 재원 배분의 우선순위를 결정해야 하는 상황이다.

④ 제시문 분석

제시문 (가) 분석	민주적인 의사 결정 방식으로 다수결이 있다. 다수결이 정당화되기 위해서는, 첫째 다수결의 대상이 사실이나 전문적인 것이 아닐 것, 둘째 다수와 소수의 가변성이 있을 것이라는 전제조건이 필요하다. 그리고 민주주의의 기본적 가치는 다수결의 대상이 되지 않는다는 한계가 있다.
제시문 (나) 분석	정의는 각자에게 올바른 몫을 주는 것이다. 정의 원칙에 의하면 선행 세대가 후속 세대에게 과도한 부담을 지워서는 안 된다. 사회의 모든 구성원은 정의 원칙에 따라 자신이 선행 세대로부터 받아야 할 적절한 몫과 후속 세대를 위해 이행해야 할 몫을 합당하게 판단해야 한다. 정의로운 사회는 이 몫에 따른 저축이 영(零)에 수렴한다.
제시문 (다) 분석	세대 간 갈등의 원인은 부의 불평등이다. 고령 세대가 많은 부를 가지고 있는 경우가 많고, 젊은 세대가 적은 부를 가진 경우가 많아 마치 세대 간 갈등이 있는 것으로 보이는 것일 뿐이다. 부의 불평등이라는 사회 구조적인 모순이 세대를 통해 드러나고 있기 때문에 세대 간 갈등이 문제로 부각되고 있는 것이다. 원인이 되는 사회 구조적 모순인 부의 불평등을 해소한다면 세대 간 갈등도 자연스레 해소된다.

⑤ 구조 분석과 개요

1문단   **결론 요약**
• 각 제시문의 입장에 따른 해결방안 제시
• 자신이 선택한 입장 제시

2문단   **자신이 선택한 입장 - 사례 해결 가능**
• (나) 정의 원칙에 따라 각자에게 올바른 몫을 주어 사회의 저축을 0으로 함
• <사례> 젊은 세대에게 먼저 배분, 고령 세대는 나중에 배분

3문단   **(가) 다수결 - 사례 해결 불가**
• (가) 다수결에 따라 국민투표 실시
• <사례> 다수는 고령 세대, 소수는 젊은 세대 → 다수/소수 가변성 X

4문단   **(다) 부의 불평등 해소 - 사례 해결 불가**
• (다) 부의 불평등 해결: 고소득자에 대한 과세 강화
• <사례> 고소득자 과세로 확보된 재원으로 모든 세대의 복지 강화

📝 2번 문제 예시답안

<사례>의 세대 간 갈등을 해결할 방안으로, 제시문 (가)는 다수결을, 제시문 (나)는 정의 원칙을, 제시문 (다)는 부의 불평등 해소를 제시하고 있다. 이 중 세대 간의 갈등을 최소화할 수 있는 방안으로 제시문 (나)의 입장이 타당하다.

제시문 (나)는 정의 원칙을 통해 세대 간 갈등을 해결할 수 있다고 한다. 정의란 각자에게 올바른 몫을 주는 것이므로, 사회 구성원 모두는 선행 세대로부터 받아야 할 적정한 몫과 후속 세대를 위해 이행해야 할 몫을 고려해야 한다. 제시문 (나)에 따르면 <사례>의 세대 간 갈등은 고령 세대가 젊은 세대에게 사회복지 부담을 과도하게 지우고 젊은 세대를 위해 이행해야 할 몫을 과소부담하고 있어 발생한다. 선행 세대인 고령 세대가 자신들의 안정된 삶을 위한 국민연금과 건강을 위한 건강보험 강화를 요구한다면, 후속 세대인 젊은 세대는 안정된 삶은커녕 실업의 위협에 시달리는 등 과중한 부담을 지게 된다. 따라서 정의 원칙에 따라 한정된 복지 재원을 먼저 젊은 세대를 위한 교육 투자와 실업 대책에 사용하면 젊은 세대의 소득이 증가하고 이는 세수(稅收) 증대로 이어진다. 이 재원을 고령 세대의 국민연금 및 건강보험 강화에 사용할 수 있다. 이처럼 사회의 저축을 영(零)으로 만드는 정의로운 절차를 적용해 세대 간의 갈등을 최소화할 수 있으므로 제시문 (나)의 방안이 적절하다고 평가할 수 있다.

제시문 (가)는 민주적 의사 결정 방법으로 다수결을 제시한다. 다수결은 자유와 평등을 실현하는 의사 결정 방법이지만 다수결의 전제조건이 만족될 때에만 정당하다. 만약 다수결의 전제조건 중 하나인 다수와 소수의 가변성이 없다면 다수결을 적용할 수 없다. 제시문 (가)에 따르면 <사례>의 세대 간 갈등은 국민투표를 통해 다수결로 해결해야 한다. 그러나 저출산·고령화의 결과로 고령 인구는 지속적으로 늘어나는 반면 젊은 세대는 상대적으로 줄어들 수밖에 없다. 고령 세대와 젊은 세대는 각각 자신들을 위한 정책을 지지할 것이므로, 다수와 소수의 가변성이 만족될 수 없다. 따라서 제시문 (가)의 국민투표 방안은 <사례>의 세대 간 갈등을 해결할 방법으로 적절하지 않다고 평가할 수 있다.

제시문 (다)는 세대 간 갈등을 해소하기 위해 사회 구조적 모순을 타파해야 한다고 한다. 세대 간 갈등의 원인은 저출산·고령화가 아니라 부의 불평등이기 때문에 원인인 부의 불평등 문제를 해결해야 한다. 제시문 (다)에 따르면 <사례>의 세대 갈등은 고소득자에 대한 과세 강화로 해결할 문제이다. 고령 세대나 젊은 세대 모두 경제적 부담능력이 적어 복지 재원이 부족하기 때문에 세대 간 갈등이 발생하였다. 그렇다면 고소득자에 대한 과세로 복지 재원을 늘려, 고령 세대에는 국민연금과 건강보험을 강화하고 젊은 세대에는 교육 투자와 실업 대책을 지원할 수 있다. 그러나 현재 복지 재원이 부족한 상황에서 고소득자에 대한 과세를 시행한다고 하더라도 모든 세대를 지원할 만큼의 복지 재원을 마련할 수 있다고 보기 어렵다. 따라서 제시문 (다)의 고소득자 과세 방안을 통해 세대 간의 갈등을 해소하는 것은 현실적으로 어렵다고 평가할 수 있다.

※ 1538자

기출문제 (2문항/120분)

* 교재 뒷부분에 있는 논술 답안지를 사용하여 답안을 작성해보세요.
  • 논술 경험이 있다면, 실전처럼 답안을 바로 작성한 후 예시답안과 비교하여 완성도를 높이는 데 중점을 두어보세요.
  • 답안 작성이 막막하다면, 문제 뒤의 해설을 먼저 참고한 후 답안을 작성하여 논술 감각을 익히는 데 중점을 두어보세요.

1. <보기>의 쟁점에 대하여 두 규칙을 모두 적용하여 찬성 또는 반대 중 하나의 입장을 밝히시오. 단, 두 규칙을 적용할 때 모두 합하여 3~4개의 자료를 판단 근거로 활용하시오. [자료의 출처를 '자료 ①', '자료 ②'와 같은 방식으로 명시할 것]
(900~1200자, 40점)

─── 〈보기〉 ───

최근 가상현실(Virtual Reality: VR)을 구현하는 상호작용 매체에 대한 규제가 쟁점으로 부각되고 있다. 이는 VR 매체가 긍정적인 면과 부정적인 면을 동시에 갖고 있기 때문이다. VR 매체 활용 산업은 부가가치가 크고, VR 매체가 모의 조종 훈련이나 모의 올림픽 경기 대비 훈련에 매우 유용하다는 점을 고려할 때 관련 산업을 육성할 필요가 있다는 의견이 있다. 한편, 사회 일각에서 청소년을 포함한 VR 매체 이용자의 매체 중독, 현실과 가상의 혼동 등 부작용에 대한 우려도 제기된다.

─── 〈규칙〉 ───

○ 규칙 1: 정부는 폭력이나 위법한 행위를 단순히 옹호하는 표현을 규제할 수 없다. 단, 어떤 표현이 불법적 행동을 즉각적으로 야기할 것을 의도하고, 실제로 그 의도가 실현될 개연성이 있는 경우에는 예외적으로 규제할 수 있다.
○ 규칙 2: 기술적 진보가 표현 매체의 특성에 근본적 변화를 가져오는 경우에는 새로운 매체에 대한 규제가 필요하다.

─── 〈자료〉 ───

① 상호작용 매체를 포함한 다양한 표현 매체의 이용 동기는 사회환경 학습 및 감시 동기, 사회관계 통제 동기, 오락 및 여가 추구 동기, 자기 현시 및 표현 동기 등으로 파악되었는데, 이는 피트만 등이 제시했던 매체에 대한 전통적인 이용 동기, 즉 자아실현 동기, 통제 동기 및 사회적 동기 등과 크게 다르지 않다.

② 기존의 영화나 인쇄 매체의 이용자에 대해서는 물리적 접근을 차단하는 기술로 특정한 매체에 대한 접근을 제한할 수 있다. 그러나 사이버 네트워킹을 통해 폭력적이고 음란한 가상세계를 구현하는 VR 매체에 대한 접근 수단이 다양하여 물리적·기술적으로 완전히 차단하는 것은 매우 어렵거나 비현실적이다.

③ 범죄 원인에 관한 보도에 따르면, 폭력적이고 잔인한 범죄를 저지른 사람 중에는 폭력성이 강한 미디어 콘텐츠를 반복적으로 이용한 경우가 많았다. 특히 VR 매체 콘텐츠 제작자가 제공한 폭력적인 콘텐츠를 청소년과 같은 감수성이 큰 이용자가 사용하는 경우, 폭력적이고 잔인한 행위를 현실화할 가능성이 더욱 커질 것이라고 보도하였다.

④ 상호작용 매체의 영향에 대한 양적인 연구 조사 결과는 VR 매체가 사람에 따라 매우 다른 영향을 미친다는 점을 보여준다. 그런데 그러한 영향에 의해 개인이 더 공격적으로 된다거나 현실과 게임 상황을 혼동하는지에 대해서는 확실한 판단 근거를 제시하지 못한다.

⑤ 인지 기능 향상과 관련한 연구에 따르면 고전적 비디오 게임은 인지 기능에 영향을 주며, 특히 지각 과정에 영향을 준다. 인지심리학자 드류는 61~78세의 노인 13명에게 「Crystal Castles」이라는 게임을 매주 1시간씩 두 달 동안 하게 하고 인지 검사를 시행한 결과, 게임 후 노인들의 인지 기능이 향상되었다고 보고하였다.

⑥ 미디어 연구자 거슨은 VR 매체 게임의 특성을 '완전하게 몰입되는 환상 경험'으로 묘사한다. 이러한 특성은 실시간 상호작용성과 가상공간의 현실감을 극대화하여 실제 상황과 게임의 차이를 분간하지 못하게 하며, 궁극적으로 게임을 하고 있다는 것을 잊고 현실세계와 가상세계의 구분을 불가능하게 한다.

2. <사례>의 A섬 해안 주민이 직면하고 있는 가장 중요한 문제점을 밝히고, 그것이 왜 가장 중요한지 설명한 다음, 문제점을 해결할 수 있는 방안을 <조건>에 맞추어 제시하시오. (1300~1600자, 60점)

───────── 〈조건〉 ─────────

<제시문>의 세 입장을 검토하고 그중 하나의 입장을 중심으로 해결 방안의 타당성에 대해 논증할 것

───────── 〈사례〉 ─────────

A섬의 주민은 해안과 내륙으로 나뉘어 살고 있다. 해안 주민은 어로 활동을 하며, 내륙 주민은 감자를 재배한다. 해안 주민은 어선들을 공동으로 소유하였다. 어선을 이용한 어로 작업에서 얻은 어획물은 동등하게 분배되었지만, 어로 작업에 참여하지 않은 주민에게는 어획물을 분배하지 않았다. 해안 주민은 이런 관행을 통해 경제 생활의 질서를 유지했다.

세월이 지남에 따라 공동 소유 어선은 노후하여 사용할 수 없게 되었고, 그 사이에 내륙 주민과 거래를 통해 부를 축적한 해안 주민은 개별적으로 선박을 제작하였다. 그리하여 해안 주민은 어선 소유자와 어선을 소유하지 않은 자로 계층이 분화되었다. 양자는 일종의 어로 작업조를 구성하여 공동으로 작업하고, 작업을 완료한 후에는 어선 소유자가 주도하여 조원에게 어획물을 분배하였다. 그리고 어로 작업에 참여하지 않은 주민에게는 여전히 어획물을 분배하지 않았다. 그러나 이런 상황이 지속되면서 어선을 소유하지 않은 자들의 생계가 점점 어려워졌다. 이를 안타깝게 생각한 섬의 원로들은 해안 주민 모두가 모이는 회의를 개최하여 이 어려움을 극복하자고 제안하였다. 하지만 어선을 소유하지 않은 자들이 어선 소유자의 눈치를 보게 되어, 회의는 적절한 결론을 내지 못하고 표류하고 있다.

───────── 〈제시문〉 ─────────

(가) 내면적인 입장에서 볼 때 가장 도덕적인 행위는 이타적 동기에서 나온 것이다. 외적인 관찰자는 이기주의에서 선을 찾을지 모른다. 이런 사람은 인간 본성에 비추어 이기주의가 더 자연스러운 것이고 사회에서도 이기주의가 필요하다고 판단할 것이다. 하지만 행위 주체의 입장에서는 이타성이 도덕의 최고 기준이어야 함에 변함이 없다. 왜냐하면 행위 주체만이 사회적으로 승인받은 행위조차 이기심에 의해 얼마나 타락하게 되는지를 잘 알기 때문이다. 다른 한편으로 사회는 이타심보다 정의를 최고의 도덕적 이념으로 삼는다. 사회의 목적은 모든 사람들에게 균등한 기회를 부여하는 것이다. 만일 이런 평등과 정의가 이웃의 권익을 침해하는 사람들의 이기심을 억제함으로써만 달성될 수 있다면 사회는 이기심에 대한 제재를 승인할 수밖에 없다.

(나) 그리스어 이소노미아(isonomia)라는 용어는 법 영역 내에서의 평등을 의미하며, 이는 단순히 조건의 평등이 아니라 공동체를 구성하는 시민들의 평등이었다. 이소노미아가 평등을 보장한 것은 모든 인간이 평등하게 태어나거나 창조되어서가 아니라 도리어 본질적으로 평등하지 않으므로 법(nomos)을 통해 자신들을 평등하게 만들어 주는 인위적인 제도, 즉 폴리스가 필요했기 때문이었다. 평등은 이와 같이 특별한 정치 영역에만 존재했다. 사람들은 이 영역에서 사적 인간이 아니라 공적 시민으로서 서로를 만났다. 폴리스의 이소노미아, 즉 폴리스의 평등은 폴리스의 속성이었지, 사람들의 속성은 아니었다. 당시 사람들은 출생이 아니라 시민권을 통해 평등을 획득했다. 이 평등은 자연이 주거나 스스로 확대된 것이 아니었다. 반대로 관습적이고 인위적인 것, 즉 인간적 노력의 산물이며 인위적 세계의 특성이었다.

(다) 인간은 배척을 무엇보다 두려워한다. 집단 안에서 자기 자리를 확인하고 존재감을 한껏 누릴 때 가장 보편적인 기쁨과 만족을 느낀다. 우리는 도덕적 이상에 따라 타인을 돌보기도 하고 무기를 손에 들기도 한다. 인간은 기본적으로 타인을 모방하는 존재이다. 우리는 늘 교제에 목말라 있고 타인의 욕구에 민감하게 반응한다. 우리가 추구하는 소속감, 지식, 안정감에 대한 최종 답변이 사회가 아니라면, 이처럼 보편적이고 공유된 방식으로 타인들과 어울려 살아가지는 못할 것이다. '내가 옳다고 생각하는 것'이 항상 '나한테 유리한 것'과 동일하지는 않다. 왜냐하면 '내가 옳다고 생각하는 것'은 나에게 중요하고 가까운 이들의 생각을 반영하여 구성될 것이기 때문이다. 법과 질서에 대한 존중은 이런 여러 가지 개인적 경험, 특히 다양한 집단에 참여한 경험에 의해 더 넓은 시각으로 확장된다.

해설 & 예시답안

 1번 문제 해설

① 문제와 규칙 분석

문제 분석	<보기>의 쟁점에 대하여 두 규칙을 모두 적용하여 찬성 또는 반대 중 하나의 입장을 밝히시오. 단, 두 규칙을 적용할 때 모두 합하여 3~4개의 자료를 판단 근거로 활용하시오. [자료의 출처를 '자료 ①', '자료 ②'와 같은 방식으로 명시할 것] (900~1200자, 40점)
	• LEET 논술은 특정능력을 갖춘 학생을 선발하려는 목적으로 시행되는 입학시험 전형요소 중 하나이다. 따라서 수험생은 자신이 쓰고 싶은 것을 써야 하는 것이 아니라 출제자가 제시한 문제의 요구를 지키는 것이 무엇보다도 중요하다. 이 문제의 경우 문제의 요구가 구체적이고 자세하다. 따라서 이 요구사항을 준수하는 것만으로도 답안의 기본 구조를 정확하게 설정할 수 있고 기본 점수 이상을 획득할 수 있다.
	• 문제에서는 크게 3가지를 요구하고 있다. 첫째로 <보기>의 쟁점에 대한 입장을 밝혀야 한다. 둘째로 <규칙>에 제시된 두 규칙을 모두 적용해야 한다. 셋째로 3~4개의 자료를 판단 근거로 활용해야 한다.
규칙 분석	• 규칙 1: 정부는 폭력이나 위법한 행위를 단순히 옹호하는 표현을 규제할 수 없다. 단, 어떤 표현이 불법적 행동을 즉각적으로 야기할 것을 의도하고, 실제로 그 의도가 실현될 개연성이 있는 경우에는 예외적으로 규제할 수 있다. • 규칙 2: 기술적 진보가 표현 매체의 특성에 근본적 변화를 가져오는 경우에는 새로운 매체에 대한 규제가 필요하다.
	• 입장을 선택함에 있어서 위 두 가지 규칙을 모두 적용해야 한다.
	• 먼저, 규칙 1은 규제 찬성을 선택할 경우 두 가지 논리를 동시에 만족시켜야 한다. 어떤 표현이 불법적 행동을 즉각적으로 야기할 것을 의도해야 한다는 논리와 실제로 그 의도가 실현될 개연성이 있다는 논리가 'and' 조건으로 연결되어 있기 때문이다. 규제를 찬성하는 입장에서는, VR 매체가 불법적 행동을 즉각적으로 야기할 것을 의도한다는 점과 VR 매체로 인해 불법적 의도가 실현될 개연성이 있다는 점을 증명해야 한다. 반면 규제를 반대하는 입장을 선택할 경우 한 논리만을 만족시켜도 논리적으로는 문제가 되지 않는다. 그럼에도 불구하고, 문제에서 3~4개의 자료를 판단 근거로 활용하라고 하였으므로 두 논리를 모두 만족시켜야만 문제의 요구를 충족할 수 있다. 규제를 반대하는 입장에서는, VR 매체가 불법적 행동을 즉각적으로 야기할 것을 의도하지 않으며 VR 매체로 인해 불법적 의도가 실현될 개연성이 없다는 점을 증명해야 한다.
	• 둘째로, 규칙 2는 표현 매체의 특성에 근본적 변화를 가져오는 경우이다. 규제를 찬성하는 입장에서는 VR 매체는 기존 표현 매체의 특성과 다른 근본적 변화가 있다는 점을 증명해야 한다. 반면 규제를 반대하는 입장에서는 VR 매체와 기존 표현 매체의 특성에 근본적 변화가 없다는 점을 증명해야 한다.

② 답안의 기본 구조 설정

기본 전체 구조

I. VR 매체에 대한 규제 입장 제시
  1. 규칙 1 적용
    (1) 불법적 행동을 즉각적으로 야기할 것을 의도 유무
      → VR 매체에 적용
    (2) 실제로 의도가 실현될 개연성 유무
      → VR 매체에 적용
  2. 규칙 2 적용
    (1) 표현 매체의 특성에 대한 근본적 변화 유무
      → VR 매체에 적용

문제를 해석했을 때 경우의 수가 있는 문제와 달리, 2017학년도 1번 문제의 경우 문제가 명확해 단 하나의 구조만 도출된다. 따라서 위 구조와 다른 구조로 답안을 작성할 경우 고득점을 기대하기 어렵다.

또한, 이 문제의 경우 VR 매체 규제에 대한 찬성과 반대 입장 중 하나의 입장을 밝히라고 요구하고 있는데, VR 매체에 대한 규제를 찬성하는 입장을 선택해야만 한다. 그 이유는 문제에서 "두 규칙을 적용할 때 모두 합하여 3~4개의 자료를 판단 근거로 활용"하라고 했기 때문이다. 만약 이 문제에서 VR 매체에 대한 규제를 반대하는 입장을 선택할 경우, 두 규칙을 적용할 때 판단 근거로 활용할 수 있는 자료는 '자료 ④'와 '자료 ①' 단 두 개이기 때문에 문제의 요구사항을 지킬 수 없다. 물론 VR 매체에 대한 규제 반대 입장을 선택한 후에 찬성 입장을 지지하는 자료를 반박하는 형식을 취할 수도 있다. 그러나 굳이 어려운 방식을 선택할 필요는 없다. 이로 인해 1번 문제 답안 작성에 과도한 시간을 사용하면 2번 문제 답안 작성까지 방해할 수 있다. 이는 종합점수를 스스로 감점시키는 것이나 다름없어 수험생이 시험장에서 하지 말아야 할 선택이기 때문이다.

③ 자료 분석

자료 번호	VR 매체 규제	내용
①	규제 반대	VR 매체와 기존 표현 매체의 근본적 차이가 없음
②	규제 찬성	VR 매체와 기존 표현 매체의 근본적 차이가 있음
③	규제 찬성	VR 매체로 인해 폭력적이고 잔인한 행위가 현실화될 수 있음
④	규제 반대	VR 매체의 영향은 사람마다 모두 다르게 나타남
⑤	중립	표현 매체의 사용으로 인지 기능을 높일 수 있음
⑥	규제 찬성	VR 매체는 현실세계와 가상세계의 구분을 불가능하게 함

④ 구조 분석과 개요

구분	VR 매체 규제해야 한다.	VR 매체 규제해서는 안 된다.
규칙 1	A. 어떤 표현이 불법적 행동을 즉각적으로 야기할 것을 의도한다. (자료 ③) B. [AND] C. 실제로 그 의도가 실현될 개연성이 있다. (자료 ⑥)	A. 어떤 표현이 불법적 행동을 야기할 것을 의도하지 않는다. (자료 ④) B. [OR] C. 실제로 그 의도가 실현될 개연성이 없다. (자료 ④)
규칙 2	표현 매체의 특성에 근본적 변화가 있다. (자료 ②)	표현 매체의 특성에 근본적 변화가 없다. (자료 ①)

📝 1번 문제 예시답안

VR 매체에 대한 규제는 타당하다. VR 매체는 폭력이나 위법한 행위를 단순히 옹호하는 표현에 불과한 것이 아니며, 기존 매체와 근본적으로 다른 특성을 갖는 새로운 매체이기 때문이다.

VR 매체는 폭력이나 위법한 행위를 야기할 수 있으므로 규제해야 한다. 규칙 1에 의하면, 어떤 표현이 불법적 행동을 즉각적으로 야기할 것을 의도하고, 실제로 그 의도가 실현될 개연성이 있다면 규제할 수 있다고 한다. 첫째로 VR 매체는 불법적 행동을 야기할 수 있다. '자료 ③'에 따르면 폭력적 범죄를 저지른 사람 중에 폭력성이 강한 미디어 콘텐츠를 반복적으로 이용한 경우가 많았다. 따라서 청소년 등이 VR 매체를 사용하여 폭력적 콘텐츠를 지속적으로 이용하는 경우 폭력이나 위법한 행위를 야기할 수 있다. 둘째로 VR 매체로 폭력적 범죄의 의도가 실현될 개연성을 갖고 있다. '자료 ⑥'에 따르면 VR 매체는 가상공간의 현실감을 극대화하는 효과가 있어 현실세계와 가상세계의 구별을 불가능하게 한다. 따라서 폭력적 콘텐츠를 VR 매체를 통해 이용하는 자는 자신의 행위가 가상세계에서 이루어지고 있는지 혹은 현실세계에서 이루어지고 있는지 구별할 수 없다. 따라서 폭력적 행위의 의도가 현실세계에서 실현될 개연성이 충분하다.

VR 매체는 기존 매체와 근본적으로 다른 특성을 갖는 새로운 매체이므로 규제해야 한다. 규칙 2에 의하면, 기술적 진보가 표현 매체의 특성에 근본적 변화를 가져오는 경우 새로운 매체에 대한 규제가 허용된다. VR 매체는 기존의 표현 매체와 근본적으로 다른 특성을 갖고 있다. '자료 ②'에 따르면 기존의 영화나 인쇄 매체의 이용자에 대해서는 물리적 접근을 차단할 수 있는 반면 VR 매체는 사이버 네트워킹을 통해 접근하기 때문에 물리적, 기술적으로 차단 자체가 불가능하다. 이처럼 VR 매체는 기존의 표현 매체와 달리 접근에 대한 제한이 불가능하다는 특성이 있으므로 규제해야 한다.

※ 947자

2번 문제 해설

① 문제와 조건 분석

> • **문제:** <사례>의 A섬 해안 주민이 직면하고 있는 가장 중요한 문제점을 밝히고, 그것이 왜 가장 중요한지 설명한 다음, 문제점을
> 해결할 수 있는 방안을 <조건>에 맞추어 제시하시오. (1300~1600자, 60점)
> • **조건:** <제시문>의 세 입장을 검토하고 그중 하나의 입장을 중심으로 해결 방안의 타당성에 대해 논증할 것

수험생이 반드시 지켜야 할 사항은 크게 3가지로 압축할 수 있다. 먼저, <사례>의 A섬 해안 주민이 직면하고 있는 가장 중요한 문제점을 밝혀야 한다. 그리고 그것이 왜 가장 중요한지 설명해야 한다. 둘째, <조건>에 따라 제시문의 세 입장에 따른 문제 해결 방안을 검토해야 한다. 셋째, 제시문 중 하나의 입장을 선택하여 자신이 선택한 입장에 따른 해결 방안이 왜 타당한지 논증해야 한다.

② 답안의 기본 구조 설정

기본 전체 구조 1	기본 전체 구조 2
I. A섬 해안 주민이 직면한 가장 중요한 문제점 　1. 가장 중요한 문제점 제시 　2. 왜 중요한지 설명 II. <제시문>의 세 입장에 따른 해결 방안 검토 　1. (가)에 따른 해결 방안 　2. (나)에 따른 해결 방안 　3. (다)에 따른 해결 방안 III. 입장 선택 → <사례> 적용 　1. 자신의 입장 선택 　2. <사례>에 적용하여 문제 해결 과정 논증	I. A섬 해안 주민이 직면한 가장 중요한 문제점 　1. 가장 중요한 문제점 제시 　2. 왜 중요한지 설명 II. 제시문 (가)에 따른 해결 방안 　1. (가)의 논리 제시 　2. 논리를 <사례>에 적용, 해결 방안 제시 III. 제시문 (나)에 따른 해결 방안 　1. (나)의 논리 제시 　2. 논리를 <사례>에 적용, 해결 방안 제시 IV. 제시문 (다)에 따른 해결 방안 　1. (다)의 논리 제시 　2. 논리를 <사례>에 적용, 해결 방안 제시 V. 입장 선택 → <사례> 적용 　1. 자신의 입장 선택 　2. <사례>에 적용하여 문제 해결 과정 논증

문제를 볼 때 다른 경우의 수는 없으므로, 위 구조와 다른 구조로 답안을 작성할 경우 고득점을 기대하기 어렵다. 개인적 판단으로는, 두 구조 모두 가능하나 수험효율성을 판단할 때 '구조 2'가 한정된 시험시간 내에 점수를 획득하기에 적절하다. '구조 2'가 점수 획득에 더 적절한 이유는 수험생이 시험시간 내에 해야 할 일을 줄여주기 때문이다. '구조 1'의 경우 해결 방안 검토와 비교를 할 때 3가지 입장이 모두 섞일 수밖에 없어서 표현력을 발휘해야 한다. 그러나 '구조 2'를 선택하면 이미 문단이 별도로 구분되기 때문에 표현력이 부족하더라도 3가지 논리가 명확하게 드러나게 된다. 따라서 '구조 1'을 선택해서 한정된 시험시간 내에 최고의 표현력이 나오기를 기대하는 것보다는, '구조 2'를 선택해 문제의 요구사항이 문단으로 구분되어 채점자가 명확하게 이를 파악해서 각각의 점수를 줄 것을 기대하는 것이 더 좋은 판단이라 할 수 있다.

③ 사례 분석

<사례>의 상황은, A섬 해안 주민들이 공동으로 소유하던 어선이 노후화되어 사용할 수 없게 되면서 어선을 소유한 자와 그렇지 않은 자 사이에 갈등이 발생하고 있는 상황이다. 이 갈등으로 인한 가장 큰 문제는 무엇보다도 어선을 소유하지 않은 자들의 생계가 점점 어려워지고 있다는 점이다. 이는 결국 어선을 소유하지 않은 주민들의 생계 자체를 위협하여 공동체를 붕괴시킬 수 있다.

④ 제시문 분석

제시문 (가) 분석	• 사회는 정의를 최고의 도덕적 이념으로 삼는다. 사회는 개인에게 균등한 기회를 부여하고 개인은 그 기회를 통해 자신의 노력 여부에 따라 자신의 몫을 인정받는 것이 정의로운 것이다. 만약 많은 이들이 개인의 정당한 노력의 결과인 소유물을 침해하려 한다면 이는 개인이 스스로 노력하지 않고서 자신의 몫을 인정받으려 하는 것으로 부정의하다. • 이는 자유주의적 입장으로서 내면적 동기를 중요하게 생각하고 균등한 기회를 부여해야 한다고 주장하는 측면에서 이를 확인할 수 있다. 이타심은 좋은 가치이기는 하나 개인이 스스로 자신의 내면에서 이를 자유롭게 원하고 선택했을 때 실현해야 한다. 만약 타인에게 이타적 행동을 할 것을 강요한다면 오히려 이는 이기심을 드러낸 것이다. 따라서 이와 같은 타인에 대한 강요를 막는 것이 개인의 자유를 보호하는 것으로 정의롭다.
제시문 (나) 분석	• 평등은 공동체가 법을 통해 실현하는 것이다. 시민은 공동체를 구성하여 공동선을 실현하려 한다. 공동체의 법은 공동선을 실현하기 위해 시민들이 제정한 것이다. • 이는 공화주의, 현대적 공동체주의 입장으로서 공동선의 실현을 중요한 가치로 여긴다. 공동선은 공동체가 마땅히 실현해야 할 가치로서 공동체 구성원들이 자발적 논의를 통해 도출해낸 것이다. 대표적인 학자로는 아리스토텔레스와 루소, 마이클 샌델이 있으며, 샌델은 공동선의 실현에 있어서 공동체 구성원들이 연대성을 발휘해야 한다고 주장한다.
제시문 (다) 분석	• 사회의 유지와 존속은 그 무엇보다도 중요한 가치이며, 이는 보편적이고 공유된 것이다. 만약 개인의 행위가 보편적인 사회적 가치를 훼손한다면, 이는 사회의 유지와 존속을 저해한 것으로 마땅히 제재해야 한다. • 이는 전통적 공동체주의 입장이며, 사회가 보편적으로 추구해야 할 사회적 가치의 실현을 위해 개인의 자유를 제한할 수 있다고 한다. 전통적 공동체주의는 자칫 전체주의로 변화할 가능성이 크다는 문제점이 있다. 보편적인 사회적 가치는 사회 구성원의 생각과는 관계없이 언제나 옳은 것이며, 이를 실현하려는 철인왕과 같은 엘리트 혹은 권력자에게 보편적인 사회적 가치의 해석이 전적으로 맡겨져 사회 구성원 전체를 구속할 수 있기 때문이다.

⑤ 구조 분석과 개요

1문단   **<사례> A섬 해안 주민이 직면한 문제**

• 가장 중요한 문제점 제시
• 왜 가장 중요한지 설명

2문단   **(가) 입장**

• (가) 개인에게 균등한 기회를 주고, 노력의 결과를 보장해야 함
• <사례> 개인이 한 작업량만큼 분배하면 노력할 유인이 커져서 문제가 해결됨

3문단   **(나) 입장**

• (나) 공동체 구성원이 평등이라는 공공선을 실현해야 함
• <사례> 생존에 필요한 만큼은 모두에게 배분하고, 그 이상은 작업량만큼 배분함

4문단   **(다) 입장**

• (다) 사회는 보편적 가치를 실현해야 함
• <사례> 보편적 가치를 알고 있는 섬의 원로가 적정량을 결정해 배분함

5문단   **(나) 선택: 공동체 보호 + 개인의 자유 보호**

• (나) 입장에 따라 '가장 중요한 문제점' 해결 가능
• (가)와 (다) 입장에 따를 경우 문제 해결 불가

2번 문제 예시답안

<사례>의 A섬 해안 주민이 직면하고 있는 가장 중요한 문제점은 어선을 소유하지 않은 자들의 생계가 어려워지고 있다는 점이다. 이 문제점이 점차 심각해진다면 어선을 소유하지 않은 자들의 생계 자체가 위협받을 수 있다. 어선을 소유하지 않은 자들의 생계 위협은 개인의 생존권의 문제일 뿐만 아니라 극심한 사회불평등으로 이어져 장래 공동체의 유지·존속을 위협할 수 있다.

(가)는 사회는 정의를 실현하기 위해 개인에게 균등한 기회를 부여해야 한다고 한다. 이에 의하면 평등을 실현하고자 개인의 권익을 침해하는 이기심을 억제하는 것이 정의롭다. (가)에 따르면 <사례>의 문제점은 어로 작업에 기여한 만큼 어획물을 분배하여 해결할 수 있다. 현재의 문제는, 어선을 소유하지 않은 자들이 어로 작업에 기여한 만큼 정당한 몫이 배분되지 않아 발생한 것이다. 어로 작업에 기여한 만큼 분배하면 자신의 몫을 정당하게 받고자 작업 참가자 개인들이 노력할 것이므로 어획량 자체도 늘어날 것이고 개인의 몫도 늘어나 생계 문제가 해결될 수 있다.

(나)는 공동체는 시민의 평등이라는 공동선을 실현해야 한다고 한다. 모든 인간은 평등하게 태어나지 않기 때문에 공동체는 연대성을 발휘하여 누구나 공동체 구성원으로서 평등하게 대우받을 수 있도록 해야 한다. (나)에 따르면 <사례>의 문제점은 생존에 필요한 최소한의 어획물을 해안 주민 모두에게 배분한 후, 개인의 작업 기여분을 배분하여 해결할 수 있다. A섬 해안 주민들은 연대성을 발휘하여 어선을 소유하지 않은 자들의 생계 위협 문제를 해결할 수 있다.

(다)는 공동체의 유지와 존속을 위해 보편적인 사회 가치를 실현할 수 있다고 한다. 이에 의하면 보편적인 사회 가치를 실현해 사회를 유지·존속하기 위해 개인의 자유를 제한할 수 있다. (다)에 따르면 <사례>의 문제점은 A섬 원로들의 명령에 따라 어획물을 분배하여 해결할 수 있다. 어선을 소유하지 않은 자는 어선 소유자의 눈치를 볼 수밖에 없고, 어선 소유자는 자신의 이익을 포기하지 않을 가능성이 높다. 그렇다면 공동체의 유지와 존속이라는 보편적 가치가 훼손되어 공동체가 붕괴될 것이다. 따라서 보편적인 사회 가치 훼손을 인식한 A섬의 원로들이 어획량 배분을 적절하게 결정하여 생계 문제를 해결할 수 있다.

(나)의 입장에 따라 문제를 해결함이 타당하다. 공동체의 가치를 실현할 수 있을 뿐만 아니라 개인의 노력을 일정부분 보호할 수 있기 때문이다. (가)의 입장에 따른다면 개인의 노력을 인정할 수는 있으나 어선을 소유하지 않은 자들의 생계 문제가 심각해져 극단적인 사회불평등이 발생할 것이다. 그러나 (다)의 입장처럼 개인의 자유와 노력을 인정하지 않는다면 개인은 노력할 유인을 잃어 전체 어획량이 줄어들고 사회 활력이 사라져 사회 전체의 생존과 발전을 보장할 수 없다. 따라서 (나)의 입장에 따라 공동체 구성원이 연대성을 발휘하여 공동선을 실현한다면 어선을 소유하지 않은 자들의 생계 문제를 해결할 수 있다.

※ 1457자

기출문제 (2문항/120분)

＊ 교재 뒷부분에 있는 논술 답안지를 사용하여 답안을 작성해보세요.
  • 논술 경험이 있다면, 실전처럼 답안을 바로 작성한 후 예시답안과 비교하여 완성도를 높이는 데 중점을 두어보세요.
  • 답안 작성이 막막하다면, 문제 뒤의 해설을 먼저 참고한 후 답안을 작성하여 논술 감각을 익히는 데 중점을 두어보세요.

1. 다음 <제시문>을 읽고 C의 입장에서 A, B 두 입장을 모두 반박하는 글을 작성하시오. 이 때, 두 입장이 <보기>의 두 논제에 관하여 각각 어떤 주장을 제시할지 밝히고 이를 비판하는 순서로 작성하시오. (900~1200자, 40점)

───────── 〈제시문〉 ─────────

현재의 애국가는 1936년 안익태가 작곡하였다. 가사는 윤치호가 지었다는 설이 있으나, '애국가작사자 조사위원회'는 1955년 작사자 미상으로 결론지었다. 안익태에게 작곡자로서의 음악 저작권이 있는 애국가는 1948년 대한민국 정부 수립 이후 국가로 사용되었는데, 1965년 안익태가 스페인에서 사망한 이후로는 그곳에 남아 있는 유족들이 저작권을 보유하게 되었다. 유족들은 한국음악저작권협회에 애국가에 대한 저작권 관리를 위탁하였고, 이 협회를 통해 저작권료를 지급받고 있었다. 그러나 대부분의 국민들은 안익태가 애국가를 작곡했다는 것은 알고 있어도 애국가가 저작권의 대상이라는 것과 안익태의 유족들에게 저작권료를 지급하고 있다는 사실은 잘 알지 못하고 있었다. 2003년 한국음악저작권협회가 저작권료를 지불하지 않고 경기장에서 애국가를 연주하였다는 이유로 국내 축구 구단들을 고소하면서 애국가의 저작권 문제가 비로소 세상에 알려지게 되었다. 당시의 국내 법령에 의하면 저작재산권 보호 기간은 저작자가 사망한 후 50년까지였고, 따라서 2015년까지는 유족에게 저작권이 보장된 상태였다. 그러나 2002년 한·일 월드컵을 경험한 국민들은 온 국민이 사랑하고 공식적인 행사에서 제창하는 애국가에 과연 저작권을 인정해야 하는지에 대해 진지하게 고민하기 시작하였고, 일각에서는 국가를 바꾸어야 한다는 극단적인 주장까지 제기하였다. 이 문제는 안익태의 유족들이 애국가의 저작권을 대한민국과 국민에게 무상 기증하는 것으로 일단락되었다.

그러나 당시 이 문제와 관련하여 원칙적인 해법을 모색해야 한다는 주장도 강하게 대두되었다. 애국가와 같이 공공의 사용이 중요한 저작물에 관해 개인에게 저작권을 인정하는 것이 정당한지에 대해서는 다음 세 입장이 제기될 수 있다. 첫째, 저작물의 성격을 불문하고 저작권을 제한 없이 인정해야 한다는 입장(A 입장), 둘째, 저작물의 성격과 관계없이 아예 저작권 자체를 부정하는 입장(B 입장), 셋째, 수용 및 보상을 통해 저작권 문제를 해결해야 한다는 입장(C 입장)이다.

───────── 〈보기〉 ─────────

○ 논제 1: 창작자의 노고를 어떻게 인정할 것인가?
○ 논제 2: 문화의 향상 발전에 어떻게 기여할 것인가?

2. <제시문> (가), (나), (다) 각각의 입장에서 <보기>의 개선안 중 어느 것을 가장 선호할지 설명하고, <제시문> 중 어느 입장이 <사례>의 문제를 해결하는 데 적절할지 다른 입장들과 비교를 통하여 논술하시오. (1300~1600자, 60점)

A국 공공기관은 채용 시험을 통해 성적순으로 합격자를 선발하며, 대체로 매년 응시자의 3%만이 합격한다. 채용 시험의 합격은 직업적·경제적 안정을 보장하므로, 능력과 노력에 따른 합당한 보상으로 여겨졌다. 그런데 최근 10년간 응시자들의 사회적 배경, 즉 부모의 직업·수입·학력과 당사자의 출신 지역 등을 계량화하여 분석·비교한 연구 결과가 발표되었다. 이에 따르면 대다수 합격자의 '사회적 배경 지수'가 불합격자의 평균적인 사회적 배경 지수를 훨씬 상회하였고, 또 이러한 격차는 계속 확대되어 왔다. 그 때문에 이런 채용 방식에 대한 부정적 여론이 들끓게 되자, A국 정부는 '공정사회 구현을 위한 공공 기관 채용 제도 개선안'을 모색하는 공청회를 열었다. 공청회에서는 <보기>의 안들이 제시되었다.

───────────── 〈보기〉 ─────────────

[1안] 모집 인원 전체를 채용 시험 성적순으로 채용하되, 사회적 하위 계층*의 지원자에게 사회적 격차를 보정할 수 있는 수준의 가산점을 부여한다.

[2안] 모집 인원의 80%는 채용 시험 성적순으로 채용하고, 나머지 20%는 채용 시험 성적, 최종 학력, 학교 성적, 봉사 실적, 자기소개서 등을 종합 고려한 심사를 통하여 채용한다.

[3안] 모집 인원의 80%는 채용 시험 성적순으로 채용하고, 나머지 20%는 사회적 하위 계층 지원자 중 최소한의 직무 수행 기본능력을 고려하고 봉사활동 경력 등에 나타나는 공공적 지향과 태도를 평가하여 선발한다.

* 사회적 하위 계층 = 사회적 배경 지수 하위 30% 이내

───────────── 〈제시문〉 ─────────────

(가) 아무런 사회적 규제가 없는 자연 경쟁 체제에서, 사회의 분배 제도는 재능 있는 사람은 누구나 출세할 수 있다는 관념에 의해 규제될 것이다. 여기서 최초의 자산 분배는 자연적·사회적 우연에 의해 강력한 영향을 받게 된다. 그리고 현재의 소득과 부의 분배는 타고난 자산, 곧 자질과 능력의 선행적 분배의 효과가 누적된 결과다. 다시 말해 타고난 자산의 선행적 분배가 사람들에게 일정 기간 동안 어떻게 유리하게 또는 불리하게 사용되었는가에 따른 결과다. 이런 경쟁 체제가 정의롭지 못하다는 것은 직관적으로 명백하다. 무엇보다도 그 체제에서는 도덕적 관점에서 아무런 본질적 중요성을 갖지 않는 요인들 때문에 배분의 몫이 부당하게 좌우된다.

그렇기 때문에 어떤 사람들은 재능이 있으면 출세할 수 있다는 요구 조건에 실질적 기회 균등이라는 조건을 부가함으로써 이러한 부정의를 시정하자고 한다. 직위는 단지 형식적 의미에서만 개방되어서는 안 되고 모든 사람이 그것을 획득할 수 있는 실질적 기회를 가져야만 한다는 것이다. 다시 말해 유사한 능력과 재능을 가진 사람들은 유사한 삶의 전망을 가져야 한다.

그러나 이런 실질적 기회 균등의 체제는 사회 속에서 우연적 요인의 작용을 줄이는 장점은 있어도 여전히 천부적인 재능과 능력에 따라 부나 소득의 분배가 결정되도록 내버려 둔다는 단점이 있다. 그래서 이러한 체제도 도덕적 관점에서 마찬가지로 정당화되기 어렵다. 소득과 부의 분배가 역사적·사회적 행운에 의하여 이루어지는 것을 허용할 이유가 없는 것과 마찬가지로, 그 분배가 천부적 자산에 따라 이루어지는 것을 용인할 이유도 없다. 천부적 재능의 불평등도 부당하며, 이러한 불평등 역시 어떤 식으로든 교정되어야 한다. 그래서 사회는 더 불리한 사회적 지위를 갖고 태어난 사람은 물론 천부적 자질을 더 적게 가진 사람에게도 마땅히 더 많은 관심을 가져야 한다.

(나) 순자(荀子)는 말했다. "대체로 양편이 모두 귀한 사람이면 서로 섬길 수가 없고, 양편이 모두 천하면 서로 부릴 수가 없는데, 이것은 하늘의 섭리이다. 세력과 지위가 같으면서 바라는 것과 싫어하는 것도 같으면, 물건이 충분할 수가 없을 것이므로 반드시 다투게 된다. 다투면 반드시 어지러워지고, 어지러워지면 반드시 궁해질 것이다. 옛 임금들은 그러한 혼란을 싫어했기 때문에 예(禮)의 제도로써 이들을 구별해 주어, 가난하고 부하며, 귀하고 천한 등급이 있게 하여 서로 아울러 다스리기 편하게 하였다. 이것이 천하의 백성들을 기르는 근본이 되는 것이다." 그는 또 말했다. "덕이 있고 없음

을 검토하여 서열을 결정하고, 능력을 헤아려 벼슬을 주어 모든 사람들로 하여금 그의 할 일을 수행하며 각각 모두가 그의 합당한 자리를 차지하게 하는 것, 이것이 사람들을 잘 등용하는 것이다."

불평등의 긍정적 측면에 대한 순자의 이런 통찰은 오늘날의 민주주의 사회에서도 유효하다. 우리는 어떤 불평등은 도덕적으로 정당할 뿐만 아니라 또한 좋은 사회를 위해 중요한 역할을 수행한다는 점을 인식해야만 한다. 어떤 사회 체제에서든 '성층화(成層化)'는 불가피하다. 불평등(성층화)은 꼭 필요하지만 꺼리는 직업을 사람들이 수행하도록 하며 선호하는 직업에서도 더 열심히 일하도록 자극한다. 더 나아가 부의 불평등은 사람들이 경제적으로 더 나은 상태에 도달하기 위해 노력하도록 자극을 준다. 다시 말해 다른 사람들보다 더 잘살고 싶도록, 또는 자신이 느끼는 결핍 상태를 극복하도록 동기를 부여한다. 이런 불평등을 인위적으로 완화하려 하면, 사회는 활력을 잃고 혼란에 빠지고 말 것이다.

정의에 대한 상식적 관념에 비추어 보더라도 사람들이 누려야 할 응분의 몫은 다를 수밖에 없다. 특히 능력은 그 응분의 몫을 결정할 수 있는 가장 중요한 잣대다. 평등이 추구할 만한 좋은 가치이기는 하지만, 어떤 불평등은 불가피하고 정당하며 사회 전체에 대해 이롭다.

(다) 바람직한 민주주의 사회는 두 가지 원칙의 지배를 받아야 한다. 첫째, 인간은 성공적인 삶을 살기 원하며, 이런 지향은 누구에게나 똑같이 중요한 것으로 여겨져야 한다는 원칙이다. 둘째, 각자의 삶의 성공 여부에 대해서는 궁극적으로 오직 그 삶의 주인만이 책임을 져야 한다는 원칙이다.

첫 번째 원칙은 인간이 모든 점에서 동일하다거나 평등하다고 주장하지는 않는다. 여기서의 평등은 사람의 속성에 관한 것이 아니라 누구든 삶을 낭비하지 않고 가치 있게 살 수 있어야 한다는 의미다. 이 원칙에 따르면 시민에게 법에 충성하고 복종할 것을 요구하는 정치 공동체는 그들 모두에 대해서 공평한 태도를 취해야 한다. 정부는 시민이라는 점 이외의 다른 속성들, 예를 들어 경제적 배경, 성, 인종, 특별한 재능이나 장애 등에 의해 시민들의 운명이 가급적 좌우되지 않도록 법과 정책을 채택하여 그런 요인들에 따른 사회적 불평등을 가능한 한 최대한으로 교정해야 한다.

두 번째 원칙은 형이상학적이거나 사회학적인 것으로 이해하면 안 된다. 각자의 삶을 선택한 데에는 다양한 이유들이 있을 수 있다. 심리학적이거나 생물학적인 이유가 있을 수도 있으며, 더불어 문화나 교육이나 물질적 여건도 영향을 끼쳤을 수 있다. 그러나 자원과 문화에 의해 허용된 선택의 범위가 어떻든지 자기가 어떤 삶을 살지 스스로 선택하는 한, 그 선택에 대한 책임도 스스로 져야 한다는 것이 이 원칙의 핵심이다. 예를 들어 소비하기보다는 투자하기로 선택한 사람들이나 여가를 즐기기보다는 자기 계발을 위해 노력한 사람들은 이런 결정에서 나름의 이득을 누리는 것이 허용되어야 하고, 그 반대의 경우도 마찬가지다.

우리는 명백히 상반되는 이 두 원칙을 조화할 수 있는 길을 찾아야 한다. 사회적 불평등의 교정이라는 목적을 좇느라 개인적 책임의 중요성을 간과해서도 안 되지만, 개인의 포부를 이루기 위한 노력을 보상한다고 그에 따른 불평등이 지나치게 커지도록 내버려 두어서도 안 된다.

해설 & 예시답안

 1번 문제 해설

① 문제와 보기 분석

> • **문제:** 다음 <제시문>을 읽고 C의 입장에서 A, B 두 입장을 모두 반박하는 글을 작성하시오. 이 때, 두 입장이 <보기>의 두 논제
> 에 관하여 각각 어떤 주장을 제시할지 밝히고 이를 비판하는 순서로 작성하시오. (900~1200자, 40점)
>
> • **보기** – 논제 1: 창작자의 노고를 어떻게 인정할 것인가?
>   – 논제 2: 문화의 향상 발전에 어떻게 기여할 것인가?

LEET 논술은 특정능력을 갖춘 학생을 선발하려는 목적으로 시행되는 입학시험 전형요소 중 하나이다. 따라서 수험생은 자신이 쓰고 싶은 것을 써야 하는 것이 아니라 출제자가 제시한 문제의 요구를 지키는 것이 무엇보다도 중요하다. 이 문제의 경우 문제의 요구가 구체적이고 자세하다. 따라서 이 요구사항을 준수하는 것만으로도 답안의 기본 구조를 정확하게 설정할 수 있고 기본 점수 이상을 획득할 수 있다.

문제에서 크게 3가지를 요구하고 있다. 먼저, C의 입장에서 A, B 두 입장을 모두 반박할 것을 요구한다. 둘째로, 두 가지 논제에 대한 A와 B 두 입장에 따른 주장을 밝힌 후 비판할 것을 요구한다. 셋째로, 문제에서 정해준 순서를 지킬 것을 요구하고 있다.

② 답안의 기본 구조 설정

기본 전체 구조 1	기본 전체 구조 2

I. A 입장에 대한 비판
  1. [A 입장 → 논제 1] 비판
    (1) [A 입장 → 논제 1] 주장 제시(P → Q)
    (2) 반박(P → ~Q)
  2. [A 입장 → 논제 2] 비판
    (1) [A 입장 → 논제 2] 주장 제시(R → S)
    (2) 반박(R → ~S)
 	
II. B 입장에 대한 비판
  1. [B 입장 → 논제 1] 비판
    (1) [B 입장 → 논제 1] 주장 제시(T → U)
    (2) 반박(T → ~U)
  2. [B 입장 → 논제 2] 비판
    (1) [B 입장 → 논제 2] 주장 제시(X → Y)
    (2) 반박(X → ~Y)
	I. 논제 1에 대한 비판
	  1. [A 입장 → 논제 1] 비판
	    (1) [A 입장 → 논제 1] 주장 제시(P → Q)
	    (2) 반박(P → ~Q)
	  2. [B 입장 → 논제 1] 비판
	    (1) [B 입장 → 논제 1] 주장 제시(T → U)
	    (2) 반박(T → ~U)
	
	II. 논제 2에 대한 비판
	  1. [A 입장 → 논제 2] 비판
	    (1) [A 입장 → 논제 2] 주장 제시(R → S)
	    (2) 반박(R → ~S)
	  2. [B 입장 → 논제 2] 비판
	    (1) [B 입장 → 논제 2] 주장 제시(X → Y)
	    (2) 반박(X → ~Y)

문제를 볼 때 다른 경우의 수는 없으므로, 위 구조와 다른 구조로 답안을 작성할 경우 고득점을 기대할 수 없다. 그리고 '구조 1'과 '구조 2' 중 어느 것을 선택해도 무방하나, 문제에서 "두 입장이 <보기>의 두 논제에 관하여 각각 어떤 주장을 제시할지 밝히고"라고 했으므로, 입장을 중시하여 논제에 대해 비판하는 형태를 취하는 '구조 1'이 고득점에 유리하다.

③ 제시문 분석

제시문은 애국가와 같이 공공의 사용이 중요한 저작물에 관해 개인에게 저작권을 인정하는 것이 정당한지에 대해 3가지 입장을 제시하고 있다. 그렇다면 개인의 저작권 인정에 대한 정당성의 논쟁에서 중요한 논점은 개인의 창작의욕과 사회적 가치 실현 간의 균형이 된다.

A 입장은 저작물의 성격을 불문하고 저작권을 제한 없이 인정해야 한다는 입장이다. 저작물은 창작자 개인의 노력에 의해 창작되는 것이므로, 저작물이 사회 공공적으로 사용되는 성격이 있다고 하더라도 이와 관계없이 창작의 노력을 기울인 창작자에게 저작물의 사용에 대한 권리가 전적으로 부여되어야 한다. 만약 창작자에게 저작권을 인정하지 않는다면 창작자는 창작 노력을 기울일 유인이 사라져 창작의욕이 저하되고 저작물은 창작되지 않을 것이다. A 입장에 따르면, 창작자 개인의 창작의욕을 고취하여 다양한 창작물이 지속적으로 창작되도록 하기 위해 저작권을 인정해야 한다.

B 입장은 저작물의 성격과 관계없이 아예 저작권 자체를 부정해야 한다는 입장이다. 사회 구성원 중 하나인 창작자는 사회로부터 교육받고 영감을 받아 저작물을 창작한다. 창작자가 사회로부터 생존을 안정적으로 보장받고 교육받는 등으로 사회의 도움을 받지 못한다면, 창작자 개인은 저작물의 창작은커녕 생존조차 불가능할 것이다. 더군다나 저작물의 많은 부분은 창작자 개인의 순수한 창조물이 아니라 인류 공동의 자산에 기반을 둔 것이다. 예를 들어, 루소의 <사회계약론>은 인류의 공동자산인 언어와 문자, 논리체계, 철학사상 등에 기반을 두어 루소가 사회 구성원으로서 가진 자신의 생각을 부가한 것이다. 루소가 인류 공동의 자산에 기반을 두지 않고 <사회계약론>을 쓰려면, 알파벳을 만들어내고 프랑스어 체계를 만든 후 삼단논법 등을 모두 생각해내고 자연 상태의 개인과 같은 국가론의 전제 등을 모두 직접 만들어야 한다. 이러한 전제가 충족되지 않으면 루소의 <사회계약론>은 시작될 수도 없다. 이처럼 특정인의 창작물은 그 이전의 인류가 만들어낸 창작물에 빚지고 있으므로 창작물의 모든 것이 그 자신의 몫이라 할 수 없다. 따라서 B 입장에 따르면, 사회 구성원 모두가 저작물을 사용하도록 하여 인류 공동의 자산을 확대할 수 있도록 저작권 자체를 부정하여야 한다.

C 입장은 수용 및 보상을 통해 저작권 문제를 해결해야 한다는 입장이다. 저작권에 대한 수용 및 보상을 통해 저작권자의 노고를 보상하여 창작자 개인의 창작의욕을 고취할 수 있다. 따라서 A 입장을 만족시킨다. 또한 수용 및 보상을 통해 저작권을 사회가 보유하여 사회 구성원 모두가 저작물을 자유롭게 이용할 수 있도록 하여 문화의 향상 발전에 기여할 수 있다. 따라서 B 입장 또한 만족시킨다.

④ 지적 재산권의 이해

　　지적 재산권은 창작자 개인의 자유로운 노력을 보호함으로써 새로운 지식의 창출을 유도한다. 그러나 한편으로는 인류 공동의 자산이 늘어날 수 있도록 장려하는 역할 또한 해야 한다. 이러한 균형을 달성하기 위해 현재의 지적 재산권 체계가 설계되었다.

　　먼저, 지적 재산권은 포괄적으로 보호하지 않는다. 예를 들어 엔진, 즉 폭발력을 회전력으로 전환시키는 내연기관 자체를 지적 재산권으로 보호하지 않는다. 엔진의 구동방법을 지적 재산권으로 보호한다. 하나의 엔진 구동방법이 지적 재산권으로 인정받으면, 다른 방법을 새롭게 생각해내어야 한다. 따라서 다양한 엔진 구동방법이 결과적으로 나타나게 된다.

　　둘째로, 대상과 기간을 한정하여 지적 재산권을 보호한다. 자연적 사실을 알아낸 것과 같은 발견은 지적 재산권의 보호 대상 자체가 되지 않는다. 특정 유전자가 암을 유발한다는 사실은 발견에 해당하므로 지적 재산권의 대상이 되지 않는다. 단, 특정 유전자를 억제하는 방법 등을 통해 암을 치료하는 것은 지적 재산권이 될 수 있고 특정기간 내에 보호된다. 일정한 보호 기간이 넘게 되면 인류 모두가 사용할 수 있는 인류 공동의 자산으로 편입된다. 이처럼 대상과 기간을 한정하여 지적 재산권을 보호함으로써 새로운 창작물이 나오도록 창작자의 창작의욕을 고취시키는 한편, 인류 공동의 자산이 늘어날 수 있도록 하여 사회가 발전할 수 있도록 균형을 도모하고 있다. 아래 그림은 이를 도식화한 것이다.

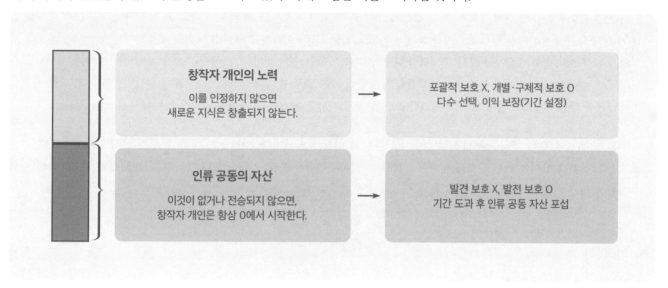

⑤ 구조 분석과 개요

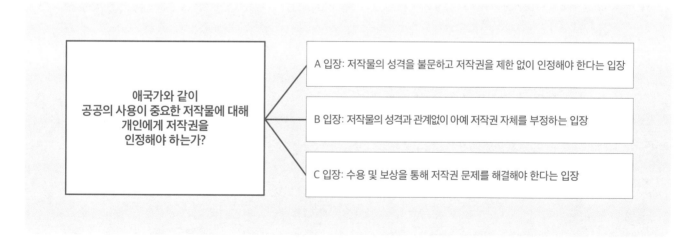

애국가와 같이 공공의 사용이 중요한 저작물은 수용 및 보상을 통해 저작권 문제를 해결해야 한다. C 입장과 같이 저작권을 수용 및 보상한다면, A 입장의 문제점인 문화의 향상 발전에 기여할 수 있을 뿐만 아니라 B 입장의 문제점인 저작권자의 노고를 인정할 수 있기 때문이다.

A 입장은 저작권을 제한 없이 인정해야 한다고 주장한다. 이 입장에 따르면 창작자의 노고를 온전히 보상할 수 있고 창작자들의 의욕이 높아져 다양한 저작물이 창작될 수 있기 때문에 문화의 향상 발전에 기여할 수 있다. 그러나 창작자의 저작권을 제한 없이 인정한다면 창작자의 노고를 온전히 인정하고 보상할 수는 있으나, 공공의 사용이 크게 제한된다는 점에서 타당하지 않다. A 입장에 따르면, 저작권자가 저작물의 사용을 허락하지 않거나 저작물 사용료를 높게 책정하더라도 저작물 창작자의 의사가 더 중요하기 때문에 공공의 사용이 제한될 수 있다. 이처럼 저작물에 대한 공공의 사용이 제한된다면 사회 구성원의 문화 접근도가 낮아져 문화의 향상 발전이 저해될 수밖에 없으므로, A 입장은 타당하지 않다.

B 입장은 저작권 자체를 부정해야 한다고 주장한다. 창작자의 노고는 창작자를 밝히는 것만으로 충분하며, 사회 구성원 누구나 저작물을 사용하게 하면 문화의 향상 발전에 기여할 수 있기 때문이다. B 입장에 따르면, 창작자의 노고는 창작자를 밝혀 사회 구성원이 창작자를 알게 하는 것으로 충분하다고 한다. 그러나 이처럼 저작권 자체를 부정한다면 창작자의 노고를 인정하지 않는 것이므로 창작자는 자신의 노력을 다른 영역에 기울일 수밖에 없다. 저작권 자체를 부정하여 창작자의 저작물 창작 비용을 보상하지 않는다면 창작자는 저작물을 창작하려 하지 않을 것이다. 다양한 저작물이 창작되어 문화의 향상 발전에 기여하려면 창작자의 창작의욕 고취가 필요하므로, 저작권 자체를 부정해야 한다는 B 입장은 타당하지 않다.

수용 및 보상을 통해 저작권 문제를 해결해야 한다는 C 입장이 타당하다. 저작권에 대한 수용 및 보상을 통해 저작권자의 노고를 보상하여 창작자 개인의 창작의욕을 고취할 수 있다. 또한 수용 및 보상을 통해 저작권 자체를 사회가 보유하여 사회 구성원 모두가 저작물을 자유롭게 이용할 수 있도록 함으로써 문화의 향상 발전에 기여할 수 있다.

※ 1126자

😊 2번 문제 해설

① 문제 분석

> <제시문> (가), (나), (다) 각각의 입장에서 <보기>의 개선안 중 어느 것을 가장 선호할지 설명하고, <제시문> 중 어느 입장이 <사례>의 문제를 해결하는 데 적절할지 다른 입장들과 비교를 통하여 논술하시오. (1300~1600자, 60점)

수험생이 반드시 지켜야 할 사항은 크게 3가지로 압축할 수 있다.

먼저, (가), (나), (다) 각각의 입장에서 가장 선호하는 개선안과 선호하는 이유를 제시해야 한다. 문제에서 "제시문 각각의 입장에서 가장 선호하는 개선안"을 설명하라고 명시적으로 밝힌 이유는, 제시문과 개선안의 관계가 논리적으로 가장 타당한 선택지가 존재하여 이론(異論)의 여지가 없기 때문이다.

둘째, <사례>의 문제 해결에 적절한 입장을 선택해야 한다. 문제에서 "적절한 입장"이라고 표현한 이유는 수험생마다 적절하다고 생각하는 입장이 다를 수 있기 때문이다.

셋째, 자신이 선택한 입장이 <사례>의 문제를 다른 입장에 비해 더 잘 해결할 수 있는지 논증해야 한다. <사례>의 문제가 무엇인지 밝힌 후 해결방안을 논증하면 더욱 좋다.

② 답안의 기본 구조 설정

기본 전체 구조 1	기본 전체 구조 2
I. (가) 선호 개선안 　1. (가)의 논지 　2. 선호하는 개선안과 그 이유 II. (나) 선호 개선안 　1. (나)의 논지 　2. 선호하는 개선안과 그 이유 III. (다) 선호 개선안 　1. (다)의 논지 　2. 선호하는 개선안과 그 이유 IV. 입장 선택 → <사례> 적용하여 문제 해결 가능 　1. 입장 선택 　2. <사례>의 문제 해결 과정 논증 　　(1) 자신이 선택한 입장 논증 　　(2) 다른 입장들과 비교	I. (가), (나), (다) 선호 개선안 　1. (가)의 논지와 선호 개선안, 그 이유 　2. (나)의 논지와 선호 개선안, 그 이유 　3. (다)의 논지와 선호 개선안, 그 이유 II. 입장 선택 → <사례> 적용 　1. 입장 선택 　2. <사례>의 문제 해결 과정 논증 III. 다른 입장 1 → <사례> 적용 　다른 입장 1을 <사례>에 적용하면 문제 해결이 되지 않음을 논증 IV. 다른 입장 2 → <사례> 적용 　다른 입장 2를 <사례>에 적용하면 문제 해결이 되지 않음을 논증

문제를 볼 때 다른 경우의 수는 없으므로, 위 구조와 다른 구조로 답안을 작성할 경우 고득점을 기대할 수 없다. 이 두 구조 중에서는 '구조 1'을 선택하는 편이 정해진 시간과 분량 안에서 최대점수를 추구해야 하는 실제 논술시험에서 고득점에 유리할 것으로 보인다.

③ 사례 분석

<사례>의 상황은 공공기관의 채용 시험 결과에 대한 논란을 보여준다. 시험은 지적 능력의 평가이기 때문에 지적 능력과 노력을 측정하는 것으로 시험 합격은 능력과 노력에 대한 정당한 보상으로 여겨져 왔다. 그러나 시험 성적은 지적 능력과 노력으로만 형성되는 것이 아니라 응시자들의 사회적 배경의 영향을 받는다. A국의 10년간의 시험 결과는 합격자의 사회적 배경 지수가 불합격자의 사회적 배경 지수보다 훨씬 높고 심지어 그 격차가 확대됨을 보이고 있다. 따라서 사회의 불공정성은 심화되고 있어 이 문제를 해결하기 위한 개선안들이 제시되었다.

④ 보기 분석

　[1안]은 모집인원 전체를 채용 시험 성적순으로 선발해야 한다고 한다. 단, 사회적 배경 지수가 낮은 계층의 응시자들은 사회적 격차를 보정할 수 있는 가산점을 부여한다고 한다. 이에 따르면 시험 성적이라는 결과물이 응시자 개인의 순수한 노력으로 결정될 수 있도록 보정해야 하며, 이 보정은 일정수준의 가산점으로 이뤄진다. 이는 개인의 순수한 자유를 보장하는 것으로 사회적 불평등을 해소할 수 있다는 입장으로 롤스와 같은 현대적 자유주의의 입장과 유사하다.

　[2안]은 모집인원의 80%는 채용 시험 성적순으로, 나머지 20%는 채용 시험 성적, 학교 성적 등을 종합 고려한 심사를 통해 채용한다. 이는 시험 성적 외에 다른 능력을 측정하여 종합적 능력을 갖춘 인재를 채용하겠다는 의미로, 결국 시험 성적이라는 능력 외에 다른 능력을 갖춘 응시자를 선발하자는 것이다. 이는 노직과 같은 극단적 자유주의의 입장과 유사하다.

　[3안]은 모집인원의 80%는 채용 시험 성적순으로, 나머지 20%는 사회적 가치를 반영한 공공적 지향과 태도를 평가하여 선발한다. 이에 따르면 기본적 직무 수행 능력이 있는 응시자에 대해 사회적 가치를 반영하여 선발함으로써 사회적 가치를 실현하면서도 개인의 자유를 침해하지 않는다는 것이다. 이 개선안은 샌델과 같은 현대적 공동체주의자의 입장과 유사하다.

⑤ 제시문 분석

제시문 (가) 분석	롤스의 자유주의 논리를 담고 있다. 개인은 천부적 재능과 같은 우연적 요인을 타고 태어난다. 그러나 우연적 요인은 사실적인 것이므로 이 자체는 잘못된 것이 아니다. 그러나 이 우연적 요인이 결과를 결정하는 요인이 되도록 사회가 이를 방치하는 것은 잘못된 것이다. 소득과 부의 분배는 우연에 의해 결정되어서는 안 되고 개인의 자유로운 노력의 결과에 의해 결정되어야 한다. 따라서 천부적 재능 등의 우연에 의한 요소를 보정할 수 있도록 보상하여 개인의 자유로운 노력에 의해서만 소득과 부의 분배가 일어나도록 평등한 기회가 보장되어야 한다.
제시문 (나) 분석	노직과 같은 자유지상주의자의 논리를 보여준다. 특히 이 관점은 경제적으로 볼 때 하이에크와 같은 신자유주의자의 입장과도 유사하다. 어떤 불평등은 용인하고 권장할 만한 것이다. 부의 불평등은 개인들로 하여금 더 노력하고자 하는 유인을 제공한다. 부의 불평등으로 인해 개인들은 노력하고자 하는 동기와 유인을 갖게 되고 이러한 개인의 노력이 모여 사회를 발전시킨다. 사회가 인위적으로 개입하여 불평등을 완화하고자 하면 개인의 의욕이 저하되기 때문에 오히려 사회의 활력을 떨어뜨리는 결과를 초래한다. 따라서 개인의 자유와 그 결과물에 대해 사회는 철저히 보호해야 한다.
제시문 (다) 분석	샌델과 같은 공동체주의 논리를 담고 있다. 개인의 자유 보장과 사회적 가치 실현의 조화가 필요하다. 개인의 자유를 보장하여 노력할 의욕을 고취시키는 것이 중요하다고 하여 사회적 불평등의 완화라는 사회적 가치 훼손을 방관해서는 안 된다. 또한 사회적 불평등의 완화라는 사회적 가치 실현을 위해 개인의 자유와 책임의 중요성을 간과해서도 안 된다.

⑥ 구조 분석과 개요

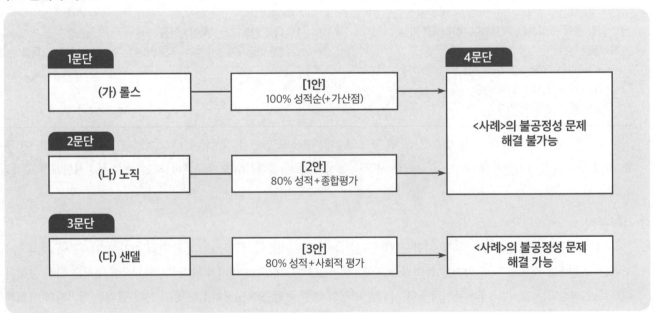

(가)는 <보기>의 개선안 중 1안을 가장 선호한다. (가)에 따르면, 소득 분배가 우연에 의해 결정되지 않도록 불평등한 기회를 보상해야 한다고 한다. 1안은 사회적 하위 계층의 지원자에게 사회적 격차를 보정할 수 있는 수준의 가산점을 부여한다. 이 가산점을 통해 우연에 의해 발생한 불평등을 보정받은 사회적 하위 계층의 지원자는 자신의 자유로운 노력의 결과로 소득의 분배를 결정 받을 기회를 보장받는다. 따라서 (가)의 입장은 1안을 가장 선호한다.

(나)는 2안을 가장 선호한다. (나)에 따르면, 부의 불평등은 개인의 노력할 의욕을 고취시키기 때문에 오히려 권장해야 한다. 2안은 모집인원의 80%는 시험 성적순으로, 나머지 20%는 다양한 요소를 반영한 종합심사를 통해 선발한다. 2안에 의하면 시험 성적이 조금 낮더라도 최종 학력, 학교 성적, 봉사 실적, 자기소개서 등의 요소를 심사하기 때문에 여전히 응시자 개인이 노력한 경우에만 선발된다. 따라서 개인의 노력할 의욕을 고취시켜 불평등을 완화할 수 있다.

(다)는 3안을 가장 선호한다. (다)에 따르면, 개인의 자유와 책임을 보장하고, 법과 정책 등을 통해 사회적 불평등을 최대한 교정해야 한다. 3안은 모집인원의 80%는 시험 성적순으로 선발하고, 나머지 20%는 최소한의 직무 수행 능력이 있는 자를 선발하기 때문에 개인의 자유로운 노력과 그 책임을 보장할 수 있다. 또한 모집인원의 20%는 사회적 하위 계층의 지원자에 한해 공공적 지향과 태도를 측정하여 선발하므로 현재 문제되고 있는 사회적 불평등을 완화할 수 있다. 따라서 개인의 노력할 의욕을 고취시킬 뿐만 아니라 사회적 불평등의 완화 또한 달성할 수 있다.

(다)의 입장에 따른 3안이 문제 해결에 적절하다. 현재 A국의 문제는 사회적 불평등으로 인해 공동체의 불안정이 심화되는 것이다. (다)는 개인의 자유 실현에 대한 책임 보장과 사회적 불평등 완화 간의 조화를 추구한다. 3안은 모집인원의 80%를 시험 성적순으로 선발하여 개인의 자유로운 노력에 대한 책임을 보장하고, 20%의 인원에 대해서는 사회적 불평등을 완화하기 위해 최소한의 능력을 보유한 자에 한하여 공공적 지향을 평가하여 선발한다. 이를 통해 개인의 자유와 사회적 가치 간의 조화를 달성하여 사회적 불평등을 적극적으로 개선할 수 있다. 그러나 (가)와 (나)의 입장에 따른 1안과 2안의 개선안은 문제 해결에 적절하지 않다. 두 개선안 모두 사회적 불평등을 완화하기 어렵고 심지어 개인의 의욕을 저하시킬 수도 있기 때문이다. 1안은 우연적으로 주어진 불리한 사회적 조건을 보정하여 동일한 출발선에 설 기회를 부여한다. 그리고 2안은 최종 학력, 학교 성적, 봉사 실적, 자기소개서 등을 심사하여 다양한 방향의 노력을 측정하고자 한다. 그러나 노력할 의욕이 있더라도 가정형편이 매우 어려운 사회적 하위 계층의 응시자의 경우 생계유지에 어려움이 있어 공공기관 채용을 위해 노력할 시간과 여력이 부족할 수밖에 없다. 이 경우 사회적 불평등을 완화할 수 없을 뿐만 아니라 이런 상황의 응시자는 어차피 자신이 선발될 가능성이 없다고 판단하여 의욕 자체를 상실할 것이다. 따라서 (다)의 입장이 <사례>의 A국의 문제 해결에 적절하다.

※ 1579자

2015학년도 기출문제

✱ 교재 뒷부분에 있는 논술 답안지를 사용하여 답안을 작성해보세요.
  • 논술 경험이 있다면, 실전처럼 답안을 바로 작성한 후 예시답안과 비교하여 완성도를 높이는 데 중점을 두어보세요.
  • 답안 작성이 막막하다면, 문제 뒤의 해설을 먼저 참고한 후 답안을 작성하여 논술 감각을 익히는 데 중점을 두어보세요.

1. <서론>에 이어 자신의 주장을 제시하고 그 주장을 정당화하는 글을 [조건]에 따라 완성하시오. (900~1200자, 40점)

─────────── **[조건]** ───────────
○ 자신의 주장을 강화하는 정보와 약화하는 정보를 <자료>에서 각각 2~3개 찾아 활용할 것
○ 정보의 출처를 '자료①', '자료②'와 같은 방식으로 명시할 것

─────────── **〈서론〉** ───────────
　어떤 행위를 법으로 제한하는 것이 정당화되는 대표적인 경우는 타인을 구타하는 것처럼 그 행위가 다른 사람에게 직접적으로 해(害)를 끼칠 때이다. 또 다른 경우로 다른 사람에게 직접적으로 해를 끼치지는 않지만 자기 자신에게 해가 될 때를 들 수 있다. 오토바이 안전모 미착용을 단속하는 것이 그 예이다. 그렇다고 자신에게 해가 되는 모든 행위를 법으로 제한하는 것은 아니다. 그 예로 음주 행위를 단속하지 않는 것을 들 수 있다. 그렇다면 기호용 대마초 사용을 법으로 제한하는 것은 정당할까?

① 대마초는 대마의 잎과 꽃에서 얻어지는 물질로서 60종의 카나비노이드를 비롯한 400여 종 이상의 화학성분을 포함하고 있다. 대마초를 피우면 기분이 좋아지고 긴장이 풀리며 식욕이 증가하는 반면, 입이 마르고 눈이 충혈되기도 한다. 장기간 대마초에 노출되면 단기 기억력이 떨어지고, 운동감각이 둔해지는 등의 부작용이 생긴다.

② 담배를 피든 대마초를 피든 흡연은 누구에게나 건강에 좋지 않다. 대마초와 폐암 간의 인과관계에 대한 증거는 뒤섞여 있다. 역학 조사로 인과관계를 밝히기란 어렵다. 왜냐하면 평소에 대마초를 피는 사람들은 대개 담배도 핀 적이 있기 때문이다. 서구의 대마초 사용자들은 대부분 흡연보다는 대마초에 열을 가해 증기로 만드는 훈증기를 이용한다. 이 경우 타르와 같은 많은 발암물질이 제거된다.

③ 여성이 대마초를 피는 경우, 난자가 생산되지 않거나 미성숙한 난자가 생산되며 월경주기가 불규칙해진다. 임신 중 대마초를 사용할 경우 카나비노이드 등의 화학성분이 태아에 영향을 미쳐 미숙아가 태어날 수 있다.

④ 대마초에서 향정신성 효과가 가장 큰 성분인 'THC(tetra hydro cannabinol)'는 수백 마이크로그램만으로도 몽환적 도취감, 색채의 선명함, 형태의 일그러짐, 청각·촉각의 이상 등을 유발할 수 있다. 또 뇌하수체에 작용하여 남성호르몬 생산을 억제해 정자의 수를 감소시킨다. 그 외에 여러 가지 정신 증상이나 감정 변화가 나타나지만 개인차가 크다. 신체적 의존성이나 금단증상은 없으나, 정신적 의존성은 존재한다.

⑤ 목숨이 위태로울 정도는 아니지만 대마초 과용은 때때로 공황발작이나 심지어 응급실행을 요하는 정신병적 증상을 유발하기도 한다. 중증 중독자에게서는 정신병 증상이나 무의욕증후군이 나타나기도 한다. 담배와 비교하자면 대마초는 건강에는 덜 위험하다. 그러나 담배와 다른 방식으로 위험하다. 담배는 환각에 의한 행동을 낳지는 않는다.

⑥ 의학적 기준에 따르면 대마초 사용자의 약 9% 정도가 의존성을 보이는데, 청소년기에 시작할 경우 이 비율은 더 올라간다. 그러나 대마초 중독은 술이나 헤로인 중독만큼 심각하지는 않다.

⑦ 대마초 사용의 합법화가 더 강한 약물의 사용을 증가시킬 것이라는 우려에 대해서는 전문가들 사이에서도 의견이 엇갈린다. 대마초 사용자들, 특히 어린 나이에 시작한 사람들이 그렇지 않은 사람들보다 강한 약물을 사용하는 경향이 짙다는 점은 양쪽 모두 인정하지만, 대마초 사용이 더 강한 약물 사용의 원인이냐에 대해서는 의견을 달리한다. 어쨌든 대마초 사용 여부가 강한 약물에 빠지기 쉬운 성향의 차이를 보여주는 지표임은 분명하다.

⑧ 대마초 사용이 합법화되면 그 가격은 급격하게 떨어질 것이다. 물론 세금이 얼마가 부과되느냐에 따라 가격은 유동적일 것이다. 또한 고급화를 차별화 전략으로 삼는 판매자로 인해 가격대는 넓게 형성될 것이다.

⑨ 병원에서 대마초는 AIDS로 인한 고통, 화학요법으로 인한 메스꺼움과 구토, 뇌전증으로 인한 발작 등을 다스리는 데 사용된다.

⑩ 현재 미국에서는 워싱턴 D.C.를 포함해 20개 주에서 의료용 대마초를 허용하고 있다. 이 중 콜로라도 주와 워싱턴 주는 기호용 대마초도 합법화했다. 현재 매년 약 3천만 명의 미국인이 대마초를 사용하고 있다. '미국시민자유연맹'에 따르면 대마초 단속을 위한 법 집행 비용은 매년 36억 달러 이상이다.

⑪ 『2012년 인권감시보고서』에 따르면 대마초 소지로 체포된 뉴욕시민 중 과거에 어떤 범죄로도 기소된 적 없는 3만 명을 추적 조사한 결과, 90%는 이후에 어떤 범죄로도 기소되지 않았으며, 3.1%만이 폭력 범죄로 기소되었다.

⑫ 미국의 경우 흑인과 백인의 대마초 사용 비율은 거의 같다. 그러나 '미국시민자유연맹'의 2013년 보고서에 따르면 대마초 소지죄로 체포된 사람 중 흑인은 백인의 3.7배이다. 특히 아이오와 주에서는 8.3배, 워싱턴 D.C.에서는 8배, 뉴욕 주에서는 4.5배에 달한다.

2. 법률의 해석방법에 관한 제시문 (가), (나), (다)의 입장에 따를 때 <사례>에 대해 법원은 각각 어떻게 판단해야 하는지 설명하고, 그중 어느 판단이 가장 적절한지 자신의 견해를 밝히시오. (1300~1600자, 60점)

〈사례〉

A국의 약사법에 의하면 의약품은 질병의 치료 등을 직접 목적으로 하는 것 외에 넓게는 사람의 신체에 약리적 기능을 미치는 것까지 포함하며, 일반 상점에서의 의약품 판매는 금지되고 있다. 최근 A국 의회는 "모든 약국은 오후 10시에 폐점해야 한다."라는 조항을 신설하는 약사법 개정안을 의결했다. 법 개정 직전 일반 상점에서도 일부 의약품 판매를 허용하자는 입법 제안이 있었으나 약사회의 반대로 무산되었다. 약사회 측은 약국 분포상 의약품 구매에 불편이 없고 의약품 오·남용을 막을 필요가 있다는 이유를 내세웠다. 원래 개정안에는 "오전 10시에 개점하고"라는 문구가 포함되어 있었지만 의회 논의과정에서 삭제되었다. 개정안 가결 당시의 의회 회의록에는 "의약품 구매에 불편이 없어야 한다."라는 발언과 "직업수행의 자유가 침해되어서는 안 된다."라는 발언이 기록되어 있다. 개정된 약사법은 폐점시간 위반에 대해 5일의 영업정지처분을 내리도록 하면서, 일요일과 공휴일에도 폐점시간 규정을 예외 없이 적용하도록 했다. A국 법률을 보면 일반 상점에 대해서는 24시(자정)를 폐점시간으로 정해 놓고 있다. 개정 약사법 시행 후 수면유도제 과다 복용으로 심야에 돌연사한 사례가 빈번히 보고되었다. 또한 변경된 약사면허제도의 영향으로 개정법 시행 후 약사 수가 늘어나 약국 간의 과당경쟁도 심각한 사회문제로 떠올랐다.

약사들은 개정 법조문을 "모든 약국이 오후 10시까지는 개점해 있어야 한다."라는 의미로 받아들여, 오후 10시를 넘겨 영업해도 무방하다고 이해했다. 반면 보건당국은 이를 "어떤 약국도 오후 10시 이후에는 개점해 있어서는 안 된다."라는 의미로 받아들여, 오후 10시 이후에도 영업하는 약국들을 단속했다. 그 결과 영업정지처분을 받게 된 약사들은 법원에 그 처분의 취소를 청구하는 소송을 제기했다.

(가) 법률을 만드는 입법부의 권한과 만들어진 법률을 해석하는 사법부의 권한은 동등하지 않으므로 사법권의 행사는 입법부의 의지에 따라야 한다. 루소가 『사회계약론』에서 비유한 바처럼, 두뇌의 명령 없이 사지가 움직일 수 없는 이치와 같다. 민주적 정당성이 결여된 사법권은 자신의 고유한 의지를 가질 수 없으므로, 법관은 '법을 말하는 무생명의 입'으로서 입법자의 의지를 확인하는 데 머물러야 한다.

그러나 전능한 입법자라 하더라도 의도한 바를 법률로써 완벽하게 전달하기란 불가능하며, 넓든 좁든 그의 의도에 대한 해석의 여지를 법관에게 남겨둘 수밖에 없다. 법조문에 사용한 문구의 '일반적인 의미'만으로도 입법자의 의도가 충분히 드러난다는 생각은 너무 단순한 발상이다. 법조문의 문구는 대개 다양한 의미를 지니기 때문에 정확한 의미는 문맥에 의존할 수밖에 없고, 그 문맥의 핵심을 이루는 것은 결국 법률이 추구하는 목적이다. 어떤 법률도 목적 없이 존재하지 않는다.

따라서 법률의 해석자로서 법원의 근본적인 역할은 그 법률에 어떠한 목적이 부여되었는지를 판단하는 일이다. 모름지기 법관은 입법자가 자신의 입장에 있었다면 법 규정을 어떻게 적용했을지 생각해 보고 그에 따라야 한다. 즉, 스토리 대법관이 적절히 표현했듯이 모든 법률 문서를 해석하는 제1의 원칙은 작성자의 의도에 따른다는 것이다. 법조문의 '원래 의도'는 시간이 흘러도 변하지 않으며, 법관은 이를 가능한 한 중립적인 해석을 통해 발견하고 실현해야 한다.

(나) 법률이란 다양한 이익집단 사이의 대립과 타협을 반영한 결과이므로 '하나의 일관된' 입법목적이란 있을 수 없다. 입법자는 각기 다른 욕구와 기대를 대변하겠지만, 다수결 민주주의의 과정에서 그것들을 합산해내기란 불가능하다. 입법부 전체에게는 법조문으로 명백히 표현되는 단일한 법률 문구만 있을 뿐이다. 시민들이 이해하는 '일반적인 의미'에 따르는 해석방법이 민주주의의 이상에도 부합한다.

사건에 파묻힌 법관에게 입법의 시대적 배경까지 세세히 알아내도록 요구하기란 어렵다. 무모한 법관은 자신이 원하는 바에 따라 입법자의 의도를 왜곡할 것이고, 무지한 법관은 탐지해낼 수 없는 입법자의 의도를 오해할 것이다. 법조문에 없는 어떤 목적을 찾아내어 입법자가 채택한 수단을 평가한다면 이는 이스터브루크 판사의 경고대로 사법부의 자의적인 추측으로 귀결될 뿐이다. 입법과정에서의 사익추구를 통제한다는 명분으로 사법부가 법조문의 의미를 마음대로 재단한다면 이익집단의 개입은 오히려 비합법적인 경로로 음성화 되어버릴 것이다.

아울러 우리는 웬즐리데일 대법관이 언명한 법해석의 '황금률'을 받아들여야 한다. 즉, 법률 조문은 특정 부분을 떼어내어 그 부분만 고립적으로 해석해서는 안 되고, 법률 전체를 종합적으로 고려하여 개개 조문들을 해석해야 한다는 것이다. 법률 조문의 어떤 부분에 대한 '문자 그대로의 해석'이 법률 전체로 보아 불합리하거나 모순되는 결과를 초래할 경우, 그 부분은 전체 법률의 체계와 조화되는 범위 내에서 달리 해석될 수 있다.

(다) 소시지와 법은 한 가지 공통점이 있는데, 만들어지는 과정을 보아서는 안 된다는 것이다. 오늘날 다수결 민주주의에서 다양한 이익집단의 개입은 공익실현의 장이어야 할 입법절차를 사익추구의 통로로 타락시키고 있다. '공공선택이론'은 이러한 입법 현실을 정교하게 분석해낸다. 가령, 어떤 법안의 이익은 특정 계층에 집중되고 비용은 국민 전체에 분산되는 경우, 그런 법안은 용이하게 가결되는 경향이 있다고 한다. 이익을 누리는 집단의 로비가 작용해 입법이 왜곡되기 때문이다. 반대로 이익과 비용이 각각 다른 계층에 집중되는 경우, 이익집단 사이의 대립과 충돌로 말미암아 법안의 가결은 지연되는 경향이 있다고 한다.

이러한 문제의식에서 에스크리지 교수는 동태적 해석을 통한 사법적 수정의 가능성을 적극적으로 모색한다. 그는 바람직한 법해석이란 법률 문구에 어떤 내용이 담겨있는가를 밝히는 것만도 아니고, 과거의 사건이나 기대 또는 입법자들 간의 타협 내용을 재창출하는 것만도 아니라고 한다. 법조문 자체의 의미가 불명확한데다 입법 이후 환경이 변화하여 원래 의도가 별다른 의의를 가질 수 없다면, 현재의 사회적·경제적·정치적 상황에 대한 고려가 법해석에 중요한 역할을 해야 한다는 것이다. 즉, 입법을 둘러싼 사익 측면을 가급적 배제하고 공익 측면을 강조함으로써 변화된 상황에 맞추어 법이 성장, 발전하도록 적극적으로 해석하자는 것이다. 이러한 동태적 해석론은 법률 문구나 역사적 배경보다 법 자체의 진화를 중시하는 입장으로 볼 수 있다.

해설 & 예시답안

📜 출제기관의 출제방향 발표자료

논술 영역의 1번 문항은 <서론>에서 법적 규제에 대한 세 견해를 제시한 다음, <자료>에서는 기호용 대마초 사용의 법적 제한을 지지하는 정보, 반대하는 정보, 중립적인 정보를 제시하였다. 수험생은 <서론>에 이어 자신의 주장을 제시하고 그 주장을 정당화하는 글을 작성하되, <자료>에서 자신의 주장을 강화하는 정보와 약화하는 정보를 각각 2~3개 찾아 활용해야 한다.

2번 문항은 '법률의 해석방법'에 관해 상이한 관점을 보여주는 세 제시문 각각의 입장에서 약국 폐점시간과 관련된 <사례>에 대한 법원의 판단을 추론하게 한 다음, 그중 어느 것이 가장 적절한 판단인지에 대해 자신의 견해를 논술하도록 하였다.

언뜻 보면 두 문항 모두 '법학적'이라는 느낌을 받을 수 있다. 그러나 1번 문항의 주제는 누구나 한 번쯤 언론을 통해 접해 보았을 뿐만 아니라, 지지하는 정보, 반대하는 정보, 중립적인 정보를 구별하는 일은 법학적 지식에 의존하지 않는다. 또한 '법률의 해석방법'에 관한 상이한 세 관점을 보여주는 제시문의 이해에 기초하여 약국 폐점시간과 관련된 <사례>에 그러한 세 관점을 적용하는 2번 문항에서도 역시 법학적 지식이 논술문의 질을 좌우하지 않을 것이다.

1번 문제 해설

① 문제와 조건 분석

문제 분석	<서론>에 이어 자신의 주장을 제시하고 그 주장을 정당화하는 글을 [조건]에 따라 완성하시오. (900~1200자, 40점)
	• 문제의 요구를 지키는 것이 중요하다. 법학전문대학원협의회에서 출제위원장이 밝힌 출제방향을 보면 그냥 문제와 조건을 다시 말하는 것에 불과하다는 생각이 들 정도이다. 이는 다시 말하면 문제와 조건을 지키는 것이 이 문제의 고득점 비결이라는 의미가 된다. • 먼저 가장 중요한 것은 자신의 주장을 제시하는 것이다. <서론>에 이어서 주장을 밝히라고 하였다. 문제에서 제시한 <서론>의 마지막 부분에서 "기호용 대마초 사용을 법으로 제한하는 것은 정당할까?"라고 물었다. 그렇다면 이에 대한 대답이 자신의 주장이 된다. 여기에서 가능한 대답은 "정당하다"와 "정당하지 않다"는 두 가지 외에는 없다. • 두 번째, 그 주장을 정당화해야 한다. 주장을 정당화하는 과정을 논증이라 한다. 자신이 선택한 입장을 논리적으로 강화해야 한다. 단, 문제에서 <서론> 부분을 제시하였으므로 논증은 이 <서론>의 논리를 이용하여 자신의 입장을 강화하면 된다. 이 과정에서 <자료>를 선택하여 논증을 연결해나가면 된다.
조건 분석	• 자신의 주장을 강화하는 정보와 약화하는 정보를 <자료>에서 각각 2~3개 찾아 활용할 것 • 정보의 출처를 '자료①', '자료②'와 같은 방식으로 명시할 것
	• 제시문으로 <자료>를 주었다. <자료>를 주는 방식은 일본 로스쿨 논술 시험에서 자주 나타나는 방식이다. 이 방식의 장점은, 배경지식 등 정보에 대한 암기 유무가 평가의 인과관계가 되지 않고, 정보를 논리적으로 연결할 수 있는 능력이 평가의 인과관계가 된다는 점이다. 이는 <자료> 자체를 베껴 써봐야 받아쓰기에 지나지 않는 글이 되어 필연적으로 저득점 답안이 된다는 의미이다. • [조건]에서도 밝히고 있듯이 <자료>는 3가지로 분류된다. 강화, 약화, 중립적 자료가 있다. 이를 구분할 수 있는 능력을 측정하려는 의도로 보인다. 특히 법조인은 사건 자료에서 엄청난 정보를 접하게 된다. 이 방대한 자료 중에서 자신이 필요한 자료를 논리적으로 선택하여 재구성하는 능력은 기본 중의 기본이 된다. • <자료>의 출처를 밝히라고 지정하였다. 이는 자신의 주장을 논리적으로 강화 혹은 약화함에 있어서 자신이 선택한 <자료>가 어떤 의미가 있는지 반드시 서술해야 한다는 의미이다. 단순히 <자료>를 베껴 쓰는 것으로는 그 자료가 자신의 주장에 어떤 논리적 역할을 하는지 타인을 설득할 수 없다. 자신이 제시한 <자료>와 논거의 관련성을 입증해야 한다. 이것이 바로 논증이다. 논증 능력을 보여줄 수 있어야만 고득점할 수 있다.

② 서론 분석

어떤 행위를 법으로 제한할 수 있는 경우에 대한 논리를 크게 2가지로 제시하고 있다.

첫 번째로 타인에게 직접적 해악을 주는 경우이다. 이는 유명한 논리로, 밀의 해악의 원칙이라 불린다. 타인의 자유에 직접적 해악을 주는 경우에는 개인의 자유를 법으로 제한할 수 있다는 것이다. 이는 역으로 개인의 자유를 극대화하는 원리가 되는데, 타인의 자유에 직접적 해악이 없는 한 개인의 자유를 제한할 수 없다는 의미이기 때문이다.

두 번째로 자기 자신에게 해악이 되는 경우이다. 타인에게 직접적 해악을 미치지 않는 개인의 자유로운 행위라 하더라도 그것이 그 자신에게 해를 준다면 이를 제한할 수 있다는 것이다. 이는 개인이 진정으로 바라는 것을 법으로 규정하여 개인이 심사숙고하지 않은 행위를 하여 자신의 생명이나 신체에 직접적 위해가 될 만한 행위를 막아야 한다는 것이다. 그러나 여기에는 큰 문제점이 있다. 그 판단기준이 모호하여 국가가 개인의 자유를 제한하는 좋은 구실이 된다는 점이다. 절대왕정, 신정국가, 권위주의 국가가 이를 악용한 바 있다. <서론>에서는 음주 행위를 단속할 수 없다고 말하고 있다. 따라서 이는 개인에게 직접적 해악을 주는 것이 명백한 행위인 경우에만 법으로 제한할 수 있다고 보아야 한다.

위의 2가지 논리를 각각 해악의 원칙과 자해 금지의 원칙이라 한다. 특히 해악의 원칙은 존 스튜어트 밀이 <자유론>에서 주장한 것으로, 자유주의의 핵심논리가 된다. 밀은 <자유론>에서 개인의 자유를 안정적으로 보장할 수 있는 원칙으로 다음과 같이 주장했다.

인간의 의사에 반해서 권력을 행사하더라도 정당하게 인정되는 유일한 목적이란 다른 구성원에게 미치는 해악을 방지하는 것이다. 그렇게 하는 것이 그에게 더 바람직하다거나 그를 더 행복하게 한다거나, 남들이 보더라도 그렇게 하는 것이 현명할 뿐만 아니라 정당하기도 하다는 이유로 자유를 제한할 수 없다. 개인이 사회에 대해서 책임을 져야 할 유일한 부분은 타인과 관계되는 부분이다. 자기 자신에게만 관계되는 행위에 있어서 그의 독립성은 당연히 절대적이므로, 국가의 개입은 타당하지 않다. 이러한 주장은 오직 성숙되고 여러 능력을 갖춘 성인들에게만 적용된다. 어린이나 법률이 규정하는 성인 남녀에 도달하지 않은 젊은이는 여전히 타인의 보살핌이 필요하고 외부의 위해로부터뿐만 아니라 자신의 행위로부터도 보호되어야 한다.

③ 자료 분석

자료	기호용 대마초 사용 제한	내용
①	중립	대마초의 성분과 증상에 대한 사실
②	제한 불가	대마초와 폐암의 인과관계 불분명
③	제한 가능	대마초가 여성에 미치는 악영향
④	제한 가능	대마초가 미치는 악영향
⑤	제한 가능	대마초의 환각성
⑥	제한 불가	대마초의 의존성이 미미함
⑦	제한 가능	대마초와 강한 약물 사이의 인과관계에 대한 논란
⑧	제한 불가	대마초 합법화는 가격 하락으로 이어져 범죄 감소
⑨	중립	대마초의 의료적 사용
⑩	제한 불가	대마초 단속의 막대한 비용
⑪	제한 불가	대마초와 범죄 간의 상관관계가 매우 약함
⑫	중립	대마초 소지죄 적용의 인종 간 불평등

④ 구조 분석과 개요

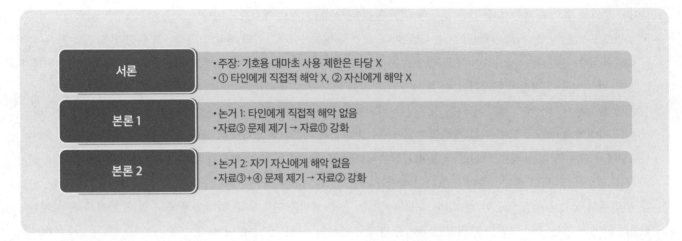

서론	• 주장: 기호용 대마초 사용 제한은 타당 X • ① 타인에게 직접적 해악 X, ② 자신에게 해악 X
본론1	• 논거 1: 타인에게 직접적 해악 없음 • 자료⑤ 문제 제기 → 자료⑪ 강화
본론2	• 논거 2: 자기 자신에게 해악 없음 • 자료③+④ 문제 제기 → 자료② 강화

📝 1번 문제 예시답안

　기호용 대마초 사용을 법으로 제한하는 것은 정당하지 않다. 기호용 대마초 사용은 타인에게 직접적 해악을 끼치지 않기 때문이다. 대마초를 사용할 경우 환각증세로 인해 범죄의 우려가 있다는 견해가 있다. 자료⑤에 따르면 대마초는 환각에 의한 행동을 일으킬 수 있다. 그러나 대마초가 환각증세를 일으킬 수 있다는 사실이 대마초 사용자가 범죄를 저지를 것이라는 직접적 인과관계가 될 수는 없다. 대마초 소지로 체포된 자의 단 3.1%만이 폭력 범죄로 기소되었다는 자료⑪의 정보를 통해 이를 확인할 수 있다. 따라서 기호용 대마초 사용을 허가할 경우 환각으로 인한 범죄가 발생해 타인에게 직접적 해악을 줄 것이라 할 수 없다. 타인에게 직접적 해악을 미치지 않음에도 불구하고 개인의 행위를 법으로 제한하는 것은 개인의 자유에 대한 과도한 제한이므로 정당하지 않다.

　기호용 대마초 사용은 자기 자신에게 해가 되지 않으므로 이를 법으로 제한하는 것은 정당하지 않다. 타인에게 직접적으로 해를 끼치지 않더라도 자기 자신의 생명이나 신체에 해가 됨이 명백한 행동은 제한할 수 있다. 예를 들어 오토바이 안전모 미착용 행위는 타인에게 직접적으로 해를 주지는 않으나, 자기 자신의 생명과 신체에 대한 해악이 명백하기 때문에 오토바이 안전모 착용을 강제할 수 있다. 자료④와 ③에 의하면 대마초는 남성과 여성 모두 정자와 난자에 악영향을 준다는 것을 알 수 있다. 그러나 대마초 사용으로 인해 정자나 난자에 어느 정도 악영향이 있다고 하더라도 이는 자기 자신의 생명이나 신체에 명백한 해가 된다고 할 수 없다. 이처럼 개인의 생명과 신체에 명백하게 해가 되지 않는 행위도 규제할 수 있다면, 음주나 과로·흡연도 정자나 난자에 악영향을 주므로 금지해야 한다. 더군다나 자료②에 의하면 대마초가 암 발병 등에 직접적 인과관계가 있는지 확인되지 않았으며 훈증기를 사용하면 대부분의 발암물질이 제거된다고 한다. 따라서 기호용 대마초 사용이 자기 자신에게 명백한 해악을 준다고 할 수 없으므로 법으로 제한하는 것은 정당하지 않다.

※ 1008자

2번 문제 해설

① 문제 분석

> 법률의 해석방법에 관한 제시문 (가), (나), (다)의 입장에 따를 때 <사례>에 대해 법원은 각각 어떻게 판단해야 하는지 설명하고, 그중 어느 판단이 가장 적절한지 자신의 견해를 밝히시오. (1300~1600자, 60점)

　　문제의 요구를 지키는 것이 중요하다. 문제에서 크게 3가지를 요구하고 있다. 첫 번째로 법률의 해석방법에 대한 (가), (나), (다)의 입장이 무엇인지 밝혀야 한다. 여기에서 주의할 점은 법률의 해석방법에 대한 제시문의 입장은 핵심을 파악하여 한 문장 혹은 두 문장으로 요약해야 한다는 점이다. 이보다 분량을 더 사용하게 되면 <사례>에 대한 법원의 판단 설명과 자신의 견해를 쓸 분량을 잠식하게 되기 때문이다.

　　두 번째로 각각의 입장에 따른 <사례>에 대한 법원의 판단을 추론하여 밝히고, 세 번째로 3가지 입장 중 어떤 입장이 가장 적절한지 밝혀야 한다. 이때 제시문의 입장과 <사례>의 논리적 관계를 잘 서술해야 한다. 문제에서 "제시문의 입장에 따를 때 <사례>에 대해 법원이 어떻게 판단해야 하는지 설명"하라고 하였다. 따라서 제시문의 입장이 중요한 것이 아니라, 이 입장에 따른다면 법원은 어떻게 판단해야 하는지 <사례>에 제시문의 입장과 논리를 적용하는 것이 중요하다.

② 제시문 분석

제시문 (가) 분석	법원은 법률의 의도를 소극적으로 해석해야 한다. 국민은 특정 목적을 실현하고자 법을 제정하였고, 법원은 국민이 특정해준 목적을 바꿀 권한이 없다. 법원은 법률 해석에 있어서 가치중립적이고 소극적이어야 한다.
제시문 (나) 분석	법원은 법률 전체를 감안하여 법률의 의도를 종합적으로 해석해야 한다. 법률은 체계를 지니고 있어 입법자의 의도를 정확하게 파악하기 위해서는 특정 법률 조문 하나만을 개별적으로 판단해서는 안 된다. 법률을 종합적으로 해석하지 않는다면 법원이 입법자의 의도를 자의적으로 해석하는 문제점이 발생할 수 있다.
제시문 (다) 분석	법원은 현재 상황에 맞춰 적극적으로 법률을 해석해야 한다. 국민이 특정 목적을 실현하고자 법률을 제정하였더라도 입법 환경이 변화하였다면 그 변화에 맞춰 법률을 해석할 필요가 있다. 입법자는 법률을 제정할 때 법률 그 자체의 문구가 지켜지는 것보다 법률의 효과가 달성되기를 기대한 것이다. 따라서 법원은 입법자의 의도를 적극적으로 실현하기 위해 법률 해석에 있어서 적극적인 역할을 해야 한다.

③ 구조 분석과 개요

제시문 (가), (나), (다)의 3가지 법률 해석방법을 <사례>에 적용해 법원의 판단을 도출해야 한다.

(가)는 법률을 문언 그대로 적용하기 때문에 <사례>의 법원은 영업정지처분이 타당하다고 볼 것이다.

그러나 (나)에 따르면 종합적으로 판단해야 하므로 "10시에 폐점해야 한다."는 조문과 다른 조문의 관계를 내용적으로 살펴서 종합해야 한다. 약사법의 목적은 국민의 생명 보호임이 분명하다. 이 목적을 위해 약사법의 조문이 어떤 관계를 갖고 있으며 실제로 충돌하는지를 증명하여야 한다.

(다)에 따르면 법원이 공익을 위해 적극적으로 해석할 수 있다고 하였으므로 법조문에 반하는 판결을 내릴 수도 있다. 이 해석에 의하면 법이 금지하는 것이라 하더라도 법원이 판단하기에 그것이 사회적으로 공익을 증진하는 것이라면 허용하는 판결을 해도 된다.

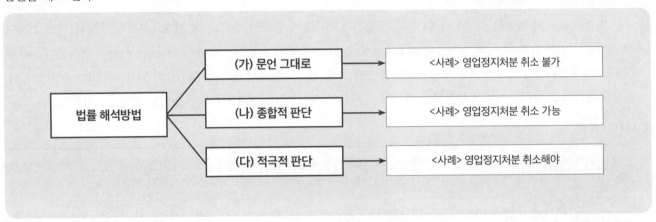

📝 2번 문제 예시답안

법률의 해석방법에 대해, (가)는 소극적 입장을, (나)는 종합적 입장을, (다)는 적극적 입장을 주장하고 있다. <사례>의 경우 법원은 (나)의 입장을 따라 판단함이 적절하다.

(가)에 따르면, 법원은 법률의 문언을 그대로 해석해야 한다. 국민은 특정 목적을 실현하고자 법을 제정하였고, 법원은 국민이 정한 목적을 바꿀 수 없다. <사례>의 A국의 개정 약사법은 모든 약국이 오후 10시에 폐점할 것과 폐점시간 위반은 5일의 영업정지처분을 할 것을 규정했다. 입법자인 국민이 법조문으로 오후 10시 이후 약국 영업금지 의사를 명확하게 밝혔다. 따라서 법원은 영업정지처분을 취소할 수 없다.

(나)에 따르면, 법원은 법률 전체를 감안해 법률의 의도를 종합적으로 해석해야 한다. 개개 법조문을 글자 그대로 해석한다면 오히려 입법 의도에 모순될 경우, 전체 의도에 적합하게 해석해야 한다. <사례>의 A국의 약사법은 약리적 효과를 지닌 모든 제품을 의약품으로 보아 일반 상점의 의약품 판매를 금지하고 있다. 이 법은 의약품이 국민의 생명과 신체에 직접적 영향을 주기 때문에 예외 없이 약사의 복약지도를 받아야 한다는 의도로 보아야 한다. 그런데 오후 10시에 모든 약국이 폐점해야 한다는 개별 법조문을 글자 그대로 해석하면, 약사의 복약지도를 받지 못해 국민의 생명을 위협할 수 있어 입법 의도에 모순된다. 법률 전체 의도를 고려하면 이 개별 법조문은 오히려 오후 10시까지 모든 약국이 영업을 해야 한다는 의미로 해석할 수 있다. 따라서 법원은 영업정지처분을 취소할 수 있다.

(다)에 따르면, 법원은 공익 증진을 위해 적극적으로 법률을 해석해야 한다. <사례>의 경우, 개정 약사법 시행 후 심야 돌연사 등 국민의 생명에 직접적 위해가 발생하고, 약국 간의 과당경쟁으로 대형약국의 독과점으로 인한 의약품 가격 상승 우려도 있다. 이런 상황에서 법원은 공익 증진을 위해 입법 의도를 적극적으로 해석해야 한다. 약사의 직업수행의 자유를 인정하여 약국 폐점시간을 자율화하면, 의약품이 필요한 국민들이 늦은 시간에도 약국을 이용할 수 있다. 또 약국 간의 과당경쟁이 영업시간 자율 조정으로 완화되므로 보다 많은 약국이 영업을 지속하여 의약품 가격 상승이 억제된다. 약국의 심야시간 영업을 통해 국민의 생명과 신체의 자유를 보호하고 약사의 직업수행의 자유를 동시에 보호할 수 있어 공익이 증진된다. 따라서 법원은 영업정지처분을 취소해야 한다.

(나)의 종합적 법률 해석방법에 따라 영업정지처분을 취소함이 타당하다. 법률은 국민의 자유를 안정적으로 보호하기 위한 목적으로 존재한다. (가)처럼 소극적으로 해석할 경우 의약품을 구매할 수 없는 심야시간에 국민의 생명과 신체의 자유를 보호할 수 없다. 또한 (다)처럼 적극적으로 해석할 경우 국민주권원리가 저해되어 국민이 아니라 법원이 법을 창설하여 국민의 자유를 제한하는 문제가 발생할 우려가 크다. 따라서 법원은, 국민이 약사법 개정을 통해 국민의 자유를 안정적으로 보장받고자 하는 의도를 분명히 하였으나 개별 법조문에 모순이 발생한 것으로 보아 영업정지처분을 취소할 수 있다. 단, 해당 법원이 헌법재판소에 위헌법률심판 제청을 하여 법률의 입법 의도를 명확하게 확인한 후 영업정지처분을 취소함이 타당하다.

※ 1594자

✱ 교재 뒷부분에 있는 논술 답안지를 사용하여 답안을 작성해보세요.
 • 논술 경험이 있다면, 실전처럼 답안을 바로 작성한 후 예시답안과 비교하여 완성도를 높이는 데 중점을 두어보세요.
 • 답안 작성이 막막하다면, 문제 뒤의 해설을 먼저 참고한 후 답안을 작성하여 논술 감각을 익히는 데 중점을 두어보세요.

1. <사례>에서 로마인 A는 매우 위험한 상황에 처하게 되었다. 당시에 작성된 <변론을 위한 지침>을 적절히 참고하여 A의 혐의를 부인하는 변론문을 작성하시오. (단, 사례에 명시된 사실에 기초하여 작성할 것) (900~1200자, 40점)

〈사례〉

　A는 여행 중 많은 사업 자금을 지닌 B와 동행하게 되었다. A와 B는 가까운 친구가 되어 여정을 함께하기로 하였다. 이들은 큰길을 따라 걷다 여관에 도착하여 함께 저녁 식사를 하고 같은 방에 묵게 되었다. B로부터 식대 및 숙박료로 금화를 받은 여관 주인이 한밤중에 방으로 들어와 이들이 깊이 잠든 것을 보고, 침대 옆에 놓인 A의 칼을 빼서 B를 죽이고 그의 돈을 꺼내 가진 다음, 피 묻은 칼을 칼집에 도로 넣어 두고 자기 방으로 돌아갔다. 동이 트기 전 이른 새벽에 잠에서 깨어난 A가 B를 깨우려고 몇 번 불렀지만 대답이 없자 깊이 잠든 탓이라 생각하고, 자기 칼이 범행에 사용된 것을 알지 못한 채 칼과 짐을 챙겨 홀로 길을 떠났다. 얼마 지나지 않아 여관 주인이 "살인자다!" 하고 소리를 질렀고, 다른 몇 사람의 투숙객들과 함께 추격에 나서서 길을 가던 A를 붙잡았다. 그의 칼집에서 칼을 빼 보니 피가 묻어 있었다. A는 살인 혐의로 기소되었다.

1. 논거의 발견

당사자들이 어떤 사실이 있었는지를 두고 다툴 때 이를 '추정의 쟁점'이라 부른다. 추정의 쟁점에서는 더 진실이라 할 만한 것을 보여 주는 쪽이 승리하게 된다. 이를 위하여 개연성, 비교, 간접사실, 정황증거, 후속행동 등에서 유리한 점을 찾아야 한다.

개연성 기소인은 범죄가 피고인에게 이익이 되는 점을 증명해야 한다. 여기에는 세부 쟁점으로 동기가 있다. 동기는 피고인을 범행으로 이끈 요인이 무엇인가 하는 것으로, 피고인이 범죄로부터 명예, 금전 등의 이익을 추구하였는가 또는 피고인이 원한, 나쁜 평판, 고통, 처벌과 같은 불이익을 회피하려고 하였는가가 쟁점이 된다. 기소인은 피고인의 열망이 무엇이었는지 또는 무엇을 회피하려 하였는지를 분명히 제시해야 한다. 반면 변호인은 가능하다면 동기가 있었다는 사실을 부인하고, 완전히 부인할 수 없다면 최소한 그 중요성을 가볍게 만들어야 한다. 개연성의 차원에서 피고인이 범인이라는 것이 너무도 명백하더라도 목격증인이나 직접적 물증이 없는 한, 변호인은 범인으로 의심받을 것이 명백해 보이는 상황에서 피고인이 과연 범행을 감행할 수 있었겠는지 반문해야 한다.

비교 기소인은 피고인 외에 누구도 그 범죄로 인한 이익을 얻을 수 없었음을 보여 주거나, 피고인 외에 누구도 그런 행위를 범할 수 없었음을 보여 주어야 한다. 이에 맞서 변호인은 범죄가 다른 사람에게도 이익이 된다거나 다른 사람도 피고인에게 혐의가 부과된 행위를 할 수 있었다는 것을 보여 주어야 한다. 그런 다음 변호인은 누구든 범행으로부터 이익을 얻기 마련인 그런 일에 대해 피고인에게 혐의를 두는 것은 옳지 않다고 말해야 한다.

간접사실 여기에는 장소, 시점, 소요 시간, 기회, 성공 가망성에 대한 예상, 범행 발각을 피할 가망성에 대한 예상 등의 세부 쟁점들이 있다. 인적이 많은 곳이었는가 아니면 외딴 곳이었는가, 피고인과 피해자가 함께 사람들 눈에 목격될 수 있는 곳이었는가?(장소) 피고인이 범했을 것이라 주장되는 행위가 있었던 때는 언제였는가, 왜 그때였는가?(시점) 범행을 완성하는 데 충분한 시간이 있었는가?(소요 시간) 그때가 범행에 착수하는 데 유리한 때였는가 아니면 오래지 않아 더 나은 기회가 있었는가?(기회) 체력, 돈, 훌륭한 판단 능력, 예견 능력, 사전 준비 등의 사정과 허약함, 궁핍, 우둔함, 예견 능력 부족, 사전 준비 부족 등의 사정 중 어느 것이 우세한가?(성공 가망성에 대한 예상) 공모자가 있거나 달리 도움을 받을 방법이 있었는가?(범행 발각을 피할 가망성에 대한 예상)

정황증거 여기에는 시간대에 따라 범행에 선행하는 것, 동반되는 것, 뒤따르는 것이 있다. 피고인이 어디서 누구와 함께 목격되었는지, 어떤 사전 준비 행위를 하였는지, 누구를 만나 어떤 말을 하였는지, 공모자나 다른 도움이 되는 수단을 가졌는지 등을 살펴야 한다.(범행에 선행하는 것) 피고인이 범행 중에 목격되었는지, 누군가 어떤 소리나 비명을 듣는 등 감각 작용을 통해 피고인의 범행을 의심할 수 있었는지 살펴보아야 한다.(범행에 동반되는 것) 범행이 완성된 후에 누구에 의해 저질러졌는지를 보여 주는 어떤 것들이 발견되는지 살펴보아야 한다. 예를 들면 무기 또는 피해 물품이 현장에 남겨져 있거나 피고인에게서 발견되는 경우, 피고인의 손이나 의복에 피가 묻어 있는 경우 등이 있다.(범행에 뒤따르는 것)

후속행동 법정에 나타난 피고인이 얼굴이 상기되어 있거나 창백하거나 더듬거리거나 분명하게 제대로 말을 하지 못하거나 넘어지거나 하였다면, 기소인은 그것이 죄책감의 증거가 되는 것들이지 무고함의 증거가 되지는 않는다고 말해야 한다. 이에 맞서 변호인은 피고인이 두려움을 보인 것은 죄책감 때문이 아니라 그가 처한 위험의 엄중함 때문에 감정적으로 동요된 것이라고 말해야 한다. 만약 피고인이 두려움을 보이지 않았다면 변호인은 피고인이 스스로 무죄인 것을 잘 알고 있었던 이상 감정적으로 동요될 이유가 전혀 없었다고 말해야 한다.

2. 변론문의 구성

변론문은 논제 제시, 근거 제시, 논증, 마무리의 네 부분으로 구성한다. 논제 제시 부분에서는 앞으로 할 말, 즉 논증하려는 것이 무엇인지 간략하게 제시한다. 근거 제시 부분에서는 논제의 근거를 간단히 제시한다. 논증 부분에서는 논거를 적절한 순서에 따라 하나씩 소개하면서 설명을 덧붙인다. 마무리 부분에서는 논증한 내용을 간략히 정리하고 어떤 결정이 내려져야 할 것인지를 말한다.

2. '법의 지배'에 관한 제시문 (가)~(다)의 견해를 비교하고, 각각에 따를 때 <보기>의 사례가 어떻게 평가될지 설명한 다음, 이를 활용하여 이 사례에 대한 자신의 견해를 논술하시오. (1300~1600자, 60점)

───── 〈보기〉 ─────

국회는 중소 유통업체의 존속과 발전을 도모하고 근로자의 건강권을 보장하기 위하여, 일정 규모 이상의 대형 마트에 지방자치단체장이 재량으로 영업시간을 제한하거나 의무 휴업을 명할 수 있게 하는 법률을 제정하였다.

(가) 자유로운 나라가 자의적 지배를 받는 나라와 가장 다른 점은 법의 지배라는 위대한 원칙에 따른다는 데 있다. 법의 지배란 정부의 모든 행위가 사전에 선포된 고정적 규칙들에 구속되는 것을 의미하는데, 그 규칙들은 일정한 상황에서 정부가 강제력을 어떻게 행사할지를 확실하게 예측할 수 있게 하고, 개인이 그런 지식에 기초해서 자신의 일을 계획할 수 있게 한다. 법은 사람들이 자신의 목표를 추구하기 위해 사용할 수 있는 수단을 변화시키므로 개인의 자유를 어느 정도 제한하기 마련이다. 그러나 법의 지배 아래에서는 정부가 자의적 행위로 개인들의 노력을 망칠 수 없게 된다.

법의 지배 아래에서 정부는 사회의 자원을 이용하는 규칙을 정할 뿐이고, 그 자원을 어떤 목적에 이용할지는 개인에게 맡겨 둔다. 그 규칙은 특정한 사람들의 욕망과 필요를 충족시키기 위한 것이 아니라 누구에게라도 적용될 수 있는 형식적인 것으로서, 개인들이 다양한 목적을 추구하는 데 쓰이는 수단일 뿐이라고 할 수 있다. 반면에 자의적 정부는 특정한 목적에 생산 수단을 사용하라고 지시한다. 그래서 법의 지배와 자의적 지배의 차이는 도로 통행에 대한 규칙을 정하는 것과 사람들에게 어디로 갈지를 명령하는 것의 차이와 비슷하다고 할 수 있다.

이렇게 법의 지배는 모든 사람에게 똑같이 적용될 수 있는 형식적 규칙을 요구하고, 정부가 사람들을 임의로 차별하는 것을 금지한다. 그런 임의적 차별의 대표적 예로 시장에 대한 정부의 간섭을 들 수 있다. 시장이 아니라 정부가 물건의 생산량이나 가격을 결정한다면 사람들에 대한 자의적 차별이 생기게 된다. 그리고 이는 개인들이 스스로 목적을 선택해서 추구할 수 있는 존재로서 존중받아야 한다는 자유의 기본 원리를 침해하는 것이기도 하다.

(나) 법의 지배 아래에 있는 자유로운 사회에서 입법부의 기능은 한 개인으로서 인간의 존엄성을 떠받쳐 줄 조건들을 만들어 내고 유지하는 것이다. 이러한 존엄성은 개인의 시민적, 정치적 권리뿐 아니라 그의 개성을 최대로 신장하는 데 필수적인 사회적, 경제적, 교육적, 문화적 조건의 확립을 요구한다. 이러한 개인의 경제적, 사회적, 문화적 권리에는 일할 권리, 직장을 자유롭게 선택할 권리, 실업으로부터 보호받을 권리, 노동과 보수에 대한 정당하고 우호적인 조건에 대한 권리, 안전과 사회적 보호에 대한 권리, 지적 능력과 문화적 능력을 충족하고 고양할 권리가 포함된다.

이에 따른 요구 사항으로 다음과 같은 것을 예로 들 수 있다. ① 출생이나 재산에서 비롯된 기회의 불평등과 인종적, 종교적, 언어적, 지역적 또는 공동체적인 요소에서 비롯된 차별을 극복하는 것이 법의 지배를 토대로 경제적, 사회적 발전을 이루는 데 핵심적이다. ② 일반적으로, 특히 개발도상국가에서는, 국민의 더 큰 경제적, 사회적 이익을 위해서 재산권에 간섭하는 조치가 필요할 수 있다. 하지만 그런 간섭은 공익을 위하여 꼭 필요한 수준을 넘어서는 안 되며, 법의 지배가 제공하는 안전장치에 따라야 한다. ③ 건전한 경제 계획은 국가의 사회적, 경제적 발전에 필수적이다. 하지만 법의 지배는 그런 계획에 들어 있는 목표와 수단이 국민의 생각과 필요, 염원을 원천으로 삼고, 반영할 것을 요구한다. ④ 민주적으로 선출된 정부가 공익에 필요할 때 사기업을 국유화하는 것은 법의 지배에 반하지 않는다. 그러나 그런 국유화는 입법부가 정한 원칙에 따라서, 그리고 법의 지배에 부합하는 방식으로 이루어져야 하며, 여기에는 독립적인 기구가 정하는 공정하고 합리적인 보상이 포함된다.

(다) '법의 지배'와 '좋은 법의 지배'는 구별되어야 한다. 법의 지배는 어떤 법체계에 결여될 수도 있고, 더 또는 덜 구현될 수도 있는 정치 이념의 하나일 뿐이다. 거기에 민주주의, 정의, 평등, 인권 등 좋은 사회와 정부에 대한 다른 이념들을 담게 되면 혼란만 생긴다.

법의 지배는 사람들이 법에 의해 지배되고 그에 복종해야 한다는 것, 그리고 사람들을 인도할 수 있게 법이 만들어져야 한다는 것을 의미한다. 그것은 법이 소급적이지 않고, 공개되고, 명확하고, 비교적 안정적일 것, 법에 따라 재판이 이루어질 것, 특정한 사람이나 사건에만 적용되는 법을 만들지 말 것 등을 요구함으로써 자의적 권력을 제약하는 데 기여한다. 이렇게 법의 지배는 법에 수반될 수 있는 대단히 큰 위험인 자의적 권력을 최소화하기 위해서 요구되는 것이기 때문에, 본질적으로 무엇을 적극적으로 만들어 내려는 것이 아니라, 어떤 것을 막기 위한 소극적 가치이다. 법의 지배는 그 자체로 궁극적 목적이 아니라, 어떤 목적을 달성하는 데 법이 좋은 도구가 될 수 있도록 이바지하는 것이다. 즉, 그것은 '칼의 날카로움'과 마찬가지로, 목적에 상관 없이 법이 효과적으로 기능할 수 있도록 하는 도덕적으로 중립적인 덕목이다. 여기서 법의 지배가 가지는 힘과 한계가 드러난다. 어떤 목적을 추구하는 것이 법의 지배와 도저히 양립할 수 없다면 그런 목적을 법으로 추구해서는 안 된다. 하지만 법의 지배를 근거로 어떤 중요한 사회적 목적을 법으로 추구하면 안 된다고 성급하게 결론 내려서도 안 된다. 법의 지배는 어떤 법체계가 갖출 수 있는 여러 훌륭한 가치들 중 하나일 뿐이며, 법이 추구하는 다른 가치들과 경쟁하거나 충돌할 수 있다. 그러할 때 우리는 적절한 균형을 찾아야 하고, 때로 법의 지배에는 덜 부합하더라도 다른 가치들을 더 잘 실현할 수 있는 길을 선택하기도 한다. 법의 지배라고 하는 제단에 너무도 많은 사회적 목적을 희생시킨다면 법은 메마르고 공허하게 될 것이다.

해설 & 예시답안

1번 문항은 <사례>에서 당사자 사이에 어떠한 사실이 있는지 없는지가 다투어질 수 있는 상황을 제시하고, <지침>에서는 적절한 논거를 발견하는 방법과 변론에서 사용할 수 있는 관용표현들, 변론문 구성방법을 제시하였다. 수험생은 <사례>에 등장한 A의 혐의를 부인할 수 있는 적절한 논거를 <지침> 중 '1. 논거의 발견'의 내용을 토대로 발견해내고, <지침> 중 '2. 변론문의 구성'의 내용에 맞게 설득력 있는 변론문을 작성하여야 한다.

2번 문항은 '법의 지배'에 관한 상이한 관점을 보여 주는 세 제시문의 논지를 분석·비교하고, 이를 <보기>의 사례에 적용한 다음, 이를 바탕으로 법의 지배에 대한 적절한 관념을 제시하면서 <보기>에 대한 자기 견해를 논술하도록 하였다. 제시문에는 자유주의와 형식적 규칙에 의한 법의 지배를 주장하는 관점, 사회경제적 권리까지 법의 지배의 내용으로 파악하는 관점, 법의 지배를 소극적, 수단적 가치로 파악하고 다른 가치와의 충돌가능성과 형량의 필요성을 주장하는 관점의 글을 주었다. 수험생은 세 제시문의 논지를 제대로 파악하여 적절히 비교하고, <보기>에 대해 각 제시문의 관점에서 어떤 평가가 내려질지 설명한 다음, 이 논의를 발전시켜 자신이 타당하다고 평가한 관점을 선택하거나 혹은 제시되지 않은 제4의 관점을 토대로 <보기>에 대한 자신의 생각을 논리적으로 전개해야 한다.

👤 1번 문제 해설

① 문제와 조건 분석

문제 분석	<사례>에서 로마인 A는 매우 위험한 상황에 처하게 되었다. 당시에 작성된 <변론을 위한 지침>을 적절히 참고하여 A의 혐의를 부인하는 변론문을 작성하시오. (단, 사례에 명시된 사실에 기초하여 작성할 것) (900~1200자, 40점)
	• 문제의 요구를 지키는 것이 중요하다. 문제에서 로마인 A의 혐의를 부인하는 변론문을 쓰라고 하였다. 따라서 <변론을 위한 지침>에서 로마인 A의 혐의를 부인할 수 있는 논리를 찾아야 한다. 그리고 <사례>에 이 논리를 적용하여 로마인 A의 혐의를 부인할 수 있음을 논증해야 한다. 특히 <사례>에 적용하는 부분이 대단히 중요한데, 문제에서 조건으로 사례에 명시된 사실에 기초하여 작성하라고 명시해두었으므로 채점기준에 반영되어 있을 수밖에 없다. 만약 논리가 아무리 좋다고 하더라도 그 논리를 <사례>에 적용하여 실제로 이 <사례>의 로마인 A의 혐의를 부인할 수 없다면 득점을 할 수 없을 것이다.
조건 분석 – 2. 변론문의 구성	변론문은 논제 제시, 근거 제시, 논증, 마무리의 네 부분으로 구성한다. 논제 제시 부분에서는 앞으로 할 말, 즉 논증하려는 것이 무엇인지 간략하게 제시한다. 근거 제시 부분에서는 논제의 근거를 간단히 제시한다. 논증 부분에서는 논거를 적절한 순서에 따라 하나씩 소개하면서 설명을 덧붙인다. 마무리 부분에서는 논증한 내용을 간략히 정리하고 어떤 결정이 내려져야 할 것인지를 말한다.
	• <변론을 위한 지침>에서 글의 형식을 지정해주었다. 문제에서 이처럼 구체적으로 형식을 정해준 것을 볼 때, 이는 그동안 수험생들이 논술 답안지를 얼마나 잘못 써왔는지를 알게 해주는 조건이다. 이 조건은 문제와 상관없는 글을 자유롭게 쓰지 말고 문제에서 원하는 바를 명확하고 논리적으로 써달라는 출제자의 외침이라고 생각하면 된다. • 서론은 로마인 A의 혐의를 부인한다는 주장과 그 논거를 제시하여야 한다. • 본론은 로마인 A의 혐의를 부인할 수 있는 논거를 <사례>에 적용하여 논증한다. • 결론은 생략 가능하며, 굳이 써야 한다면 주장과 논거를 다시 정리하면 된다.

② 사례 분석

로마인 A가 실제로 범죄를 저지르지 않았음에도 불구하고, 정황과 심증에 의해 범죄자로 몰리게 된 상황이다. A는 B와 함께 여행을 하면서 B에게 현금이 많다는 것을 알고 있었다는 점, A의 칼이 범행에 사용되어 피가 묻어 있었다는 점 등을 파악해야 한다.

③ 변론을 위한 지침 분석

다섯 가지 논거가 제시되고 있다. ① 개연성, ② 비교, ③ 간접사실, ④ 정황증거, ⑤ 후속행동의 논리를 자세하게 제시하고 있다. 이 논거를 잘 파악해서 <사례>에 적용해야 한다.

문제를 볼 때, ⑤ 후속행동의 논거를 사용해서는 안 된다. 왜냐하면 후속행동은 법정에서 피고인의 행동이므로 <사례>와 아무 관련이 없기 때문이다. <사례>는 사건이 진행된 과정에 대해서만 서술되어 있을 뿐, 법정과 관련된 내용은 찾을 수 없다. 만약 후속행동을 논거로 사용한다면 변론문이 아니라 없는 사실을 지어내는 소설이 될 것이다.

④ 정황증거의 경우, 불리하다. 로마인 A가 피해자인 B를 죽였을 수도 있는 피 묻은 칼이 정황증거로 남아있기 때문이다. 따라서 이 정황증거인 칼에 대해서는 반론을 제기해야 한다. 피 묻은 칼이 A의 것이라 하여 반드시 A가 이 칼을 사용해 피해자를 죽였다고 볼 수 없다는 점을 강조해야 한다. 누구든 A의 칼을 이용해 B를 죽였을 수 있다는 점을 제시하여 정황증거를 약화시켜야 한다.

④ 구조 분석과 개요

1문단	논제 제시, 근거 제시
• A의 혐의 부인 • 개연성, 비교, 간접사실	

2문단	개연성 → <사례> 증명
• 동기 부인 or 동기의 중요도 약화 • 범인으로 의심받을 것이 명백한 상황에서 범행을 저지를 리 없다.	

3문단	비교 → <사례> 증명
• 범죄가 다른 사람에게도 이익이 된다. • 다른 사람도 피고인에게 혐의가 부과된 행위를 할 수 있었다.	

4문단	간접사실 → <사례> 증명
• 장소, 시점, 소요 시간, 기회, 성공 가망성에 대한 예상, 범행 발각을 피할 가망성에 대한 예상 • 범행에 불리한 시점에 범행을 저지른 것은 불합리하다.	

📝 1번 문제 예시답안

B를 살해하였다는 이유로 기소된 A의 살인 혐의는 인정될 수 없습니다. A가 살해범으로 의심받을 것이 명백히 예측된다는 점, B를 살해할 유인은 A에게만 있는 것이 아니라는 점, A가 여관에서 B를 살해하는 것은 비합리적인 범행이라는 점에서 A의 살인 혐의를 부인할 수 있습니다.

A는 개연성 측면에서 범행 가능성이 적습니다. A가 B를 살해하여 얻을 이익이 있음은 분명합니다. 그러나 B가 살해된다면 A가 범인으로 지목될 것이 자명한 상황에서 A가 범행을 감행할 가능성은 적습니다. A와 B는 여행을 함께 했고 B의 살해 당일에도 A와 B는 같은 방에 묵었습니다. B가 살해되고 돈이 사라진다면 당연히 A는 범인으로 지목될 수밖에 없습니다. 만약 A가 범죄를 사전에 모의했다면 최소한 B와 같은 방을 쓰지는 않았을 것입니다. 이처럼 A가 살해범으로 의심받을 것이 분명한 상황에서 A가 B를 살해하였음이 명백하다고 할 수 없습니다.

B를 살해함으로써 얻을 이익은 A에게만 있지 않습니다. 범죄로 인한 이익은 누구에게나 범죄 유인이 될 수 있습니다. B는 많은 사업 자금을 지니고 여행을 하고 있는 중이어서 B를 살해한다면 B가 가진 금화는 손쉽게 범인의 것이 될 것입니다. 더불어 범행으로 얻은 B의 금화는 본래 누구의 것이었는지 알 수 없으므로 A뿐만 아니라 어떤 사람도 B를 살해할 유인을 가질 수 있습니다. 따라서 A가 B의 사업 자금을 탐내어 살해하였음이 명백하다고 할 수 없습니다.

A가 B를 살해할 더 좋은 기회가 많았다는 점에서 A는 B를 살해했다고 볼 수 없습니다. 목적 달성에 손쉬운 수단을 선택하는 것이 합리적이지 더 어려운 수단을 선택할 필요는 없습니다. 그것은 범죄에서도 마찬가지입니다. A는 B와 함께 여행을 하면서 B의 신뢰를 얻었습니다. 따라서 A는 범행에 유리한 환경으로 B를 유인하는 것마저도 가능한 상황이었습니다. 범죄자의 입장에서 본다면, 자신이 의심받을 것이 분명한 여관에서 범죄를 저지르는 것보다 인적이 드문 산길 등에서 범행을 저지르는 것이 더 합리적입니다. 따라서 A가 B를 살해하였음이 명백하다고 할 수 없습니다.

A는 범죄의 개연성이 명확하지 않고, 범죄 이익을 비교할 때 그것이 월등하다고 할 수 없으며, 범죄와 관련한 간접사실의 측면에서도 명백함이 증명되지 않습니다. 따라서 범행의 도구로 A의 칼이 사용되었다는 정황증거만으로 A가 B를 살해하였다는 범죄 혐의를 인정해서는 안 됩니다.

※ 1195자

2번 문제 해설

① 문제 분석

> '법의 지배'에 관한 제시문 (가)~(다)의 견해를 비교하고, 각각에 따를 때 <보기>의 사례가 어떻게 평가될지 설명한 다음, 이를 활용하여 이 사례에 대한 자신의 견해를 논술하시오. (1300~1600자, 60점)

　문제의 요구를 지키는 것이 중요하다. 문제에서 크게 3가지를 요구하고 있다. 첫 번째로 법의 지배에 대한 (가)~(다)의 견해를 비교하라고 하였으므로 이를 서론으로 삼아 핵심적인 비교를 해야 한다. 이 부분이 길어지면 중요한 부분의 분량이 줄어들게 되어 고득점이 어려우므로 주의해야 한다. 두 번째로 위의 견해에 따를 때 <보기>의 사례를 평가하라고 하였다. 논리를 핵심적으로 제시하고 그 논리가 어떻게 <보기>에 적용될 수 있을지 구체적이고 명확하게 논증해야 한다. 이 부분의 논리 제시와 적용이 고득점을 좌우한다. 마지막으로 사례에 대한 자신의 견해를 논술하라고 하였다. 두 번째 요구사항을 충분히 논증했다면 다시 한번 논리를 정리하는 형태가 될 가능성이 높다.

② 제시문 분석

제시문 (가) 분석	법의 지배는 자유를 위해서만 존재해야 한다는 자유주의적 입장이다. 어떤 가치가 옳은 것인지 모든 사람이 합의할 수 없기 때문에 절대적으로 옳은 내용의 법은 있을 수 없다. 따라서 법은 어떤 가치가 옳은 가치인지 그 내용을 정하는 것이어서는 안 되고, 모든 사람이 합의할 수 있는 절차와 같은 형식적인 것이어야 한다. 그리고 그 절차 안에서 개인들은 자유롭게 내용을 정해나갈 수 있다. 따라서 법의 지배는 자유를 위한 것이어야 하며, 특정한 가치를 실현하려는 것이어서는 안 된다.
제시문 (나) 분석	법의 지배는 공동체적 가치를 실현하기 위한 것이어야 한다는 공동체주의적 관점이다. 법은 공동체를 유지하기 위한 규칙이다. 따라서 공동체가 유지되고 존속하기 위해, 그리고 더 좋은 공동체가 되기 위해 법은 공동체 구성원이 공유하는 가치를 실현해야 한다.
제시문 (다) 분석	법은 가치중립적이기 때문에 법의 지배는 여러 가치를 종합적으로 형량해야 한다는 종합·절충적 관점이다. 법의 지배는 자의적 권력을 막기 위한 목적에서 인정되는 것이기 때문에 법의 지배 자체는 목적이 될 수 없다. 따라서 법의 지배와 좋은 가치의 실현은 충돌할 수도 있다. 좋은 법의 지배를 실현하기 위해서는 여러 가치 간의 균형이 필요하다.

③ 구조 분석과 개요

　<보기>의 사례를 평가할 때, 1) 영업시간의 제한과 2) 의무 휴업의 강제에 대해 판단해야 한다. 1) 영업시간의 제한과 관련해, 이는 대형 마트의 영업의 자유를 제한하는 측면이 있으나 중소 유통업체의 불평등을 해소할 수 있다. 2) 의무 휴업의 강제는, 대형 마트 노동자의 계약의 자유를 침해하는 것이지만 사용자와 근로자 간의 불평등을 해소해 노동자의 건강권을 실질적으로 지키는 효과도 있다.

　<보기>의 사례에 제시문의 논리를 적용할 때 문제의 쟁점을 놓치지 않고 적용하면 고득점할 수 있다. 문제에 대한 분석을 철저히 하고 사례에 적용해 해결해야 할 사안이 무엇인지 명확하게 제시해야 한다.

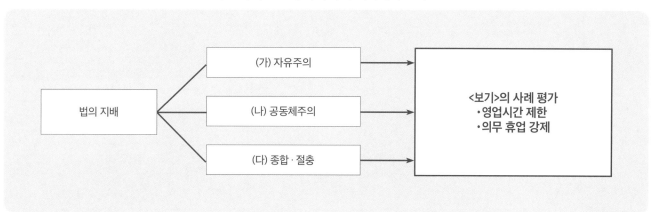

　　법의 지배에 대해, (가)는 자유주의적 관점을, (나)는 공동체주의적 관점을, (다)는 다른 가치와의 형량이 필요하다는 종합·절충적 관점을 보이고 있다.

　　(가)는 법은 자유를 보장하기 위해 존재한다고 한다. 법은 개인의 자유와 그 결과를 보호해야 한다. 다수가 특정한 가치를 실현하고자 법이라는 강제력을 동원한다면 개인의 자유는 파괴된다. 평등이라는 가치를 실현하고자 법으로 시장에 개입하는 것이 대표적 사례이다. <보기>의 법은 다수 여론에 민감한 국회가 법을 통해 평등이라는 가치를 실현하고자 자유시장질서에 부당하게 간섭한 것이다. 지방자치단체장이 자의적으로 대형 유통업체에 영업시간 제한, 의무 휴업을 명할 수 있으므로 유통업체 간의 자유 경쟁을 저해한다. 또 근로자의 건강권을 지킨다는 목적 아래 합리적 개인인 피고용인과 근로자의 자유 계약을 저해한다. 따라서 (가)는 <보기>의 사례를 타당하지 않다고 평가할 것이다.

　　(나)는 법은 사회적으로 공유된 공동체적 가치를 실현하는 역할을 해야 한다고 한다. 법은 공동체 구성원들이 염원하는 가치를 실현하려는 목적으로, 불평등을 해소하거나 공동체의 경제·사회적 이익 증대를 위해 적극적으로 사용될 수 있다. <보기>의 법은, 지역 공동체에 의해 선출되는 지방자치단체장이 공동체의 공유 가치를 실현하는 것이다. 이 법은 대형 유통업체와 중소 유통업체 간의 불평등과, 피고용인과 근로자 간의 실제적 불평등을 해소하여 달성하고자 하는 평등이라는 공동체적 가치를 실현할 수 있다. 따라서 (나)는 <보기>의 사례를 타당하다고 평가할 것이다.

　　(다)는 법은 좋은 가치를 실현하는 도구이므로 여러 가치를 균형적으로 판단해야 한다고 한다. 법이란 자의적 권력이라는 최악을 막기 위한 목적으로 만들어진 것이므로, 특정한 가치를 실현하고자 하는 목적에 반할 수도 있기 때문이다. (다)에 의하면, <보기>의 사례는 국회에서 과반수의 동의를 얻어 제정되어 형식적으로 정당하다. 또 중소 유통업체의 존속과 발전, 근로자의 건강권이라는 목적은 내용적으로 타당하다. 물론 이 과정에서 대형 유통업체의 영업의 자유가 침해될 수 있다. 그러나 <보기>의 법은 일정 규모 이상의 유통업체만을 그 대상으로 하고, 대형 유통업체의 영업 자체를 제한하는 것이 아니라 영업시간 등을 제한하는 것에 지나지 않는다. 그리고 지방자치단체장이 이를 명하게 함으로써, 지역 주민들이 대형 유통업체의 영업을 강력하게 원한다면 대형 마트는 영업 규제를 받지 않을 수 있다. 따라서 (다)는 <보기>의 사례를 타당하다고 평가할 것이다.

　　<보기>의 사례의 법은 그 목적은 타당하나 일정 정도의 보완이 필요하다. (가)는 이 법이 자유 경쟁을 침해한다고 한다. 그러나 자유 경쟁은 그 자체가 목적이 아니라 자유 경쟁의 결과인 효율성이 다수 국민의 행복에 도움이 되기 때문에 보장하는 것이다. 자유 경쟁의 결과가 대형 유통업체의 독점으로 이어져 다수 소비자와 국민의 피해로 이어지고, 근로자의 건강에 해악을 준다면 자유 경쟁을 제한할 수 있다. 단, 지방자치단체장의 재량에 의해 영업시간의 제한이나 의무 휴업이 가능하다면 자의적 자유 침해가 발생할 수 있으므로 지방의회나 위원회의 동의를 얻는 절차를 확보하는 등의 보완이 필요하다.

※ 1584자

* 교재 뒷부분에 있는 논술 답안지를 사용하여 답안을 작성해보세요.
• 논술 경험이 있다면, 실전처럼 답안을 바로 작성한 후 예시답안과 비교하여 완성도를 높이는 데 중점을 두어보세요.
• 답안 작성이 막막하다면, 문제 뒤의 해설을 먼저 참고한 후 답안을 작성하여 논술 감각을 익히는 데 중점을 두어보세요.

1. 다음은 '갑'과 '을'의 토론의 시작 부분이다. 토론의 맥락을 고려하여 '을'의 두 번째 발언을 쓰시오. (900~1100자, 40점)

〈조건〉

1. '갑'의 논거를 모두 찾아 각각에 대해 비판할 것
2. '을'의 입장을 강화하는 새로운 추가 논거를 제시할 것

갑: 행복한 삶을 위해서는 자신의 능력을 잘 알고 현실도 잘 파악해서 실현 가능한 이상을 세우는 것이 중요합니다. 제가 알고 있는 한 테니스 선수는 어려서부터 국가 대표가 되어 올림픽에 출전하고 싶어 했습니다. 그 선수는 재능도 있었고 훈련도 자기 나름대로 열심히 했지요. 그러나 더 전문적이고 체계적인 훈련 없이는 국가 대표 수준에 도달하는 것이 불가능했고, 가정 형편도 그러한 훈련을 받을 만큼 넉넉하지 못하였습니다. 더욱이 그 목표를 이루는 데 필요한 사회적 지원을 기대하기도 어렵다는 것이 점차 분명해졌습니다. 그 선수는 서서히 자신이 헛된 꿈을 꾸고 있음을 느끼기 시작했고, 오히려 지역 대회에서 명성을 쌓고 학생들을 가르치면서 사는 것이 더 의미가 있겠다고 생각하게 되었죠. 오랜 고민 끝에 목표를 바꾸고 나자, 그동안의 극심한 경쟁으로 인한 스트레스에서 벗어나고 후진 양성에 더 많은 시간을 투자할 수 있게 되어 훨씬 행복해졌습니다. 이처럼 그 테니스 선수가 목표를 수정하고 꿈을 낮춘 것은 자신의 상황을 현실적으로 판단해 합리적 선택을 내린 것이라 생각할 수 있습니다.

을: 예로 드신 테니스 선수가 스스로 목표를 조정하고 자신이 현재 행복하다고 말하더라도, 과연 그 행복이 진정한 행복이라고 우리가 확신할 수 있을까요? 이솝 우화에 '여우와 신 포도' 이야기가 나옵니다. 거기서 여우는 "포도가 시어서 먹지 않는다."라고 말하는데, 여우는 정말로 그 포도를 원하지 않게 된 걸까요? 여우가 그 포도를 먹고 싶어 했던 것, 하지만 가지가 높아서 따 먹을 수 없었다는 것이 사실이라면, 여우의 말은 자기 정당화 내지 자기기만에 불과합니다. 테니스 선수가 느끼는 행복도 이 관점에서 볼 수 있을 것입니다.

시야를 좀 더 넓혀 봅시다. 개인의 능력의 범위나 현실의 한계를 누가 어떻게 규정하는 것입니까? 개인이 가지는 무한한 가능성은 사전에 제한될 수 없습니다. 실현 가능한 꿈을 추구하라는 말은 개인의 선호가 사회 구조에 의해 제어되거나 순응을 강요받는다는 점을 간과한 것이며, 이는 강자의 이익에 봉사하는 논리가 될 수 있습니다. 강자는 항상 현실적인 꿈을 꾸는 것이 합리적이라는 이데올로기를 의식적으로 혹은 무의식적으로 사회적 약자들에게 주입함으로써 자신들의 지배를 정당화하고 영속화하죠. 그 결과 사회적 약자들은 현실에 순응하는 과정을 통해 기존의 사회 구조에 익숙해집니다. 그들은 불만족스러운 게 있어도 어쩔 수 없는 일로 수용하고, 저항할 생각도 못한 채 조용히 순응하며, 고통과 분노를 일으킬 만한 일도 즐겁게 감내해야 할 일로 여깁니다.

왜 사람들이 부조리한 현실에 무감각해지는지 아십니까? 그들에게는 하루하루 생존하는 것 자체가 무엇보다 절실하기 때문입니다. 그래서 현재의 부조리와 부당함이 전혀 부조리하지 않게 보이게 되는 것이죠. 예를 들어, 신분 질서가 고착된 사회의 하층민이나, 어떤 공동체에서 지속적으로 억압받아 온 소수자의 경우가 그렇습니다. 같은 일을 해도 훨씬 적은 임금을 받는 우리 사회의 비정규직 노동자나, 성 차별이 심한 가정에서 억압받는 여성들도 마찬가지고요. 이런 사람들은 어떤 근본적 변화를 시도할 용기를 내기 어렵습니다. 따라서 현실의 변화 없이는 왜곡되지 않은 개인의 이상을 실현한다는 것은 요원한 일입니다.

이렇게 볼 때 개인은 자신의 진정한 행복을 위해 욕망을 조정하여 실현 가능한 범위 내로 꿈을 제한하려고 할 것이 아니라, 용기를 내어 자신의 이상을 추구하면서도 동시에 그 이상을 실현할 수 있는 사회를 만들려고 노력해야 할 것입니다. 사회 구조 자체를 바꾸려는 노력이 중요한 것이지요.

갑: 정말로 사회 구조를 바꾸면 약자들이 잃었던 꿈을 되찾고 행복을 얻게 될까요? 역사는 강자들의 지배 구조를 전복하기 위한 어떠한 노력도 결국 새로운 강자를 생산할 뿐이었음을 반복적으로 보여 주고 있습니다. 자유, 평등, 박애를 실현하기 위한 프랑스 혁명이 오히려 무질서와 폭정으로 귀결되었음이 그 예입니다. 또한 자본주의의 모순을 제거하려 했던 사회주의의 실험도 결국 착취라는 인간 사회의 모순을 없애지는 못했습니다. 제2차 세계 대전 이후 사회주의 정권이 들어선 동유럽에서 만들어져 널리 알려졌던, "자본주의에서는 인간이 사람을 착취하고, 사회주의에서는 그와 정반대이다."라는 유명한 농담은 구조를 바꿈으로써 사회적 모순을 일소하려는 노력이 헛된 것임을 웅변하고 있습니다.

구조를 바꾸려는 노력이 무의미하다면 우리에게 남겨진 대안은 하나뿐입니다. 합리적 선택을 하는 것입니다. 합리적 선택이란 자기기만과 달리 실현 가능한 범위 내에서 자신이 할 수 있는 일을 선택하는 것을 말합니다. 자기기만은 진실을 외면하고 합리적 판단을 결여한 것이지만, 합리적 선택이란 자신의 능력과 현실을 파악하고 그 범위 내에서 선택 가능한 조합을 찾아서 비교하고 평가하는 행위를 말합니다. 실현 가능성을 넘어서는 목표는 비현실적입니다. 비현실적인 욕구를 추구하는 것은 비합리적인 행동이고 인생을 낭비하는 일일 뿐만 아니라, 행복에서 멀어지는 일입니다. 만약 앞에서 언급한 테니스 선수가 올림픽 출전에 계속 도전했다면, 과연 행복했을까요? 아마도 좌절과 실망을 반복하면서 결국 불행한 삶을 살게 되었을 것입니다. 주어진 현실 속에서 실현 가능한 꿈을 갖는 것은 지배 질서에 대한 굴복이 아니라 자신의 행복을 향한 최상의 선택입니다.

저는 사람들에게 실현 가능성이 없는 목표에 계속 매진하라고 권유하고 부추기는 것은 무책임하다고 생각합니다. 그것은 어리석게도, 개인에게 불행을 향해 달려가라고 권고하는 일 이상이 될 수 없는 것이지요. 그런 행위는 부도덕하다고까지 말할 수 있겠습니다.

을:

2. 제시문 (가), (나), (다)의 논지를 분석하고, 그중 한 제시문의 관점에서 인권과 민주주의의 관계에 대하여 자신의 견해를 논술하시오. (1300~1500자, 60점)

〈조건〉
---

1. (가), (나), (다)에 제시된 논거를 찾아 분석에 포함할 것
2. 자신이 선택한 관점에서 다른 두 제시문에 대해 비판하는 내용을 포함할 것

(가) 민주주의 없는 인권이란 형용 모순이다. 민주주의가 부재한 곳에서 시민은 예속적인 위치에 처하므로 주체적인 삶을 영위할 수 없고, 자율적 인간으로서의 존엄성을 확보할 수도 없다. 시민에게 주체적인 삶이란 무엇인가? 그것은 사회 속에서 자신의 운명을 스스로 결정한다는 것을 의미하고, 구체적으로 자신에게 적용될 규칙을 제정하는 데 동등하게 참여할 수 있음을 의미한다. 따라서 민주주의의 부재는 시민의 주체성을 부정하는 것이고, 인권의 존립 기반을 허무는 것이다. 이러한 의미에서 민주주의는 인간 존엄의 한 요소이고, 민주주의에 대한 권리는 핵심적인 인권이라 할 수 있다.

민주주의가 결여된 상태에서는 타인의 간섭 없이 자유로운 선택에 따라 자신의 행동을 결정한다는 의미에서의 행동의 자유가 침해된다. 이러한 소극적 의미의 행동의 자유는 정치적 자유와 필연적으로 연관된다. 시민은 정치적 자유를 행사하여 자신의 행동에 대한 정부의 영향력을 통제할 수 있을 때 비로소 행동의 자유를 확보할 수 있기 때문이다. 만일 어떤 정부가 행동의 자유를 보장한다고 공언하면서도 시민에게 정치 과정에 참여할 권리를 부여하지 않는다면 이는 실제로 행동의 자유를 박탈하는 것이 된다. 행동의 자유의 범위는 본질적으로 정치 과정을 통해 결정되므로 정치적 참여권의 보장 없이는 행동의 자유가 존재할 수 없다.

민주주의는 인권을 적절하게 향유하는 데에도 필수 불가결한 조건이다. 우리는 인권 실현 과정의 역동적 성격에 주목할 필요가 있다. 인간이 어떤 권리를 가진다는 것은 갈색 눈이나 검정 모자를 소유하는 것과 같은 소극적 상태로 파악되어서는 안 된다. 권리를 가진다는 것은 그것의 해석을 통해 다른 이들과 의견을 공유하는 능동적 능력을 발휘할 수 있음을 의미한다. 이 능력은 인간이 자신의 견해를 공적으로 제약 없이 표현할 수 있는 경우에만 실현된다. 이처럼 자신의 권리를 해석하는 능력과 견해를 표현할 수 있는 자유는 민주주의 국가에서만 존재할 수 있다.

(나) 인권과 민주주의는 서로 다른 필요를 충족시키기 위해 탄생했다. 인권은 개인의 차원에서 인간 존엄, 생명, 자유, 평등을 보호하기 위해 발전했다. 그에 비해 민주주의는 동등한 지위를 갖는 구성원들로 이루어진 집단의 의사 결정 절차로서 발전했다. 결과적으로 민주주의가 성립하기 위해서는 인권이 실현되기 위한 전제 조건 이외의 추가적인 조건들이 충족되어야 한다. 예컨대 민주주의는 정치 과정에 시민들이 동등하게 참여할 것을 요구하지만 인권의 요구는 거기까지 미치지 않는다. 또한 민주주의에 대해서는 일정 정도 양보가 가능하지만 인권에 대해서는 양보가 불가능하다. 인권은 민주주의보다 더 절박한 인간의 요구를 반영하기 때문이다.

인권은 민주주의와 마찬가지로 집단적 자기 결정을 하나의 필수 요소로 규정하고 있다. 하지만 인권이 요구하는 집단적 자기 결정의 수준은 민주주의가 요구하는 엄격한 수준보다 낮다. 예를 들어, 시민의 평등한 참여를 보장하는 민주적 절차를 갖추지 못했지만 시민의 이해관계를 반영하는 그 나름의 정치 과정을 통해 공공선을 실현하고, 시민에게 적정 수준의 건강, 교육, 경제적 안정, 신체적 안전 등을 보장해 주는 국가가 있을 수 있다. 시민에게 평등한 정치 참여를 보장하지 않는다는 이유로 이 국가가 인권을 침해했다고 말할 수는 없을 것이다.

민주주의가 현존하는 최선의 정치 제도라는 데에는 대체로 동의할 수 있다. 그렇다고 해서 정치 과정에의 평등한 참여를 배제하는 사회를 정의롭지 못하다고 비난할 수 있는가? 이는 간단히 대답할 수 있는 문제가 아니다. 복잡한 규범적인 문제와 관련해서는 얼마든지 다양한 의견이 있을 수 있다. 이때 서로의 의견이 일치하지 않더라도 그 의견이 합당하다면 이를 용인하는 것이 관용적인 태도이다. 이러한 태도는 정치 제도에도 적용할 수 있다. 물론 정치적 이유로 시민의 인권을 심각하게 유린하는 행위는 용납할 수 없겠지만, 고유한 문화와 전통에 입각하여 정치적 문제를 해결하고 공공선을 추구한다면 그러한 사회의 정치 제도는 합당한 것으로 용인해야 한다. 이 점에서도 우리는 민주주의와 인권의 요구가 다르게 취급되어야 한다는 것을 확인할 수 있다.

(다) 어떤 사회 제도가 근본적인 선(善)을 보호하는 데 효과적이라는 점이 입증되면, 그 제도는 도덕적으로 정당화될 수 있다. 인권이라는 근본적 선과 관련해서 보자면, 민주 정치를 구현한 사회가 다른 사회보다 인권 보호에 효과적이라는 점이 경험적으로 입증되고 있다. 이는 개별 국가의 차원에서뿐만 아니라 국가들 간의 관계에서도 확인할 수 있다.

한 사회에서 민주주의와 인권 보호 사이에는 높은 상관성이 존재한다. 고문을 예로 들어 보자. 민주적인 사회에서는 고문과 같은 인권 침해에 반대하는 정치적 결사나 정당들의 활동에 제약이 없기 때문에 시민들이 힘을 결집하여 인권 침해의 책임자를 응징할 수 있다. 민주주의가 지닌 참여와 경쟁이라는 요소가 인권을 보호하는 데 탁월한 역할을 하는 것이다. 반면, 권위주의 국가에서는 시민들의 정치 참여와 공직 진출이 제한되기 때문에 견제와 감시의 기능이 작동하지 않는다. 이러한 상황에서는 고문과 같은 중대한 인권 침해 사실이 드러나기 어렵고, 드러난다 하더라도 책임을 추궁하기 힘들다. 그 결과 권위주의 국가의 통치자들은 억압적인 수단을 사용하려는 유혹을 떨쳐 내지 못하는 경우가 많다. 그들이 설령 인권을 보호한다 하더라도 이는 정략적인 목표에 따른 것이다. 권위주의 국가의 통치자들은 위기에 처하게 되면 언제든지 인권에 대한 보호를 철회하므로, 그들로부터 장기적이고 안정적인 인권 보호를 기대하기 어렵다.

민주주의와 인권 보호 사이의 상관관계는 국제적인 차원에서도 확인된다. 근대적인 국제 관계가 확립된 이후 민주주의 국가들 사이에 좀처럼 전쟁이 일어나지 않는다는 것은 역사적으로 입증된 사실이다. 민주주의 국가는 다른 민주주의 국가와의 분쟁을 해결하는 데에 평화적 수단을 선호하기 때문이다. 반면, 민주주의 국가와 권위주의 국가, 또는 비민주적 국가들 사이에는 전쟁이 일어날 가능성이 상대적으로 높다. 따라서 민주주의 국가의 수가 늘어날수록 국제 관계는 더욱 안정적이고 평화적으로 발전하며, 이는 전쟁이 야기할 수 있는 총체적인 인권 침해의 가능성을 감소시킨다.

해설 & 예시답안

 1번 문제 해설

① 문제와 조건 분석

문제와 조건을 잘 분석하면 시간을 아낄 수 있다. 시험에서 시간을 아낄 수 있다는 것은 고득점으로 이어지는 지름길이나 다름없다. LEET 논술에서는 시간이 절대적으로 부족하기 때문에 제시문을 읽기 전에 먼저 문제와 조건을 분석하여 필요한 내용이 무엇인지 정확하게 파악하여야 한다. 출제 의도를 정확하게 파악한 이후 제시문을 읽으면 효율적으로 접근할 수 있다.

문제 분석	다음은 '갑'과 '을'의 토론의 시작 부분이다. 토론의 맥락을 고려하여 '을'의 두 번째 발언을 쓰시오. (900~1100자, 40점)
	문제의 요구를 지키는 것이 중요하다. 문제에서 토론의 맥락을 고려하라고 하였으므로 먼저 '갑 → 을 → 갑'의 순서로 이어지는 토론과정을 살펴야 한다. 이러한 논리적 연장선상에서 '을'의 두 번째 발언을 써야 한다. 특히 LEET 논술의 특성상 공통점과 차이점을 생각하면서 제시문을 분석하는 것이 좋다. 갑과 을은 토론을 나누고 있다. 따라서 서로 다른 주장을 펼치면서 자신의 입장을 설득하려 하는 의도를 가지고 있다. 여기에서 공통점은 동일한 사안에 대해 논한다는 점이고 차이점은 동일한 사안에 대한 입장이 다르다는 점이다. 전혀 다른 사안을 가지고 논쟁을 벌일 수는 없기 때문이다. 이를 염두에 두고 제시문을 읽는다면 시간을 아낄 수 있다.
조건 분석	1. '갑'의 논거를 모두 찾아 각각에 대해 비판할 것 2. '을'의 입장을 강화하는 새로운 추가 논거를 제시할 것
	문제의 조건을 통해 필요한 정보를 습득하고 조건을 준수해야 한다. 조건에서 갑의 논거를 모두 찾으라고 하였으며, 을의 새로운 추가 논거를 제시하라고 하였다. 여기에 큰 힌트가 숨어있다. 이 문제는 900~1100자를 쓰라고 하였다. 즉 3문단 정도의 구성이 가능하다. 그렇다면 제시문에서 갑이 두 번 말했고, 을의 새로운 추가 논거가 필요하다는 점을 고려했을 때, 갑의 논거는 2개라는 사실을 알 수 있다. 따라서 갑의 논거 2개를 비판하고, 을의 추가 논거 1개를 제시하면 된다.

② 제시문 분석

'갑'의 첫 번째 발언 분석	• 갑은 행복을 실현하기 위해 실현 가능한 이상을 세워야 한다고 주장한다. 그 논거로 개인의 능력과 노력만으로는 현실적 한계를 극복할 수 없기 때문이라고 한다. 이를 논증하기 위해 테니스 선수의 예를 들어 예증의 방법을 취하고 있다.
'을'의 첫 번째 발언 분석	• 을은 먼저 갑의 발언에 대해 반론을 취하고 있다. 갑은 첫 번째 발언에서 "실현 가능한 이상을 세워 노력하면 행복할 수 있다."라고 하였다. 추리논증에서 익히 배웠다시피 "P이면 Q이다."에 대한 비판은 "P이면 ~Q이다."라는 명제가 된다. 을은 갑의 첫 번째 발언에 대해 "실현 가능한 꿈을 가지고 노력하여 얻은 행복은 진정한 행복이라 할 수 없다."라고 비판한다. • 을은 진정한 행복을 실현하기 위해 사회 구조를 바꾸어야 한다고 주장한다. 그 논거로 행복에 대한 개인의 선호가 사회 구조에 의해 왜곡될 수 있다고 한다. 현실적인 꿈을 꾸라는 이데올로기는 사회적 강자에 의해 정당화되고 사회적 약자는 생계의 절실함으로 인해 이러한 왜곡이 더욱 강화된다고 한다.
'갑'의 두 번째 발언 분석	• 갑은 을의 주장에 대해 비판한다. 을은 "행복을 실현하기 위해 사회 구조를 바꾸어야 한다."라고 주장하였는데, 갑은 사회 구조를 바꾸어도 개인의 행복을 달성할 수 없다고 한다. 이는 역사적 사례를 보아도 알 수 있다고 하면서 프랑스 혁명, 사회주의 실험 등을 들어 예증의 방법을 취하고 있다. • 갑은 행복을 실현하기 위해 실현 가능한 이상을 세워야 한다는 자신의 주장을 강화한다. 이를 위해 두 번째 논거로 개인이 합리적 선택을 통해 자신의 행복을 달성할 수 있다고 한다. 합리적 선택은 목적을 달성하기 위해 좋은 수단을 선택하는 최적의 선택행동이며 이를 통해 효율적으로 행복에 도달할 수 있다고 한다.

③ 구조 분석과 개요

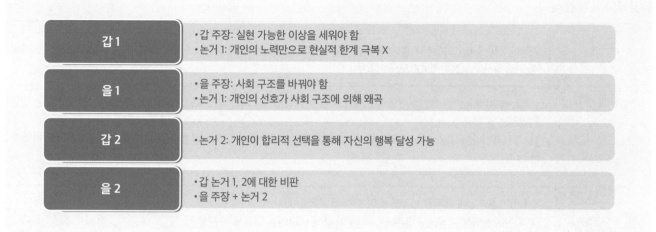

갑 1
• 갑 주장: 실현 가능한 이상을 세워야 함
• 논거 1: 개인의 노력만으로 현실적 한계 극복 X

을 1
• 을 주장: 사회 구조를 바꿔야 함
• 논거 1: 개인의 선호가 사회 구조에 의해 왜곡

갑 2
• 논거 2: 개인이 합리적 선택을 통해 자신의 행복 달성 가능

을 2
• 갑 논거 1, 2에 대한 비판
• 을 주장 + 논거 2

📝 1번 문제 예시답안

개인의 합리적 선택을 통해 행복을 달성할 수 있다는 주장은 타당하지 않습니다. 개인은 공동체와 무관한 존재가 아니며 개인과 공동체는 상호영향을 주고받습니다. 개인의 선택은 공동체에 영향을 주고, 공동체의 선택 역시 마찬가지입니다. 따라서 개인이 합리적 선택을 하더라도 이러한 선택들이 모인 결과 오히려 사회적 합리성을 달성하지 못하여 개인의 행복을 저해할 수 있습니다. 예를 들어 신분제 사회의 하층민의 합리적 선택은 신분 질서 안에서 자신의 최대이익을 추구하는 것입니다. 이는 신분제 질서를 강화하여 하층민 개개인의 선택은 비록 합리적이었으나 사회적으로는 불평등이 강화되는 비합리적 결과가 발생합니다. 따라서 개인의 합리적 선택이 사회적 행복, 개인의 행복으로 이어진다고 볼 수 없습니다.

현실적 한계를 극복할 수 없으므로 실현 가능한 이상을 세워야 한다는 주장은 타당하지 않습니다. 개인의 능력과 노력은 현실적 한계, 즉 사회 구조를 바꾸는 데 기여할 수 있습니다. 오히려 개개인이 현실적 한계를 극복할 수 없다며 포기하는 것이 현실적 한계를 강화한다고 볼 수 있습니다. 예를 들어 프랑스 혁명 시기의 시민들이 현실적 한계를 극복하지 못할 것이라 생각하여 사회 변혁에 적극적으로 참여하지 않았다면 민주주의는 실현되지 않았을 것입니다. 자유를 얻기 위한 시민들의 노력이 모여 불평등한 사회 구조를 바꾼 것처럼 개인의 능력과 노력은 현실적 한계를 극복할 수 있습니다.

사회 전체의 행복을 증진시킬 수 있으므로 사회 구조를 바꾸어야 합니다. 개인이 용기를 내어 자신의 이상을 실현할 수 있는 사회를 만들려고 노력한다면, 개인의 행복을 달성할 수 있을 뿐만 아니라 사회적 행복까지 증진시킬 수 있습니다. 신분이나 부모의 경제력 등으로 인해 가능성을 제한당하지 않으며, 노력을 통해 각자의 잠재력을 최대한 발휘할 수 있는 사회가 장기적으로 행복한 사회가 될 것임은 자명합니다. 예를 들어 프랑스 혁명에 참여한 시민들이 불평등한 사회 구조를 바꾼 결과 자유가 널리 확산되고 산업혁명이 일어나 국민 전체의 생활의 질이 향상되었습니다. 따라서 사회 구조를 바꾸기 위한 노력을 행함이 타당합니다.

※ 1055자

2번 문제 해설

① 문제와 조건 분석

문제 분석	제시문 (가), (나), (다)의 논지를 분석하고, 그중 한 제시문의 관점에서 인권과 민주주의의 관계에 대하여 자신의 견해를 논술하시오. (1300~1500자, 60점)
	• 견해논술형이다. 인권과 민주주의의 관계를 어떻게 생각하는지 자신의 견해를 밝혀야 한다. 제시문만 설명하는 답안이 되어서는 안 된다. • 제시문 (가), (나), (다)의 논지 중 하나를 자신의 견해로 삼아야 한다. 문제에서 한 제시문의 관점을 선택하라고 하였기 때문이다.
조건 분석	1. (가), (나), (다)에 제시된 논거를 찾아 분석에 포함할 것 2. 자신이 선택한 관점에서 다른 두 제시문에 대해 비판하는 내용을 포함할 것
	• 제시문 (가), (나), (다)에서 인권과 민주주의의 관계에 대한 논거를 찾아 적시해야 한다. • 자신이 선택한 제시문의 입장은 강화하고, 나머지 제시문의 입장은 비판해야 한다.

② 제시문 분석

제시문 (가) 분석	민주주의가 없는 곳에서 인권을 보장할 수 없다. 민주주의를 통해 인간의 존엄성을 인정받고 이를 바탕으로 정치적 자유를 행사할 수 있게 된다. 즉 민주주의는 모든 이에게 절차적, 형식적으로 자유를 보장하여 누구나 자유롭게 자신의 의사를 반영할 수 있도록 한다. 이를 바탕으로 인권의 내용이 결정된다고 생각한다.
제시문 (나) 분석	인권과 민주주의는 서로 다른 목적을 충족시킨다. 인권은 인간의 존엄성 등을 실현하는 목적을 지닌 반면, 민주주의는 집단의 의사 결정 방식에 불과하다. 따라서 민주주의라는 방식 외에도 인권을 실현할 수 있다. 예를 들어 서구식 민주주의 외에도 싱가포르의 리콴유가 주장했던 유교 민주주의를 통해 인권을 실현할 수 있다. 따라서 인권과 민주주의는 필연적 관계라고는 할 수 없다.
제시문 (다) 분석	인권과 민주주의는 불가분의 관계이다. 민주주의라는 제도가 지니는 절차적 특성으로 인해 시민들의 다양한 의사를 반영할 수 있으므로 인권에 대한 시민의 요구를 받아들여 안정적이고 장기적으로 인권을 실현할 수 있다. 또한 인권을 보호하고 확대하는 것이 민주주의 국가의 존재 목적이므로 민주주의 제도를 구축하고 실현하는 방향을 제시할 수 있다. 이는 국내적, 국제적으로도 모두 적용되어 인권 보호에 기여한다.

③ 인권과 민주주의의 관계

인권과 민주주의는 목적과 수단의 관계를 갖고 있다. 인권은 민주주의 제도의 목적이 된다. 인권은 인간의 존엄성과 관련되어 있고, 인간으로서 마땅히 누려야 할 권리이다. 민주주의는 인권을 안정적으로 달성하고자 만든 정치체제이다. 따라서 인권은 민주주의의 목적이다.

민주주의를 통해 인권을 달성할 수 있다. 인권은 우리가 달성해야 할 궁극적 목적이다. 그러나 인권의 내용은 확정되기 어렵다. 마치 정의와 마찬가지로 사람마다 집단마다 문화마다 인권에 대한 생각이 모두 다르다. 민주주의는 서로 다른 생각을 가진 시민들이 자신의 의사를 자유롭게 제시하고 토론하고 합의하여 인권에 대한 서로 다른 시민들의 생각을 반영할 수 있다.

인권과 민주주의의 관계는 2009학년도 LEET 논술 기출 3번 문제의 보편적 인권과 국가 주권의 관계와 유사하다. 인권은 모든 사람에게 지켜져야 하는 것이라면, 민주주의는 개별 시민의 권리를 위해 중요하기 때문이다. 보편적 인권이 개별 국가를 초월해 전 세계 모두에게 지켜져야 하는 것이라면, 국가 주권은 개별 국가 국민이 스스로 판단한 인권의 수준이기 때문이라는 점에서 두 관계가 유사하다. 2009학년도 기출 3번 문제와 해설을 참고하여 이 관계를 생각해보면 좋을 것이다.

④ 구조 분석과 개요

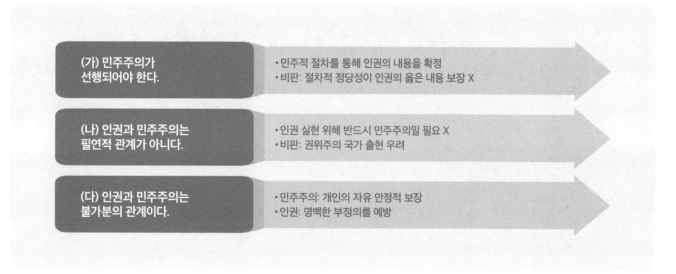

인권은 인류가 추구할 가치임에는 분명하나, 모두가 동의하는 인권의 내용을 확정하기 어렵다. 반면 민주주의는 형식과 절차로 누구나 합의할 수 있으나 이를 통해 달성되는 내용이 모두 정당하다고 볼 수 없다는 한계를 지닌다. 따라서 인권과 민주주의는 불가분의 관계로 이를 동시에 달성하여야만 한다.

민주주의가 선행되어야만 인권을 보호할 수 있다는 (가)의 주장은 타당하지 않다. (가)는 민주주의를 통해서만 인간의 존엄성을 지킬 수 있고 개인의 자유와 권리가 보장되어 인권을 보호할 수 있다고 한다. 그러나 이는 인권의 형식적·절차적 측면을 강조하여 인권의 내용을 침해할 가능성이 크다. 민주주의가 선행되어 형식적으로 개인에게 정치적 참여의 권리가 인정된다고 하여 인권의 내용까지도 자연스럽게 실현된다고 할 수 없다. 형식적 절차만을 강조한다면 사회적 소수자에게 실제적으로 내용상 인권 침해가 발생하더라도 이를 시정할 수 없다. 나치 정부가 유대인 차별정책을 시행하자 당시 독일 법원이 다수 독일 국민의 지지로 유대인 차별법이 제정되었다는 이유로 이를 인정하였던 것에서도 확인할 수 있다.

인권을 보호하기 위해 민주주의가 반드시 필요한 것은 아니라는 (나)의 주장은 타당하지 않다. (나)는 인권은 인간의 존엄성이나 생명과 같은 내용적 가치를 보호하는 데 반해, 민주주의는 집단의 의사 결정 방식과 같은 형식적 절차이므로 인권과 민주주의는 큰 관계가 없다고 한다. 민주주의 외의 다른 형식을 통해서도 얼마든지 인권을 보호할 수 있다고 한다. 그러나 (나)처럼 인권의 내용적 측면만이 중요하다고 한다면, 마치 플라톤의 철인왕처럼 일반인보다 우월한 존재가 인권의 내용을 확정하고 이를 강제할 수 있다. 일반인의 참여를 보장하여 그 입장을 듣고 평가하는 형식적 절차보다 옳은 인권의 내용을 빨리 실현하는 것이 더 효율적이기 때문이다. 따라서 (나)는 권위주의 국가의 출현을 야기하는 등 인권을 침해할 우려가 크다는 점에서 타당하지 않다.

민주주의와 인권은 강한 상관관계를 지니므로 이를 동시에 달성해야 한다. (다)는 민주주의를 통해 근본 선인 인권을 보호할 수 있으며 이는 국내·국제 관계에서 이미 경험적으로 증명되었다고 한다. 민주주의는 절차와 형식을 중시하여 인권의 실질적 내용을 안정적이고 장기적으로 보호할 수 있다. 민주적 제도를 통해 개인의 자유, 개별 국가의 주권을 절차적으로 보장한다면 인권에 대한 개인의 가치관과 개별 국가의 주권을 존중할 수 있다. 절차·형식을 통해 인권에 대한 최소한의 합의가 가능하고 장기적·안정적 인권 실현을 가능하게 한다. 또한, 인권의 내용은 민주주의 제도의 목적과 방향을 제시하여 민주적 제도 확립에 기여한다. 올바른 인권의 내용을 합의하기는 어려우나 명백하게 반인권적인 내용이 무엇인지는 합의할 수 있다. 고문이나 영장 없는 구속 등 명백하게 반인권적인 내용에 대한 합의를 통해 민주주의를 발전시킬 수 있다. 따라서 민주주의와 인권은 강한 상관관계를 지니고 있으므로 인권과 민주주의는 동시에 달성해야 한다.

※ 1480자

* 교재 뒷부분에 있는 논술 답안지를 사용하여 답안을 작성해보세요.
  • 논술 경험이 있다면, 실전처럼 답안을 바로 작성한 후 예시답안과 비교하여 완성도를 높이는 데 중점을 두어보세요.
  • 답안 작성이 막막하다면, 문제 뒤의 해설을 먼저 참고한 후 답안을 작성하여 논술 감각을 익히는 데 중점을 두어보세요.

1. 제시문을 읽고 문제에 답하시오.

(1) 제시문 (가), (나)의 논지를 공통점과 차이점을 중심으로 정리하시오. (300~400자, 15점)

(2) "나는 디오도토스와 다른 이유에서 그의 결론에 동의합니다."로 시작하는 연설문을 작성하시오. (700~800자, 30점)

─── 〈제시문의 배경〉 ───

아테네와 스파르타 사이의 패권 전쟁인 펠로폰네소스 전쟁(B.C. 431~404) 초기에 미틸레네는 아테네와의 동맹을 파기하고 스파르타와 동맹을 체결하기로 결정하였다. 이에 아테네는 미틸레네를 공격하여 점령하였고, 아테네의 민회는 미틸레네의 성인 남성을 모두 죽이기로 결정하였다. 그러나 그 다음날 민회에서 이 문제가 재론되었고, 클레온과 디오도토스가 연설하였다.

─── 〈제시문〉 ───

(가) 클레온: 가장 위험한 일은 결정을 계속 바꾸는 것입니다. 좋은 법이지만 구속력이 없을 때보다 나쁜 법일지라도 반드시 지킬 때 국가는 더욱 강력해집니다. 나는 미틸레네 인들에 대한 처분을 재론하면서 시간을 낭비하게 하는 사람들에게 놀라움을 금할 수 없습니다. 이런 시간 낭비는 불의를 저지른 자에게만 유리합니다. 시간이 지나면 불의를 당한 자의 분노는 무뎌지게 마련입니다. 불의를 당했을 때 바로 응징해야 가장 정당한 처벌이 이루어집니다.

나는 어떤 도시가 여러분의 지배를 참을 수 없어서, 또는 적의 사주를 받아서 반란을 일으켰다면 용서할 수도 있습니다. 그러나 미틸레네 인들을 보십시오. 그들은 독자적인 정부를 갖고 있었고, 우리는 그들을 존중했습니다. 따라서 그들의 행동은 억압받은 자들의 저항이 아니라 음모요, 폭동입니다. 우리의 숙적과 결탁해서 우리를 멸하려 했으니 말입니다. 잘 생각해 보십시오. 자발적으로 반란을 일으킨 동맹국과 적의 강요에 못 이겨 반란을 일으킨 동맹국에 같은 벌을 내린다면, 반란에 성공하면 자유를 얻고 실패해도 견딜 수 없는 고통은 당하지 않을 것이라 여길 테니 동맹국들은 틀림없이 반란을 일삼을 것입니다. 그렇게 되면 우리는 돈과 목숨을 걸고 모든 도시와 맞서야 됩니다. 그때는 우리가 이긴다 해도 파괴된 도시만 남아 우리 힘의 원천인 세수(稅收)를 잃게 될 것입니다. 만일 우리가 지면 다른 동맹국들도 새로운 적이 될 것입니다. 따라서 인간은 실수하게 마련이라는 이유로 미틸레네 인들이 그럴듯한 변명이나 공물로써 용서를 받아낼 수 있으리라는 희망을 품게 해서는 안 됩니다.

그들의 반란에 대해 민중은 제외한 채 과두정 지지자들만 처벌해서는 안 됩니다. 왜냐하면 미틸레네의 모든 시민이 여러분에게 반항했기 때문입니다. 우리가 미틸레네를 공격하려 했을 때 민중은 일단 우리를 믿고 도시에서 도망칠 수 있었습니다. 하지만 그들은 과두정 지지자들의 편에 서는 쪽이 안전하다고 생각하고 동맹 이탈에 가담했습니다.

나는 여러분이 제국의 이익에 반하는 세 가지 우(愚)를 범하는 것에 반대합니다. 이 세 가지란 온정을 베푸는 것, 감언이설에 현혹되는 것, 섣부르게 정상을 참작하는 것입니다. 우리와 같은 부류의 사람들에게는 온정을 베푸는 것이 적절하지만, 우리가 온정을 베풀어도 우리에게 결코 온정을 베풀지 않을 영원한 적들에게는 온정을 베푸는 것이 적절치 못합니다. 연설가들은 감언이설로 우리를 현혹하지만, 도시는 말의 향연을 잠시 즐기고서 혹독한 대가를 치를 수 있습니다. 그리고 정상 참작에 관해 말하자면, 우리의 적이 될 사람들보다는 우리의 친구가 될 사람들의 정상을 참작하는 것이 더 적절할 것입니다.

여러분이 내 조언을 따른다면 미틸레네 인들에 대해 정의를 실행하게 될 것이며, 이는 여러분 자신에게도 이익이 될 것입니다. 그러나 여러분이 다른 결정을 내린다면, 그들의 환심을 사기보다는 여러분 자신에게 유죄 판결을 내리는 꼴이 될 것입니다. 그들의 반란이 정당하다면 그들에 대한 여러분의 지배는 부당한 것이 되기 때문입니다. 여러분이 제국으로서의 지배력을 계속 행사하고자 한다면 그들을 원칙대로 처벌해야만 합니다. 그것이 아니라면 여러분은 제국을 포기하고 안전한 곳에서 도덕군자연하고 지내면 됩니다.

(나) **디오도토스:** 분노와 졸속은 현명한 결정의 장애물입니다. 분노에는 어리석음이 수반되기 쉽고 졸속에는 무지와 경솔한 판단이 수반되기 쉽기 때문입니다. 현명한 사람들이라면, 미틸레네 인들이 불의의 짓을 했는지가 아니라 우리가 이에 대해 어떻게 대응해야 유익한지를 따져야 합니다. 나는 그들이 심각한 과오를 저질렀다고 해도 우리에게 이익이 되지 않는다면 그들을 사형에 처하라고 권하지 않을 것이며, 그들이 용서받을 만하다 해도 우리에게 이익이 될 것 같지 않으면 용서하자고 권하지 않을 것입니다.

우리는 여기서 현재보다 미래에 관해 토론하고 있습니다. 클레온은 미틸레네의 민중까지 모두 처형하는 것이 다른 도시들의 반란을 예방한다는 점에서 장차 우리에게 유익할 것이라고 합니다. 나 역시 우리 장래의 안전에 관심이 많지만 결론은 정반대입니다. 개인이든 공동체든 인간은 누구나 실수하게 마련이며, 이를 막을 방법은 없습니다. 사람들이 범죄자로부터 자신을 더 안전하게 지키려고 새로운 처벌을 끊임없이 추가하며 갖은 방법을 시도했다는 사실이 이를 입증합니다. 전에는 극악한 범죄에 대한 처벌이 지금만큼 엄중하지 않았지만, 그래도 범죄가 계속되자 세월이 흐르며 사형이 일반화되었습니다. 그럼에도 범죄는 계속되고 있습니다.

우리는 사형의 효과를 과신하여 잘못된 결정을 내려서도 안 되고, 자신들의 잘못을 회개하고 신속히 바로잡을 기회를 주지 않음으로써 반도들에게 절망감을 안겨서도 안 됩니다. 어떤 도시가 반란을 일으켰지만 성공할 가망이 없다는 것을 알게 된 경우를 생각해 보십시오. 만일 그들이 배상금을 지불하고 계속 공물을 바칠 능력이 있다면 그것을 내세워 항복할 것입니다. 하지만 우리의 강력한 처벌로 인해 일찍 항복하건 나중에 항복하건 어차피 마찬가지가 된다면, 끝까지 저항하지 않을 도시가 어디 있겠습니까? 또 우리가 막대한 전비를 들여 도시를 함락해도, 결국 폐허만 남아 앞으로 그곳에서 공물을 거두어들일 수 없다면 어찌 우리에게 손해가 아니겠습니까? 공물이야말로 우리가 적에게 대항할 수 있는 힘의 원천인데 말입니다.

따라서 우리는 엄중한 심판자처럼 행동함으로써 오히려 우리 자신을 해롭게 할 것이 아니라, 적당한 처벌로써 배상금과 공물을 바치게 하여 우리의 이익을 도모해야 할 것입니다. 또한 우리의 안전은 법적인 처벌보다는 훌륭한 통치에 의해 보장된다는 점을 인정해야 합니다. 자유민을 다루는 올바른 방법은 반란을 일으켰을 때 엄벌을 내리는 것이 아니라 반란을 일으키기 전에 세심하게 살펴 반란을 꿈꾸지 못하게 하는 것입니다. 반란이 일어날 경우에도 되도록 소수에게만 책임을 물어야 합니다.

지금은 모든 동맹국의 민중이 여러분의 편입니다. 그들은 과두정 지지자들과는 달리 우리에게 반란을 일으키려 하지 않으며, 설사 어쩔 수 없이 반란에 가담하더라도 곧 내부에서 반란파의 적이 됩니다. 이는 반도들과의 전쟁에서 우리가 적의 도시 내에 많은 동지를 갖게 됨을 의미합니다. 미틸레네의 민중은 전쟁 초반에 과두정 지지자 편에 섰지만, 반란 모의를 주도한 것은 아니었습니다. 그리고 전세가 우리 쪽으로 기울어진 이후 과두정 지지자들이 중무기를 주었을 때 우리와 싸우기를 거부함으로써 도시가 우리에게 넘어오는 데 기여했습니다. 만약 이들까지 죽인다면 여러분은 동지를 죽이는 과오를 저지르게 될 것입니다.

이제 여러분은 내 제안이 더 나은 것을 인정하고 내가 제시한 논거에 따라 판단하기 바랍니다. 내 제안은 우리의 장래에 유익하고 우리의 적에게 두려움을 불러일으킬 것입니다. 자신의 적에 대해 현명한 정책을 펼치는 사람들이 힘과 어리석음으로 적을 공격하는 자들보다 더 강력하기 때문입니다.

2. 제시문 (가), (나), (다)의 논지를 활용하여 <보기>의 사례에 대한 자신의 견해를 논술하시오. (1200~1400자, 55점)

―――――――― 〈조건〉 ――――――――
제시문 (가), (나), (다)의 논지에 대한 분석을 포함할 것

―――――――― 〈보기〉 ――――――――
　수도권에 위치한 A시에는 1970년대에 대규모 주거 단지가 조성되었다. 처음에 이 단지에는 중산층이 주로 살았으나, 건물이 노후해짐에 따라 점차 저소득층과 주변 영세 공장들에서 근무하는 외국인 근로자들이 거주하게 되었다. A시 시장은 도시 장기 발전 구상에 따라 최근 첨단 고부가 가치 산업 단지와 연구 단지를 유치했고, 이에 따라 도시를 재편할 필요성이 대두되었다. 시장은 국내외 고급 인력을 유인하기 위하여 노후한 주거 단지 부근의 시유지(市有地)를 개발하여 산업 단지의 근로자와 연구 단지의 연구원들을 위한 주거 및 편의 공간을 조성하겠다는 계획을 발표하였다. 주민들은 이 도시 장기 발전 구상이 기존 거주민을 위한 일자리 창출이나 주거 환경 개선 방안을 포함하지 않았다는 이유로 반발하고 있다.

―――――――― 〈제시문〉 ――――――――

(가) 도시는 인간의 창조적 에너지를 동원·집중·전달하여 부(富)를 창출하는 공간이다. 역사적으로 도시들은 창조성을 유지하며 번성하기도 했고, 창조성을 잃고 쇠락하기도 했다. 번성과 쇠락을 결정하는 요인은 도시 내에 창조성을 발휘하는 창조 계급이 얼마나 존재하는가이다. 창조 계급은 권력이나 부의 소유에 의존하는 전형적 엘리트들과 근본적으로 다르다. 창조성은 권력이나 부와 달리 상속되거나 독점되지 않는다. 창조성은 모든 인간에게 내재된 특성으로, 불평등과 특권을 발생시키기보다 평등을 가능하게 하는 요인이 된다.

　창조 계급이 충분하게 존재하는 도시가 창조 도시이다. 창조 계급은 좋은 일자리가 많고, 문화적으로 풍요롭고 개방적이며, 특히 자신의 정체성을 인정받을 기회를 확보할 수 있는 도시로 모인다. 창조 계급은 개체성, 실력주의, 개방성 등의 특징을 공유한다. 개체성이란 조직과 제도에 순응하기보다 자신만의 고유한 가치를 추구하는 특성이며, 실력주의는 도전을 즐기고 목표 지향적이며 성공을 추구하는 속성이다. 개방성은 인종, 민족, 외모, 성 등에 근거한 차별을 거부하고 모든 종류의 다양성을 받아들이는 성향이다.

　창조 도시를 만들기 위해서는 인재(Talent), 기술(Technology), 관용(Tolerance)의 3T가 필수적이다. 특히 관용은 다양한 생각과 기술을 지닌 창조 계급을 유치할 가능성을 높이고, 결과적으로 높은 수준의 혁신과 하이테크 산업의 발전, 일자리 창출, 경제 성장을 촉발한다. 세계화와 관련해서도 관용은 창조 도시의 핵심 요인이 된다. 다국적, 다인종, 다종교, 다문화의 창조 계급을 유인하기 위해서는 그들이 원하는 환경을 조성해야 한다.

　이러한 주장은 미국의 예에서 뚜렷하게 증명된다. 인재가 많은 도시일수록 기술 수준이 높고, 그에 비례해서 소득 수준도 높다. 또한 기술과 소득 수준은 관용의 정도가 큰 도시일수록 높다. 볼티모어, 세인트루이스, 피츠버그와 같은 도시들이 세계 수준의 대학과 고급 기술을 보유하고 있음에도 지속적으로 성장하기 어려운 이유는 최고의 창조적 인재를 유인할 정도로 관용적이지 못하기 때문이다. 마이애미와 뉴올리언스 같은 도시들은 현대적인 라이프스타일의 메카이기는 해도 도시 발전에 필수적인 기술 기반이 결여되어 있다. 가장 성공적인 창조 도시들은 샌프란시스코, 보스턴, 워싱턴 D.C., 오스틴, 시애틀 등인데, 이들은 모두 3T를 성공적으로 결합시킨 도시들이다.

(나) 도시는 잉여 자본의 축적과 함께 탄생하고 잉여 자본을 흡수하며 성장한다. 현대 사회에서 잉여 자본의 대부분은 도시를 중심으로 순환하며, 그중 일부는 도시의 재편에 투입된다. 이러한 재편은 필연적으로 기존 도시의 창조적 파괴를 수반하는데, 그 과정에서 생길 수 있는 피해는 주로 노동 계급, 빈곤층 등의 정치적 소외 계층에게 돌아간다.

　도시의 재편은 최근 30여 년간의 신자유주의적 경향 아래에서 가속화되었다. 만일 도시의 잉여 자본 흡수에 바탕을 둔 개발 정책이 한계에 이르면 금융·재정 분야의 위기보다 더 큰 위기가 발생할 수 있다. 신자유주의 프로젝트는 잉여 자본에 대한 국가의 통제를 축소하는 데 초점을 맞춰 왔고, 그에 따라 국가와 기업의 이익을 통합하는 시스템이 창조되었다. 그 결과 오늘날 도시에 대한 통제권은 점점 더 사적인 이익 주체들의 수중에 떨어지고 있다.

　예컨대 뉴욕 시에서는 억만장자 시장 마이클 블룸버그가 개발업자, 월스트리트, 초국적 자본에 유리한 방향으로 도시를 재편하면서 도시를 고부가 가치 사업에 가장 적합한 장소로 만들고 있다. 이제 맨해튼은 부유층을 위한 장벽으로

둘러싸인 거대한 요새가 되었다. 멕시코시티에서도 대부호 카를로스 슬림이 관광객의 시선에 맞추어 도심의 거리들을 재편하고 있다. 부유한 개인들만 도시 재편 과정에 힘을 행사하는 것이 아니다. 뉴헤이븐에서는 세계에서 가장 부유한 대학 중 하나인 예일 대학이 대학의 수요에 맞춰 도시 구조를 바꾸고 있다. 볼티모어의 존스 홉킨스 대학과 뉴욕의 컬럼비아 대학 역시 비슷한 일을 벌이고 있는데, 이 과정에서 대학과 주민들 사이에 갈등이 빚어지고 있다.

도시 재편을 둘러싸고 세계의 주요 도시들에서 고조되고 있는 소외 계층의 불만은 다양한 도시 사회 운동으로 나타난다. 무허가 정착촌 주민들에게 시민으로서의 권리와 주거권을 인정한 브라질의 도시법 제정 운동은 그 대표적인 예이다. 도시 사회 운동은 금융 자본, 산업 자본, 기업 마인드를 갖춘 지방 정부의 후원을 받는 개발업자들이 추진하는 것과는 근본적으로 다른 방향으로 도시의 혁신을 추구한다. 도시 정치 과정에 대한 적극적인 참여를 통해서 도시 사회 운동은 잉여 자본의 생산과 활용, 순환에 대한 민주적 관리 체제를 확립하고자 한다.

(다) 도시의 개혁과 관련하여 '도시에 대한 권리(the right to the city)'가 부상하고 있다. 이것은 도시 거주자들 모두가 도시 공간의 구성에 동등하게 참여하고 도시의 공적 요소를 자유롭게 이용할 수 있는 권리를 의미한다. 이에 따르면 도시는 이질적인 개인과 집단들 간에 상호 작용과 갈등이 발생하는 공적인 장소이므로, 안전, 평화로운 공존, 집단적 발전, 연대를 위한 조건들을 제공해야 한다.

거주자와 노동 계급을 동일시하는 이론가들은 오직 노동 계급만이 도시의 근본적인 개혁을 추동하는 사회적 주체라고 주장한다. 이들은 도시 내에 존재하는 자본주의와의 투쟁에 주목하고, 현대 도시의 일상적인 삶에서 부딪히는 인종주의, 가부장주의, 성차별주의 등 온갖 차별적 관행들을 간과한다. 그러나 거주자 개념은 특정한 사회 계층에 국한되지 않고, 상이한 정체성과 정치적 이해관계를 가진 여러 주체들을 포괄한다. 이러한 거주자들은 정치적 주변화(周邊化)에 대항하여 수많은 사회적·공간적인 구조들과 투쟁하게 된다. 자본주의는 도시의 여러 구조들 중 하나일 뿐이다.

거주 체험은 일상적인 삶을 통해 역동적으로 형성되므로 거주자의 정치적 의제는 미리 정해질 수 없다. 오히려 그것은 집단의 규모, 정체성, 그리고 차이에 기초한 집단 간의 복합적인 정치 과정을 통해 형성된다. 여기에는 참여의 권리가 전제되어야 하는데, 이는 도시 공간의 구성에 관한 결정 과정에서 거주자가 중심적인 역할을 해야 한다는 것을 뜻한다. 거주자들은 자신의 필요에 맞추어 도시 공간을 구성하며, 그 필요가 무엇인지도 정치적인 투쟁과 조정을 통해 정하게 된다.

거주자들은 도시 공간을 교환 가치가 아닌 사용 가치의 관점에서 접근한다. 예컨대 그들은 도시 공간에 대한 여성의 완전한 접근권과 안전한 이동권 등을 주장할 수 있다. 나아가 거주자들은 성적 소수자들의 거주 공간을 배제하거나 주변화하는 데 저항할 수도 있다. 도시의 거주자들은 다양한 정치적 정체성을 가지기 때문에 그들의 의제 역시 다양한 정치적 관계를 통해 활성화된다. 결과적으로 다양한 정체성을 가진 이들이 이질적이고 혼종적인 도시 공간들을 구성하게 되지만, 그럼에도 불구하고 그 모든 공간들은 하나의 도시를 이루어 도시 거주자들의 복합적이고 다양한 필요를 충족시킨다.

해설 & 예시답안

 1번 문제 해설

① 문제 분석

> (1) 제시문 (가), (나)의 논지를 공통점과 차이점을 중심으로 정리하시오. (300~400자, 15점)

문제의 요구를 지키는 것이 중요하다. 문제에서 제시문 (가)와 (나)의 논지를 정리하되, 공통점과 차이점을 중심으로 정리하라고 한 조건을 지켜야 한다. 분량이 300~400자로 매우 적기 때문에 문제에서 원하는 대로 핵심적인 내용만 정리하여야 고득점할 수 있다.

제시문 (가)와 (나)는, 아테네가 스파르타와의 전쟁에서 승리하기 위해 반란을 저지른 미틸레네 인들을 처벌해야 한다고 공통적으로 주장하고 있다. 그러나 처벌의 수준, 범위, 동맹국들에 미칠 영향에 대해서는 다른 생각을 가지고 있다. 이 차이점을 비교하면서 서술하면 된다.

> (2) "나는 디오도토스와 다른 이유에서 그의 결론에 동의합니다."로 시작하는 연설문을 작성하시오. (700~800자, 30점)

문제의 요구가 명확한 문제이다. 아테네의 이익이라는 관점에서 접근한 디오도토스와 다른 이유를 제시하면서 동일한 결론, 즉 과두정 지지자들만 처벌해야 한다는 주장을 하여야 된다. 700~800자의 분량을 만족시켜야 하므로 2가지 논거를 들어 서술하면 충분하다.

많은 학생들이 실전에서 이 문제를 보고 연설문을 작성하라는 문제에 당황하였다고 한다. 한 번도 연설문을 작성해본 적이 없고, LEET 논술에서 연설문이 출제될 것이라고 예상하지 못했기 때문이다. 그러나 출제자는 이미 이에 대한 준비를 한 상태에서 수험생들에게 힌트를 주고 있다. 이 문제의 제시문을 보면, 클레온과 디오도토스가 각각 말하고 있다. 클레온과 디오도토스가 민회에서 아테네 시민들에게 연설을 하고 있는 것이다. 이를 흉내 내어 쓰면 연설문을 작성하는 데 전혀 문제가 없다.

② 제시문 분석

제시문 (가) 분석	제시문 (가)에서 클레온은 반란을 주도한 미틸레네의 과두정 지지자들뿐만 아니라 이에 동조한 민중들까지 모두 처벌해야 한다고 주장한다. 이처럼 강한 처벌을 하는 이유는, 반란 국가에 대한 응보를 하여 다른 동맹국이 반란을 획책하는 것을 예방할 수 있기 때문이라고 한다. 이처럼 강하게 처벌하지 않는다면 다른 동맹국 또한 자신의 이익에 따라 아테네를 배신할 것이라 한다.
제시문 (나) 분석	제시문 (나)에서 디오도토스는 반란을 주도한 미틸레네의 과두정 지지자들만 처벌하면 충분하다고 주장한다. 미틸레네인 모두를 처벌하는 것은 아테네에게 이익이 되지 않기 때문이다. 미틸레네의 성인 남성 모두를 죽이는 강한 처벌은 아테네의 편에 선 자들까지도 처벌을 하는 결과로 이어져 결국 아테네의 동맹국 시민을 죽이는 것이나 다름없다고 한다.

③ 구조 분석과 개요

문제 1-(1)	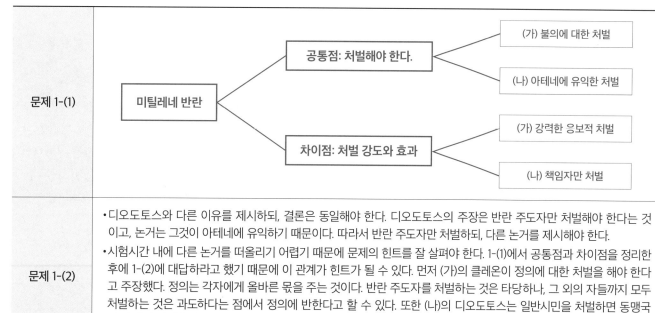
문제 1-(2)	• 디오도토스와 다른 이유를 제시하되, 결론은 동일해야 한다. 디오도토스의 주장은 반란 주도자만 처벌해야 한다는 것이고, 논거는 그것이 아테네에 유익하기 때문이다. 따라서 반란 주도자만 처벌하되, 다른 논거를 제시해야 한다. • 시험시간 내에 다른 논거를 떠올리기 어렵기 때문에 문제의 힌트를 잘 살펴야 한다. 1-(1)에서 공통점과 차이점을 정리한 후에 1-(2)에 대답하라고 했기 때문에 이 관계가 힌트가 될 수 있다. 먼저 (가)의 클레온이 정의에 대한 처벌을 해야 한다고 주장했다. 정의는 각자에게 올바른 몫을 주는 것이다. 반란 주도자를 처벌하는 것은 타당하나, 그 외의 자들까지 모두 처벌하는 것은 과도하다는 점에서 정의에 반한다고 할 수 있다. 또한 (나)의 디오도토스는 일반시민을 처벌하면 동맹국의 반란이 발생할 것이라 했다. 그렇다면 반란 주도자만 처벌한다면 동맹국이 아테네와 신뢰감을 갖게 되어 교류가 늘고 상호발전할 수 있다.

✍️ 1-(1)번 문제 예시답안

(가)와 (나)는 동맹의 이탈을 막기 위해 미틸레네를 처벌해야 한다고 주장한다는 공통점이 있다. (가)는 미틸레네가 행한 불의에 대한 처벌을, (나)는 아테네에 유익한 처벌을 하여야 동맹의 반란을 막을 수 있다고 한다.

(가)와 (나)는 처벌 강도와 효과에 차이점이 있다. (가)는, 미틸레네 시민들이 직접 정부를 구성했고 반란을 결정했으므로 모든 시민이 책임을 져야 한다고 한다. 미틸레네의 모든 시민을 죽이는, 강력한 응보적 처벌을 해야 동맹국의 반란을 막을 수 있다고 한다. 반면, (나)는 미틸레네의 대다수 시민들이 과두정 지지자들의 반란을 저지했으므로 시민들까지 처벌해서는 안 된다고 한다. 반란에 책임 없는 일반시민을 처벌하면 동맹국 내부 지지자들이 이탈해 오히려 반란 가능성이 커진다고 한다.

※ 396자

✍️ 1-(2)번 문제 예시답안

나는 디오도토스와 다른 이유에서 그의 결론에 동의합니다. 반란 주도자만 처벌하여 정의를 수호하고, 장기적 발전이 가능하기 때문입니다.

정의 수호를 위해 과두정 지지자들만 처벌해야 합니다. 정의는 각자에게 올바른 몫을 주는 것이므로, 각자의 책임만큼 처벌받아야 합니다. 미틸레네의 반란을 주도한 과두정 지지자들은 반란에 대한 책임이 있습니다. 그러나 다수 민중들은 반란을 주도하지 않아 그 책임이 적습니다. 미틸레네의 민중들이 아테네와 싸우기를 거부한 점을 보았을 때, 책임이 없다고 볼 여지마저 있습니다. 클레온의 주장처럼 모든 성인 남성을 처벌한다면 책임 없는 자에 대한 과도한 처벌로 정의에 반합니다. 따라서 과두정 지지자들만 처벌하여 정의를 수호하여야 합니다.

아테네의 장기적 발전을 위해 과두정 지지자들만 처벌해야 합니다. 아테네가 스파르타와의 전쟁에서 승리하기 위해서는 동맹국의 힘이 필요합니다. 만약 클레온의 주장처럼 반란을 주도하지 않은 미틸레네의 모든 성인 남성까지 죽인다면, 다른 동맹국의 민중들은 자신들도 미틸레네 민중들처럼 강한 처벌을 받을 수 있다고 생각할 것입니다. 그 결과 아테네를 같은 공동체, 동맹이라 생각하기보다 지배자로 혹은 적으로 인식할 것입니다. 관용을 베풀어 미틸레네의 반란 주도자만 처벌하여야 동맹국들이 아테네와 연대의식을 가지고 스파르타와의 전쟁에서 아테네를 도울 수 있고 전쟁에서 승리할 수 있습니다. 더 나아가 아테네와 동맹국들의 연대의식은 전쟁 이후에도 지속적 교류를 가능하게 하여 동맹의 상호발전을 가능하게 할 것입니다. 따라서 미틸레네의 과두정 지지자들만 처벌하여야 합니다.

※ 798자

2번 문제 해설

① 문제 분석

> 제시문 (가), (나), (다)의 논지를 활용하여 <보기>의 사례에 대한 자신의 견해를 논술하시오. (1200~1400자, 55점)

견해논술형이다. 제시문만 설명하는 답안이 되어서는 안 된다. <보기>의 사례, 즉 A시 시장의 도시계획이 타당한지에 대한 자신의 견해를 밝혀야 한다.

제시문의 논리 제시에 그쳐서는 안 되고, 제시문의 논리를 사례에 적용시켜 서술해야 한다.

제시문 (가), (나), (다)의 논지를 활용하고, 논지에 대한 분석을 포함시켜야 한다.

② 보기 분석

A시는 1970년대 대규모 주거 단지가 조성되었으나 현재 노후화되어 저소득층과 영세 공장들의 외국인 근로자들의 거주지가 되어가고 있다. A시 시장은 도시 발전을 위해 도시 장기 발전 구상을 내놓았다. 첨단 고부가 가치 산업 단지와 연구 단지를 유치하고, 국내외 고급 인력을 유인하기 위해 시유지를 개발하여 주거와 편의 공간을 조성하겠다는 것이다. 기존 도시 거주민들은 도시 장기 발전 구상이 기존 도시 거주민들을 위한 일자리 창출이나 주거 환경 개선 방안을 포함하지 않았다며 반발하고 있다.

A시 시장의 도시 장기 발전 구상은 고급 인력을 유인하여야 소비여력이 있는 고소득층이 늘어나게 된다는 생각에서 비롯된 것이다. 고소득 직종인 고급 인력의 증가는 낙수효과[❹]로 인해 도시 전체의 부를 증대시킬 수 있다. A시 시장의 도시 장기 발전 구상에 따르면, 시유지를 개발하여 고소득층인 고급 인력을 유치하면 소비가 늘어나고 투자가 증대되어 도시 전체의 부가 증대되기 때문에 저소득층에게도 도움이 된다고 한다.

③ 제시문 분석

제시문 (가) 분석	제시문 (가)에 따르면, 도시가 발전하기 위해서는 창조 계급이 필요하다. 창조 계급은 창조성을 발휘하여 도시를 발전시키는 원동력이 된다. 창조 계급의 경쟁을 통해 부가 창출되며, 이 부는 도시 전체로 퍼져나간다. 그런데 창조 계급은 관용의 정도가 큰 도시를 선호하는 경향이 있다. 따라서 창조 계급을 유인하기 위해서는 관용의 정도가 높아야 한다.
제시문 (나) 분석	제시문 (나)에 따르면, 도시 재편 과정에서 발생하는 피해는 주로 소외 계층에게 집중된다. 그리고 도시 재편 과정에서 발생하는 이익은 사적인 이익 주체들에게 돌아가 사회갈등을 불러온다. 이러한 사회갈등은 소외 계층의 불만 표출과 사회적 비용으로 이어져 도시 발전을 저해할 수 있다.
제시문 (다) 분석	제시문 (다)에 따르면, 도시 거주민은 도시에 대한 권리를 가진다. 도시의 안전, 공존, 집단적 발전, 연대를 위한 조건들을 도시 거주민들이 스스로 결정할 수 없다면 진정한 도시 발전이 불가능하다. 도시를 위한 결정에는 도시 거주민들 모두 참여할 수 있어야 시민들 간의 연대의식이 커지고 자발적인 도시 발전 의지가 커질 수 있다.

---

❹ 낙수효과(落水效果, trickle down effect): 적하효과(滴下效果)라고도 하는데, 대기업 및 부유층의 소득이 증대되면 더 많은 투자가 이루어져 경기가 부양되고, 전체 GDP가 증가하면 저소득층에게도 혜택이 돌아가 소득의 양극화가 해소된다는 논리를 말한다. 이 이론은 국부(國富)의 증대에 초점이 맞추어진 것으로 분배보다는 성장을, 형평성보다는 효율성에 우선을 둔 주장이다.

④ 구조 분석과 개요

<보기>는 A시 시장의 도시 장기 발전 구상에 대한 내용이고, 문제는 이를 평가하라고 하였다. 평가에는 평가기준이 필요하다. <보기>의 목적이 달성되었는지가 평가기준이 될 수밖에 없다. 도시 장기 발전 구상의 평가기준은 도시가 발전할 수 있을지 여부와 정도가 된다. 이를 논증의 마지막으로 삼아 발전 가능성을 증명한 후 평가하면 된다.

제시문 (가), (나), (다)에서 각각 제시하는 논리를 선별한 후에, 이를 <보기>의 A시 시장의 도시 장기 발전 구상에 적용하여 발전 가능성을 증명하는 것이다. 따라서 전체 구조는 4개 문단이 기본 구조가 된다. 도시 장기 발전 구상의 목표인 도시의 장기적 발전을 제시한 후에, (가) 논리의 사례 적용, (나) 논리의 사례 적용, (다) 논리의 사례 적용이 이어져야 하기 때문이다.

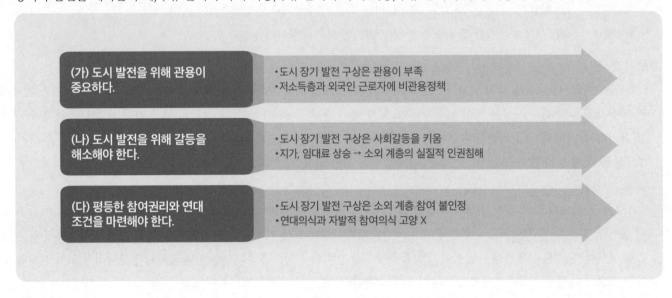

📝 2번 문제 예시답안

A시 시장의 도시 장기 발전 구상은 도시번영을 목적으로 하고 있다. 시유지를 개발하여 고급 인력의 주거 및 편의 공간을 확보하면 이들을 유인할 수 있다고 한다. 고급 인력을 유인하여 도시경제가 성장하면 그 성장의 결과가 도시 전체에 이익과 발전을 가져와 궁극적으로 도시가 발전할 것이라 한다.

(가)는 도시번영을 위해 창조 계급이 필요하다고 한다. A시 시장의 장기 발전 구상은 창조 계급에 해당하는 국내외 고급 인력을 위한 주거, 편의 공간을 제공하고자 한다. (가)에 따르면 창조 계급인 고급 인력들은 관용 정도가 큰 도시를 선호한다. 그러나 A시의 장기 발전 구상은 저소득층과 영세 공장의 외국인 근로자를 소외시키는 정책으로 관용적이라 하기 어려워 고급 인력을 유인할 수 없다. 따라서 A시의 장기 발전 구상은 창조 계급, 고급 인력을 유인할 수 없으므로 타당하지 않다.

(나)는 도시 재편 과정에서 소외 계층의 불만이 증대될 수 있다고 한다. A시 시장의 장기 발전 구상은 고급 인력을 유인하기 위해 시유지를 개발하고자 한다. 그러나 시유지 개발 과정에서 주변지가 상승, 주거지 임대료 상승 등이 나타날 수밖에 없다. 이러한 비용 상승으로 인해 소외 계층의 의식주와 같은 기본권에 사실적 피해가 발생할 가능성이 높다. 소외 계층의 불만은 커질 수밖에 없고 도시구성원 간의 갈등이 격화될 수 있다. 따라서 A시 시장의 장기 발전 구상은 도시구성원 간의 갈등 격화와 사회적 비용의 증가로 이어져 도시번영을 저해하므로 타당하지 않다.

(다)는 도시 거주민은 도시 공간의 사용과 재편에 동등하게 참여할 권리가 있으며 도시는 집단적 발전과 연대를 위한 조건을 제공해야 한다고 한다. A시 시장의 도시 장기 발전 구상은 A시 시민의 공간사용과 재편에 동등하게 참여할 권리를 침해한다. 고급 인력만을 위한 시유지 개발이라는 점에서 소외 계층은 시유지 공간사용과 재편에 고급 인력과 동등한 참여의 권리가 보장되었다고 할 수 없다. 도시 거주민 간의 동등한 참여의 권리가 인정되지 않는 상황에서 도시구성원들의 연대의식과 자발적 참여의식이 커지기 어렵다. 장기적 도시 발전을 위해서는 도시구성원들의 연대의식과 자발적 의지가 중요하다. 범죄가 적고, 활기가 넘치며, 도시구성원들이 스스로 도시 발전을 추구하는 도시가 장기적으로 발전할 것임은 자명하다. 그러나 A시 시장의 도시 장기 발전 구상은 소외 계층을 위한 일자리 창출이나 주거 환경 개선은 간과한 채, 고급 인력만을 위한 정책을 펼치고 있다. 이런 상황에서 소외 계층은 같은 도시구성원이라는 연대의식이 고취되기 어렵고, 도시구성원으로서의 자긍심과 도시번영을 위한 자발적 의지가 일어날 수 없어 장기적 도시 발전을 기대할 수 없다. 따라서 A시 시장의 도시 장기 발전 구상은 장기적 도시 발전을 이루기 어려우므로 타당하지 않다.

※ 1384자

* 교재 뒷부분에 있는 논술 답안지를 사용하여 답안을 작성해보세요.
  • 논술 경험이 있다면, 실전처럼 답안을 바로 작성한 후 예시답안과 비교하여 완성도를 높이는 데 중점을 두어보세요.
  • 답안 작성이 막막하다면, 문제 뒤의 해설을 먼저 참고한 후 답안을 작성하여 논술 감각을 익히는 데 중점을 두어보세요.

1. 제시문 (가)의 내용을 요약하고, (가)의 핵심 개념들을 활용하여 제시문 (나)의 주장을 평가하시오. (600~800자, 40점)

(가) 폭력의 두드러진 특징은 물리적 수단을 필요로 하고, 강압과 살상의 도구를 인간관계 속에 필연적으로 도입한다는 점이다. 폭력은 강제력을 발휘하는 다양한 수단으로 구성되며 특정 목표에 봉사한다. 혁명의 경우 그 목표는 낡은 정치체의 파괴나 복원, 혹은 새로운 정치체의 건설이다. 전쟁의 경우에 그 목표는 자기보존이거나 정복과 지배이다. 여기서 말하는 목표는 정치적 행위가 추구하는 목적과는 다르다.

구체적으로 실현되는 정치의 모습은 항상 변화한다. 왜냐하면 우리들 각각은 우리와 마찬가지로 목적들을 가지고 있는 다른 사람들과 관계를 맺고 있기 때문이다. 정치는 우리의 갈 길을 정하는 데 필요한 지침을 추구하는 행위이므로, 그 자체는 결코 포기할 수 없다. 정치적 행위는 항상 사람들 사이에 사이-공간을 열어 놓는다. 사이-공간에서 폭력은 배제되고 말이 소통과 설득의 유일한 매개가 된다. 오직 소통을 향한 부단한 노력만이 사이-공간을 지배한다. 설득을 지향하는 말을 주고받는 행위는, 그것이 개인들 사이의 일이건 국가들 사이의 일이건 또는 개인과 국가 사이의 일이건 간에, 그들 사이에 사이-공간을 창출하고 지속시킨다.

폭력이 들어오기 전까지 사이-공간에서는 말을 통한 상호작용만이 이루어진다. 하지만 폭력이 개입될 때 정치에서는 특정한 목표를 이루기 위해 강제 수단이 선택되고, 그 수단의 정당화가 시도되며, 때로는 수단 자체가 신성시된다. 그리고 정치의 목적은 목표로 변화한다. 정치에서 '관계가 무너졌다'는 말은 사이-공간이 소멸했다는 뜻이다. 모든 폭력적 행위는 사이-공간에 머물러 있는 사람들을 해치기 전에, 먼저 사이-공간을 파괴한다.

폭력을 사용하지 않는 정치적 행위는 설사 그 목적을 달성하지 못한다 해도 부적절하거나 무의미하다고 말할 수 없다. 그것은 특정한 목표를 추구하는 것이 아니기 때문이다. 만약 정치적 행위가 어떤 목표를 추구하고 그 결과에 따라 판단되어야 하는 것이라면, 이는 정치가 그 자체로는 정치적이지 않은, 정치보다 우월한 어떤 것에 관한 것이라는 이야기가 된다. 과정보다는 결과가 중요하다는 논리인 셈이다. 이렇게 보면, 정치적 행위는 그 목표가 달성되는 순간 더 이상 존재할 필요가 없어진다. 만일 정치가 특정한 목표를 이루기 위한 방편에 불과하다면, 정치는 어떤 순간에 인류 역사에서 완전히 사라질 것이다. 특정한 목표의 달성만을 중요시하는 맥락에서는 폭력이 언제나 지배적인 역할을 하게 된다.

(나) 정치체의 건강을 위해서는 정치적 갈등이나 활발한 반대의 목소리가 필수 불가결하다. 정치체에 필수적인 법과 제도는 언제나 침식과 부패의 가능성을 안고 있으며, 시민들이 수동적이 되어 정부에 대항하지 않을 때 정치적 자유는 사라질 수도 있다. 과거 공화주의 이론가들은 이러한 관점에서 대중의 강제력 사용권을 옹호하기도 했다. 고대 로마에서 정치 현실에 대한 평민들의 적극적인 반대는 건강한 정치 발전에 기여하였다. 평민들은 정치 참여를 요구하며 귀족정에 대항하여 300년간 정치적 파란을 일으켰고, 이는 로마의 자유를 보존하는 데 도움이 되었다. 이들은 원로원에 대항하여 거리에서 집회를 열고 의원들을 성토했으며, 군복무를 거부하고 집단 농성을 벌였다.

오늘날 대의 민주주의의 틀 안에서 무력에 호소하는 태도는 인정될 수 없다. 서로 대립하는 집단 혹은 이해 집단 사이의 갈등은 정치의 본질적인 요소이긴 하지만, 갈등이 어떤 규칙에 의해 제한을 받지 않으면 사회적 통합과 질서를 위협할 수 있다. 이때 선거는 갈등의 평화적 표출 및 해소를 위한 하나의 수단이다. 그러나 현대 사회에서 무력 사용을 받아들일 수 없다 하더라도 파업이나 불매 운동 등 비폭력 직접행동 방식이 대중에게 하나의 투쟁 수단을 제공해 줄 수 있다는 점은 찬성할 수 있을 것이다. 노동자와 소비자의 직접행동은 기업의 경제적 지배에 저항할 수 있는 그들의 능력을 신장시킨다. 정치·경제적 이해관계가 심각하게 얽힌 파업이 극단적인 형태의 갈등 양상을 보인다 하더라도 적절한 방식으로 이루어진 직접행동은 고유한 규범을 발전시켜 협상이나 조정과 중재를 가능하게 해 준다.

여기에서 문제는 직접행동이 급속히 확산되면 사회적 무질서가 초래될 위험이 있다는 점이다. 그러나 직접행동이 무질서를 야기한다 하더라도, 심지어 그것이 정당화하기 어려운 형태의 직접행동에서 비롯된 것이라 하더라도, 이런 상황이 정치적으로 각성된 시민성의 발현이라면 이는 수용할 만한 대가이다. 나는 항의자든 당국이든 규칙을 존중하는 것이 중요하다고 인정하지만, 그런 무질서가 창조적일 수 있다면 기꺼이 그것을 수용해야 한다고 생각한다.

2. 제시문 (가), (나), (다)의 논지를 활용하여 <보기>에 나타난 판사의 판결에 대하여 자신의 견해를 논술하시오.
(1300~1500자, 60점)

───────── 〈조건〉 ─────────
제시문 (가), (나), (다)의 논지 모두에 대한 평가를 포함시킬 것

───────── 〈보기〉 ─────────

* 아래 글은 1950년 한국 전쟁 당시 9·28 서울 수복 이후 서울지방법원에 근무했던 어느 판사가 자신이 내린 판결에 대하여 술회한 내용의 일부이다. 이 재판에 적용된 법령은 [비상사태 하 범죄 처벌에 관한 특별조치령]으로, 그 주요 내용은 ① 비상사태 하의 특정 범죄들에 대하여 사형, 무기 또는 10년 이상의 유기 징역에 처하고, ② 재판은 항소를 허용하지 않는 단심제로 진행하며, ③ 1인의 판사가 재판을 담당하여 반드시 40일 내에 판결을 선고해야 하고, ④ 판결에서 증거의 설명을 생략할 수 있다는 것 등이었다.

나는 여기서 소위 비상사태 하에서 발생했던 한 절도 사건에 대한 기억을 떠올리지 않을 수 없다.

피고인은 당시 17, 8세 되는 두 명의 중학생이었다. 두 학생은 모두 독실한 가정에서 자라난 자제들이었으며, 대단히 순직하게 보였다. 이 두 학생의 범죄 사실은 다음과 같았다.

6월 28일 오후 2시경. 두 학생은 밖으로 놀러 나가 경찰 책임자의 집 앞을 지나다가, 인민군들이 그 집의 가재도구를 실어내 트럭에 싣고 떠나는 것을 목격했다. 열린 대문을 통해 집 안을 쳐다보니 아무도 없는 것 같았다. 두 학생은 문득 호기심에 끌려 그 집 마당으로 들어서서 방안을 뒤지기 시작했다. 인민군들이 미처 실어 내가지 못한 양주 몇 병과 비눗갑, 기타 일용품 등이 여기저기에서 눈에 띄었다. 그 물건들을 본 두 학생은, "야! 우리도 이것을 가져가자. 이까짓 것쯤 가져간다고 누가 뭐라겠니?"라며 그것을 집으로 가져갔다.

이것이 바로 그들이 20여 일에 걸쳐 경찰로부터 검찰청을 거쳐 재판소에까지 넘어온 사건이었다. 행위를 볼 때 그 학생들의 행위는, 비상시국에 편승한 소위 비상사태 하의 절도임에는 틀림없었다. 그러면 아무리 관대하게 처분을 하더라도 징역 10년에는 처하여야 할 것이었다. 과연 두 학생에 대하여 그런 처분을 해야 할 것인가? (중략)

소위 절도란 사람 없는 집에, 혹은 사람이 없는 틈을 타서 들어가 물건을 훔쳐 내는 것이다. 그 두 학생의 행위가 범죄 의도의 측면에서 그다지 악질이 아니라는 것은 누구도 인정하지 않을 수 없는 것이었다. 그런데도 불구하고 일반적인 절도는 10년 이하의 징역에 처하건만, 이 경우는 비상사태 하의 절도이기 때문에 사형이나 무기 징역, 또는 10년 이상의 징역이라는 중형에 처하게 되어 있었다.

그것은 어떤 이유에서일까? 아마도 사회가 혼란해지면 온갖 범죄가 일어날 가능성이 클 뿐만 아니라 그것이 미치는 영향도 적지 않다고 생각한 나머지, 그런 범행을 미연에 완전히 봉쇄하기 위하여 "알겠지? 물건을 훔치면 10년 이상의 징역이야."라고 경계하려는 의도에서일 것이다.

그렇다면 본건 범행자들에 대해서도 10년 형을 선고해야 하는가?

아니다.

아무리 그런 규정과 요청이 있다 할지라도, 나는 그 정도의 중형을 과할 수는 없었다. 나는 법과 현실 간의 너무나도 큰 괴리를 절감하지 않을 수 없었다.

진실로 법에 사로잡혀야 할 지경이라면 아니 법률의 노예가 될 지경이라면 나는 판사직에서 떠나 버려야 한다. 이러한 고민은 또다시 재판의 목적과 법률의 준수 간의 모순을 해결해야 한다는 데 이른다. 그러나 이 경우에는 법을 정면으로 무시하는 것이다. 아니 법을 무시하는 것이라기보다도 재판을 통해 하나의 규범을 창조하는 것이다.

이윽고 나는 무모하게도 무죄의 판결을 하였던 것이다.

"판결 이유는 무엇인가요?"

"그 점에 대하여서는 그 이상 묻지 말기를 바라오. 그것을 정당화할 어떤 이론도 있을 수 없지 않겠소. 다만 단심제를 방패로!"

(가) 감정은 법의 역사에서 중요한 요소로 작용했다. 다만 합리주의적인 근대 법체계가 감정의 역할과 차원을 배제하는 방향으로 전개되었을 뿐이다. 감정과 정서의 차원에서 법을 이해하는 것은 중요하다. 감정은 법적인 문제나 구조에 대한 기존의 지식을 뒤엎을 수 있는 계기를 제공하기 때문이다. 때때로 그것은 합리성으로 포장된 규범적 판단의 한계를 폭로함으로써 더 나은 결과를 가져다준다.

법은 통상 사회 속에서 상충하는 감정들을 배경으로 하고 있다. 예를 들어 형법은 범죄에 대한 분노와 범죄자에 대한 연민에 뿌리를 두고 있다. 따라서 분노와 연민의 감정 중 어느 하나가 극단으로 흐를 때에는, 다른 하나가 강화되지 않으면 안 된다.

감정은 법관으로 하여금 주어진 법적 상황에 내재된 인간적인 맥락을 파악할 수 있게 만든다. 감정은, 메마른 이성은 할 수 없는 방식으로 법관이 법적 문제에 결론을 내리고 그것을 정당화하는 과정에 도움을 준다. 특히 법이 부정적 감정을 그대로 표출하고 있는 경우에는, 법관은 대안적 감정을 동원할 수 있다. 이때 법관의 판결은 합리적 추론의 결과인 것처럼 보이지만, 실제로는 법과 감정의 무너진 균형을 회복한 결과이다.

(나) 법의 지배는 시민과 국가의 행동이 규칙의 지배를 받는 상태를 뜻한다. 규칙의 지배를 통하여 법의 지배는 무질서와 혼돈을 막고 시민들의 삶에 예측 가능성을 제공한다. 법은 시민들을 자율적이고 동등한 존재로 존중하고 자의적인 차별을 방지한다. 법체계의 내적 정합성과 법의 중립성은 법관에게 감정을 배제하고 공평무사한 태도를 취할 것을 요구한다. 결국 법의 지배는 법관에게 규칙에 충실할 것을 요구한다.

법의 지배는 일차적으로 형식성과 연결된다. 형식성은 법관이 사건의 해결을 위한 기준으로 오로지 법체계의 내재적인 기준과 절차만을 적용하는 속성을 의미한다. 달리 말하면 의사 결정은 일반적인 법전과 적용 절차의 구속만을 받으며 이루어진다. 이와 같이 법체계의 규칙으로부터 합리적인 논증을 통해 법적 결론에 이를 때 이를 형식적 추론이라고 한다. 형식적 추론에서 법관의 재량은 법규칙이 허용하는 범위 안에서만 발휘된다.

그러나 형식적 추론의 결과가 수긍하기 어려운 때에는 실질적인 추론이 진행된다. 실질적 추론을 통한 의사 결정은 형식적인 체계 바깥에 존재하는 규범을 이용함으로써 이루어진다. 실질적인 추론에서 결정자는 형식적 체계 바깥으로 나가서 윤리적, 이데올로기적, 정치적 규범들을 원용할 수 있다. 과거 남아프리카 공화국의 민권 운동가들이 재판을 받는 과정에서 인권의 보편적 기준을 적용해 달라고 호소하던 상황을 예로 들 수 있다.

(다) 법적 판단에서 감정의 개입은 필연적이다. 감정이 개입되지 않은 이성은 가치 맹목적이며, 그것만으로는 올바른 법적 판단에 이를 수 없다. 물론 감정의 개입은 편향과 과잉의 위험을 동반한다. 따라서 올바른 법적 판단에 도달하기 위해서는 이러한 감정의 위험 요소들이 제어되지 않으면 안 된다. 여기서, 거친 감정들 가운데 신뢰할 만한 감정을 정제하는 장치가 필요하다. 이런 장치를 통해 획득한 법적 판단은 '감정적 합리성(emotional rationality)'을 갖추었다고 할 수 있다.

아담 스미스의 '사려 깊은 관찰자'라는 개념에서 이런 감정적 합리성을 확인할 수 있다. 사려 깊은 관찰자는 친구의 입장에서 실제 사건의 당사자들을 염려한다. 하지만 그는 자신이 목격하고 있는 사건에 개인적으로 연루되어 있지 않기 때문에 편견을 갖지 않고 사건으로부터 일정한 거리를 유지한다. 그는 자신의 개인적인 안전 및 행복과 관계된 감정을 가진 것도 아니다. 그는 풍부한 감정을 가지고 현실의 행위자들이 처한 상황을 상상할 수 있는 능력을 지닌다. 그러나 이와 같은 감정적 동일시는 어디까지나 관찰자의 입장에서만 발휘된다.

감정적 합리성은 적합한 방식으로 구현될 때 공적인 토의에서 핵심적인 역할을 한다. 미국에서 흑백 분리 정책을 철폐했던 연방 대법원의 판결은 협의의 합리적 추론으로부터 나온 결과라기보다는, 버스 뒷자리에 따로 앉아야만 했던 흑인 아이들의 마음을 판사들이 헤아렸기 때문에 얻어진 결과이다.

1번 문제 해설

① 문제 분석

　　첫째, 제시문 (가)의 내용을 요약해야 한다. 요약은 200자 내외로 짧게 해야 한다. 요약은 발췌와 달리 핵심 단어와 제시문의 주장과 근거만을 가져와야지 문장 자체를 가져와서는 안 된다. 자신이 소화해서 전달해야 한다.

　　둘째, 제시문 (나)의 주장을 평가해야 한다. 단, 제시문 (가)의 핵심 개념을 활용해서 평가해야 한다. 위에서 서술한 (가)의 내용 요약이 바로 이 핵심 개념을 제시한 것이어야 한다.

② 제시문 분석

제시문 (가) 분석	•1980년 초반을 생각해보자. 군사정권은 정권의 안정성과 연속성이라는 정치적 목표만을 우선시한 채 국민과의 소통을 위한 노력을 하지 않았다. 당시 대학생들이 광주학살을 비난하자, 군사정권은 이들의 주장을 폭력을 통해 억압하려 했다. 주요 정치인들은 군사정권에 의해 정치 금지 혹은 해외 추방을 당했다. 이들과 소통하려는 의지가 없었기 때문이다. 전두환 정권은 사이-공간의 말을 통한 상호작용을 무시하고 정권 강화라는 정치적 목표에 매달린 채 폭력 사용을 주저하지 않았다. 전두환 정권 당시에 대화와 소통으로서의 정치는 없었다.
제시문 (나) 분석	•쇠고기 수입 반대 촛불집회, 4대강 사업 반대자들의 점거 농성, 쌍용자동차 노동자들의 공장 점거행위 등 직접행동이 우리 사회에서 계속 발생하고 있다. 그 원인은 우리 사회에서 소통이 부족하기 때문이다. "말로 해서는 안 된다.", "행동으로만 보여줄 수 있다.", "목소리 큰 자가 이긴다."와 같은 주장은 우리 사회가 불통의 사회임을 대변하고 있다. 직접행동은 사회적 강자나 국가를 협상테이블로 끌어들이려는 전략일 수 있다. 사회적 강자와 국가가 협상에 적극 응한다면 직접행동은 새로운 규범을 도출하는 계기가 되어 사회통합을 이끌어낼 수 있다. 그러나 대립하는 양자 간 소통의식이 부재할 경우 직접행동은 기존 법과 제도를 변경하는 계기가 된다. 1987년 6.10 항쟁은 국민과 전두환 정권 간의 대립으로 새로운 법과 제도를 정착시키는 결과를 낳았다. 여·야의 관계, 대통령과 국민과의 관계는 파괴되었다. •법과 제도는 사회 유지를 위해 필요하다. 그러나 법과 제도가 지배계급만을 위해 존재할 때, 피지배계급은 법과 제도를 부정하려고 한다. 이로 인해 법질서의 혼란이 생긴다. 과격한 시위 나아가 테러 등을 통해 피지배계급은 목적을 달성하려고 한다. 지배계급이 피지배계급과 대화에 나서고 이를 부분적으로 수용하려 한다면 대화와 소통이 가능하다. 그렇다면 피지배계급은 대화와 소통을 통해 목적을 달성하려고 할 것이다. 그러나 지배계급이 피지배계급의 요구를 묵살하고 탄압하려 한다면 피지배계급은 폭력적인 수단을 통해 목적을 달성하고자 할 것이다.

③ 답안의 논리 구성

제시문 (가) 요약	•정치란 대화와 소통을 통해 정치적 목표를 달성해가는 과정이다. •정치적 목표만을 추구할 때 폭력을 수단으로 사용하게 된다. •폭력의 사용은 사이-공간을 파괴하고 소통과 정치적 과정을 해친다.
제시문 (나) 주장 평가	•직접행동은 정치 발전에 기여한다. 예 6.10 항쟁 •직접행동은 조정과 중재를 가능하게 해준다. 예 소비자의 불매 운동 •직접행동은 새로운 규범을 창출하는 데 기여한다. 예 프랑스혁명

④ 구조 분석과 개요

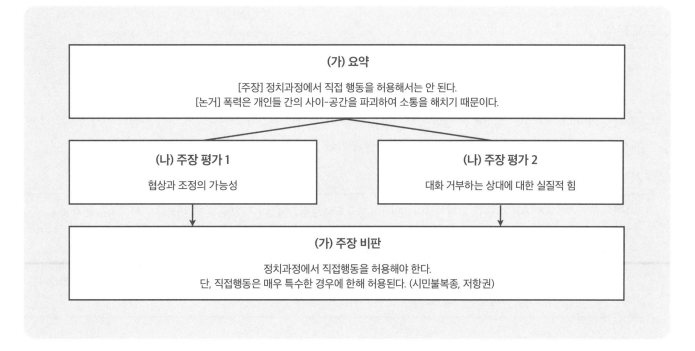

(가) 요약

[주장] 정치과정에서 직접 행동을 허용해서는 안 된다.
[논거] 폭력은 개인들 간의 사이-공간을 파괴하여 소통을 해치기 때문이다.

(나) 주장 평가 1

협상과 조정의 가능성

(나) 주장 평가 2

대화 거부하는 상대에 대한 실질적 힘

(가) 주장 비판

정치과정에서 직접행동을 허용해야 한다.
단, 직접행동은 매우 특수한 경우에 한해 허용된다. (시민불복종, 저항권)

📝 1번 문제 예시답안

제시문 (가)는, 정치과정에서 폭력을 사용해서는 안 된다고 한다. 개인들 간의 사이-공간을 파괴하여 소통을 해치기 때문이다. 정치란 대화와 소통을 통해 정치적 목표를 달성해가는 과정이다. 그러나 과정을 무시하고 정치적 목표에 집착하면 폭력은 사이-공간을 파괴하고 소통을 해친다.

정치과정에서 직접행동을 허용할 수 있다는 제시문 (나)의 주장은 타당하다. 제시문 (나)에 따르면 직접행동은 협상, 조정을 가능하게 해준다. 개인 소비자가 제품의 하자를 주장할 때 기업은 이를 무시하는 경우가 많다. 소비자들의 불매 운동과 같은 직접행동은 제조회사를 협상테이블로 이끌어내는 계기가 된다. 이런 소통과정을 통해 소비자와 제조회사의 사이-공간을 열고 관계를 발전시키는 데 기여할 수 있다.

정치과정에서 직접행동을 허용할 수 있다는 제시문 (나)의 주장은 타당하다. 직접행동은 새로운 규범을 창출하고 정치 발전을 달성할 수 있기 때문이다. 1789년 프랑스혁명 당시 소통을 통한 새로운 질서 형성은 현실적으로 불가능했다. 따라서 현행 법질서가 국민의 자유와 권리를 근본적으로 부정하는 상황에서는, 단기적으로 무질서를 초래하는 직접행동도 허용되어야 한다. 이런 직접행동은 프랑스혁명이 새로운 법질서를 창출하여 국민의 자유와 권리를 보장하는 정치 발전을 달성할 수 있도록 하였다.

직접행동은 국가나 사회적 강자가 소통을 거부하고 있을 때에 한하여 허용될 수 있다. 소통을 시도해보지도 않고 정치적 목표만을 우선시해 직접행동만을 내세운다면 이는 불통의 사회, 정치 부재의 사회로 나아갈 수 있다는 제시문 (가)의 지적을 경청해야 한다.

※ 795자

① 문제 분석

> 제시문 (가), (나), (다)의 논지를 활용하여 <보기>에 나타난 판사의 판결에 대하여 자신의 견해를 논술하시오.
> (1300~1500자, 60점)

견해논술형이다. 제시문만 설명하는 답안이 되어서는 안 된다. 판사의 판결이 타당한지에 대한 자신의 견해를 밝혀야 한다. 제시문 (가), (나), (다)의 논지를 활용하고, 논지에 대한 평가를 포함시키면 된다.

② 보기 분석

사건 개요	1950년 6월 28일 17, 18세 학생이 인민군이 쓸고 지나간 집안에 들어가 양주 몇 병, 비눗갑, 기타 일용품을 훔쳤다.
판사 판결	무죄 → 비상사태 하의 범죄에 관한 특별조치령을 그대로 적용한다면 두 학생은 최소 징역 10년 이상의 형이 선고되어야 한다. 그러나 두 학생의 죄질은 매우 무겁다고 할 수 없다. 따라서 특별조치령을 그대로 적용하면 법률의 노예로 전락하고 만다. 그래서 특별조치령의 적용을 거부하고 무죄 판결을 하였다.

③ 제시문 분석

제시문 (가) 분석	문자로 되어있는 법은 다양한 범죄의 사회적 조건, 범죄자의 사회적 조건, 성향, 죄질을 모두 포섭할 수 없다. 그래서 용서해주어야 할 범죄에 대해 너무 가혹한 처벌을 하기도 한다. 또는 법은 처벌해야 할 범죄에 빠져나갈 구멍이 될 수도 있다. 법은 분노와 연민의 감정을 담고 있다. 그러나 박제화된 법은 연민을 가져야 할 범죄에 가혹한 처벌을, 분노를 가져야 할 범죄에 가벼운 처벌을 가할 수도 있다. 이때 법관은 무너진 균형을 바로 세우는 재판을 해야 한다. <보기>에서 특별조치령은 두 학생이 범한 연민을 가져야 할 범죄에 너무 가혹한 처벌을 담고 있다. 법관은 두 학생에게 연민의 정을 베풀어 무죄 판결을 했다고 볼 수 있다.
제시문 (나) 분석	법의 지배는 예측 가능성을 특징으로 한다. 예측 가능성은 법에 따른 재판을 요구한다. 법관은 재판 시 법을 적용하는 재판을 해야 하며, 법을 떠난 재판을 해서는 안 된다. 다만, 법에 따른 형식적 추론의 결과가 타당성이 없을 때 법 이외의 규범을 원용하여 재판할 수도 있다. 제시문 (나)에 따르면 특별조치령이라는 형식적 법체계가 있는 만큼 학생들에 대한 유죄 판결은 피할 수 없다.
제시문 (다) 분석	너무 감정만을 앞세운 판단은 합리성을 결여한다. 그러나 행위자들의 입장에서 생각하지 않는다면 냉혹한 판단을 할 우려가 있다. 재판관은 사려 깊은 관찰자로서 재판을 해야 한다. 행위자와 일정한 거리를 두면서도 상대방을 충분히 관찰해 상대방 입장에서 생각할 수 있어야 한다. 제시문 (다)에 따르면 <보기>는 학생들의 입장에서 생각한 재판이었다고 할 수 있다.

④ 구조 분석과 개요

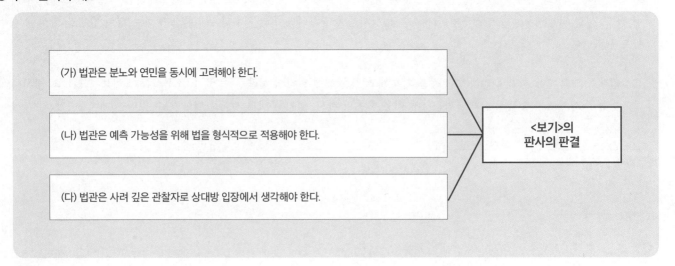

📝 2번 문제 예시답안

<판사의 판결이 정당하다는 입장을 선택한 경우>

형벌은 교화나 정의 실현에 기여해야 하고, 범죄자의 사회적 연대성 회복이라는 목적에 부합하여야 한다. 과도한 형벌은 범죄자의 반발로 교화 목적을 달성할 수 없고, 범죄 책임을 넘은 형벌은 정의를 왜곡시킬 뿐 아니라 사회와의 연대성 회복이라는 형벌의 목적을 달성할 수 없다.

제시문 (가)는 형법은 분노와 연민을 내포하고 있는데, 분노와 연민의 감정 중 어느 하나가 극단으로 흐를 때 법관은 다른 하나를 강화시켜 무너진 균형을 회복해야 한다고 한다. 이에 따르면 <보기>의 특별조치령에 따른 사형, 무기 징역, 10년 이상의 징역은 범죄에 대한 지나친 분노로 인해 과잉형벌을 규정하고 있다. 정의는 각자에게 맞는 몫을 배분하는 것이다. 사형, 무기 징역, 징역 10년 이상의 형벌은 학생들의 절도행위에 비해 과도한 형벌에 해당하여 행위와 형벌이 비례하지 않는다. <보기>의 판사의 판결은 범죄에 대한 분노로 법이 과도한 형벌을 정하고 있을 때 법관이 연민을 베풀어 균형을 회복한 것이다. 따라서 부정의를 시정한 것으로 타당하다.

제시문 (나)는 법관은 법체계 내에서 재판권을 행사해야 한다고 주장한다. 그렇지 않다면 예측 가능성을 해하고 법적 무질서만 야기할 뿐이라는 것이다. 그러나 현대의 법치주의는 정당한 법에 의한 지배를 요구한다. 나치의 법처럼 정당하지 않은 법에 의한 지배는 인권을 침해하고 사회에 부정의만 확산시킬 뿐이다. 우리나라에 위헌법률심판이나 헌법소원심판이 도입된 이유도 부정의한 법을 제거하기 위함이다. 절도행위에 대해 징역 10년 이상을 규정한 특별조치령은 절도범죄자에 대해 과도한 형벌을 가하여 사회 전체의 범죄를 예방하고자 하는 것이다. 이는 인간을 목적으로 대하지 않고 범죄예방의 수단으로 대해서는 안 된다는 인간의 존엄성을 침해하고, 신체의 자유를 제한하는 것이다. 따라서 <보기>의 판사의 판결은 명백히 정의에 반하는 실정법을 거부한 것이므로 타당하다.

제시문 (다)는 법관이 사려 깊은 관찰자로서 재판을 하도록 요구하고 있다. 사려 깊은 관찰자의 입장에서 거리를 두려면 범죄자가 처한 상황을 상상할 수 있어야 공평한 판단을 할 수 있다. <보기>의 판사는 관찰자 입장에서 두 학생이 인민군들이 집을 약탈하고 남은 양주, 가재도구를 가져가는 행위는 큰 잘못이 아니라는 생각하에 저지른 범죄라는 점을 고려해 무죄 판결을 했다. 판사가 이런 사정을 고려하지 않고 10년 이상의 징역을 선고했다면, 학생들은 지나친 형벌에 대해 억울하다고 생각할 것이다. 그렇다면 학생들은 반성하기보다 사회에 대한 분노를 쌓을 것이다. 또한 교화, 범죄예방이라는 형벌의 목적을 달성할 수 없을 것이다. 따라서 판사의 무죄 판결은 타당하다.

특별조치령에 따라 과도하게 처벌했다면 학생들은 사회로부터 고립되고, 사회로부터 버림받았다고 생각하여 사회와의 연대성을 회복할 수 없다. 따라서 판사의 무죄 판결은 형벌의 취지와도 부합하는 판결로 타당하다.

※ 1428자

<판사의 판결이 정당하지 않다는 입장을 선택한 경우>

범죄는 사회적인 현상이다. 범죄는 피해자를 발생시키고, 사회질서의 기본 가치를 해하는 행위이기 때문이다. 따라서 형벌은 범죄로 인해 침해된 사회질서를 회복하고 범죄를 예방하는 기능을 해야 한다. 절도는 피해자가 있고, 사회질서를 해하는 행위이다. <보기>의 판사의 판결은 절도를 한 학생의 사정만을 감안한 나머지 피해자의 고통을 외면하고 침해된 사회질서를 복구하기 위한 노력을 하지 않았으므로 타당하지 않다.

제시문 (가)는 형법은 분노와 연민을 내포하고 있는데, 분노와 연민의 감정 중 어느 하나가 극단으로 흐를 때 법관은 다른 하나를 강화시켜 무너진 균형을 회복해야 한다고 한다. 이에 따르면 <보기>의 특별조치령은 범죄에 대한 분노가 극단에 이른 것이므로 연민의 감정을 강화시켜 법관이 무죄 판결을 할 필요가 있다. 법관이 범죄의 사정을 고려해야 함은 당연하다. 그러나 연민의 감정은 법의 테두리 안에서 이루어져야 하며, 법을 떠난 동정은 자의적 재판에 불과하다. <보기>의 무죄 판결은 법의 테두리를 벗어난 동정이므로 타당하지 않다.

제시문 (나)에 따르면 법관은 법체계 내에서 재판권을 행사해야 한다. 법이 아닌 법관의 감정으로 재판한다면 법관마다 재판의 내용이 달라 법적 안정성을 해할 수 있기 때문이다. <보기>의 판사는 두 학생의 절도행위가 범죄이기는 하나 악질적 행위가 아닌데도 불구하고 특별조치령을 적용할 경우 10년 이상의 징역형을 선고해야 하는데 이는 과잉형벌이므로 무죄 판결을 선고했다고 주장한다. 그러나 <보기>와 같은 유사절도행위에 대해 어느 법관은 무죄를, 다른 법관은 10년 징역을 선고한다면 법적 혼란이 발생할 것이다. 특히 전쟁 중이라는 상황에서는 범죄가 급격히 늘어나 사회가 극단적으로 불안정해질 수 있다. 따라서 <보기>의 판사의 판결은 타당하지 않다.

제시문 (다)는 사려 깊은 관찰자로서 재판을 하도록 요구하고 있다. <보기>의 판사는 학생들의 입장을 충분히 공감하여 무죄 판결을 했다고 할 수 있다. 그러나 범죄는 사회적 질서를 훼손하는 행위이므로 학생들의 입장을 충분히 이해하는 것만으로 올바른 법적 판단을 할 수 없다. 학생들의 입장을 이해하려는 자세는 필요하지만, 범죄는 사회적 현상이므로 사회질서를 수호하려는 단호한 의지도 법관에게 필요하다. 판사는 관찰자로 그쳐서는 안 되고 법질서의 수호자 역할을 해야 하므로 무죄 판결은 타당하지 않다.

학생들의 절도행위에 대해 10년 이상의 형은 지나친 것이라는 반론이 제기될 수 있다. 그러나 법을 무시한 재판은 정당화될 수 없다. <보기>의 절도행위는 범죄구성요건에 해당하고, 위법성과 처벌이 조각될 여지도 없었다. 판사는 특별조치령 법적용을 거부하고 규범을 창출하여 재판을 하였다. 이는 법관이 입법권까지 행사한 것으로 재판권 남용에 해당한다. 만약 법이 현실성이 없어 학생들에게 가혹한 처벌을 할 수밖에 없다면 이는 여론을 형성하여 대통령의 사면권 행사 또는 법무부 가석방 제도 등의 방법으로 시정할 수 있다. 따라서 절도행위에 대한 형벌은 지나치다고 할 수 없다.

※ 1491자

* 교재 뒷부분에 있는 논술 답안지를 사용하여 답안을 작성해보세요.
• 논술 경험이 있다면, 실전처럼 답안을 바로 작성한 후 예시답안과 비교하여 완성도를 높이는 데 중점을 두어보세요.
• 답안 작성이 막막하다면, 문제 뒤의 해설을 먼저 참고한 후 답안을 작성하여 논술 감각을 익히는 데 중점을 두어보세요.

1. 개인에게 도덕을 강제할 수 있는지에 관하여 제시문 (가), (나), (다)의 논점들을 비교하시오. (600~800자, 40점)

(가) 최근 들어 쉽게 해결할 수 없는 도덕적 사안들이 등장하고 있다. 과거에는 도덕률을 위반한 사례들에 대하여 법이 간섭해서는 안 된다고 주장하는 사람들이 드물었다. 그러나 오늘날에는 도박과 같은 부도덕이 자유의 이름으로 보호되어야 한다고 생각하는 사람들이 많이 있다.

사회는 스스로를 보존하기 위해 법을 만든다. 이때 법의 목적은 사회의 도덕을 수호하는 것이고, 법원의 임무는 어떤 시스템을 창조하는 것이 아니라 사회의 유산을 방호하는 것이다. 자유로운 사회라도, 그 사회를 결속시키는 토대는 공통의 정서가 가지는 응집력이다. 사회를 만드는 것은 공통의 생각들이며, 여기에는 정치이념뿐만 아니라 그 구성원들이 어떻게 행동하고 삶을 이끌어가야 하는가에 관한 생각들도 포함된다.

그러나 입법자는 무엇이 좋고 나쁜지에 대한 판단을 내릴 필요가 없다. 입법을 통해 강제되는 도덕은, 그 사회에 의해 이미 받아들여지고 있는 옳고 그름에 대한 생각들이기 때문이다. 그러한 생각들은 사회의 온전한 보존을 위해 필수적이며, 입법자는 그러한 생각들을 법으로 제정한다. 예를 들어 그는 일부일처제와 일부다처제의 장단점에 대해 따져볼 필요가 없다. 그는 일부일처제가 자기가 속한 사회 구조의 본질적 부분이라는 사실을 확인하기만 하면 된다. 이 경우 그는 자연스럽게 자기가 속한 사회의 도덕이 좋은 것이고 옳은 것이라고 받아들여야 할 것이다. 그러나 입법자가 이러한 도덕의 좋음과 옳음을 보증할 필요는 없다. 그에게 위임된 권한은 사회의 토대를 보존하는 것이지, 자기 자신의 생각에 따라 그것을 재구성하는 것이 아니기 때문이다.

(나) 정부가 시민들을 동등하게 대우한다는 것은 무엇을 의미하는가? 이것은 정부가 모든 시민들을 자유롭고, 독립되고, 동등한 존엄성을 지닌 존재로 대우한다는 것이 무엇을 의미하는가 하는 물음과 같다. 이 질문에 대해서는 근본적으로 서로 다른 두 가지 답변이 있다. 첫째는 어떤 것이 좋은 삶인가에 대해 정부는 중립적이어야 한다는 입장이다. 반면, 둘째는 정부가 그런 문제에 중립적일 수 없다는 입장이다. 인간이란 어떠한 존재이어야 하는가에 대한 이론(理論)이 없으면 정부가 시민들을 동등한 인간으로 대우할 수 없다고 보기 때문이다. 이 두 가지의 차이를 좀 더 설명해야만 하겠다.

첫 번째 입장은 정치적 결정이란 무엇이 좋은 삶인가 또는 무엇이 삶에 가치를 부여하는가에 대한 특정한 관념으로부터 가능한 한 독립되어야만 한다고 주장한다. 한 사회의 시민들은 좋은 삶에 대해 서로 다른 관념을 지니고 있다. 그렇기 때문에 많은 집단 또는 강력한 집단이 어떤 관념을 지지한다는 이유로 정부가 그 관념을 더 선호한다면 그 정부는 시민을 동등하게 다루지 않는 셈이다. 두 번째 입장은 동등한 대우의 내용 자체가 좋은 삶이란 무엇인가에 대한 관념으로부터 독립될 수 없다고 주장한다. 이 입장에 따르면 좋은 정부란 좋은 삶을 육성하는 정부이다. 그리고 동등한 대우란 각각의 사람을 대우할 때, 당사자가 실제로 좋은 삶을 살기를 원하는 것처럼 그를 대우하는 것이다.

두 입장은 모두 개인들을 동등하게 대우하고자 하지만 그 존중의 내용에 있어서 큰 차이가 있다. 첫 번째 입장을 취할 때에만 각 개인이 동등한 관심과 존중을 받을 권리가 있다는 평등의 원칙에 더 충실할 수 있다고 생각된다. 왜냐하면 그러지 않을 경우 다수에 의해 선출된 정부가 다수의 선호에 따라 좋은 삶을 규정하고 이것이 공적 도덕으로 법제화될 수 있기 때문이다. 그 결과 모든 구성원들이 개인적 선호를 성취하는 것이 불가능해질 뿐 아니라 동등하게 존중되어야 할 시민의 권리는 파괴되고 만다. 좋은 삶에 대한 여러 관념들 사이에서 정부는 중립을 지켜야 한다. 그래야만 특별한 도움이 필요한 사람들 또는 특이한 열망을 가진 사람들의 권리가 지배적 선호를 내세운 제도적 압박으로부터 보호될 수 있다.

(다) 국가의 가장 중요한 기능은 시민들이 좋은 삶을 실현하도록 돕는 것이다. 좋음의 객관적인 내용은 보편적 이성에 의해 발견될 수 있으며, 국가의 역할은 좋음에 관한 이러한 관념을 시민들의 마음속에 불어넣는 것이다.

사람들이 도덕적 삶을 지향하도록 강제하기 위해서는 올바른 법이 필수적이다. 자발적으로 절제 있고 강인하게 사는 것은 대부분의 사람들에게 즐거운 일이 아니기 때문이다. 이성적 설득보다 힘이, 고귀한 가치보다 처벌의 위협이 대다수의 사람들을 올바른 삶으로 인도한다. 어떤 사람이 한두 차례 절제 있고 올바른 행위를 한다고 해서 곧바로 덕을 갖춘 사람이라고 말할 수는 없지만, 일단 익숙해지면 그러한 행위를 적어도 고통스럽게 느끼지는 않게 된다.

어떤 사람들은 국가가 이렇게 기능하는 것은 전제와 억압의 다른 형태라고 비판한다. 이들 주장의 핵심은 자유와 관용의 이름으로 여러 도덕적 관념들 가운데서 국가가 중립을 지켜야 한다는 것이다. 그러나 이러한 주장은 중립 자체도 일종의 도덕적 판단의 결과라는 점을 망각한 것이다. 불편부당한 도덕적 판단도 그 안에 어떤 근본적인 가치를 포함하지 않을 수 없다. 이 근본적인 가치가 없다면 이들이 주장하는 자유와 관용도 정당화될 수 없다. 국가는 도덕적 삶을 완성하기 위해 할 수 있는 일을 해야 한다.

2. 제시문 (가), (나), (다)의 논지를 활용하여 <보기>에 서술된 인권침해에 대한 책임을 현재 누가 져야 하는지에 대하여 자신의 생각을 논술하시오. (1300~1500자, 60점)

〈조건〉

제시문 (가), (나), (다)의 논지 모두에 대한 평가를 포함시킬 것

〈보기〉

영국민이 호주에 식민지를 건설한 이후, 역대 호주 정부는 원주민 아동들을 그들의 가족으로부터 강제로 격리하여 대규모 수용 시설에서 양육했다. 이 격리 정책은 1860년대부터 1960년대까지 시행되었다. 이 정책의 대상이 된 아동들은 '빼앗긴 세대들(The Stolen Generations)'이라 불렸다. 「원주민 격리 아동 실태 보고서(Bringing Them Home, 1997)」에 의하면, 이 정책을 통해 원주민 공동체는 급속히 쇠퇴했으며 원주민들의 피해도 심각했다. 위 보고서에 대하여 당시의 호주 수상은 "오늘의 호주 시민들이 과거의 행위와 정책에 대하여 죄책감을 가질 필요도 없고, 비난을 받아서도 안 된다."라고 말했다. 이 발언은 국내외의 거센 비판을 불러일으켰다. 유엔 인권위원회는 호주 정부가 공식 사죄를 하지 않는 점을 비판했고, 호주의 시민 단체들은 정부의 공식 사죄를 촉구하는 운동을 전개했다. 이후 호주 연방의회는 2008년에 이 정책에 대해 사죄 결의안을 통과시켰다. 다음은 공식 사죄문의 일부이다.

우리는 동료 시민들에게 심각한 슬픔, 고통, 상실을 초래한 역대 의회와 정부의 정책에 대해 사죄합니다. 우리는 특히 호주 원주민과 토레스 해협 도서 거주자들의 자녀들을 가족, 공동체, 지역에서 강제로 떼어낸 것에 대해 사죄합니다. 이 빼앗긴 세대들, 또 그 후손들이 겪은 고통, 수난, 상처에 대해, 그리고 그들의 남겨진 가족들에게 사과의 말씀을 드립니다. 아울러 명예로운 종족과 명예로운 문화를 모욕하고 멸시했던 것에 대해 사과의 말씀을 드립니다. 오늘 우리는 과거를 인정하고, 모든 호주인을 끌어안는 미래를 천명함으로써 첫걸음을 내딛습니다.

(가) 제도적 행위자의 의무 ─ 예컨대 국제 전쟁법이 나토(NATO)에 부과하는 것과 같은 의무 ─ 를 거론할 때, 그 의무의 수행자는 기관의 구성원이 아니라 기관 자체가 되어야 한다. 이러한 주장은 개인의 도덕적 책임이 기관으로 손쉽게 전가되어 회피될 수 있다는 점을 말하려는 것은 아니다. 오히려 어떤 의무는 전혀 개인에게 돌릴 수 없기 때문에 이러한 주장을 하는 것이다. 예컨대 개별 군인은 민간인을 고의적으로 쏘지 않을 의무를 준수해야 한다. 그러나 그에게 침략 전쟁에 가담하지 말아야 할 의무를 부과할 수는 없다. 이 주장의 핵심적 논점은 대부분의 기관이 개인보다 더 큰 숙고 및 행위 능력을 가진다는 것이다. 이러한 능력에는 정보에 대한 포괄적인 접근, 정보의 취득과 처리를 위한 세련된 수단들, 그리고 결정의 실행을 위한 정교한 구조들이 포함된다. 사실상 기관은 막대한 사회적 재화를 확보할 수도 있고, 개별 행위자들의 능력 범위를 넘어서는 중대한 위반을 저지를 수도 있다. 이러한 능력 때문에 기관은 어떠한 개인도 감당할 수 없는 특정한 의무를 지게 된다.

예를 들어 미국은 교토 의정서에 서명함으로써 ─ 실제로 미국이 서명하건 않건 간에 ─ 심각한 환경 위기에 대처할 수 있지만 개별 시민은 그렇게 할 수 없다. 그 시민은 일상생활에서 환경에 대한 의무를 가질 수는 있겠지만, 재화를 생산, 소비, 처리하는 구조의 변화를 조정하고 강제할 수 있는 시야나 능력을 갖고 있지는 않다. 따라서 기관이 아니라 개인만을 도덕적 행위자로 여긴다면, 어떤 행위에 대해서는 책임을 물을 수 없다. 도덕적 책임을 개인에게 국한시킨다면 지구적 차원의 문제는 해결할 수 없을 것이다.

(나) 과거의 인권침해에 대한 책임이 현재의 우리에게 없다는 주장이 있다. 이러한 주장의 문제점은 과거의 잘못에 대한 책임을 개인 중심으로 사고하는 것이다. 개인적 책임의 관점이 우리의 도덕적 사유에서 중요한 자리를 점할 수 있다. 그러나 우리는 사회적 존재이다. 그래서 우리는 많은 책임을 개인적으로가 아니라 집단적으로 지게 된다. 사회 역시 책임을 가지며, 우리는 공동체의 일원으로서 그 책임을 공유한다.

개인들을 사회 및 사회적 재화로부터 독립된 존재로 간주하고 이 개인들에게 사회적 재화를 분배하는 것을 정의의 문제로 인식하는 것은 잘못이다. 개인을 여러 속성을 지닌 하나의 독립된 실체로 간주하는 원자론적 관점으로는 개인의 정체성과 능력 자체가 사회적 과정과 관계의 산물이라는 점을 제대로 이해할 수 없다. 사회는 사회로부터 독립된 존재로서의 개인들에게 재화를 분배하는 것이 아니라, 정체성과 능력의 측면에서 개개인을 형성하는 것이다.

사회는 집단들로 이루어지며, 사회 집단은 구성원들의 속성이 아니라 그 집단의 정체성에 의해 규정되는 것이다. 때때로 구성원들이 공유하는 일련의 속성이 자신 또는 다른 사람을 어떤 사회 집단의 구성원으로 분류하는 필요조건이 되기도 한다. 그러나 개인을 집단의 구성원으로, 나아가 사회의 구성원으로 만드는 것은 특정한 사회적 지위와의 동일시, 사회적 지위가 산출하는 공통의 역사, 그리고 사회적 정체성의 내면화 과정이다.

(다) 민족적 책임은 자기 민족의 업적에 대해 자랑스럽게 생각하고 말하는 개인들에게 생긴다. 이러한 사실은 민족적 책임의 범위를 보여 준다. 왜냐하면 개개인이 자부심을 느끼도록 한 역사적 행위에만 민족적 책임이 미치기 때문이다. 민족적 자부심을 불러일으킨 행위가 어떤 잘못된 상황과 인과적 연관성을 가진다고 누군가 말할 때, 문제가 되는 잘못된 상황과 그 사람 사이에 잠재적 책임의 통로가 형성된다. 따라서 정치적 정체성 형성의 주요한 형태인 민족적 소속감은 어떤 책임을 수반한다.

이러한 형태의 귀속 과정에 참여한 개인은 자신이 스스로를 민족에 연관시키는 부분만큼 책임을 갖게 된다. 즉 그는 이러한 책임을 자신의 민족적 정체성을 통해서만 갖게 된다는 것이다. 이것은 중대한 인권침해 행위가 발생한 이후에 출생했다는 사실 자체가 그의 책임을 필연적으로 면제해 주지는 않는다는 것을 의미한다. 개인은 상상력을 통해 이 인권침해 행위의 원인과 자신을 연관시킬 수 있다. 그가 민족적 업적에 대해 자신이 그것을 이룬 사람이라고 상상함으로써 자부심을 가지게 될 때, 그는 그러한 업적을 초래한 역사적 행위의 책임이 자신에게 있다고 생각하게 된다. 이런 식으로 개인은 역사적 성취를 낳은 동일한 행위가 가져온 끔찍한 결과에 대해서도 책임을 느끼게 된다.

해설 & 예시답안

 1번 문제 해설

① 제시문 분석

제시문 (가) 분석	• 제시문 (가)는 사회를 유지하기 위해 도덕을 강제할 수 있다는 입장이다. 서로 다른 생각을 가진 개인들이 공통의 사회를 유지하기 위해서는 반드시 공통된 도덕이 있어야 한다는 것이다. 따라서 입법자는 사회를 유지하기 위해 사회 구성원의 마음속에 있는 도덕을 발견하여 입법하기만 하면 된다. • 사회는 도덕이라는 공동의 끈으로 연결되므로 도덕 없이 사회는 존재할 수 없다. 따라서 사회를 보호하기 위해 도덕을 강제할 수 있어야 한다. 그런데 이러한 도덕의 강제라는 것은 개인에게도 문제 될 것이 전혀 없다. 왜냐하면 모든 사람들이 공통적으로 생각하는 것을 명문화해서 지켜야 한다고 말하는 것이기 때문이다. 입법자는 사람들의 공통된 생각을 발견하여 명문화해서 사회를 유지시키기 위한 법을 만들어내는 것뿐이지 입법자 개인의 도덕적 판단으로 법을 만드는 것이 아니다.
제시문 (나) 분석	• 제시문 (나)는 개인의 자유를 보호하기 위해 도덕을 강제해서는 안 된다고 한다. 모든 개인은 '어떤 삶이 좋은 삶인가'라는 문제에 있어 자신의 삶을 추구할 자유가 있다. 만약 국가가 다수의 선호를 도덕으로 간주하여 법으로 강제한다면, 소수의 선호와 가치를 잘못된 것으로 치부하고 개인의 자유를 부당하게 침해하는 것이다.
제시문 (다) 분석	• 제시문 (다)는 국가는 국민들이 좋은 삶을 살 수 있도록 도덕을 강제할 수 있다고 한다. 각 개인들은 옳은 삶이 무엇인지 잘 모르거나 그렇게 행동하기 어려우므로, 국가가 강제를 통해 이를 실현해야 한다는 것이다. 각 개인들의 자유를 다소 제한하는 면이 있더라도 보편적으로 옳은 가치를 실현하는 것이 국가의 의무이다.

② 도덕과 법

도덕과 법의 관계	• 도덕은 인간 집단이나 사회가 유지되기 위해 지켜야 할 규범을 말한다. 법은 이러한 도덕 중 사회가 유지되기 위한 필수적인 가치를 지키기 위해 합의한 강제규범을 말한다. 이러한 도덕과 법의 관계에 대해, 도덕적인 내용을 법에 적극 반영해야 한다는 입장과 법과 도덕을 엄격히 구별해서 도덕으로부터 법을 분리해야 한다는 입장이 있다. • 일반적으로 도덕은 사회 유지를 위해 필요한 규범이고, 법은 개인의 자유를 제한하는 강제규범이라는 점에서 도덕과 법의 관계는 공동체주의·자유주의와 관련이 깊다. 도덕과 법의 관계에서 공동체주의자는 도덕 중 많은 부분이 법으로써 강제되어야 한다는 입장을 지닌다. 반면, 자유주의자는 무엇이 도덕적인 행위인지는 개인의 자유로운 판단에 맡겨야 하고, 어떤 개인의 행위가 부도덕하다고 하더라도 비난할 수는 있으나 타인의 자유에 직접적 해악을 입히지 않은 경우 개인의 자유를 제한해서는 안 된다고 주장한다. • 도덕과 법의 관계에서, 도덕과 법을 일치시켜야 한다는 견해, 도덕과 법을 분리해야 한다는 견해, 도덕의 최소한이 법이라는 견해가 있다. 먼저, 도덕과 법을 일치시켜야 한다는 견해는 종교사회와 유교 원리를 실현하고자 했던 조선이 대표적 사례이다. 둘째로, 도덕과 법을 분리해야 한다는 견해는 극단적인 자유주의의 입장이라 할 수 있다. 이 입장에 따르면 법의 정당성은 개인들이 합의했기 때문이지 그것이 옳기 때문이라 할 수 없다. 마지막으로, 도덕의 최소한이 법이라는 견해는 현대의 관점이라 할 수 있는데 자유주의와 공동체주의의 대립이 현실적으로 나타나고 있기 때문이다. 도덕의 최소한이라 할 수 있는 기준이 무엇인지에 대해 여전히 철학자, 윤리학자, 법학자가 논의를 펼치고 있다.

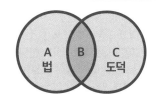

사례	• 도덕과 무관한 법(A) 　- 주민등록법, 주차 위반 과태료 규정 　- 도로를 통행하는 보행자는 교통안전시설이 표시하는 신호에 따라야 한다는 규정 　- 기한 내 출생신고를 하지 않으면 과태료를 부과하는 규정 　- 채권을 일정한 기간 내에 행사하지 아니하면 소멸한다는 규정 • 도덕이면서 법(B) 　- 살인하지 마라 → 살인죄 　- 도둑질하지 마라 → 절도죄 　- 직계비속의 직계존속❺에 대한 부양 의무 　- 직계존속에 대한 상해치사❻ 혹은 살해를, 일반인에 대한 그것보다 가중처벌하는 것 • 법은 아니면서 도덕(C) 　- 어른을 만나면 인사를 하자 　- 어른에게 존댓말을 쓰자 　- 부모에게 거짓말하지 말자 　- 공부를 열심히 하자
도덕과 법의 개념상 차이	• 첫째, 도덕은 내적 행위를 규제 대상으로 하는 반면, 법은 외적 행위를 규제 대상으로 한다. 법은 아무리 내적으로 악한 의도를 가졌어도 그 의도가 외적으로 드러나지 않으면 규제하지 않는다. 그러나 도덕은 내적 동기를 문제 삼는다. 칸트에 따르면 도덕은 내적 동기, 즉 행위의 동기를 문제 삼는다. 예를 들어 甲이 친구 乙에게 100만 원을 빌렸다고 하자. 甲은 돈을 갚기 싫었으나 乙의 비난이 두려워 100만 원을 갚았다. 도덕 기준으로 보면 甲의 동기는 선하지 않았으므로 옳지 않다. 그러나 법은 甲의 동기를 문제 삼지 않는다. 甲이 돈을 갚았으므로 甲의 행위는 합법적이다. 법에서도 위법 행위를 동기에 따라 고의·과실로 구별하기도 한다. 고의로 사람을 죽인 경우(살인죄)와 과실로 사람을 죽인 경우(과실치사)와 같이 성립되는 범죄가 다르다. • 둘째, 도덕은 자율성에 의해 실현되는 반면, 법은 타율적으로 실현된다. 법은 타율적인 외부적 강제를 통해 실현된다. 법을 위반한 경우 법원, 경찰이 나서서 제재를 하여 법을 보장한다. 이를 법의 타율성이라 한다. 그러나 도덕적 행위는 주체의 자율적 결정에 의해 이행된다. 이를 도덕의 자율성이라 한다.

❺ 직계존속: 조상으로부터 직계로 내려와 자기에 이르는 사이의 혈족으로, 부모, 조부모 등을 이른다.
❻ 상해치사: 고의로 남의 몸에 상처를 입혀 생명을 잃게 하는 것을 의미한다. 살인은 상대를 살해할 의도로 행해진 경우이며, 상해치사는 상대를 다치게 할 의사로 행하였는데 죽음에 이른 경우를 말한다.

일원론과 이원론	• 도덕과 법에 대해, 양자를 엄격하게 구별하는 이원론과 양자를 동일시하는 일원론이 있다. • 먼저, 이원론에 따르면 도덕과 법은 다른 것이므로 엄격하게 구별해야 한다. 칸트[7]는 강제 유무를 기준으로 법과 도덕을 구별한다. 법이란 타율이고 도덕은 자율이라고 한다. 법은 사람의 의무적 행동에 대한 강제규범이고 도덕은 내심적 동기에 관한 자율적 규범이다. 거짓말하지 말라는 도덕 원칙을 어기고 거짓말을 했다고 하여 법적으로 처벌받지는 않는다. 타인의 물건을 도둑질했는데 발각되지 않아 처벌받지 않았다고 하더라도 내적으로는 양심의 가책을 받는다. 이처럼 도덕은 내적으로 나타난다. 그러나 도둑질이 발각되면 처벌받는다. 외부적 행동에 대한 타율적 제재영역이 법의 영역이다. • 그러나 일원론에 따르면, '도둑질하지 말라'는 도덕이 결국 법에 절도죄로 도입된다. 따라서 도덕과 법은 형식이 다를지라도 그 내용은 같다는 점에서 동일하다. • 이러한 이원론과 일원론에 대해, 이를 엄밀하게 구분할 수 없고 법과 도덕의 관련성을 강조하는 견해가 있다. 라드부르흐[8]는 도덕은 법의 목적이자, 타당성의 근거라고 주장했다.
도덕과 법의 범위	• '법은 도덕의 최소한'이라는 견해(G. Jellinek)와 '법은 도덕의 최대한'이라는 견해(G. Schmoller)가 있다. 도덕 중에서 사회를 보호하기 위해 꼭 필요한 것만 법에 규정해야 하므로, '법은 도덕의 최소한'이라고 할 수 있다. 다만, 도덕은 도덕에 위반되어도 강제할 수 있는 수단이 적은 반면, 법은 강제 수단을 통해 관철할 수 있다는 점에서 '법은 도덕의 최대한'이라고 할 수 있다.

③ 구조 분석과 개요

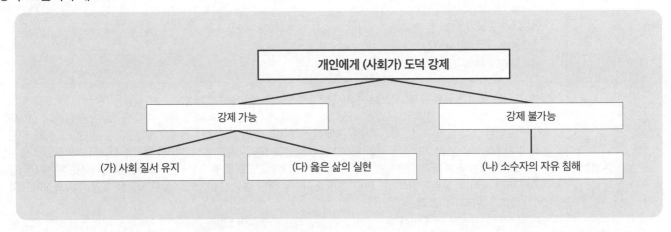

---

[7] 칸트(Immanuel Kant, 1724~1804): 독일의 대표적인 철학자로, 계몽주의 철학자이며 근대 철학의 초석을 놓은 인물로 평가된다. 인식론과 비판철학으로 유명하다. 칸트는 서유럽 철학사에서 새로운 전기를 마련한 인물로, 전통적 형이상학을 비판하고 비판철학과 인식론에 바탕을 둔 철학의 세계를 열었다. 그는 합리주의와 경험론의 문제점을 찾아내어 비판하면서, 이른바 '학문으로서의 형이상학'인 철학의 체계를 세우고자 했다. 칸트는 주관적이거나 상황에 따라 변화하는 윤리학이 아닌, 언제 어디서나 통용되는 합리적 윤리학을 주장하여, 이를 도덕법칙이라고 명명하였다. 그는 도덕법칙으로서 수단으로서의 조건적 가언명령이 아닌, 명령 그 자체로서 목적의 기능을 하는 정언명령을 주장하였다. 그의 정언명령은 '네 의지의 격률이 언제나 동시에 보편적 입법의 원리가 될 수 있도록 행위하라', '너 자신과 다른 모든 사람의 인격을 언제나 동시에 목적으로 대우하도록 행위하라' 등 크게 두 가지로 볼 수 있다.

[8] 라드부르흐(Gustav Radbruch, 1878~1949): 독일의 형법·법철학자이며 바이마르 공화국 법무장관이었다. "극도로 부정의한 실정법은 법이 아니다."라는 의미로 요약되는 라드부르흐 공식으로 유명하다. 라드부르흐의 법철학에서 법가치로서의 정의는 '동일한 것은 동일하게, 부등(不等)한 것은 부등하게 취급하라'와 같은 내용이 없는 형식에 불과하고, 내용적으로는 개인주의·단체주의·문화 작품주의라는 법목적으로서의 세계관에 의하여 정하여진다. 3자(三者) 중 어떤 것이 절대로 옳은지는 학문적으로 인식할 수 없고, 각자의 신념에 의한 선택에 의거한다. 따라서 타인의 어떠한 도덕적 가치관, 세계관(주의·입장)에 대하여서도 관용해야 한다는 상대주의(相對主義)적인 관점을 견지한다. 그렇지만 법에는 법적 안정성이라는 요청이 있기 때문에 상대주의에 입각하면서 다수가 옳다고 하는 기본개념을 지켜가며 정의의 내용을 결정해서 입법을 하지 않으면 안 된다고 하는 민주주의의 상대주의적인 기초를 부여하였다.

제시문 (가)와 (다)는 완전주의 입장에서 국가가 도덕을 강제할 수 있다고 한다. 그러나 제시문 (나)는 반완전주의 입장에서 국가가 도덕을 강제해서는 안 된다고 한다.

제시문 (가)는 사회 질서 유지를 위해 도덕을 법으로 강제해야 한다고 하나, 제시문 (다)는 국민이 올바른 삶을 살도록 하기 위해 도덕을 강제해야 한다는 점에서 차이가 있다. 제시문 (가)는 공동체 유지를 위해 공유된 도덕을 법으로 강제하는 것은 불가피하다고 한다. 공유된 도덕은 이미 사회 구성원들에 의해 합의된 것이다. 공유된 도덕은 사회 구성원들을 묶어주는 끈과 같다. 공유된 도덕이 침해되면 사회는 붕괴한다. 제시문 (다)는 올바른 도덕은 이성을 통해 확인할 수 있는 것이고 이를 강제하여 일반 국민이 올바른 삶을 살도록 해야 한다고 주장한다.

제시문 (다)는 어떤 삶이 좋은 삶인가를 국가가 결정하고 이를 강제할 수 있다고 하나, 제시문 (나)는 국가가 다수의 선호를 도덕으로 간주하여 법으로 강제한다면, 소수자들의 자유를 침해하는 문제가 생긴다고 한다. 따라서 제시문 (나)는 국가는 도덕을 법으로 강제해서는 안 된다고 한다. 조선시대 천주교 신자인 윤지충은 제사를 지내지 않았다고 해서 사형을 당했다. 제시문 (가)에 따르면 孝라는 공유된 도덕을 보호해야 하므로 처벌은 불가피하고, 제시문 (다)에 따르면 더 나은 도덕적 삶을 강제하기 위해 처벌은 불가피하다. 그러나 제시문 (나)에 따르면 이는 윤지충의 종교의 자유를 침해하며 이를 강제해서는 안 된다.

※ 748자

2번 문제 해설

① 제시문 분석

제시문 (가) 분석	• 인권침해에 대한 책임은 정부기관에 있다. 인권침해는 개인적 차원에서 일어나는 것이 아니다. 대규모 인권침해의 경우 기관 구성원 개인의 힘으로 행할 수 없고, 조직적인 능력을 동원할 수 있는 국가기관만이 행할 수 있다. 예를 들어 유대인 학살의 경우 가스실에서 실제로 가스를 살포하는 임무를 담당한 독일 군인 개개인이 유대인을 학살한 것이 아니다. 나치 정부가 유대인을 선별하고, 분류한 후 수용소에 가두고 가스실에서 가스를 살포하라는 명령을 내렸기 때문이다. 따라서 인권침해 행위에 대한 책임은 정부 구성원 개인보다는 정부와 같은 국가기관에 있다.
제시문 (나) 분석	• 개인은 사회의 일부로서 인권침해의 책임을 공유한다. 대규모 인권침해 행위에 대해 개인이 직접 인권침해 행위를 하지 않았으므로 책임을 질 필요가 없다고 생각할 수 있다. 그러나 개인은 사회로부터 독립된 존재가 아니며 사회 공동체의 일원이다. 따라서 사회 공동체의 행위에는 그 구성원인 개인들의 영향도 분명히 존재한다. 이러한 이유에서 사회 구성원인 개인은 사회적인 인권침해 행위에 대한 구성원으로서의 책임이 일정 부분 있다. 예를 들어 유대인 학살의 경우 유대인을 차별하는 독일 사회 분위기가 널리 퍼져 있었고 당시 독일 국민 개개인들이 유대인에 대한 혐오를 공공연하게 드러내었던 히틀러와 나치를 지지했다는 점에서 독일 국민 개개인들에게도 책임이 있다.
제시문 (다) 분석	• 현재의 개인들도 과거에 자행된 인권침해 행위에 대한 책임을 져야 한다. 현재의 우리가 과거의 민족적 업적에 대한 자부심과 민족적 정체성을 갖고 있다면, 과거의 인권침해 행위에 대한 반성과 책임을 느껴야 한다. • 현재의 개인들은 자신이 직접 행동한 것이 아님에도 불구하고 자기 민족의 업적에 대해 자부심을 느끼고 이를 자랑스러워한다. 예를 들어 세종대왕의 한글 창제는 우리 민족의 업적으로 한국 국민이라면 누구나 자부심을 느끼고 있을 것이다. 그러나 세종대왕과 현재를 살고 있는 우리는 600년이 넘는 시간적 간격이 있다. 현재의 우리가 한글 창제 이후에 출생했다는 사실은 우리가 민족적 정체성과 자부심을 갖는 데 영향을 미치지 않는다. 그렇다면 과거의 인권침해 행위에 대한 반성을 하고 책임감을 느끼는 것에도 시간적 간격은 아무 영향을 미치지 않는다. 따라서 민족적 소속감을 느끼는 현재의 민족 구성원 모두는 과거 우리 선조의 인권침해 행위에 대한 책임을 져야 한다.

② 구조 분석과 개요

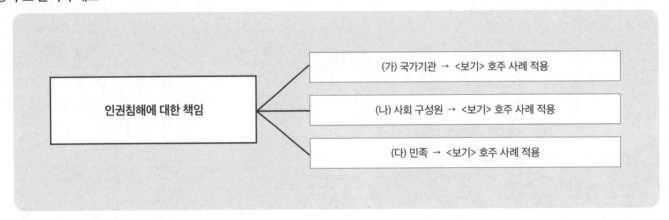

　지나간 인권침해에 대해 책임을 추궁하는 이유는 인권침해의 역사를 되풀이하지 않기 위함이다. 인권침해의 재발을 막으려면 책임자의 반성, 국민의 과거사에 대한 책임 의식 공유가 필요하며, 인권침해의 역사적 기록을 공개하고 보존해야 한다.

　인권침해를 수행한 공무원이 살아 있다면 윤리적 책임을 추궁하고 이들의 진심 어린 반성을 이끌어내야 한다. 제시문 (가)가 지적하듯이 인권침해의 원인이 정부일 수도 있다. 그러나 지나치게 국가의 책임을 강조하는 (가)의 견해는 인권침해를 자행한 공무원에게 변명거리를 제공할 수 있다. 그렇다면 훗날 <보기>의 상황과 유사한 상황에 처했을 때, 공무원들이 다시 소수자들의 인권을 침해하는 문제를 낳을 수 있다. 인권침해 재발을 막기 위해서는 국가의 명령에 의해 인권을 침해했더라도 인권침해를 한 공무원의 책임을 물어야 한다.

　인권침해의 책임은 공동체 구성원 전원에게 있다. '나는 직접적으로 인권침해에 관여하지 않았다'는 말로 변명한다면 인권침해는 또다시 발생할 수 있다. 2차 세계대전 당시 유대인들에 대한 격리, 학살의 책임은 침묵의 공모를 한 전체 독일 국민에게도 있다. 최소한 저항을 하지 않은 독일인의 행위는 나치의 인권침해에 대해 소극적 지지를 보냈다고 해석할 수 있기 때문이다. 국민이 저항을 하지 않았기 때문에 나치는 유대인 학살로 발걸음을 과감하게 내디딜 수 있었다. 따라서 인권침해 예방을 위해서라도 인권침해의 책임은 국민 모두에게 있음을 명백히 해야 한다. <보기>의 호주 원주민 아동격리에 대해서도 같은 논리가 적용될 수 있다. 특히 호주 정부는 100년 동안 인권침해를 국가정책으로 시행했다. 호주 국민들은 100년간의 선거를 통해 인권침해 정책을 막을 기회가 있었다. 따라서 인권침해 재발방지를 위해 사회 구성원 모두가 책임을 져야 한다.

　과거의 인권침해에 대한 관련이 없는 현대의 개인들도 역사적 책임을 져야 한다. 그래야 불행한 역사를 되풀이하지 않을 수 있기 때문이다. 한국인들은 일본을 걱정과 우려의 눈으로 보고 있다. 개화기와 유사한 상황이 발생한다면 일본의 군국주의가 또 발생할 수 있다고 생각하고 있기 때문이다. 일본인들이 아직도 불법적인 일본의 조선 지배와 인권침해에 대해 진심으로 반성하지 않으므로 재발의 위험성이 있다. 제시문 (다)가 말하듯이 일본인들은 일본인이라는 민족적 정체성을 가지고 있는 것만큼 과거사에 대한 책임을 져야 한다. 이와 마찬가지로 <보기>의 현재 호주 백인들도 책임을 져야 한다. 호주 백인들이 원주민 아동의 인권침해에 대해 일종의 공동책임이라는 민족적 죄의식을 공유할 때 앞으로 소수 인종에 대한 인권침해를 예방할 수 있기 때문이다.

　역사적, 도덕적, 법적 책임 모두 과거사에 대한 정확한 기억을 전제로 한다. 일본처럼 과거사를 왜곡한다면 책임도 반성도 담보할 수 없고, 불행한 역사를 반복할 수도 있다. 과거사에 대한 정확한 기술을 통해 미래 세대에게도 역사적 경각심을 갖도록 해야 인권침해를 방지할 수 있다.

※ 1462자

* 교재 뒷부분에 있는 논술 답안지를 사용하여 답안을 작성해보세요.
  • 논술 경험이 있다면, 실전처럼 답안을 바로 작성한 후 예시답안과 비교하여 완성도를 높이는 데 중점을 두어보세요.
  • 답안 작성이 막막하다면, 문제 뒤의 해설을 먼저 참고한 후 답안을 작성하여 논술 감각을 익히는 데 중점을 두어보세요.

1. 제시문 (가)와 (나)를 논지의 차이점이 드러나게 요약하시오. (400~500자, 20점)

(가) '놀라운 가설'에 따르면 당신, 즉 당신의 기쁨과 슬픔, 당신의 기억과 야망, 당신의 자유 의지는 신경 세포, 신경 세포들을 연결시키는 분자들 그리고 그 모두의 집합물의 행동에 불과하다. 『이상한 나라의 앨리스』의 앨리스라면 이렇게 말했을지도 모른다. "너는 뉴런들의 꾸러미에 지나지 않아." 이 가설은 일반적인 통념과 너무 동떨어져 있어서 진정 놀라운 것이라 볼 수 있다.

'놀라운 가설'이 이상해 보이는 한 가지 이유는 의식의 본성 때문이다. 철학자들은 특히 감각질(感覺質)의 문제—가령 붉은색의 붉은 느낌 또는 통증의 아픈 느낌과 같은 주관적 경험을 객관적으로 설명할 수 있는지—에 대해 고민해 왔다. 이것은 매우 난감한 문제이다. 문제는 내가 아주 생생하게 지각하는 붉은색의 붉은 느낌이 다른 사람의 그것과 완벽하게 같은지를 확인할 수 없다는 사실에서 발생한다. 그렇다면 의식을 환원주의적으로 설명하려는 시도는 난관에 봉착할 것이다. 그렇다고 해서 이것이 붉은색을 보는 것과 상관된 신경 상태를 설명하는 것이 미래에도 불가능하다는 뜻은 아니다. 바꾸어 말해 만약 당신의 머릿속에서 특정 뉴런이 특정한 방식으로 행동한다면, 그리고 오직 그 경우에만, 당신이 붉은색을 지각한다고 할 수 있을 것이다.

설사 붉은색의 붉은 느낌이 설명 불가능한 것으로 판명된다고 해도 당신이 내가 보는 것과 동일한 방식으로 붉은색을 본다는 것을 우리가 확신할 수 없다는 말은 아니다. 만약 붉은색과 상관된 신경 상태가 당신의 뇌에서나 나의 뇌에서나 정확하게 같다는 것이 밝혀진다면 당신도 내가 보는 것처럼 붉은색을 본다고 추론하는 것이 과학적으로 그럴 듯할 것이다. 따라서 의식의 다양한 양상을 이해하기 위해서는 먼저 그와 상관된 신경 상태들을 알아야 할 필요가 있다.

(나) 의식에 대한 문제를 다룰 때에는 '쉬운 문제'와 '어려운 문제'를 구분하는 것이 유익하다. '쉬운 문제'란 다음과 같은 물음들이다. 인간이 어떻게 감각 자극들을 구별해 내고 그에 대해 적절하게 반응하는가? 두뇌가 어떻게 서로 다른 많은 자극들로부터 정보를 통합해 내고 그 정보를 행동을 통제하는 데 사용하는가? 인간이 어떻게 자신의 내적 상태를 말로 표현할 수 있는가? 이 물음들은 의식과 관련되어 있지만 모두 인지 체계의 객관적 메커니즘에 관한 것이다. 따라서 인지 심리학과 신경 과학의 지속적인 연구가 이에 대한 해답을 제공해 줄 것이라고 충분히 기대할 수 있다.

이와 달리 '어려운 문제'는 두뇌의 물리적 과정이 어떻게 주관적 경험을 갖게 하는가에 대한 물음이다. 이것은 사고와 지각의 내적 측면—어떤 것들이 주체에게 느껴지는 방식—과 관련된 문제이다. 예를 들어 하늘을 볼 때 우리는 생생한 푸름과 같은 시각적 감각을 경험한다. 또는 말로 표현할 수 없는 오보에 소리, 극심한 고통, 형언할 수 없는 행복감을 생각해 보라. 이러한 의식 현상들이야말로 마음에 관한 진정한 미스터리를 불러일으키는 것들이다.

최근 신경 과학과 심리학의 분야에서 의식과 관련된 연구가 돌풍을 일으키고 있다. 이 현상을 감안하면 그러한 미스터리가 풀리기 시작했다고 생각할 수도 있다. 그러나 자세히 살펴보면 오늘날의 거의 모든 연구가 의식에 대한 '쉬운 문제'를 다루고 있음을 알 수 있다. 환원주의자들의 자신감은 '쉬운 문제'와 관련된 연구가 이룩한 성과에서 나오는 것이지만 그 중 어느 것도 '어려운 문제'와 관련해서는 명확한 해답을 주지 못한다.

'쉬운 문제'는 인지 기능 혹은 행동 기능이 어떻게 수행되는가와 관계된다. 일단 신경 생물학이 신경 메커니즘을 적절하게 구체화하면서 어떻게 기능들이 수행되는지를 보여주면, '쉬운 문제'는 풀린다. 반면에 '어려운 문제'는 기능 수행 메커니즘을 넘어서는 문제이다. 설사 의식과 관계된 모든 행동 기능과 인지 기능이 설명된다고 해도 그 이상의 '어려운 문제'는 여전히 해결되지 않은 채로 남을 것이다. 그 미해결의 문제는 이러한 기능의 수행이 왜 주관적 의식 경험을 수반하는가라는 것이다.

2. 제시문 (나)와 (다)의 주장의 차이를 밝히고, 그 중 한 주장의 논거를 근거로 하여 제시문 (가)의 견해를 옹호하거나 또는 비판하시오. (600~800자, 30점)

(가) 성리학은 힘써 도를 구명(究明)하고 자신을 앎으로써 하늘로부터 부여받은 바를 실현하는 학문이다. 옛날에는 도를 배우는 사람을 일러 '사(士)'라 하였는데 원래 '사'란 '벼슬하다[仕]'라는 뜻이다. 즉 위로는 제후의 조정에서, 아래로는 대부(大夫)의 집안에서 주군을 섬기고 백성을 이롭게 하여 천하와 국가를 다스리는 사람을 '사'라 하였다. 이들은 백이와 숙제처럼 인륜이 무너지는 변란을 당했을 때에만 숨어 살고 다른 때에는 숨어 살지 않았다. 그래서 성인은 평소에 숨어 살며 기이하게 행동하는 것을 경계하였다.

오늘날의 학자들은 은사(隱士)라고 자처한다. 몇 대째 이어지는 명문 집안 출신임에도 기쁨과 슬픔을 세상과 함께 하지 않고 있다. 조정에서 예를 갖춰 수차례 불러도 응하지 않는다. 서울에서 태어나 자란 사람들조차 학문을 닦는다며 산으로 들어간다.

주자는 육경을 깊이 연구하여 참·거짓을 판별하였고, 사서를 밝게 드러내어 심오한 이치를 내보였다. 조정에 들어가 벼슬을 할 때에는 곧은 말과 격한 논의로 목숨을 돌아보지 않은 채, 군주의 은밀한 과오를 공박하였고 권신이 꺼리는 사안을 건드렸으며 천하의 대세를 논의하였다. 금(金)나라에 복수하고 치욕을 씻어 대의를 후대에까지 길이 펼치고자 하였다. 조정에서 나와 지방관이 되어서는 법규를 너그럽게 집행하였고 풍속을 상세히 살펴 조세와 노역을 공평하게 하였으며 기아와 역병으로부터 백성을 구제하였다. 그의 강령과 세칙은 나라를 다스리기에 충분하였다. 나아가고 머무름에 바른 도리를 지켰으니 나라에서 부르면 나아가고 버리면 묻혀 살며 군주에 대한 절절한 사랑을 감히 잊은 적이 없었다. 그러므로 지금의 학문 풍토에 빠져 있으면서도 주자를 빌려 자신을 합리화하는 사람들은 모두 주자를 기만하는 자들일 따름이다.

(나) 인간의 덕스러움, 즉 훌륭함에는 정의롭게 혹은 용기 있게 행동하는 것과 같이 사람들과의 관계 속에서 인정받는 훌륭함만 있는 것이 아니다. 이런 것만이 인간이 가지고 있는 본성의 모든 것이 아니다. 관조적 탐구를 통해 발휘되는 훌륭함도 있다. 더구나 이런 훌륭함이 인간이 도달하게 될 최고 수준의 훌륭함이며, 이런 것이 두드러진 삶이 인간적 삶 중에 최고의 삶이다. 우리 안에 있는 가능성과 능력 가운데 지성이 가장 숭고한데다가, 지성이 상대하는 대상은 인간이 사유할 수 있는 대상 가운데 최고의 것이기 때문이다.

지성과 지혜(sophia)는 관조적 탐구를 행하는 기반이다. 그리고 관조적 탐구가 주는 즐거움은 인간이 향유할 수 있는 최고의 즐거움이다. 탐구가 주는 즐거움은 다른 종류의 즐거움과 섞이지 않은 순수한 즐거움이다. 다른 즐거움들은 지속적이지 않지만 탐구의 즐거움은 지속적이다.

나아가 이른바 자기 충족이라는 것도 탐구의 삶에서 온전히 가능하다. 지혜를 가지고 탐구하는 사람이나 정의로운 사람, 그 밖의 다른 훌륭함을 가진 사람 모두 삶을 위해 필수적인 것들을 필요로 한다. 하지만 이것들이 충분히 갖추어졌을 경우에도 정의로운 사람은 그가 정의로운 실천적 행동을 하게 될 상대방 혹은 정의로운 행동을 같이 하게 될 동료를 여전히 필요로 한다. 절제 있는 사람이나 용감한 사람 그리고 그 밖의 실천적 덕을 갖춘 사람들도 마찬가지이다. 따라서 이런 사람은 자기 충족적이지 못하다. 그러나 지혜를 기반으로 탐구하는 사람은 혼자서도 훌륭하게 자신의 활동을 수행할 수 있으며, 그런 점에서 자기 충족적이다.

(다) 탐구에서 비롯되는 의무보다 공동체로부터 나오는 의무가 우리의 본성에 더 적합한 것으로 보인다. 이 점은 다음 논증들에 의해 입증된다.

먼저 어떤 지혜로운 자가 최고의 풍요 속에서 최고의 여유를 누리면서 탐구의 가치가 있는 모든 것들을 홀로 그리고 스스로 관조하고 고찰하는 삶을 산다고 하자. 그렇다고 하더라도 그 홀로 된 삶이 다른 사람을 볼 수 없는 삶이라면 그는 '삶'에서 떠나는 것이나 다름없다.

또한 그리스인들이 소피아(sophia)라고 부르는 지혜는 모든 덕(德) 가운데 으뜸이다. 이 지혜는 신적인 것과 인간사에 관한 앎이다. 이 앎에는 신들과 인간의 공동체 및 유대에 관한 것도 포함된다. 이 앎이 가장 중요하다는 것이 확실하다면—사실 가장 중요하다—, 공동체에서 나오는 의무가 가장 중요하다는 것은 틀림없이 따라 나온다. 왜냐하면 자연과

우주에 대한 탐구와 관조는, 이로부터 현실에 대한 어떤 행동도 비롯되지 않는다면, 시작만 있고 무언가 완성되지 못한 것이기 때문이다. 그런데 행동이야말로 인간을 이롭게 하는 데에서 잘 드러나고, 따라서 인간 종(種)의 결속에 적합한 것이다. 그러므로 탐구보다 행동을 우선시할 만하다.

3. 제시문 (가)와 (나)의 논점들을 비교하시오. 그리고 이를 참고하여 인도적 개입에 대한 자신의 견해를 논술하시오. (1300~1500자, 50점)

> **(가)** 우리는 코소보 사태와 동티모르의 비극을 통해, 수많은 사람들이 죽음과 고통에 시달릴 때 그리고 책임을 져야 할 국가가 이러한 비극을 중단시킬 능력이나 의지가 없을 때, 국제 사회가 적절한 시점에 개입해야 할 필요성을 다시 깨닫게 되었습니다. 코소보 사태의 경우는 북대서양 조약 기구의 회원국들이 국제 연합의 안전 보장 이사회의 결의도 없이 개입했습니다. 동티모르의 경우는 안전 보장 이사회가 국제 연합의 개입을 결의했지만 그것도 분쟁 관련국인 인도네시아로부터 요청을 받고 난 다음이었습니다. 우리는 이 개입으로 동티모르의 상황이 신속하게 안정되기를 원합니다. 그러나 이미 수백, 수천의 무고한 사람들이 죽었습니다. 5년 전 르완다에서처럼 국제 사회는 거의 한 것이 없고 개입도 너무 늦었다는 비난을 감수해야 할 것입니다.
>
> 오늘날 세계는 다음과 같이 새로운 행위자, 새로운 책임 그리고 평화와 발전을 위한 새로운 가능성의 시대를 맞이하고 있습니다. 무엇보다 세계화와 국제 협력의 증가로 주권의 전통적인 개념이 바뀌고 있다는 데에 주목해야 합니다. 새로운 세기에는 국가의 이익이라는 개념에 대해서도 참신하고 보다 포괄적인 이해가 필요합니다. 또한 현재 우리가 맞서고 있는 심각한 도전은 인류 전체의 이익이 바로 국가의 이익이라는 새로운 메시지를 전달합니다. 인권의 전통적인 개념은 더욱 확고해졌습니다. 국제 연합 헌장과 그 이후에 나온 여러 국제 협약에 명시된 인권의 개념이 널리 받아들여지고 있습니다. 앞서의 비극들로부터 이제 우리는 인권을 유린하는 세력을 결코 용납해선 안 된다는 점을 그 어느 때보다 잘 알게 되었습니다. 국제 연합을 시대의 변화에 맞게 바꾸어야 합니다. 그럼에도 불구하고 우리는 국제 연합이 이런 변화에 어떻게 대응해야 하는지 잘 모르고 있습니다.
>
> 르완다에서의 대학살은, 국제 연합이 어떠한 행동도 취하지 않았을 때 얼마나 끔찍한 결과가 나올 수 있는지 잘 보여주었습니다. 반면에 코소보 사태를 두고 벌어진 국제 사회의 갈등은, 국제 연합을 통한 합의나 분명한 법적 권한이 없이 취해진 군사적 행동이 가져올 결과에 대하여 똑같이 중요한 문제를 제기하게 했습니다. 이것이 인도적 개입의 딜레마입니다. 국제 연합의 권한 위임 없이 군사력을 사용하는 것이 합당한가? 아니면 조직적으로 자행되는 엄청난 규모의 인권 유린이 계속되는 것을 묵인해야 하는가? 코소보 사태에서 나타난 이러한 두 가지 중요한 사안을 국제 사회가 모두 만족시킬 수 없다는 것이 정말 비극으로 보일 뿐입니다.
>
> 앞으로 이와 같은 비극적 사태들이 다시 일어나는 것을 막으려면 인도적 개입에 대한 새로운 합의가 필요합니다. 무엇보다도 집단적이고 조직적인 인권 유린은 어디에서 발생하든지 반드시 막아야 한다는 원칙에 합의해야 합니다. 뿐만 아니라, 코소보 사태에서 보았듯이, 어떤 행동이 필요하고 언제 그리고 누가 그것을 수행해야 하는지를 결정하는 방식에도 합의해야 합니다. 이를 위해 몇 가지 고려해야 할 것들이 있습니다. 인도적 개입을 무력 사용만으로 이해하면 곤란합니다. 인도적 개입을 판단하는 기준도 지역이나 민족이 관련된 이해관계를 극복해야 합니다. 이를 위해서는 국제 사회 모두의 이익이 개별 국가의 이익이라는 근거에서 전통적 의미의 주권 개념을 넘어서야 합니다. 또한 국제 연합은 헌장의 원칙을 유지하고 인권을 보호하기 위해 그 위상에 부합하는 실질적 힘을 가져야 합니다. 인권을 유린하는 사태가 종결되어도 평화를 유지하고 인도적 지원을 지속하기 위한 국제적 차원의 노력은 계속되어야 합니다.
>
> **(나)** 개별 국가들이 인권이라는 이름으로 자신들의 주장을 관철하고자 할 때 문제가 된 사안들은 결코 타협점을 찾을 수 없습니다. 왜냐하면 어떤 것을 인권의 맥락에서만 말한다면 이와 관련된 분쟁은 결국 협상이 불가능한 사안으로 인식되기 때문입니다. 한쪽이 자신의 주장을 인권에 따른 것이라고 말한다면 의견을 달리하는 다른 쪽과 극단적인 대립만 초래할 뿐입니다. 인권이, 갈등하는 쌍방이 함께 논의할 수 있는 공통의 틀은 제공해 줄 수 있을 것입니다. 그러나 인권이 그 어떤 가치보다 우선하기 때문에 모든 갈등을 해결할 수 있다고 생각하는 것은 환상에 불과합니다. 인권을 보장할 수단과 방법뿐만 아니라 인권 그 자체의 내용도 정치적 타협의 결과물일 수밖에 없습니다. 이러한 의미에서 인권은 곧 정치입니다.
>
> 초국가적 법질서가 등장하고 있는 상황입니다만 국가 주권을 넘어선 시대를 기대하는 것은 유토피아적입니다. 국가 주권을 세계화 시대에 사라져 버릴 낡은 원칙으로 여기지 말고, 최소한 국가 주권이 국제 질서의 토대라는 점 그리고 국가

의 헌정 체제가 인권의 최상의 보루라는 점을 우리는 인식할 필요가 있습니다. 이러한 견해가 지난 50여 년 동안 국가를 개인의 인권에 가장 큰 위험으로 간주해 온 인권 옹호론자들에게는 낯설 뿐만 아니라 논란거리일 것입니다. 그러나 오늘날 인권에 대한 주된 위협은 폭정으로부터만 비롯되는 것이 아니라 내전과 무정부 상태로부터도 비롯됩니다. 따라서 우리는 인권의 보루로서 국가 질서의 필요성을 재발견하고 있습니다. 즉 시민의 자유는 선의의 외부 개입보다 시민들 자신의 제도를 통해 더 잘 보장된다는 것입니다.

어떤 국가의 모든 질서가 해체되고 시민들이 만인에 대한 만인의 전쟁 상태에 빠지거나, 국가가 끔찍하고 반복적이며 조직적인 폭력을 시민에게 자행하고 있는 곳에서 인권을 보호하는 가장 좋은 방법은, 여러 가지 제재를 가하는 것에서부터 군사력을 사용하는 것에 이르는 직접적인 개입입니다. 그리고 이러한 개입을 정당화하는 담론은 다름 아닌 인권의 보호입니다. 그러나 냉전 종식 이래 우리가 수행한 개입들을 보면서 누가 그 개입이 성공적이었다고 말할 수 있겠습니까? 보스니아에서의 개입은 안정적이고 자율적인 사회를 만들지 못했습니다. 단지 벌어지고 있던 인종적 내전을 잠시 멈추게 했을 뿐입니다. 우리는 인권 문화를 공유된 제도 속에 정착시키는 데 실패하고 말았습니다. 이러한 개입은 인권 존중을 강화하기보다 오히려 인권의 정당성을 약화시키고 있습니다. 왜냐하면 우리의 개입은 성공적이지도 일관적이지도 못했기 때문입니다. 그렇다고 아예 개입하지 않는다고 해서 문제가 해결되는 것도 아닙니다.

만약 군사력의 사용이 인권 보호에 불가피한 요소라면 개입이 불가능하도록 설정된 지금의 국제 체제를 바꾸어야 할지 말지가 문제입니다. 대부분의 약소국들은, 개입에 대한 권리가 어떤 형태로든 정식화된다면 결과적으로 이러한 권리는 인권을 유린하는 국가뿐만 아니라 보호하는 국가의 주권도 잠식하게 될 것이라고 믿습니다. 그러나 개입을 옹호하는 국가들은 국제 체제가 실제로 이미 용인하고 있는 것들을 문서화해야 할 필요가 있다고 믿습니다. 즉 어떤 국가의 인권 실태가 국제 평화와 안보를 위협하는 경우 그들은 안전 보장 이사회가 여러 형태의 제재에서부터 전면적인 군사적 개입에 이르는 단계적 강제 수단을 취할 권한을 가져야 한다고 주장하고 있습니다. 결과적으로 현재 국제 연합의 제도적 틀 내에서는 인도적 개입에 대한 국제적 합의를 이끌어 내기 힘들 것입니다.

해커스 LEET 김종수 논술 17개년 기출문제+해설집

해설 & 예시답안

1번 문제 해설

① 문제와 제시문 분석

인간의 감정, 의식을 뇌신경작용으로 설명할 수 있는가에 대해 제시문 (가)는 긍정적이다. 그러나 제시문 (나)는 쉬운 문제는 뇌신경 메커니즘으로 설명할 수 있으나 어려운 문제는 설명할 수 없다고 한다.

요약은 크게 어렵지 않다. 그러나 (가)와 (나)의 차이점에 대해 적절한 예시를 들어 잘 드러냈는지 여부와 정도에 따라 점수가 갈릴 수 있다.

제시문 (가)는 환원주의적 주장이며 단일한 요소로 모든 것을 설명하려는 관점이다. 이는 신경심리학, 생물학자와 같은 자연과학계통의 일부 학자들에 의해 제시되고 있다.

그러나 제시문 (나)와 같이 일부 과학자나 인문학자는 이에 대해 비판적이다. 뇌신경작용으로 인간의 지각, 의식을 설명할 수 있는 부분도 있으나 그렇지 않은 부분도 있다. '비가 내리는 것을 보다가 갑자기 초등학교 시절의 친구가 떠오르는 것'을 뇌신경 메커니즘으로 설명하기는 힘들다. 또 A와 B가 같은 장소에서 비가 내리는 것을 보고 있었다고 하더라도 A에게는 초등학교 시절의 친구가 떠오르고 B는 김치전을 먹고 싶다는 생각이 떠오를 수 있다. 이를 뇌신경 메커니즘으로 설명하기 어렵다.

② 구조 분석과 개요

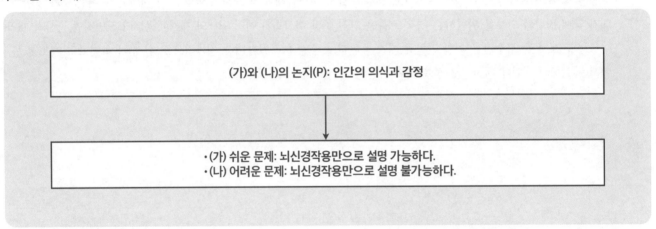

(가)와 (나)의 논지(P): 인간의 의식과 감정

· (가) 쉬운 문제: 뇌신경작용만으로 설명 가능하다.
· (나) 어려운 문제: 뇌신경작용만으로 설명 불가능하다.

1번 문제 예시답안

(가)와 (나)는 인간의 감정이나 의식을 뇌신경작용으로 설명할 수 있는지에 대한 견해를 달리 한다는 차이점이 있다.

(가)는 신경 세포의 작용으로 인간의 감정과 의식을 모두 설명할 수 있다는 환원주의적 주장을 펴고 있다. 예를 들어 붉은색의 지각은 뇌의 특정한 신경작용으로 설명 가능하다고 한다. 그러나 (나)는 지각과 같은 단순한 문제는 뇌신경작용으로 설명할 수 있으나, 극심한 고통이나 행복감 등의 어려운 문제는 뇌신경작용만으로 설명하기 힘들다고 한다. 예를 들어 '하늘이 파랗다'를 지각하는 것과 같은 쉬운 문제는 뇌신경작용으로 설명할 수 있으나, 쾌청한 하늘을 보고 '기분이 상쾌하다'와 같은 어려운 문제는 뇌신경작용만으로 설명하기 힘들다. 따라서 (나)에 따르면 (가)와 같은 환원론자들의 주장은 쉬운 문제에서는 일정 정도 의미가 있다. 그러나 (나)는 어려운 문제에서는 뇌신경 메커니즘으로는 설명할 수 없다고 하여 (가)의 환원론자들의 주장에 대해 비판적이다.

※ 488자

2번 문제 해설

① 문제와 제시문 분석

제시문 (나)는 학문하는 이유를 관조적 탐구를 통한 자기 충족이라 한다. 반면 제시문 (다)는 학문의 목적은 자기 충족의 기쁨보다 학문을 통해 공동체에 기여하는 데에 있다고 한다.

제시문 (가)는 성리학이란 은사(隱士)처럼 마음을 닦는 것이 아니며 국가와 백성을 위한 것이라 한다. 따라서 제시문 (다)의 학문의 목적을 바탕으로 하여 (가)의 오늘날의 학자들의 태도를 비판하여야 한다. 제시문 (가)는 국가와 국민을 위해 학문을 해야 한다고 한다. 수신제가치국평천하(修身齊家治國平天下)와 같은 이야기이다. 제시문 (다)는 학문을 하는 이유를 공동체 의무 이행이라고 보고 있다. 물론 어떤 사상가도 한쪽만을 주장하지는 않는다. 그 강조점에 차이가 있다고 보면 된다. 실학(實學)사상은 심신수양을 지나치게 강조해온 조선 중기의 성리학을 비판하면서 실용성, 백성에 대한 직접적 이익을 주는 학문을 강조한다. 그러나 오늘날 현실참여라는 이름하에 학자들이 정치권에 줄서기를 하면서 진실을 왜곡하는 데 앞장선 부작용도 있다.

어느 한 입장을 선택해서 논리를 전개하면 된다. 다만 좀 구체성 있는 사례나 용어를 사용해서 설득력 있는 답안이 되어야 좋은 평가를 받을 것이다. 수험생들은 일반적으로 제시문 (가)의 견해를 옹호하는 입장으로 답안을 썼을 것이다. 어떤 입장을 취해도 무방하나 비판하는 입장에서 도전적으로 답안을 쓰는 것도 좋은 평가를 받을 수 있다. 예시답안은 두 입장에서 모두 작성하였다.

② 구조 분석과 개요

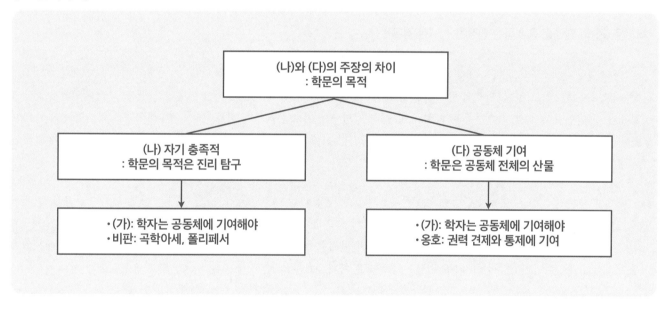

📝 2번 문제 예시답안

<제시문 (가)의 견해를 비판하는 입장을 선택한 경우>

(나)와 (다)는 학문의 목적을 자기 충족과 공동체 기여로 주장한다는 차이가 있다. (나)는 학문의 목적을 지혜를 기반으로 하는 관조적 탐구라고 한다. 관조적 탐구를 통한 기쁨, 자기 충족이야말로 학문을 하는 이유라고 한다. 그러나 (다)는 학문의 목적을 진리 탐구 그 자체보다 공동체 의무 이행, 다른 사람에게 이로움을 주기 위해서라고 한다. 그리고 (가)는 학자는 은사처럼 산에서 마음을 닦는 데 그쳐서는 안 되고 국가와 백성을 위해 정치에 적극 참여해 배운 바를 이용해야 한다고 한다.

학문의 목적을 공동체 기여로 보는 (가)의 견해는 타당하지 않다. 학문을 하는 목적은 (나)와 같이 사실을 규명하고, 자기 반성을 하고 지혜를 닦는 것이다. 일반인은 무엇이 사실이고, 무엇이 옳고 그른지, 자기반성을 어떻게 할지 모를 수 있다. 학문을 하는 자는 옳고 그름, 자기반성의 삶을 보여줌으로써 사회를 정화시키는 소극적 기능을 해야 한다.

공동체에 해악을 줄 수 있으므로 (가)의 견해는 타당하지 않다. (가)처럼 학자가 벼슬을 한다면 곡학아세(曲學阿世)할 여지가 많다. 학자가 전문적 지식과 대중의 신뢰를 이용하여 당파적 이익을 위해 진실을 왜곡하면, 사회 혼란만 부추길 수 있다. 학문의 목적 중 하나가 공동체 이익이라는 점은 분명하다. 그러나 학자는 공동체의 가치와 방향 형성에 기여함으로써 공동체에 이익을 주어야지 정치에 직접 개입해서는 안 된다. 자칫 학자들마저 권력을 얻기 위한 철새 정치인이 될 수 있기 때문이다. 학자들은 반성적 삶을 통해 사회의 사표(師表)가 되어 사회에 기여하면 충분하다.

※ 787자

<제시문 (가)의 견해를 옹호하는 입장을 선택한 경우>

(나)와 (다)는 학문의 목적을 자기 충족과 공동체 기여로 주장한다는 차이가 있다. (나)는 학문의 목적을 지혜를 기반으로 하는 관조적 탐구라고 한다. 관조적 탐구를 통한 기쁨, 자기 충족이야말로 학문을 하는 이유라고 한다. 그러나 (다)는 학문의 목적을 진리 탐구 그 자체보다 공동체 의무 이행, 다른 사람에게 이로움을 주기 위해서라고 한다. 학문의 목적을 공동체 기여라는 의미로 파악하고 있다. 그리고 (가)는 학자는 은사처럼 산에서 마음을 닦는 데 그쳐서는 안 되고 국가와 백성을 위해 정치에 적극 참여해 배운 바를 이용해야 한다고 한다.

학자의 학문적 기반은 공동체에 있으므로 학문의 목적을 공동체 기여로 보는 (가)의 견해는 타당하다. 학문을 하는 목적은 1차적으로 사실을 규명하고 지혜를 얻는 데 있겠으나 궁극적으로는 공동체 구성원의 삶의 질을 높이는 데 있다. 학문하는 자의 생존과 학문을 할 수 있는 여건은 공동체에서 마련해준 것이기 때문이다. 공동체가 붕괴되면 학자는 생존하기도 힘들고 학문도 할 수 없기 때문이다. 따라서 학문의 목적은 자기유희, 자기만족에 그쳐서는 안 되고 공동체에 기여해야 한다.

국가 권력의 남용을 통제할 수 있으므로 (가)의 견해는 타당하다. 국가 권력이 폭력을 자행하거나 진실을 은폐한 경우 학문을 한다는 이유로 관여하지 않는다면, 지식인으로서의 역할을 방기하는 것으로 보아야 한다. 에밀 졸라가 드레퓌스 사건에서 군부와 군사법원에 의한 진실의 은폐에 대항하여 진실 규명에 앞장섰듯이 지식인은 공동체의 실체적 진실 규명, 인권 구제를 위해 적극 나서야 한다.

※ 785자

3번 문제 해설

① **쟁점 분석**

인도적 개입 또는 간섭은 국제정치학이나 특히 국제법에서 자주 다루는 핵심쟁점이다. 코소보 사태, 티베트 사태 등으로 관심사로 떠오르는 문제였다. 누가 사전에 충분히 쟁점과 논리 전개를 연습하고 갔느냐에 따라 점수가 좌우될 문제라고 할 수 있다.

인도적 간섭 또는 개입이란, 제3국 내의 사람들의 생명, 신체, 재산을 구하고자 혹은 중대한 침해의 급박한 위협으로부터 구하기 위한 목적으로 그 제3국에 대해 무력을 행사하는 것을 말하며, 이때 그 보호대상은 간섭국의 국민에 국한되지 않는다.

구분	인권 개념이 보편적인가	인도적 개입으로 인권 구제가 가능한가	인도적 개입을 위한 국제 질서 형성 가능성
제시문 (가)	긍정	긍정	긍정
제시문 (나)	부정	부정	부정

이와 같이 제시문 (가)와 (나)의 쟁점 차이를 비교한 후 답안을 작성해야 한다. 그리고 인도적 개입에 대한 입장을 정하고 주된 논거를 무엇으로 잡을지 먼저 정리한 후 답안을 써야 한다. 답안은 로스쿨 교수가 채점하므로 특히 수필식 답안은 금물이다. 주장과 이유가 뚜렷한 답안을 써야 한다.

② **인도적 개입 찬반 논거**

인도적 개입을 반대하는 주된 논거는, 강대국의 약소국 침략의 빌미를 제공하고, 인권개선을 실현할 수 없다는 점이다. 특히 제시문 (나)에 나왔듯이 인권의 개념이 보편적이지 않을 때, 특히 강대국에 의해 인권의 개념이 확정될 때에는 더욱 침략의 빌미로 작용할 가능성이 높다는 점을 강조하면 된다. 인권의 개념이 보편적이지 않다면 각 국가의 국민이 스스로 정한 인권의 수준, 즉 국가 주권이 인권보다 앞선 개념이 된다. 이를 주권 우선의 원칙이라 한다. 이러한 이유로 인해 국제법상으로도 주권 불간섭 의무가 인도적 개입 의무보다 우선시된다. 또한 인도적 개입은 국제헌장의 무력 사용 금지 원칙에 위반될 수 있다는 논거도 들 필요가 있다. 예를 들어, ICJ(국제사법재판소)에서도 인도적 이유에 따른 간섭에 대해 부정적이라고 하였는데 답안에서 이를 언급하는 것도 좋다. 로스쿨 교수가 채점하므로 가점을 받을 수 있다. 꼭 암기해서 공부할 필요는 없지만 알고 있는 것을 쓰면 나쁘지는 않을 것이다.

인도적 개입을 찬성하는 입장에서는 인권은 보편적임을 강조해야 한다. 인권을 침해하는 국가의 주권 행사는 정당화될 수 없다는 논거를 들면 된다. 특히 "나치가 유대인을 학살한 경우, 독일의 주권 행사는 정당화될 수 없다. 따라서 인권을 침해하는 국가에 대한 개입은 주권 침해가 아니고 보편적 인권을 지키는 것이다."라는 논리를 전개하면 좋을 것이다.

③ **보편적 인권과 국가 주권**

개념	• 인권(人權)은 인간으로서의 존엄, 자유와 권리를 말하며, 사람으로서 마땅히 누려야 하는 권리라 할 수 있다. 인권은 인간이라면 누구나 가지는 권리가 되므로 보편적으로 성립한다. 보편성이란 시간과 공간을 초월하여 성립하는 것을 의미하므로, 인권은 개별 국가와 특정한 시대에 국한되지 않는 특성이 있다. • 주권(主權)은, 국제법상 국가의 가장 기본적인 권리로 지역적으로 최고 지배권력이며 국제법상 국가의 기본적 지위를 나타내는 권리이다. 특히 인권과 주권의 대립관계에서 주권의 의미는 개별 국가와 특정한 시대에 한정하는 개념이라 할 수 있고, 이때 국가 주권이라고 하기도 한다. 이러한 의미에서 국가 주권은 최고성·절대성을 가지며, 국내문제 불간섭의 원칙에 따라 국내관할권, 조약체결권, 독립권, 주권국가 간의 주권 평등의 원칙에 근거한 평등권 등으로 확장된다.

보편성과 상대성	• 인권의 보편성을 주장하는 측에서는, 법 앞에서의 평등, 신체의 자유, 언론의 자유, 종교 및 집회결사의 자유와 같은 권리 는 나라와 문화의 차이를 막론하고 동일하게 보장되어야 한다고 주장한다. 이에 따르면 인권은 옳은 것으로서 언제나 성 립해야 하는 것이기 때문에 시대와 지역에 관계없이 인권의 내용이 지켜져야 한다. 이에 따르면 인권은 국가 주권의 상 위개념이며 인권의 달성 수단이 국가 주권이 된다. • 인권의 상대성을 주장하는 측에서는, 문화의 다양성과 차이를 중시하면서 옳고 그름의 기준은 각각의 문화적 배경에 따라 달라질 수 있으므로 법 앞에서의 평등, 신체의 자유, 언론의 자유, 종교 및 집회결사의 자유와 같은 권리도 국가마 다 달라질 수 있다고 주장한다. 여기에서 더 나아가, 다른 문화권에 속한 사람들에게 자신의 문화를 강요할 수 없다고 주장하는 상대주의 입장도 있다. 이 입장에 따르면, 국가 주권은 해당국가 국민들이 현재 수준에서 스스로 결정한 인권 의 수준이며 국가마다 자신이 처한 상황이 다르므로 타국 국민들은 이를 무시하지 말고 존중해야 할 것이다.
인권과 주권의 관계	• 인권과 주권의 관계는 오랜 세월에 걸쳐 확립되었다. 인권은 인간으로서 누려야 하는 권리이지만, 현실적으로 볼 때 개 별국가의 차원에서 인권을 규정하고 보호하고 있다. 위기 상황에 빠진 국가의 국민들에게 인권침해가 발생하는 사례가 많다는 점을 보아도 이를 알 수 있다. 따라서 개별 국가의 주권이 우선한다는 원칙이 성립한다. 그러나 개별 국가의 주권 만 강조하면 해당국가의 다수 혹은 권력자가 인권을 침해하는 문제가 발생하더라도 이를 막을 수 없는 모순적 상황에 빠질 수 있다. • 개별 국가의 주권을 중시하여 해당국가 국민들이 스스로 정한 인권의 내용을 존중해야 한다. 그러나 해당국가 국민들이 정한 인권의 내용이 명백하게 반인권적인 경우에는 인권의 회복을 위해 국제적 제재가 이루어질 수 있다. 이는 마치 개 별 국가 내에서 법적 안정성을 위해 실정법을 중시하되 실정법의 정의 위반이 참을 수 없는 정도에 이르렀을 때 실정법 을 부정할 수 있다는 라드브루흐 공식과 유사하다.
명백한 인권침해	• 집단 학살 • 노예범죄 또는 노예무역 • 살인 또는 강제 실종 야기 행위 • 고문, 기타 비인간적이고 비인도적인 처우 혹은 처벌 • 장기적이고 자의적인 구금 • 조직적인 인종 차별 • 국제적으로 인정되는, 지속적이고 심각한 인권 위반 행위

④ 인도적 무력 개입

불간섭의 원칙과 무력 사용 금지의 원칙	• 유엔 체제에서 주권국가에 대한 불간섭 의무가 인도적 개입 의무보다 앞서는 것이 명백한 원칙이다. 주권국가는 국력의 정도와 무관하게 타국에 대해 주권의 불가침성을 인정받는다. 이는 해당국가의 국민들이 가진 권리를 인정해야 한다는 생각으로부터 기인하는 것이다. 타국의 인권 문제를 이유로 하여 일국이 무력을 사용하여 개입하는 것은 금지된다. 이 를 불간섭의 원칙, 무력 사용 금지의 원칙이라고 한다.
배경과 사례	• 1999년 세르비아로부터 독립을 요구하는 알바니아계 코소보 주민과 세르비아 정부군 사이에 무력 충돌이 발생했다. 세 르비아 정부는 그 보복으로 알바니아계 주민에 대한 인종 학살을 시도했다. 코소보 사태에 대해 당시 NATO는 인도적 무력 개입을 했다. 당시 유엔은 코소보에서 인종 학살이 자행되고 있었음에도 불구하고 아무런 조치를 취하지 않았다. NATO는 사태가 더 악화되는 것을 막고자 유엔 안전보장이사회의 결의가 없었음에도 불구하고 무력적 개입을 하였다. • 인도적 개입 또는 인도적 간섭은, 특정 정권에 의해 해당국민의 인권침해가 조직적으로 심대하게 자행되고 있을 때, 타 국이 인도(人道)적인 목적으로 군사적 행위를 포함한 개입이 가능하다는 것이다. • 인도적 개입의 또 다른 사례로 탄자니아의 우간다 개입과 베트남의 캄보디아 개입이 있다. 먼저, 1979년 우간다의 인종 청소에 대해 탄자니아가 인도적 무력 개입을 시도하였다. 당시 우간다는 독재자인 이디 아민(Idi Amin)이 인종 학살을 자행하였다. 둘째로, 베트남이 캄보디아의 인종 학살에 개입하였다. 1975년 폴포트가 이끄는 무장단체인 크메르 루주는 캄보디아 정권을 장악했다. 150만 명의 캄보디아인이 학살의 희생자가 되었고, 이는 킬링필드라는 영화로 잘 알려졌다. 베트남은 캄보디아의 인종 학살을 이유로 무력 개입을 시도하였다. • 우간다와 캄보디아에 대한 무력 개입은 인접국가인 탄자니아와 베트남이 지역 내에서 자국의 영향력을 확대할 목적의 개입이었지 인도적인 이유로 개입한 것은 아니라는 평가가 많다. 이처럼 인도적 무력 개입은 인권을 명목으로 한 자국의 이익 확대 목적인 경우가 많다. 이러한 사례가 대다수이기 때문에 관습법인 국제법상 인도적 개입 의무보다 불간섭 의 무가 더 앞서는 것이다.

인도적 개입의 정당화 조건	• 첫째로, 명백한 인권침해가 심각한 정도로 전개되고 있어야만 한다. 예를 들어, 인종 학살이 조직적으로 대규모 발생하고 있다면 인도적 무력 개입이 가능하나, 해당국가의 언론의 자유가 침해되고 있다는 이유로는 군사적 개입이 불가능하다. • 둘째로, 군사적 수단 외의 다른 수단으로는 해결 불가능한 경우여야만 한다. 외교적 비난이나 경제 제재 등의 군사 외적 수단을 총동원하더라도 해결이 불가능한 경우에 한해서만 군사적 개입이 정당화될 수 있다. • 셋째로, 유엔 등의 국제공동체가 주도하여 군사력을 행사해야 한다. 일국이 특정국가에 인도적 무력 개입을 하는 것은 자국의 이익을 위한 정치적 목적의 개입일 가능성이 크다. 보편적 인권침해를 막기 위한 무력 개입이라면 많은 국가의 동의와 공동 개입을 통해 정당성을 얻어야 한다.

📝 3번 문제 예시답안

한 국가 내에서 전쟁범죄, 인종청소와 같은 인권침해가 있는 경우, 제3국이 인권침해를 배제하기 위해 무력을 사용하는 것을 인도적 개입이라고 한다. 인도적 개입은 국가의 주권을 침해하고 내정불간섭원칙에 위반되므로 허용될 수 없다는 주장과 인류의 보편적 인권 구제를 위해 허용되어야 한다는 주장이 제기될 수 있다.

인권이 보편적 개념이고, 인도적 개입이 인권 보호라는 목적을 실현할 수 있는가에 대해 (가)와 (나)는 대립하고 있다. (가)는 국제협약에 명시된 인권 개념이 보편적으로 수용되고 있다고 한다. 또한 인도적 개입으로 인권침해를 배제할 수 있다고 하여 인도적 개입에 대해 긍정적 입장이다. 그러나 (나)는 인권 개념이 정치적 타협의 결과물이므로 보편적으로 인정되고 있지 않다고 한다. 또한 인도적 개입은 인권 보호라는 목적을 실현하기 힘들다고 한다.

인권 보호를 위한 인도적 개입을 허용하고, 국가의 주권을 제한하는 국제법 질서를 만들어야 하는가에 대해 (가)는 긍정적, (나)는 부정적 입장을 취하고 있다. (가)는 인권 보호를 국가이익에 근거한 주권 개념보다 우선시하여 인도적 개입을 인정하는 국제 질서를 만들고 유엔이 주도해야 한다고 한다. 그러나 (나)는 인도적 개입은 강대국의 약소국에 대한 개입을 정당화시켜 약소국의 주권을 침해할 수 있다고 한다.

인도적 개입은 강대국에 의한 약소국 침략을 정당화시키므로 인정될 수 없다. (나)가 강조하듯이 인권의 개념은 국가마다 다를 수 있다. 특히 강대국에 의해 인권과 인권침해의 개념이 확정될 수밖에 없는 현실을 고려하면, 인권침해를 이유로 한 인도적 개입은 강대국의 약소국 침략을 정당화시킬 수 있다. 또한 인도적 개입은 인권개선이라는 목적에 적합한 수단으로 볼 수 없다. 인권침해구제라는 목적이 달성되지 않는다면 인도적 개입은 무책임한 침략행위에 불과할 것이다. 강대국이 약소국의 인권침해를 이유로 개입한다면 약소국은 강대국의 인권침해 기준이 자의적이라고 하여 수용하지 않을 것이다. 인권침해 국가의 반발로 인권개선이라는 개입의 목적은 달성될 수 없다. 실제 미국의 코소보 사태 개입은 인권개선이라는 원래의 목적은 달성하지 못했다. 오히려 미국의 개입은 인도적 목적보다는 정치적, 군사적 목적 달성을 위해서였다는 비판만 받았다. 인도적 개입으로 인권개선이라는 목적을 달성하지 못하므로 방법의 적정성이 인정될 수 없다.

인도적 이유에 따른 군사적 개입은 무력 사용 금지 원칙에 위반된다. 인권과 인권침해의 개념이 다른 상황에서 인도적 이유에 따른 인도적 개입을 허용한다면 강대국의 무력 사용을 전면 허용하는 결과를 초래할 뿐이다. 이에 따라 국제 사회에서 무력 충돌은 명약관화한 일이다. 국제 사회는 홉스의 '만인에 대한 만인의 투쟁 상태'로 빠져들 것이다.

국제 사회가 인권침해를 배제하려면 강대국의 일방적 강요에 의해서가 아니라 약소국의 실질적 발언권이 보장된 상태에서 대화와 토론을 통해 인권의 개념을 확정해야 한다. 그 후 국제 사회에서 인권침해를 예방하고, 침해 시 구제절차를 합의하는 과정을 거쳐야 한다.

※ 1499자

* 교재 뒷부분에 있는 논술 답안지를 사용하여 답안을 작성해보세요.
  • 논술 경험이 있다면, 실전처럼 답안을 바로 작성한 후 예시답안과 비교하여 완성도를 높이는 데 중점을 두어보세요.
  • 답안 작성이 막막하다면, 문제 뒤의 해설을 먼저 참고한 후 답안을 작성하여 논술 감각을 익히는 데 중점을 두어보세요.

1. 제시문 (가)~(라)를 통치 원리에 따라 둘로 분류하고, 같은 원리를 담고 있는 제시문끼리 묶어서 요약하시오. (350~450자, 20점)

(가) 걸왕과 주왕은 어찌하여 천하를 잃었고, 탕왕과 무왕은 어찌하여 천하를 얻었는가? 그것은 바로 걸왕과 주왕은 사람들이 싫어하는 일을 잘하였고, 탕왕과 무왕은 사람들이 좋아하는 일을 잘하였기 때문이다. 사람들이 싫어하는 일이란 무엇인가? 사기와 쟁탈, 탐욕이다. 사람들이 좋아하는 일이란 무엇인가? 예의와 사양, 충신(忠信)이다. 지금 군주들은 자신을 탕왕과 무왕에 비유하며 그들과 나란히 하고자 한다. 그러나 나라를 통치하는 방법은 걸왕이나 주왕과 다를 바가 없으면서 탕왕이나 무왕과 같은 공적과 명성을 추구하니 어찌 가능하겠는가? 사람에게는 생명보다 귀중한 것이 없고, 평안보다 즐거운 것이 없다. 생명을 기르고 평안을 즐기는 방법으로는 예의보다 나은 것이 없다. 사람이 생명을 귀하게 여기고 평안을 즐기고자 하면서도 예의를 버린다면, 이는 오래 살고 싶어 하면서 스스로 목을 베는 것과 같다.

(나) 매와 채찍으로 때리고 재갈을 물리지 않으면 조보(造父)*라 할지라도 말을 몰 수 없다. 곱자와 그림쇠를 쓰지 않고 먹줄을 긋지 않으면 왕이(王爾)**라 할지라도 네모와 원을 그릴 수 없다. 위엄 서린 권세와 상벌을 정한 법이 없으면 요순(堯舜)이라 할지라도 세상을 다스릴 수 없다. 견고한 수레와 좋은 말을 타면 험한 고갯길도 올라갈 수 있고, 편안한 배를 타고 좋은 노를 저으면 큰 강도 건널 수 있다. 법술(法術)이라는 방책을 쥐고, 벌을 무겁게 하고 사형을 엄히 행하면 패왕(覇王)의 위업을 달성할 수 있다. 나라를 다스리면서 법술과 상벌을 갖추는 것은 견고한 수레와 좋은 말이 있고 날렵한 배와 편리한 노가 있는 것과 같으니, 이것에 의지해야 목표를 이룰 수 있다.

(다) 화폐를 널리 유통시켜도 백성의 살림이 넉넉지 못한 것은 물자가 한곳으로 몰리기 때문이다. 수입을 헤아리고 지출을 조절해도 백성이 굶주리는 것은 곡식이 한 곳에 쌓이기 때문이다. 영리한 사람은 백 사람의 수입을 올리고 어리석은 사람은 본전도 찾지 못하니, 군주가 조절하지 않으면 반드시 백성 중에 상대를 해치는 부자가 생긴다. 이것이 어떤 사람은 백 년 먹을 양식을 쌓아 두고, 어떤 사람은 술지게미나 쌀겨조차도 배불리 먹지 못하는 이유이다. 백성이 너무 부유하면 녹봉을 주어도 부릴 수 없고, 백성이 너무 강하면 위엄을 세우거나 형벌을 가할 수가 없다. 쌓인 것을 흩고 이익을 고르게 하지 않으면 균등해질 수 없다. 그러므로 군주가 식량을 비축하여 재정을 확보하고, 남는 것을 제어하여 부족함을 보충하며, 과도한 이문을 금하여 부당한 욕심을 막아야, 집집마다 넉넉하고 사람마다 풍족하게 될 것이다.

(라) 옛날에는 덕을 귀하게 여기고 이익을 천하게 여겼으며, 의를 중하게 여기고 재물을 가볍게 여겼다. 삼왕(三王)이 다스리던 때라 해도 흥하기도 하고 쇠하기도 했지만, 쇠하면 떠받쳤고 기울면 바로잡았다. 그래서 하(夏)는 진실했고 은(殷)은 경건했으며 주(周)는 문아(文雅)했으니, 상서(庠序)***의 교육과 공경하고 사양하는 예(禮)가 찬연하여 참으로 볼만했다. 후대에 이르러 예의가 무너지고 미풍이 사라져 녹봉 받는 관리부터 의를 어기고 재물 모으기에 급급하니, 큰 자가 작은 자를 삼키고 서로 격렬히 다투어 넘어뜨리게 되었다. 이에 어떤 사람은 백 년 먹을 양식을 쌓아 두고, 어떤 사람은 배를 채울 수도 몸을 가릴 수도 없게 되었다. 옛날에 관리는 농사를 짓지 않았고 사냥꾼은 고기잡이를 하지 않았으며, 수문장이나 야경꾼도 모두 일정한 수입이 있어서 두 가지 이익을 취하지 않고 재물을 독차지하지 않았다. 옛날처럼 하면 우둔한 자와 영리한 자의 수입이 고르게 되어 서로 상대방을 쓰러뜨리지 않게 된다.

---

*   조보: 옛날에 말을 잘 몰았던 사람의 이름
** 왕이: 옛날에 솜씨가 매우 뛰어났던 장인의 이름
*** 상서: 은(殷), 주(周)의 교육 기관

2. 제시문 (나)와 (다)를 각각 활용하여 제시문 (가)의 주장을 비판하시오. (600~800자, 30점)

(가) 자연과학에서 이루어지는 테스트의 과정은 연역적이다. 우리는 이전에 수용된 다른 진술들에 의존하여, 관찰을 통해 확인 가능한 예측 진술들을 새로운 이론으로부터 연역적으로 이끌어 낸다. 이것들 중에서도 기존의 이론으로부터는 도출될 수 없는 진술들, 특히 기존의 이론과 모순되는 진술들을 선택하고, 실제 실험 및 적용의 결과에 따라 이 진술들을 판정한다. 만약 이 진술들이 수용 가능하다고 판정된다면, 다시 말해 검증된다면, 그 새로운 이론은 테스트를 통과한 것이 된다. 따라서 그 이론을 폐기할 어떤 이유도 없다. 그러나 만약 이 진술들이 수용 불가능하다고 판정된다면, 다시 말해 반증된다면, 이 진술들을 도출한 새로운 이론 전체가 반증된다.

긍정적 판정에 의해 새로운 이론이 유효하다고 밝혀지더라도, 그것은 언제나 잠정적이라는 사실에 주목해야 한다. 차후에 부정적 판정이 나온다면 그 이론은 언제든지 전복될 수 있다. 그러나 한 이론이 엄격한 테스트를 통과하고 과학의 진보 과정에서 또 다른 이론에 의해 대체되지 않는 한, 그 이론은 인정된 것이다.

(나) 티코 브라헤(1546~1601)는 다음과 같은 이유로 코페르니쿠스의 이론을 반증한 것으로 생각했다. 지구가 태양을 중심으로 공전한다는 코페르니쿠스의 이론이 옳다면, 지구에서 매일 같은 시각에 항성을 바라보는 방향이 지구의 공전 궤도를 따라 조금씩 변하는 현상이 나타나야 한다. 지구가 공전함에 따라 관찰자가 항성을 바라보게 되는 시점(視點)이 조금씩 변하기 때문이다. 비유하자면, 마치 회전목마를 타고 회전하는 아이가 밖에 서 있는 구경꾼을 바라볼 때, 바라보는 방향이 계속 변하는 것과 같다. 더 정확하게 말하면, 지구의 관찰자가 항성을 바라보는 방향은 지구 공전 궤도상의 정반대되는 두 점 사이에서 주기적으로 변해야 한다. 이 점들과 항성을 잇는 선, 그리고 태양과 그 항성을 잇는 선 사이의 각을 연주시차(年周視差, annual parallax)라고 한다.

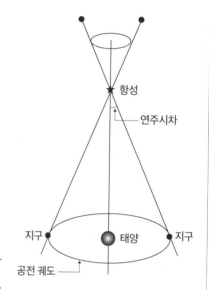

코페르니쿠스가 옳다면 연주시차를 확인할 수 있어야 하지만, 브라헤는 그것을 확인하지 못했다. 그는 이를 근거로 코페르니쿠스의 이론이 틀렸다고 결론지었다.

그러나 후대의 학자들은, 브라헤가 연주시차를 확인하지 못한 원인이 그가 수용한 보조적인 가정에 있었다는 사실을 밝혀냈다. 그는 관측 도구로 연주시차를 확인할 수 있을 만큼 항성들이 지구에 충분히 가까이 있다고 가정했다. 그러나 아무리 가까운 항성이라 하더라도 지구와의 실제 거리는 매우 멀다. 따라서 연주시차가 지극히 작기 때문에 브라헤는 이를 확인할 수 없었던 것이다.

(다) 어떤 물리학자가 명제 P의 부정확성을 증명할 때 그는 다음과 같은 절차를 밟는다. 우선 명제 P가 정확하다면 반드시 나와야 할 어떤 현상을 예측한다(그 예측된 현상을 명제 Q로 서술하자). 그리고 예측된 현상이 나올지, 안 나올지를 보여줄 실험을 설계한다. 그는 이 실험의 결과를 해석해서 예측된 현상이 나오지 않음을 확인하고자 한다.

그런데 이런 과정을 밟을 때 그가 사용하는 것은 실제로는 명제 P만이 아니다. 그가 의심할 바 없는 것으로 받아들인 이론들 전체도 함께 사용한다. 다시 말해 명제 Q는 '의심받는 명제 P 자체'로부터가 아니라, '이론들 전체와 결부된 명제 P'로부터 도출된다. 따라서 예측된 현상이 나오지 않는다면, 이는 명제 P에도 결함이 있을 수 있지만, 그 물리학자가 이용하고 기대는 이론들 전체의 구조에도 결함이 있을 수 있음을 의미한다.

이 실험이 알려 주는 것은 단 한 가지이다. 그 현상을 예측하기 위해서, 그리고 그 현상이 나오는지를 확인하기 위해서 사용한 명제들 중 최소한 한 명제에 오류가 있다는 것이다. 그 물리학자는 발견된 오류가 명제 P에만 속한다고 단언할지도 모른다. 그러나 그때 그가 사용한 다른 모든 명제들에 오류가 없다는 것을 확신할 수가 있는가? 만약 확신한다면 그는 자신이 사용한 다른 모든 명제들이 정확하다고 암암리에 전제한 것이다.

예비 기출문제

2009

해커스 LEET 김종수 논술 17개년 기출문제+해설집

3. 제시문 (가)와 (나)를 활용하여, 시민의 재판 참여*에 대한 자신의 견해를 <조건>에 맞게 논술하시오. (1200~1500자, 50점)

───────────────────── 〈조건〉 ─────────────────────
1. 제시문 (가)와 (나)에서 시민의 재판 참여에 대한 찬성 혹은 반대의 논거를 이끌어 낼 것
2. 이 논거들에 대한 평가를 포함할 것

* 시민의 재판 참여: 일반 시민이 재판 과정에서 피고인의 유·무죄나 형량 등에 관한 사법적 판단에 참여하는 것을 말함

(가) "우리가 지금까지 자세히 기술한 이 나라는 정말 지혜로운 나라로 내게는 생각되네. 그건 이 나라가 분별이 있기 때문이 아니겠는가?"

"그렇습니다."

"그렇지만 바로 이것, 즉 분별력은 일종의 지식인 것이 분명하네. 사람들이 분별 있게 되는 것은 무지에 의해서가 아니라 지식에 의해서라는 게 확실하기 때문일세."

"그건 분명합니다."

"그러나 이 나라에는 온갖 종류의 많은 지식이 있네."

"어찌 없겠습니까?"

"그러면 이 나라가 지혜롭고 분별 있는 나라로 불릴 수 있는 것은 목수들의 지식으로 인해서인가?"

"결코 그렇지 않습니다. 그것으로 인해서는 목수 일에 밝은 나라로 불릴 뿐입니다."

"그렇다면 이 나라가 지혜로운 나라로 불릴 수 있는 것은, 목재 용구들에 대한 지식, 즉 어떻게 하면 이것들을 가장 훌륭하게 활용할 수 있을지를 분별하고 숙고하는 지식 덕분은 아닐세."

"분명히 아닙니다."

"그러면, 다음은 어떤가? 청동으로 만든 물건에 관한 지식이나 또는 이런 유의 것들에 관한 다른 어떤 지식 덕분인가?"

"그런 유의 어떤 것으로 인해서도 아닙니다."

"흙에서 나는 생산물에 관한 지식 때문도 아닐 것이니, 이로 인해서는 농사에 밝은 나라로 불릴 뿐이네."

"제게는 그렇게 생각됩니다."

"그렇다면 어떤가? 이제 막 건립된 이 나라에 사는 시민들 중에 이런 지식을 가진 계층이 있겠는가? 이 나라의 어떤 부분에 관련해서가 아니라, 이 나라 전체와 관련해서 어떻게 하면 이 나라가 자기 자신을, 그리고 다른 나라들을 가장 훌륭하게 다룰 수 있을지 분별하고 숙고하는 그런 지식 말일세."

"물론 있습니다."

"그건 무엇이며, 누구에게 있는가?"

"그건 수호(守護)와 관련한 지식이며, 우리가 방금 '완벽한 수호자들'로 불렀던 그 지도자들에게 있습니다."

"그렇다면 이런 지식이 있는 나라를 자네는 뭐라 부르겠는가?"

"분별 있고 참으로 지혜로운 나라라고 부르겠습니다."

"그러면 자네는 이 나라에 대장장이들이 더 많아질 것이라 생각하는가, 아니면 참된 수호자들이 더 많아질 것이라 생각하는가?"

"대장장이들이 훨씬 더 많아질 것입니다."

"그렇다면, 지식을 지니고 있기에 어떤 분야의 전문가로 부를 수 있는 사람들 중에서 수호자들이 제일 적지 않겠는가?"

"제일 적습니다."

"그러니까 본성에 맞게 건립된 나라 전체가 지혜롭게 되는 것은 나라의 가장 작은 부류나 계층, 그리고 이 지도적 계층 안에 있는 지식 덕분이네. 이 계층은 자연히 가장 적게 될 것이며, 모든 지식 중에서 유일하게 지혜라 불릴 만한 지식을 가지는 것이 마땅하네."

"더 없이 진실한 말씀입니다."

(나) 일상적 지식은 상식, 일상적 체험, 사려 깊은 숙고와 분석에 기반하고 있다. 민간 지식도 일상적 지식의 한 범주이다. 민간 지식이란 개념은 농민들의 토양에 관한 친숙성에서부터 아프리카 원주민의 사냥술, 토착민들의 식물에 관한 지식, 학교 운동장에서 하는 농구의 규칙과 전략에 이르기까지 인간 활동에 광범위하게 적용될 수 있다. 구체적으로 말하면, 민간 지식은 모든 사회에 존재하는 과학적, 전문적, 지적 엘리트들을 규정하는 공식적인 또는 특화된 지식에 대비되는, 비공식적이고 대중적인 지식이라고 할 수 있다. 민간 지식은 텍스트 형태로 기록되기보다는 흔히 구술 형태로 전승되어 비공식 부문에 체계적으로 남아 있다. 반대로 공식적, 과학적 지식은 기록된 텍스트 형태로 조직되어 전달된다. 과학은 자신의 지식을 그것이 생산된 문화로부터 이론적으로 분리하고자 하는 반면, 민간 지식은 그것이 생산된 구체적 문화와 태생적으로 결합되고 그 문화의 내부에서 해석된다.

현대 사회가 과학과 기술의 경이로움에 빠져 있는 동안 민간 지식은 오랫동안 무시되어 왔다. 공식적, 과학적 지식은 민간 지식의 한계를 뛰어넘도록 고안된 우월한 지식 형태라고 널리 정의되어 왔던 것이 사실이다. 과학적 지식의 정통성은 공식적으로는, 보통 사람들이 지니고 있는 일상적 지식과의 인식론적 차별화에 의존한다. 그간 수많은 영역에서 민간 지식을 더 진보된 과학적, 기술적 지식들로 대체하는 것을 명시적인 목표로 삼았다.

그런데 한 가지 기이한 것은, 근대 과학과 기술의 많은 부분이 전통적 지식의 토대 위에서 발전해 왔다는 점을 인식하는 사람들이 거의 없다는 사실이다. 종의 역사를 돌이켜 볼 때 인간은 생존 투쟁을 도와줄 좀 더 효과적인 도구와 수단을 끊임없이 개발해 왔다. 산업 혁명에 앞서 등장했던 기술적 발명들의 주요 목록을 떠올려 보자. 불, 바퀴, 역법, 직조 기술, 도자기, 농사, 산술, 기하학, 천문학, 항해술, 제련 기술, 화약, 고무, 톱니바퀴, 활자, 종이와 인쇄술, 그리고 건축과 도시 계획 등은 근대 문명의 발전에 중요한 역할을 했다. 종교와 철학, 국가와 행정 체계가 발전하는 과정에서도 이러한 사정은 예외가 아니었다.

민간 지식은 고유한 인식론적 지위를 지니고 있을 뿐 아니라, 경험적인 분석과 규범적인 분석 모두에서 중요한 역할을 수행한다.

1번 문제 해설

① 문제와 제시문 분석

　제시문 (가)는 예의가 있어야 생명을 기르고 평안할 수 있다고 한다. 전형적인 유가 사상을 표현하고 있다.

　제시문 (나)는 『한비자』에 나온 글이다. 인의(仁義)로써 백성을 다스릴 수 없고 법에 따른 상벌과 형벌로써 백성을 다스릴 수 있다고 한다. 법을 명확하게 정해 백성으로 하여금 무엇을 하면 상을 받고 무엇을 하면 처벌받는지 알려야 한다고 한다. 모호한 인의를 통해 국가를 통치하면 사회가 혼란스러워지고 국가의 부강함을 달성할 수 없다고 한다.

　제시문 (다)와 (라)는 환관의 『염철론』에서 나오는 글이다. 한나라 때 민간에 이양되었던 소금과 철의 경영 권한, 화폐주조의 권한을 국가로 이관하기 위해 회의가 소집되었다. 『염철론』은 중앙관료와 민간인 출신의 지식인 간에 진행된 논쟁을 정리한 책이다.

　(다)는 관료를 대표한 어사대부가 한 말이고, (라)는 민간을 대표한 문학이 한 말이다. (다)는 국가가 화폐를 주조하고 경제활동을 주도해서 빈부격차를 줄여야 한다는 입장이다. (라)는 국가는 덕과 예를 높이는 역할을 해야 하고, 경제적 이익을 백성들이 얻도록 유도해서는 안 된다는 입장이다.

② 구조 분석과 개요

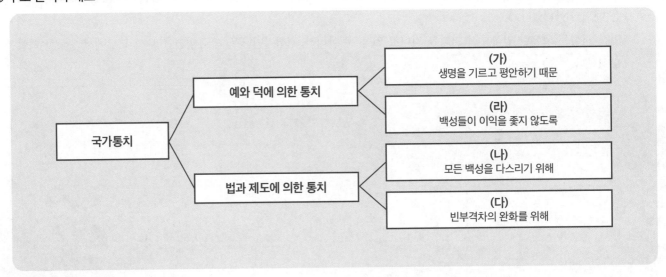

 1번 문제 예시답안

> 　제시문 (가)와 (라)는 덕과 예를 높이는 통치를, 제시문 (나)와 (다)는 법과 제도에 따른 통치를 강조하고 있다.
>
> 　제시문 (가)는 상대방을 존중하는 예의 정신과 덕을 높이는 통치가 좋은 정치라고 한다. 제시문 (라)는 덕과 의를 중히 여기고 공경하고 사양하는 의를 높임으로써 국가가 평안할 수 있다고 한다. 국민들이 이익을 다투면 국가의 혼란이 발생한다. 국가는 국민에게 이익을 부추기기보다는 예의를 중하게 여기도록 교육해야 한다.
>
> 　제시문 (나)는 법에 따라 상벌을 엄격히 해야 세상을 다스릴 수 있다고 한다. 법이 없다면 채찍과 재갈 없이 말을 모는 것과 같이 국민을 다스릴 수 없다. 제시문 (다)는 군주가 경제활동 규제를 해야만 국민들이 모두 풍족하게 살 수 있다고 한다. 법과 제도를 통해 국민의 생활을 규제해야 국가 질서가 유지될 수 있다.

※ 422자

👤 2번 문제 해설

① 제시문 분석

제시문 (가)는 자연과학에서 새로운 이론이 출현했을 때, 그 이론을 검증하는 과정을 설명하고 있다. 그 과정을 요약하면 다음과 같다.

> • 검증을 위해 새로운 이론으로부터 관찰이 가능한 예측 진술을 연역적으로 도출한다. 예측 진술의 도출은 이전에 수용된 다른 진술들에 의존한다.
> • 예측 진술을 관찰할 수 있도록 실험을 설계하고 실행한다.
> • 수용 가능한 결과가 나오면 이론은 인정되고, 수용 불가능한 결과가 나오면 이론은 부인된다.
> • 검증을 통과한 이론은 반증되거나 새로운 이론으로 대체될 때까지 잠정적으로 유효한 이론이다.

도해하면 다음과 같다.

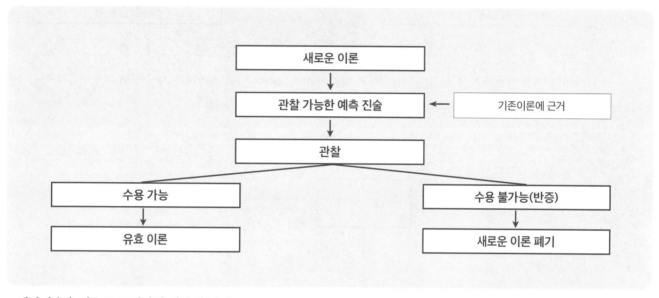

핵심내용을 기호로 표현하면 다음과 같다.

$$P(\text{새로운 이론: 참 또는 거짓}), P_1, P_2, P_3 \cdots\cdots P_n(\text{기존이론: 참})$$
$$\underline{\sim Q}$$
$$\sim P$$

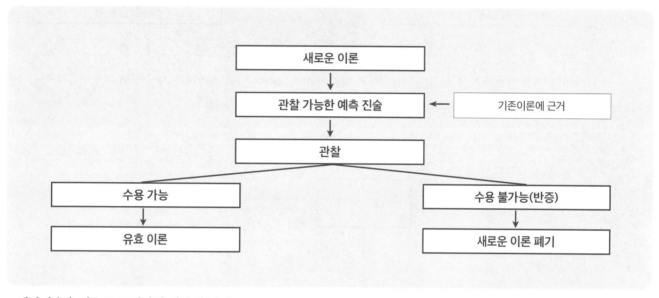

제시문 (나)는 티코 브라헤가 코페르니쿠스의 이론을 반증하는 과정을 보여준다. 티코 브라헤의 반증 방법은 제시문 (가)의 방법과 동일하다. 도해하여 살펴보면 다음과 같다.

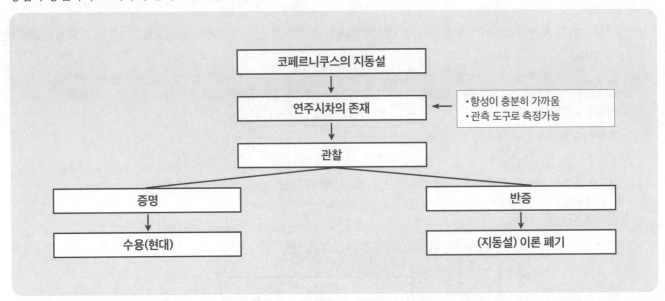

티코 브라헤의 반증 방법과 가설 설정은 과학적이고 합리적이다. 그러나 티코 브라헤는 자신의 반증 방법에 숨겨진 전제인 보조적인 가정이 타당하지 않음을 미처 몰랐다. 이를 그림으로 나타내면 다음과 같다.

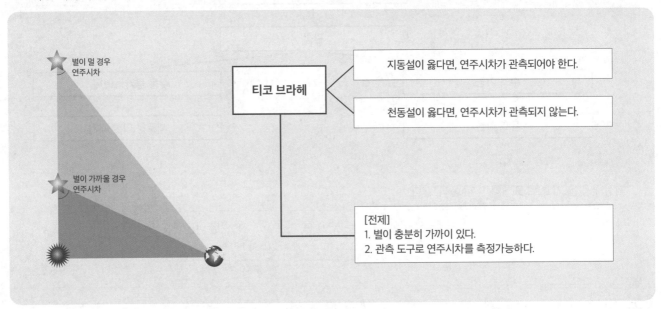

코페르니쿠스의 이론에 오류가 있다는 티코 브라헤의 생각과는 달리 오류가 있는 것은 코페르니쿠스의 이론이 아니라 티코 브라헤의 검증과정이다. 후세의 학자는 브라헤가 연주시차를 확인하지 못한 원인이 관측 도구로 연주시차를 확인할 수 있을 만큼 항성들이 지구에 충분히 가까이 있다는 보조적인 가정에 있음을 알아냈다.

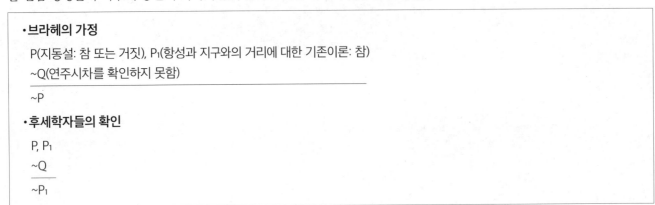

• 브라헤의 가정

P(지동설: 참 또는 거짓), P_1(항성과 지구와의 거리에 대한 기존이론: 참)

~Q(연주시차를 확인하지 못함)

———————————

~P

• 후세학자들의 확인

P, P_1

~Q

~P_1

제시문 (다)는 명제 P의 부정확성을 증명하는 과정을 설명하고 있다. 그 내용은 다음과 같다.

- 명제 P가 정확하다면 반드시 예측되는 현상, 명제 Q가 있다.
- 명제 Q를 확인할 수 있는 실험을 설계하고 실행한다.
- 명제 Q가 나오면 명제 P는 정확하고, 명제 Q가 나오지 않으면 명제 P는 부정확하다.

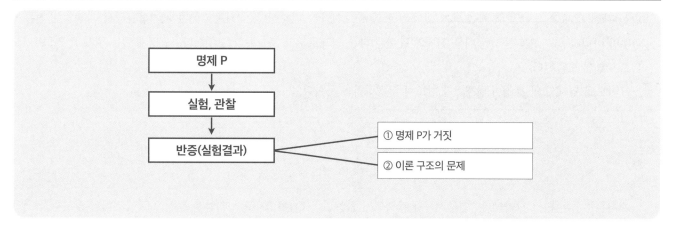

그러나 명제 Q는 명제 P 자체로부터가 아니라 이론 전체와 결부된 명제 P로부터 도출된다. 제시문 (나)에 기술된 티코 브라헤의 예에 적용해 보자. "지구가 태양을 중심으로 공전한다."가 명제 P에 해당한다. "연주시차가 관측된다."가 명제 Q에 해당한다. 그러나 명제 Q는 명제 P뿐만 아니라 지구와 항성 간의 거리를 측정할 관측 도구의 정밀성과 결부된 당시의 천문이론 및 관측 도구에 대한 이론 전체로부터 도출된다.

그러므로 명제 Q에 해당하는 현상이 안 나온다는 것은 명제 P가 부정확하다는 것을 증명하지 못하고 사용한 명제 중 최소한 하나의 명제에 오류가 있다는 것을 증명할 뿐이다. 다시 티코 브라헤의 예에 적용해 보자. 명제 Q(연주시차가 측정된다)가 수용할 수 없는 결과, 즉 연주시차가 측정되지 않는다는 결과는 "지구가 태양을 중심으로 공전한다."는 명제 P가 부정확하다는 것을 증명할 수 없다. 단지 "지구가 태양을 중심으로 공전한다.", "행성이 관측 도구로 연주시차를 관측하기에 충분히 가깝다."(현대 천문학의 지식에서 보면 극도로 가깝다) 등등의 명제 중 최소한 하나의 명제에 오류가 있다는 것을 증명할 뿐이다.

$$P \quad P_1 \quad P_2 \quad P_3 \qquad P_n$$
$$\sim Q$$
$$\rule{6cm}{0.4pt}$$
$$\sim P \lor \sim P_1 \lor \sim P_2 \lor \sim P_3 \lor \cdots \lor \sim P_n$$

② 문제 분석

제시문 (나)와 (다)를 각각 활용하여 제시문 (가)의 주장을 비판하시오.
- 제시문 (가)의 주장을 추출한다.
- 제시문 (나)와 (다)에서 제시문 (가)를 비판할 수 있는 근거를 추출한다.
- 제시문 (나)와 (다)로부터 추출한 근거로 제시문 (가)의 주장을 평가한다.
- 평가결과를 바탕으로 제시문 (가)의 주장을 판단한다.

문제 2번은 제시문 (가)의 주장을 비판하라고 한다. 제시문 (가)의 주장은 "자연과학에서 이루어지는 테스트 과정은 연역적이다."라는 첫 번째 문장이다. 그러나 전공지식이 아닌 대학 학부의 일반교양 수준으로 이 주장을 시험 시간 내에 비판하는 것은 거의 불가능하다. 제시문 (가)의 주장이 아니라 "제시문 (가)에 드러난 자연과학이론 테스트 방법을 비판하라."가 적절해 보인다. 따라서 제한된 시간 내에 작성해야 하는 답안임을 고려하여, "실험결과가 수용 불가능하면 이론은 반증된다."를 제시문 (가)의 주장으로 삼아 예시답안을 작성하였다.

"실험결과가 수용 불가능하면 이론은 반증된다."는 주장을 비판하는 것은 "테스트 과정은 연역적"이라는 주장을 비판하는 것과 같다. 그러나 그 두 가지 비판이 동일하다는 것을 아는 것은 더 깊은 전공지식이 필요하므로 설명을 생략한다.

제시문 (나)에서 추출한 위 주장을 비판할 수 있는 근거는 동일한 테스트 과정이 이론을 검증하는 데 실패한 역사적 실례가 있다는 내용이다.

제시문 (다)에서 추출한 비판근거는 실험결과는 검증대상 명제에 오류가 있다는 증명에 이르지 못하고 검증대상 명제를 포함한 관련 명제 전체 중 일부에 오류가 있다는 증명에 그친다는 내용이다. 제시문 (다)가 제기하는 검증과정의 난점은 명제 Q뿐만 아니라 명제 P를 둘러싼 이론 전체와 관련된 다른 명제로부터 도출된다는 것이다. 즉 명제 Q는 명제 P, P_1, P_2, P_3 ..... P_n으로부터 도출된다.

그러므로 명제 Q의 부정이 명제 P를 반드시 부정하지는 못한다.

$$P, P_1, P_2, P_3, \cdots\cdots P_n$$
$$\sim Q$$
$$\overline{}$$
$$\sim P \text{ 또는 } \sim P_1, \sim P_2, \sim P_3, \cdots\cdots \sim P_n$$

제시문 (나)는 티코 브라헤가, "연주시차가 관측되지 않는다."($\sim Q$)를 "지구가 태양을 중심으로 공전하지 않는다."($\sim P$)로 판정한 역사적 사실을 보여준다. 그러나 후세의 학자들은 "연주시차가 관측되지 않는다."($\sim Q$)는 명제 P의 오류에 기인한 것이 아니라 명제 P_1, 즉 항성이 관측 도구로 연주시차를 관측하기에 충분히 가깝다는 명제에 있음을 밝혀낸다.

- **브라헤의 판정**

  P(참 또는 거짓), P_1(참)
  $\sim Q$
  $\overline{}$
  $\sim P$

- **제시문 (다)의 판정**

  P(참 또는 거짓), P_1(참 또는 거짓)
  $\sim Q$
  $\overline{}$
  $\sim P$ 또는 $\sim P_1$

- **후세의 증명**

  $\sim P_1$

제시문 (가)는 Q는 P로부터 연역적으로 도출되고, Q가 의존하는 기존이론은 모두 참이라고 한다. 그러므로 $\sim Q$는 반드시 $\sim P$라고 주장한다. 그러나 제시문 (다)는 $\sim Q$로 $\sim P$를 확정할 수 없다고 한다. 그리고 제시문 (나)는 $\sim Q$인 원인이 $\sim P$에 있지 않고 $\sim P_1$에 있는 역사적 실례를 보여준다. 그러므로 $\sim Q$이면 반드시 $\sim P$라는 제시문 (가)의 주장은 타당하지 않다. 명제 기호를 사용하지 않고 표현하면 다음 문장과 같다. "예측명제를 부정한다고 해서 반드시 검증하고자 하는 대상 명제가 부정되지는 않는다. 그러므로 예측명제를 부정하면 반드시 검증대상 명제가 부정된다는 제시문 (가)의 주장은 타당하지 않다."

📝 2번 문제 예시답안

(다)에 따르면 명제 P에 대한 반증 절차는 다음과 같다. 명제 P가 정확하다고 가정할 때 반드시 나올 현상 명제 Q를 예측한다. 명제 Q는, 명제 P와 다른 명제 P¹의 결합으로 도출된다. 따라서 명제 Q가 관찰되지 않더라도 명제 P가 반증되었다고 할 수 없다. 왜냐하면 P가 아니라 P¹에 오류가 있을 수 있기 때문이다. (가)는 관찰결과 새 이론으로 수용 불가능한 결과가 나오면 새 이론은 반증된다고 한다. 그러나 새 이론과 양립할 수 없는 결과가 나오더라도, 다른 명제인 P¹의 오류 가능성이 있으므로, 새 이론이 반증된다고 할 수 없다.

(나)에서 브라헤는 지동설이 옳다면 연주시차가 관측되어야 한다고 가정했다. 그는 연주시차를 확인할 수 없자 지동설이 반증되었다고 생각했다. 연주시차 관찰을 Q라 하면, 지동설 P와 관측 도구로 연주시차가 확인 가능한 가까운 거리에 행성이 있다는 전제인 P¹을 상정할 수 있다. 브라헤는 연주시차를 관측할 수 없자 P를 반증했다고 생각했으나 P¹이 옳지 않아 연주시차를 관측할 수 없었을 뿐이다. 따라서 연주시차를 측정할 수 없다고 하여 지동설이 반증되는 것은 아니다. (가)는 관찰결과 새 이론으로 수용 가능한 결과가 나오면 새 이론은 인정되고, 수용 불가능한 결과가 나오면 새 이론은 반증된다고 한다. 그러나 지동설에 의해 예견되는 연주시차가 확인되지 않아 수용 불가능한 결과가 나왔다고 하여 지동설이 부정되는 것은 아니다. 왜냐하면 지동설 P가 아니라 가까운 거리에 행성이 있다는 P¹이 옳지 않은 진술이기 때문이다. 따라서 (가)의 주장은 타당하지 않다.

※ 788자

👤 3번 문제 해설

① 제시문 분석

제시문 (가)는 플라톤의 『국가론』에서 나온 글이다. 플라톤은 통치자, 보조자, 생산자로 계급을 세 층으로 나누고 있다. 세 계급이 자기 역할을 하는 것을 정의라고 한다. 플라톤에 따르면 정치는 지혜를 가진 철인(哲人)이 맡아야 한다. 제시문 (가)에서 통치자는 지혜를 가진 자이다. 대장장이는 많지만 지혜를 가진 통치자들은 적다고 한다. 지혜를 가진 소수 계층이 나라를 이끈다면 나라 전체가 지혜로워진다고 한다. 이런 논리에 따르면, 통치는 지혜를 가진 소수자가 담당해야 하고 목수 같은 일반 시민은 통치에 참여해서는 안 된다. 따라서 제시문 (가)는 시민의 재판 참여에 대해 부정적이다.

제시문 (나)는 민간 지식을 무시하는 일반적인 경향이 있었으나 민간 지식으로 불, 바퀴, 역법, 화약, 천문학, 도자기 등이 발명되었고, 이는 근대 문명 발전에 중요한 역할을 했다고 한다. 마지막 문장에서 민간 지식은 규범적이고 분석에서 중요한 역할을 수행한다고 한다. 이런 내용으로부터 시민의 재판 참여에 대한 긍정 논거가 도출된다.

② 답안의 논리 구성

시민의 재판 참여는 국민주권의 실현, 피고인의 인권 보장, 국민의 사법신뢰 보호를 위해서 도입할 필요가 있다.

시민은 주권자 즉, 국가의 주인으로서 사법 작용에 참여할 권리가 있다. 만약 사법부의 활동에 주권자인 국민이 배제된다면, 국민이 스스로 정한 법률에 근거해 국민이 행한 행위가 법률을 위반했는지 여부를 판단할 수 없다는 의미가 된다. 이는 국민의 주권자로서의 권리가 무시된 것이다.

국민은 누구나 공정하게 재판받을 권리가 있고, 피고인 역시 국민이므로 공정하게 재판받을 권리를 보장해야 한다. 법 전문가인 판사와 검사, 변호사는 서로를 향해 발언하고 설득할 뿐, 일반 국민의 수준에서 설득하려 하지 않는다. 피고인은 자신의 권리가 침해되고 있는지 여부를 이해할 수 없다. 시민의 재판 참여를 인정하게 되면 법 전문가가 일반 국민을 설득할 목적으로 발언하기 때문에 피고인 역시 자신과 관련한 사항을 이해할 수 있어 자신을 방어할 수 있다.

우리나라의 역사를 볼 때, 사법부에 대한 불신이 강하다. 유전무죄, 무전유죄라는 말이 사회 전반에 퍼져 있다. 일반 국민인 배심원이 재판의 최종결정권자가 된다면 국민이 스스로 결정하는 것이 되므로 국민의 사법불신이 해소될 수 있다.

③ 국민의 재판 참여: 국민의 형사재판 참여에 관한 법률

> **제1조(목적)** 이 법은 사법의 민주적 정당성과 신뢰를 높이기 위하여 국민이 형사재판에 참여하는 제도를 시행함에 있어서 참여에 따른 권한과 책임을 명확히 하고, 재판절차의 특례와 그 밖에 필요한 사항에 관하여 규정함을 목적으로 한다.
>
> **제12조(배심원의 권한과 의무)** ① 배심원은 국민참여재판을 하는 사건에 관하여 사실의 인정, 법령의 적용 및 형의 양정에 관한 의견을 제시할 권한이 있다.
>
> **제16조(배심원의 자격)** 배심원은 만 20세 이상의 대한민국 국민 중에서 이 법으로 정하는 바에 따라 선정된다.
>
> **제46조(재판장의 설명·평의·평결·토의 등)** ① 재판장은 변론이 종결된 후 법정에서 배심원에게 공소사실의 요지와 적용법조, 피고인과 변호인 주장의 요지, 증거능력, 그 밖에 유의할 사항에 관하여 설명하여야 한다. 이 경우 필요한 때에는 증거의 요지에 관하여 설명할 수 있다.
>
> ② 심리에 관여한 배심원은 제1항의 설명을 들은 후 유·무죄에 관하여 평의하고, 전원의 의견이 일치하면 그에 따라 평결한다. 다만, 배심원 과반수의 요청이 있으면 심리에 관여한 판사의 의견을 들을 수 있다.
>
> ③ 배심원은 유·무죄에 관하여 전원의 의견이 일치하지 아니하는 때에는 평결을 하기 전에 심리에 관여한 판사의 의견을 들어야 한다. 이 경우 유·무죄의 평결은 다수결의 방법으로 한다. 심리에 관여한 판사는 평의에 참석하여 의견을 진술한 경우에도 평결에는 참여할 수 없다.
>
> ④ 제2항 및 제3항의 평결이 유죄인 경우 배심원은 심리에 관여한 판사와 함께 양형에 관하여 토의하고 그에 관한 의견을 개진한다. 재판장은 양형에 관한 토의 전에 처벌의 범위와 양형의 조건 등을 설명하여야 한다.
>
> ⑤ 제2항부터 제4항까지의 평결과 의견은 법원을 기속하지 아니한다.
>
> **제49조(판결서의 기재사항)** ① 판결서에는 배심원이 재판에 참여하였다는 취지를 기재하여야 하고, 배심원의 의견을 기재할 수 있다.
>
> ② 배심원의 평결결과와 다른 판결을 선고하는 때에는 판결서에 그 이유를 기재하여야 한다.

④ 구조 분석과 개요

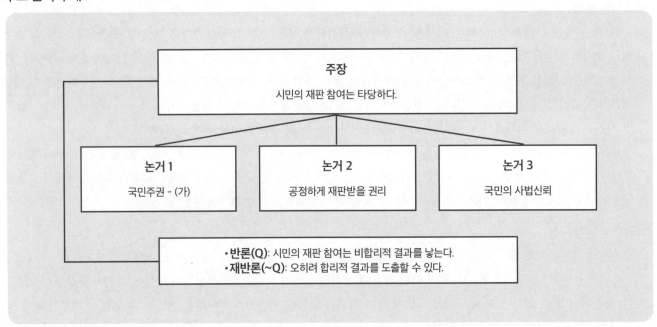

📝 3번 문제 예시답안

시민의 재판 참여는 국민주권을 실현하기 위해 타당하다. 국민이 주권자라면 국민이 직접 국가의사를 결정하든지, 국가권력을 통제할 수 있어야 한다. 국회와 대통령은 주기적 선거를 통해 국민의 심판을 받는다. 그러나 지금까지 주권자인 국민이 사법권 행사에 참여하거나 이를 통제할 방법이 없었다. (가)는 일반 국민과 뛰어난 지식을 가진 통치자를 구별하고 지혜를 가진 소수자에게 통치를 맡겨야 한다고 한다. 이에 따르면 시민의 재판 참여는 허용될 수 없다. 그러나 이는 모든 권력은 국민으로부터 나오고 통치권 행사는 국민에 의해 정당화되어야 한다는 국민주권원리에 반한다. 시민의 재판 참여는 사법권 영역에서 시민의 의사를 반영하는 것이다. 따라서 국민주권원리를 실현한다는 점에서 정당하다.

피고인의 인권 보장과 공정한 재판을 위해 시민의 재판 참여는 필요하다. 시민의 참여 없이 이루어지는 형사재판은 판사와 검사가 주도함으로써 피고인은 재판에 있어 객체일 뿐, 주체로서 대접을 받지 못한다. 시민이 재판에 참여하면 판사, 검사 중심보다는 배심원인 시민을 설득하고, 이해시키는 공판절차가 형성될 것이다. 이 과정에서 피고인에게 실질적으로 자신을 방어할 기회가 보장되어 피고인의 인권과 공정하게 재판받을 권리를 보호할 수 있다.

국민의 사법신뢰를 위해 시민의 재판 참여는 타당하다. 판사, 검사, 변호사의 유착과 담합으로 형사 절차의 정당성에 대한 국민의 불신이 깊다. '유전무죄, 무전유죄'라는 말이 있을 정도로 사법에 대한 국민의 신뢰는 약하다. 법은 법을 제정하는 주체이자 수범자이기도 한 그 시대 일반 국민들의 법의식과 정의감을 반영한다. 법관과 검사가 전문가이기도 한 그 시대 일반 국민들의 법의식과 정의감을 반영한다. 법관과 검사가 전문가라는 이유로 일반 국민의 법의식과 정의감을 무시한다면 사법부는 불신의 늪에서 헤어날 수 없다. 국민의 신뢰 확보 차원에서도 시민의 재판 참여가 필요하다.

비전문가인 시민들이 재판에 참여하면 비합리적인 판결이 나올 수 있다는 반론이 제기될 수 있다. 따라서 (가)의 논리처럼 법 전문가인 법조인에게 사법권을 전적으로 위임해야 한다는 주장이 나올 수 있다. 그러나 (나)에 따르면 전문가들의 과학지식뿐만 아니라 일반 민간 지식도 독자적으로 인정되어야 할 지식체계이다. 현대 사회는 법적 문제에 경제, 사회, 과학영역 등이 복합된 문제가 발생하고 있다. 따라서 법조인의 법지식뿐만 아니라 시민들의 다양한 지식도 유용하게 작용하여 합리적 판결에 도움을 줄 수 있다. 만약 시민들의 전문 지식이 부족하다면 재판절차에 익숙해지도록 모의재판 참여, 학교교육, 사회교육 기회를 마련하면 충분하다.

시민들의 재판 참여는 법치주의의 소중함을 배우고 민주주의를 학습하는 기회가 될 수 있다. 시민들이 재판 과정에 참여한다면 사법절차에 대한 국민의 관심이 높아져 법치주의와 국민주권의식이 전 국민의 생활에 침투할 수 있을 것이다. 이런 과정을 통해 사법이 법조인들만의 것이 아니라, 국민 모두의 것이 될 수 있다.

※ 1473자

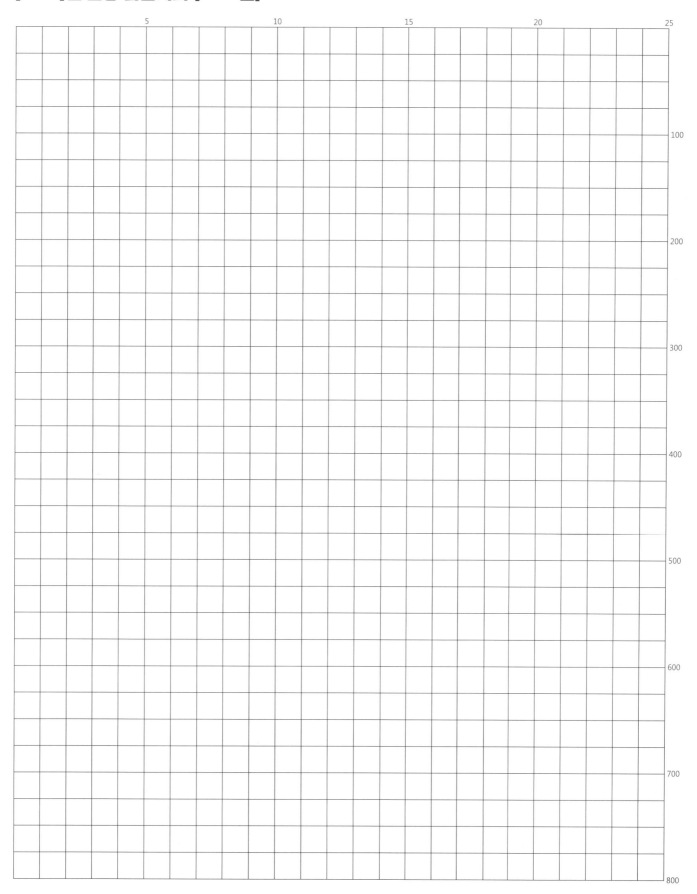

해커스로스쿨

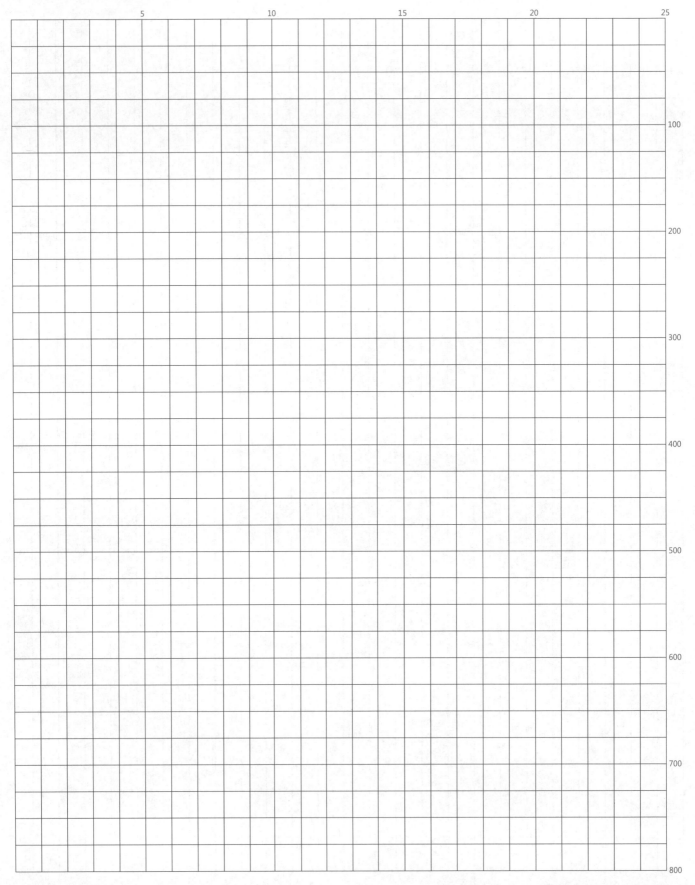

해커스로스쿨

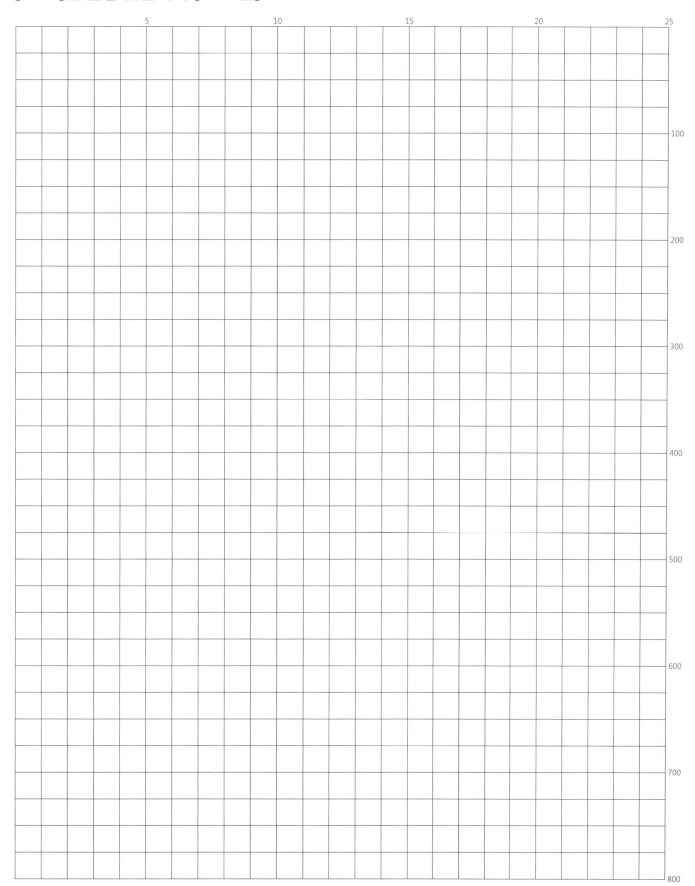

← 수험생 및 감독관은 표기하지 마시오.

해커스로스쿨

| ⓪ | ① | ② | ③ | ④ | ⑤ | ⑥ | ⑦ | ⑧ | ⑨ | ⑩ | ⑪ | ⑫ | ⑬ | ⑭ | ⑮ | ⑯ | ⑰ | ⑱ | ⑲ | ⑳ |

관리번호   ○   ← 수험생 및 감독관은 표기하지 마시오.

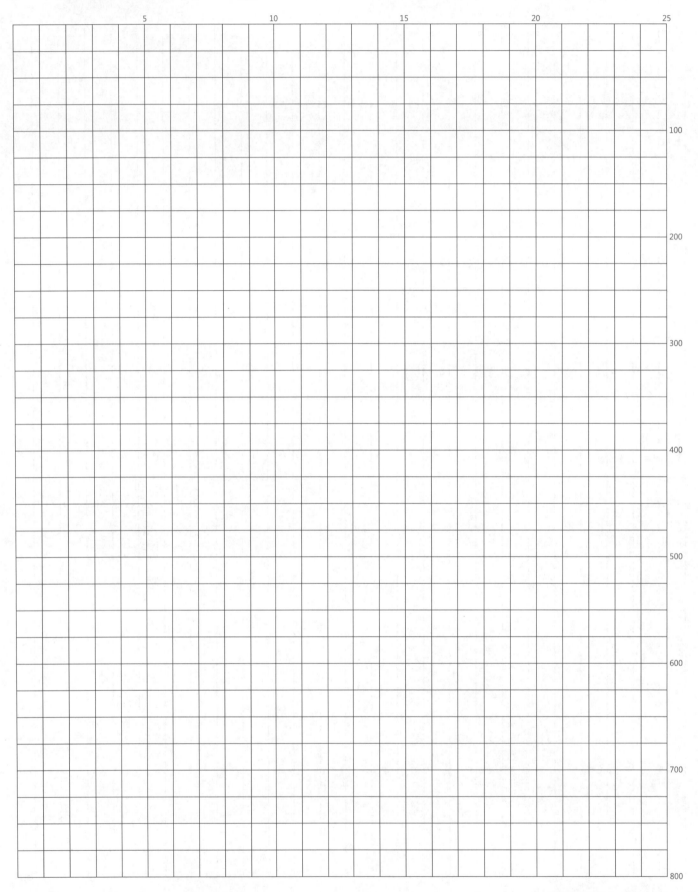

해커스로스쿨

| | ⓪ | ① | ② | ③ | ④ | ⑤ | ⑥ | ⑦ | ⑧ | ⑨ | ⑩ | ⑪ | ⑫ | ⑬ | ⑭ | ⑮ | ⑯ | ⑰ | ⑱ | ⑲ | ⑳ |

| 관리번호 | | ○ | ← 수험생 및 감독관은 표기하지 마시오. |

[   ]번 문항 답안지의 [면]

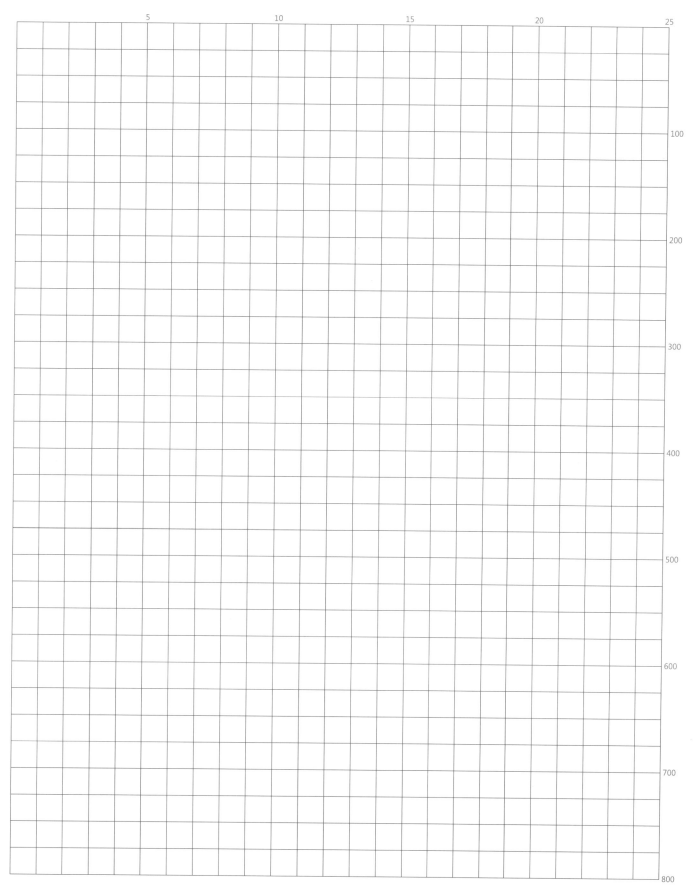

해커스로스쿨

관리번호   ○   ← 수험생 및 감독관은 표기하지 마시오.

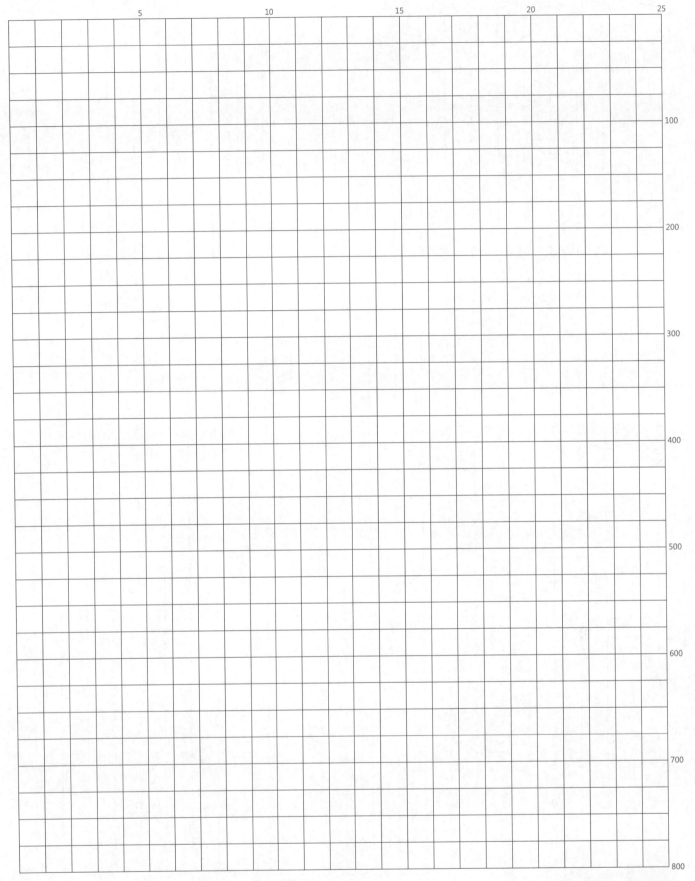

해커스로스쿨

해커스로스쿨

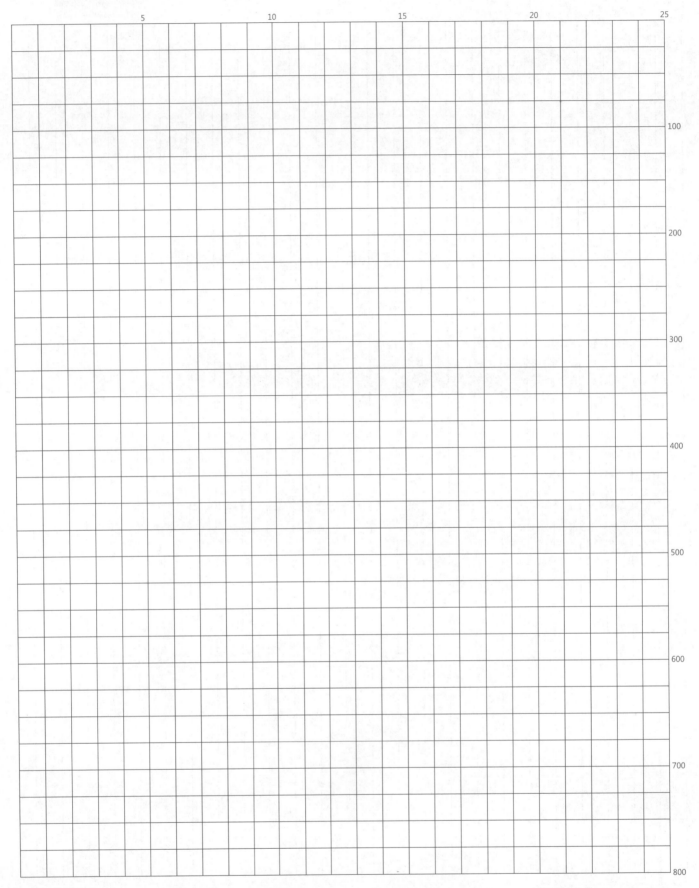

해커스로스쿨

해커스로스쿨

[   ]번 문항 답안지의 [면]

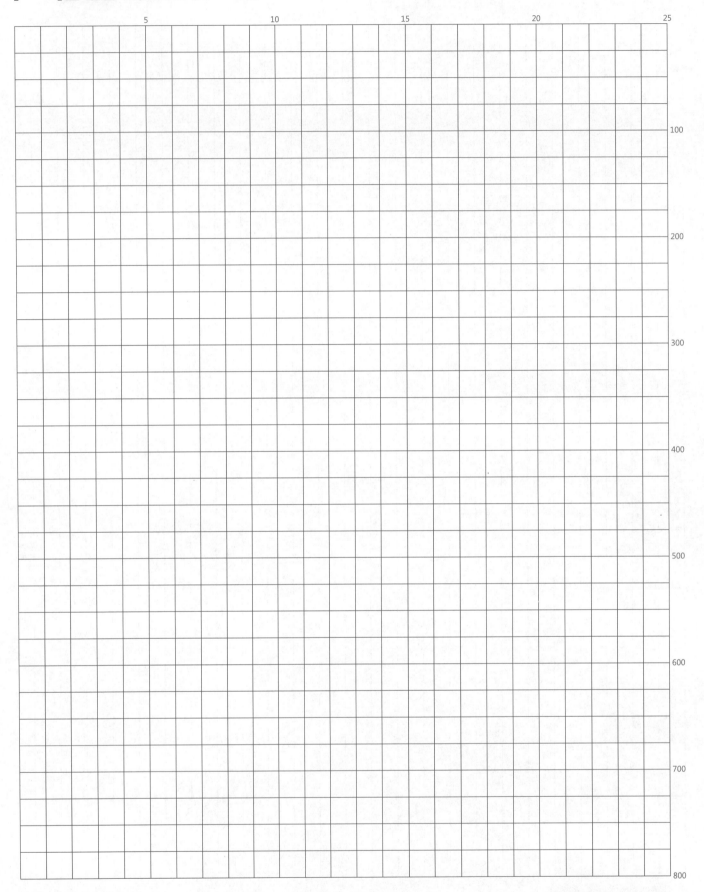

해커스로스쿨

| ⓪ | ① | ② | ③ | ④ | ⑤ | ⑥ | ⑦ | ⑧ | ⑨ | ⑩ | ⑪ | ⑫ | ⑬ | ⑭ | ⑮ | ⑯ | ⑰ | ⑱ | ⑲ | ⑳ |

관리번호   ○   ← 수험생 및 감독관은 표기하지 마시오.

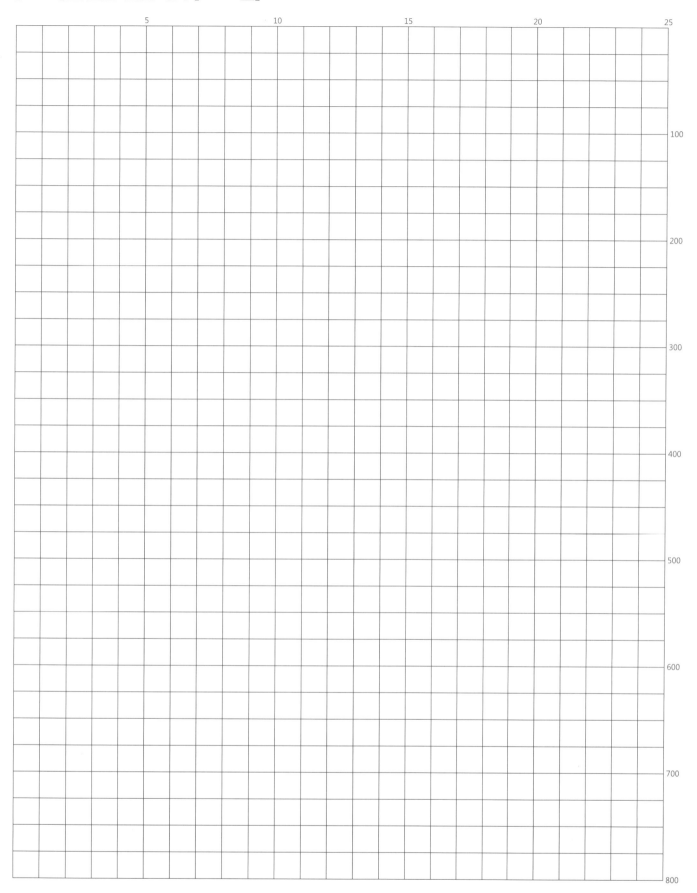

해커스로스쿨

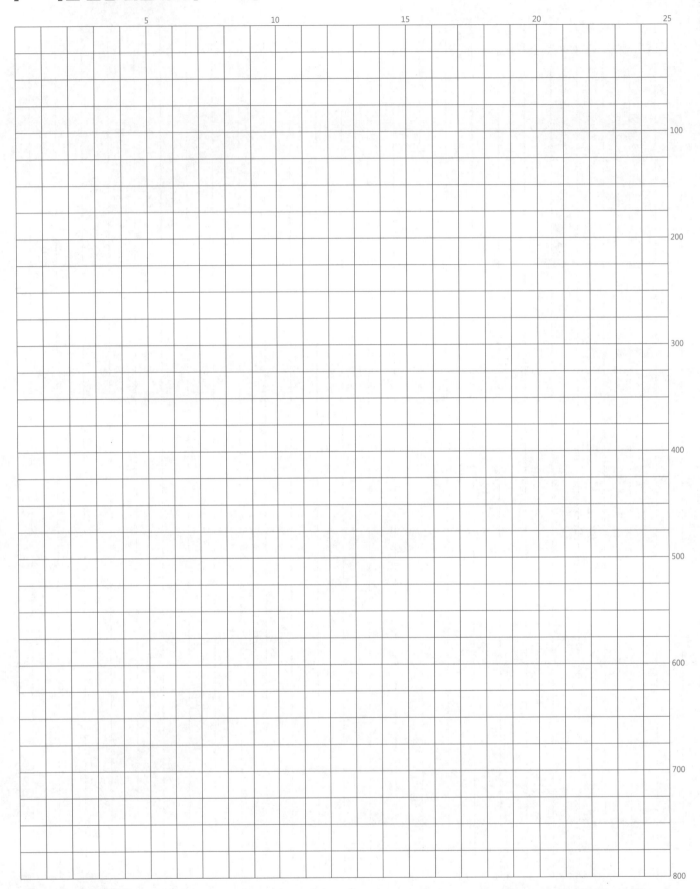

해커스로스쿨

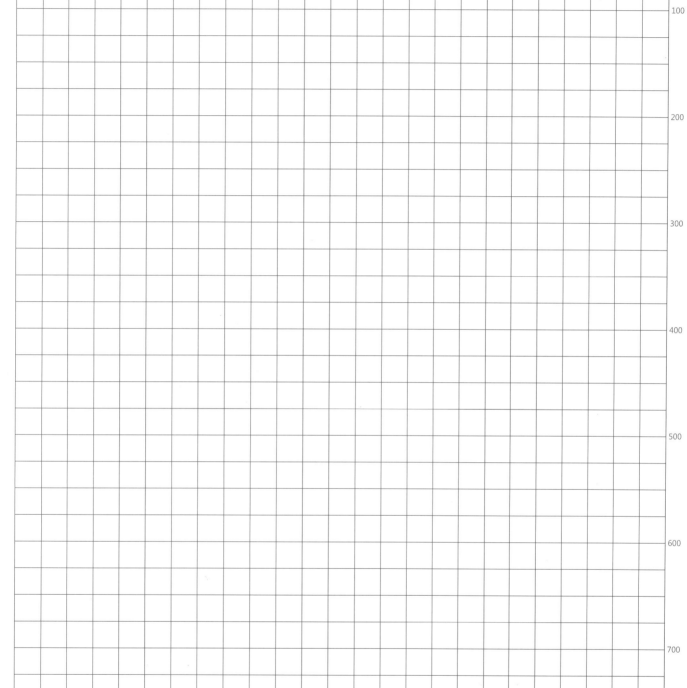

해커스로스쿨

관리번호 　　　　　　　　　　　　　　　　　　　　　○　◀ 수험생 및 감독관은 표기하지 마시오.

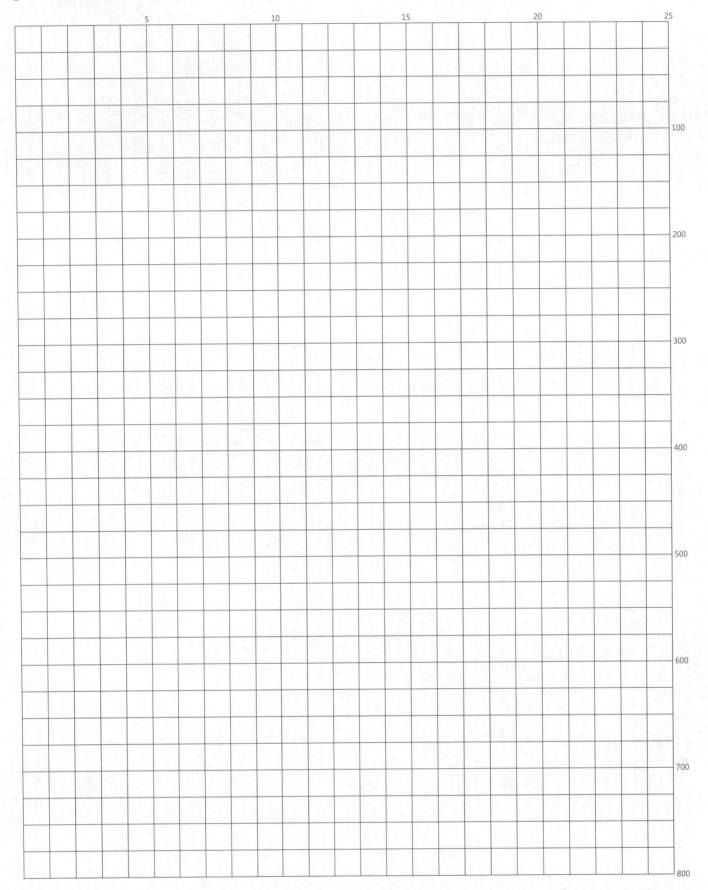

해커스로스쿨

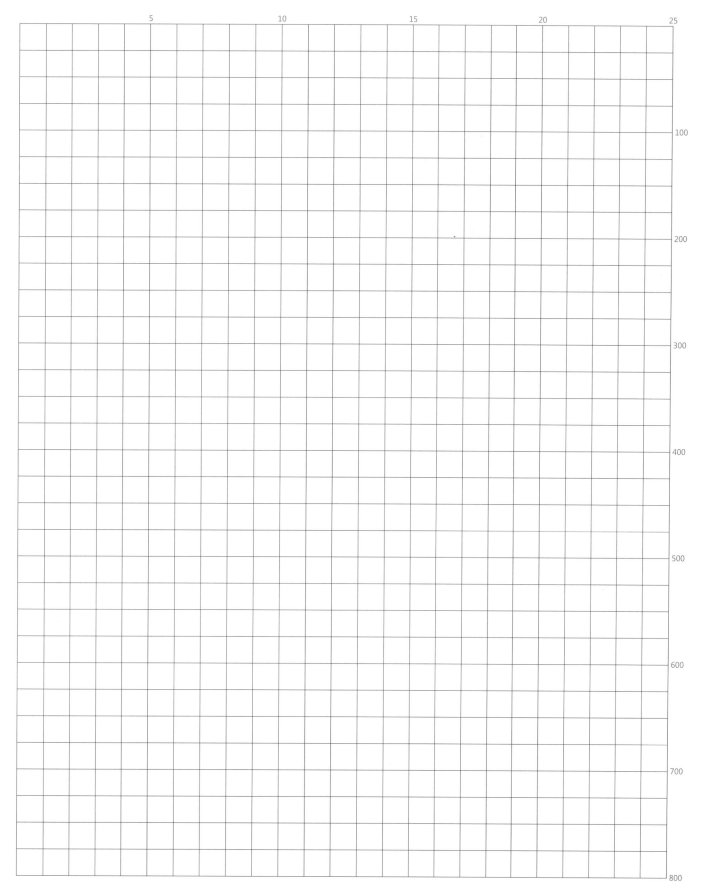

대 해커스로스쿨

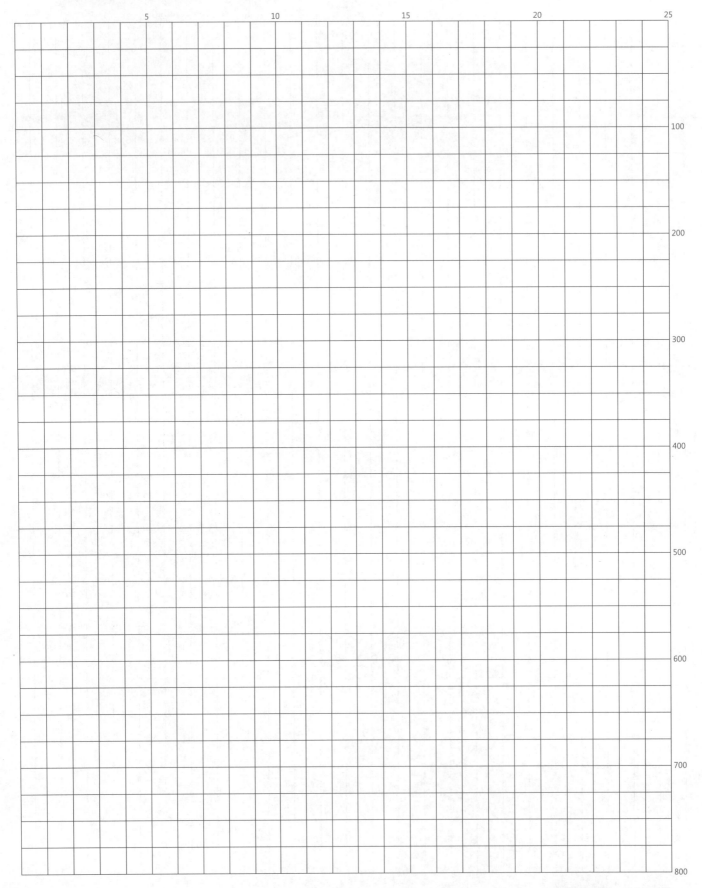

해커스로스쿨

⓪	①	②	③	④	⑤	⑥	⑦	⑧	⑨	⑩	⑪	⑫	⑬	⑭	⑮	⑯	⑰	⑱	⑲	⑳

관리번호   ○   ← 수험생 및 감독관은 표기하지 마시오.

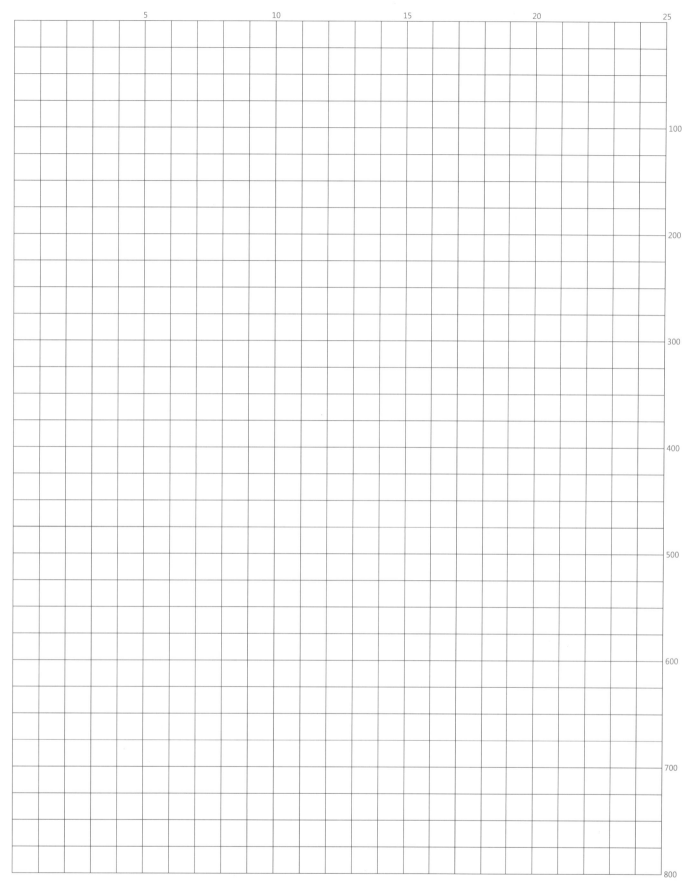

⓪	①	②	③	④	⑤	⑥	⑦	⑧	⑨	⑩	⑪	⑫	⑬	⑭	⑮	⑯	⑰	⑱	⑲	⑳

관리번호		◯	← 수험생 및 감독관은 표기하지 마시오.

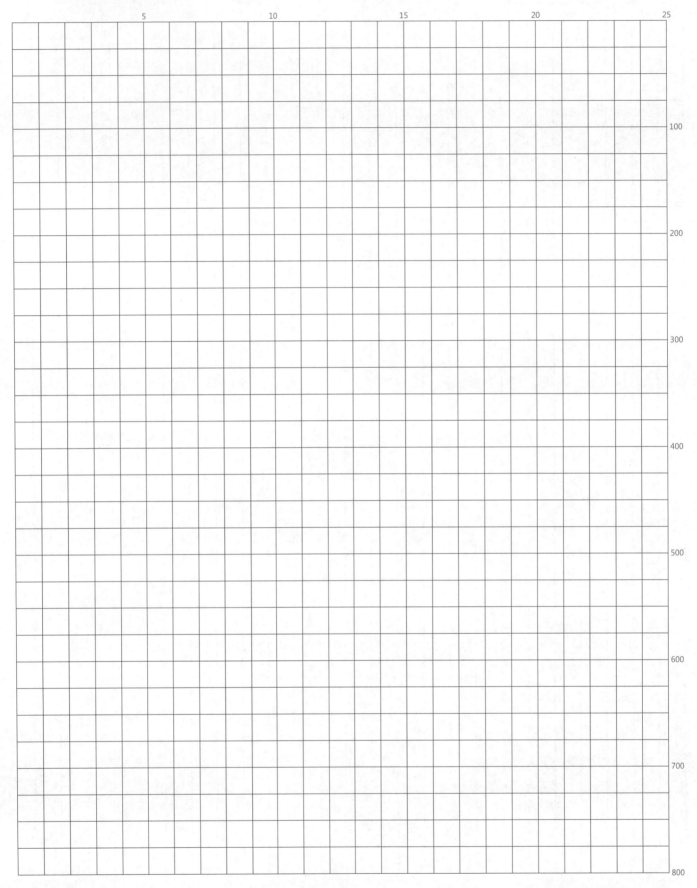

해커스로스쿨

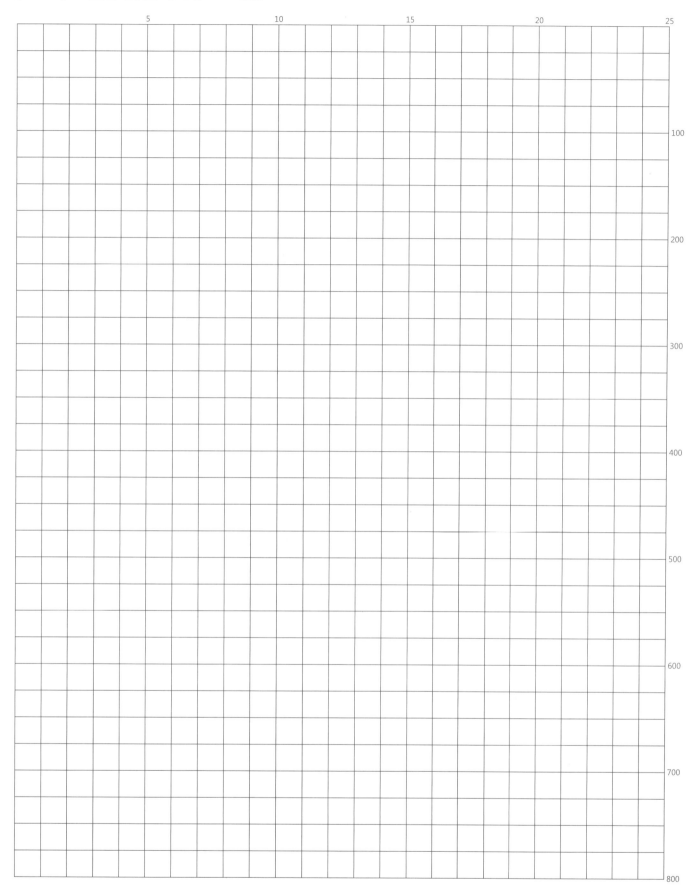

관리번호

해커스로스쿨

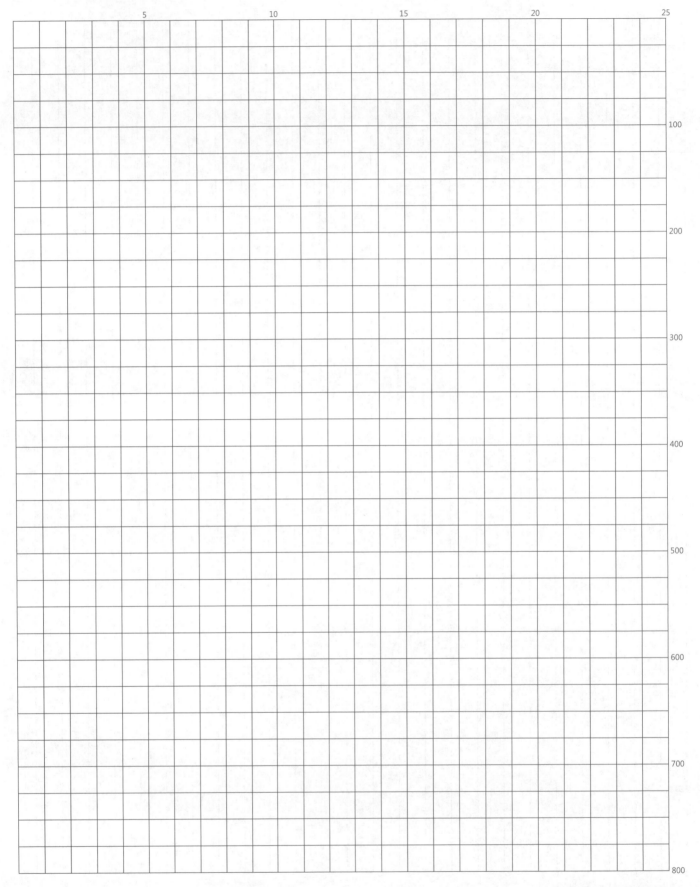

해커스로스쿨

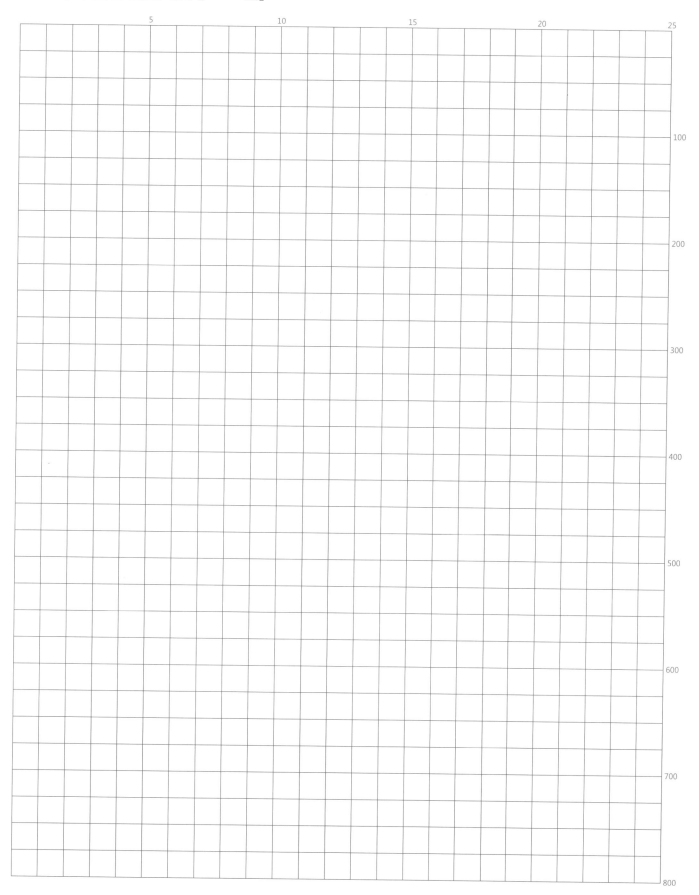

해커스로스쿨

절취선

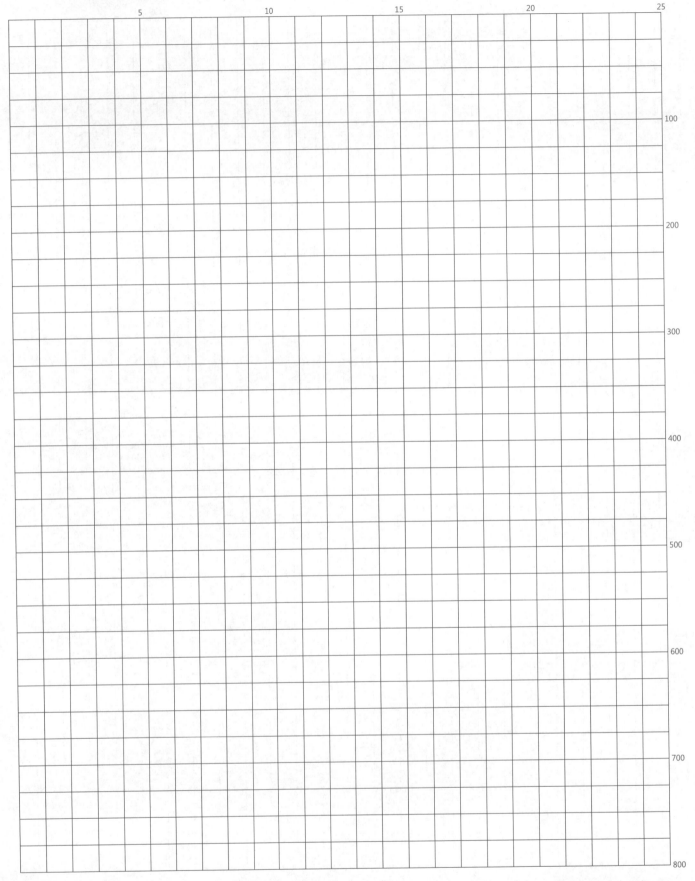

해커스로스쿨

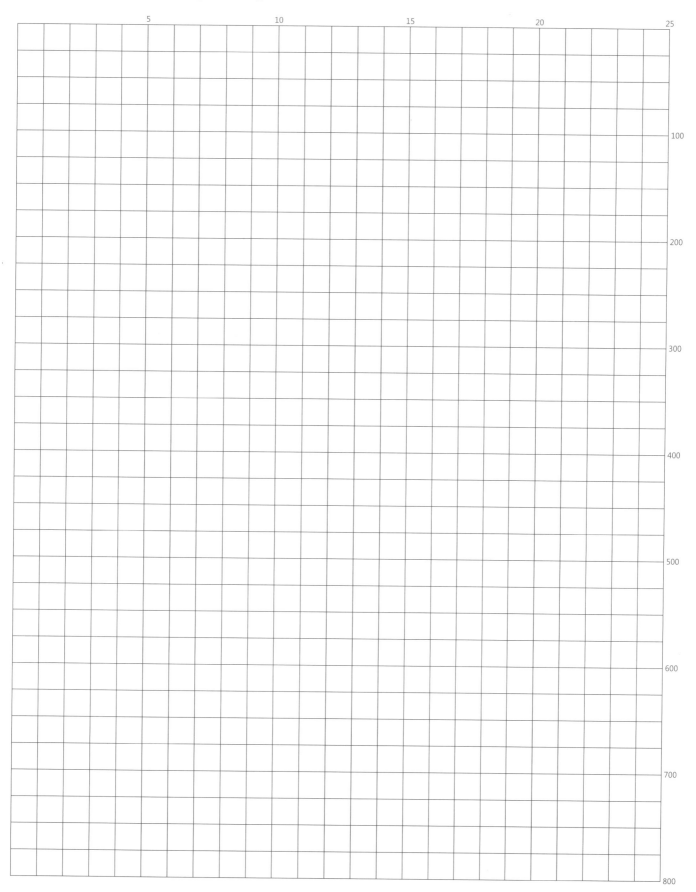

해커스로스쿨

[   ]번 문항 답안지의 [면]

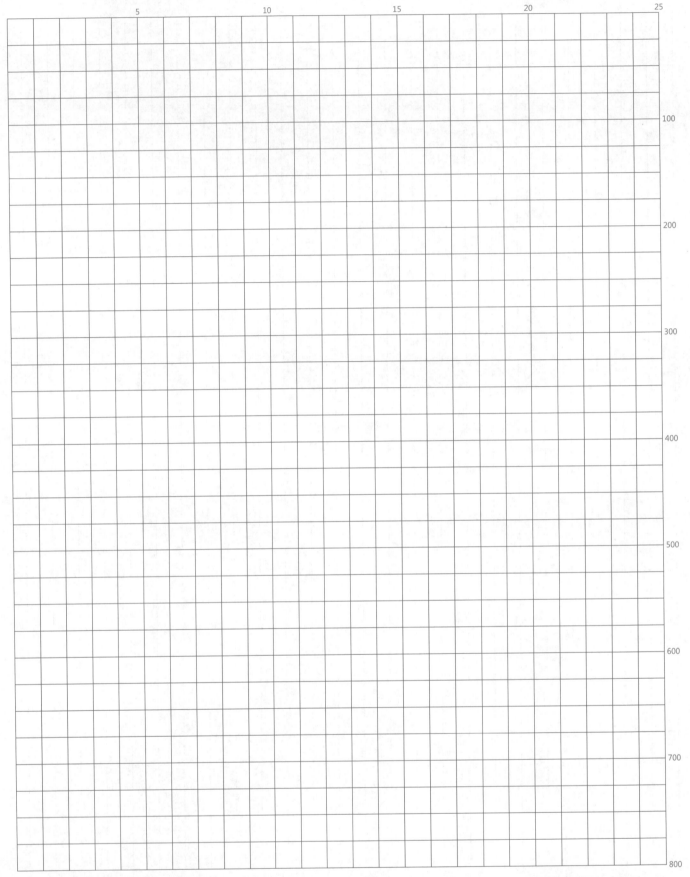

해커스로스쿨

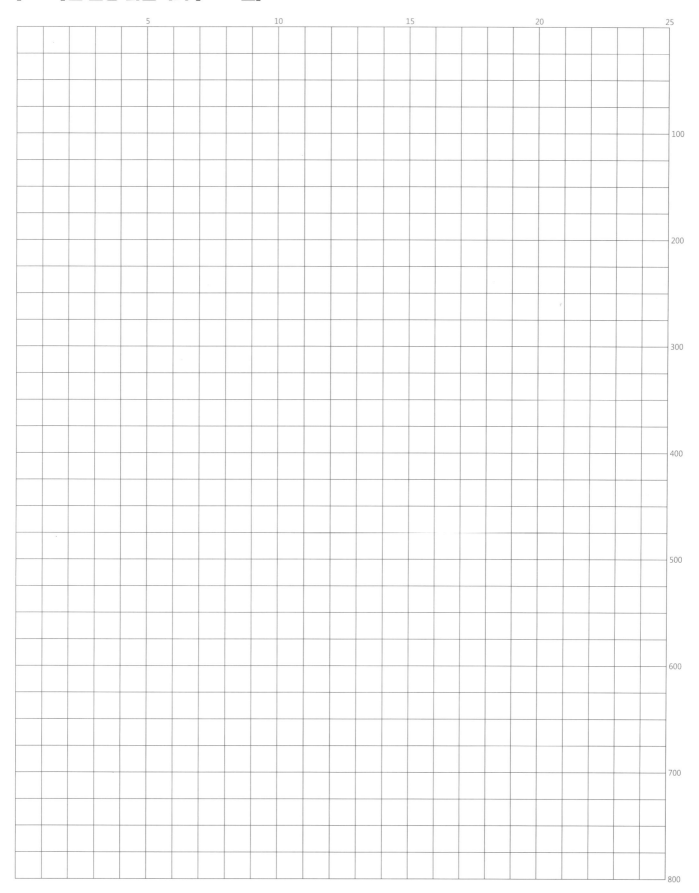

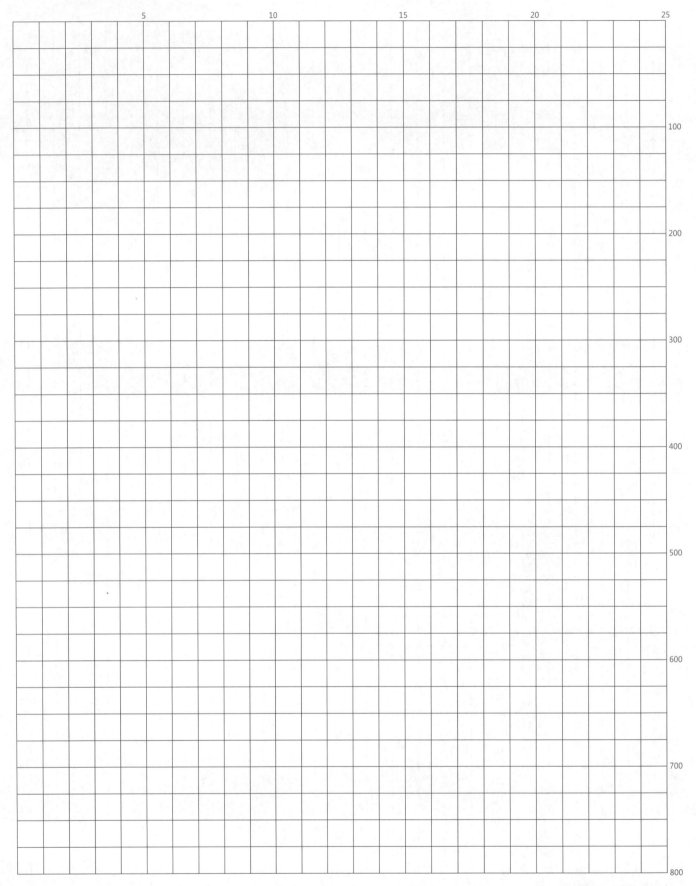

해커스로스쿨

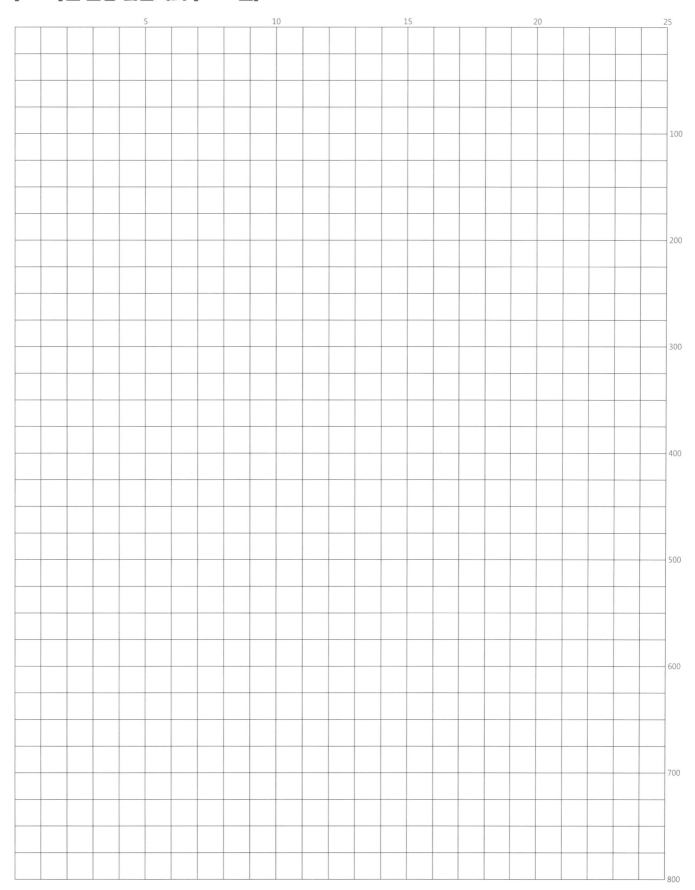

해커스로스쿨

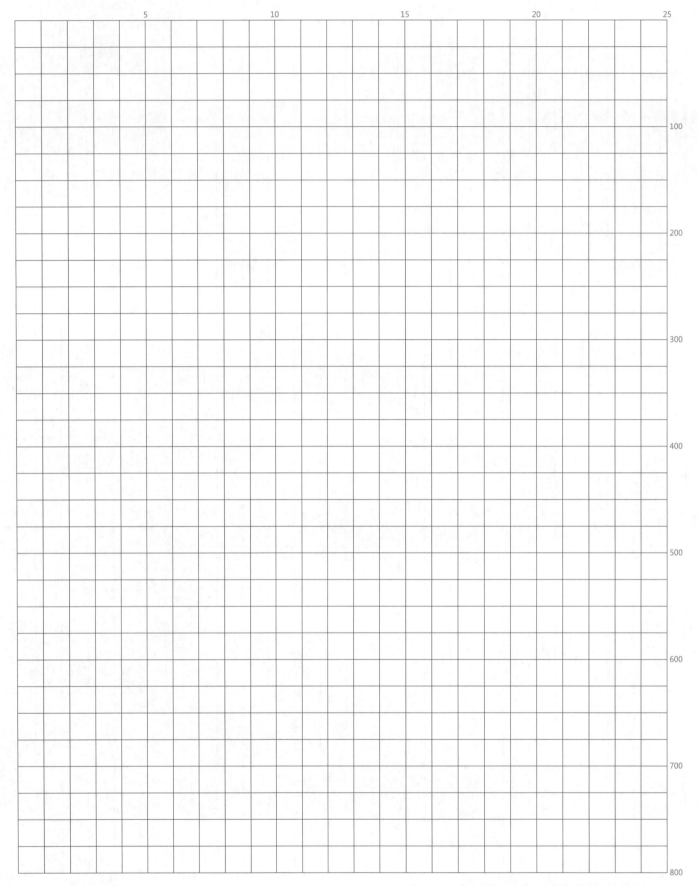

해커스로스쿨

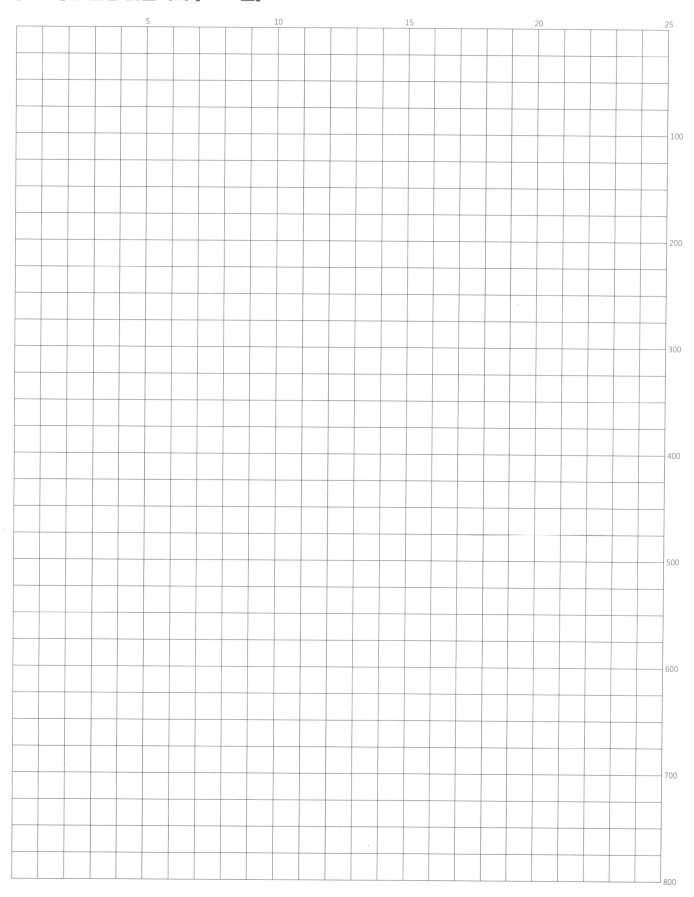

해커스로스쿨

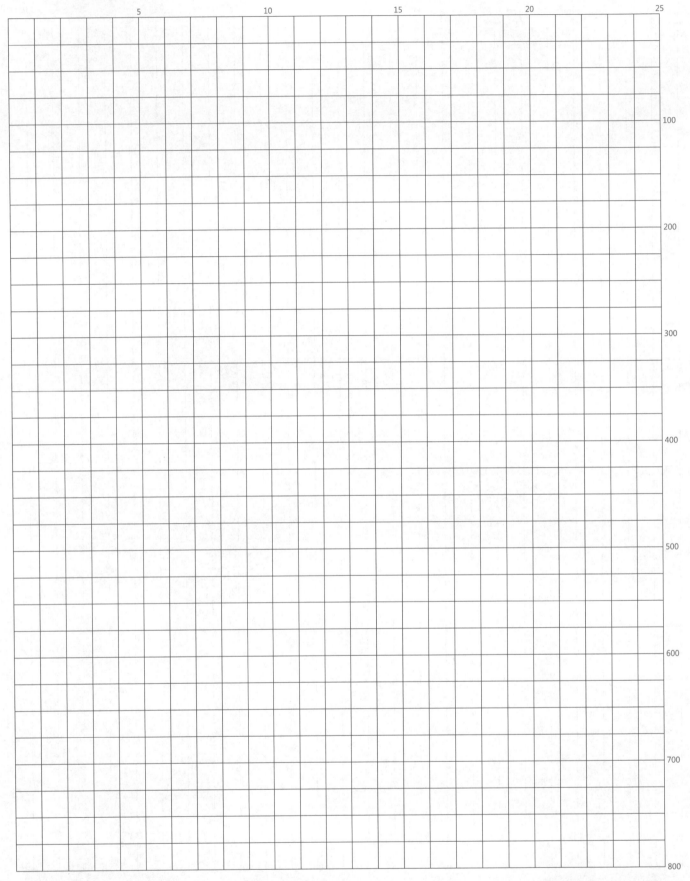

[ ]번 문항 답안지의 [면]

5 10 15 20 25

100 200 300 400 500 600 700 800

해커스로스쿨

⓪ ① ② ③ ④ ⑤ ⑥ ⑦ ⑧ ⑨ ⑩ ⑪ ⑫ ⑬ ⑭ ⑮ ⑯ ⑰ ⑱ ⑲ ⑳

관리번호		○

← 수험생 및 감독관은 표기하지 마시오.

절취선

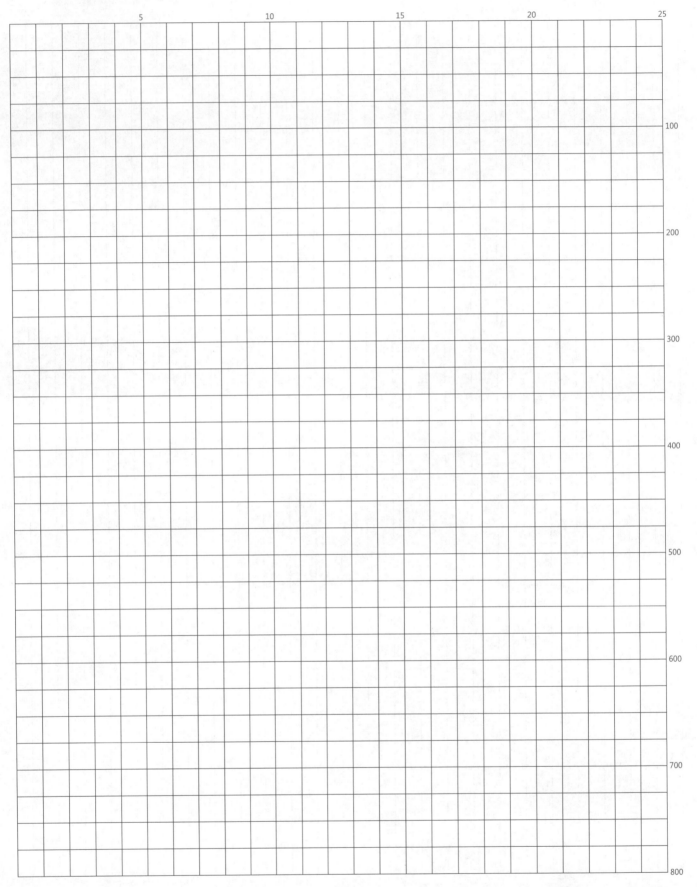

해커스로스쿨

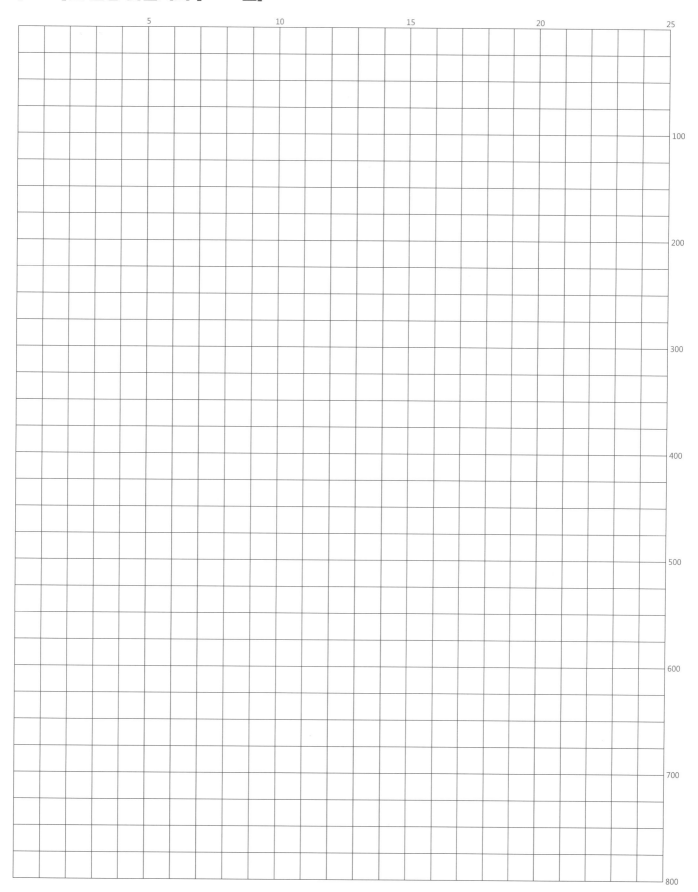

관리번호   ← 수험생 및 감독관은 표기하지 마시오.

⓪ ① ② ③ ④ ⑤ ⑥ ⑦ ⑧ ⑨ ⑩ ⑪ ⑫ ⑬ ⑭ ⑮ ⑯ ⑰ ⑱ ⑲ ⑳

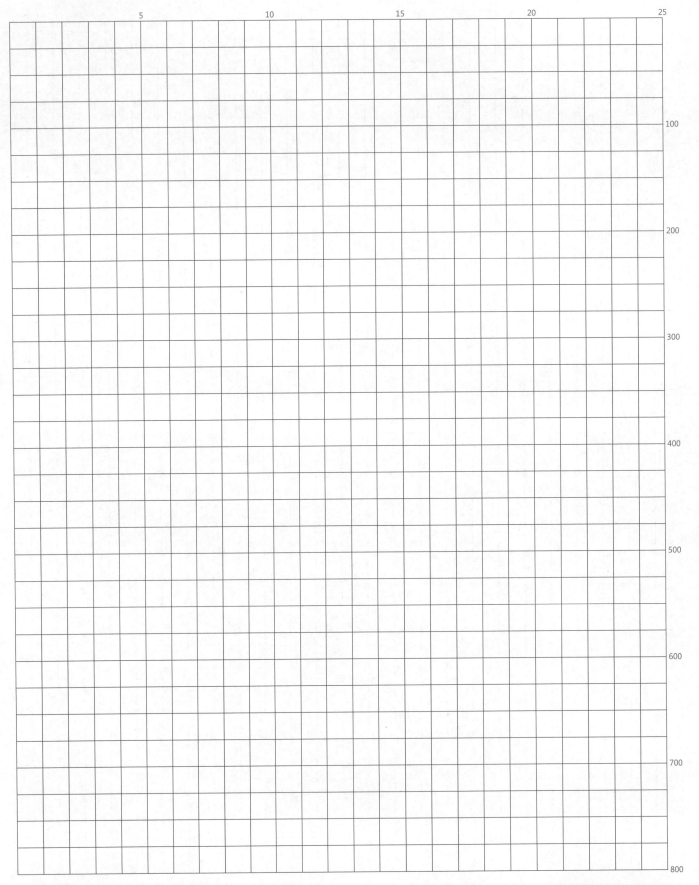

해커스로스쿨

[　　　]번 문항 답안지의 [　　　면]

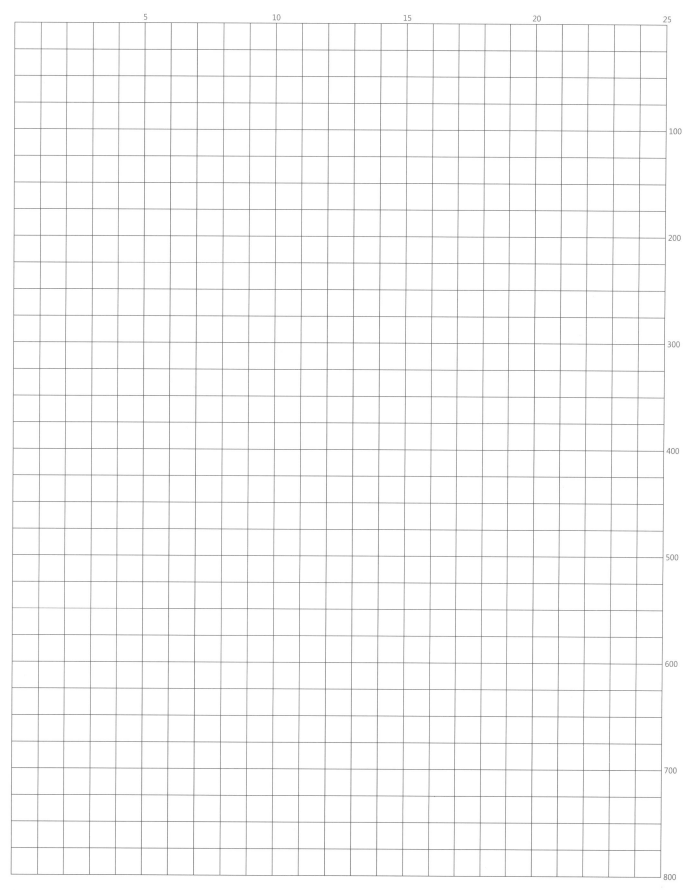

| ⓪ | ① | ② | ③ | ④ | ⑤ | ⑥ | ⑦ | ⑧ | ⑨ | ⑩ | ⑪ | ⑫ | ⑬ | ⑭ | ⑮ | ⑯ | ⑰ | ⑱ | ⑲ | ⑳ |

관리번호　　　　　　　　　　　　　　　　　　　○　　◀ 수험생 및 감독관은 표기하지 마시오.

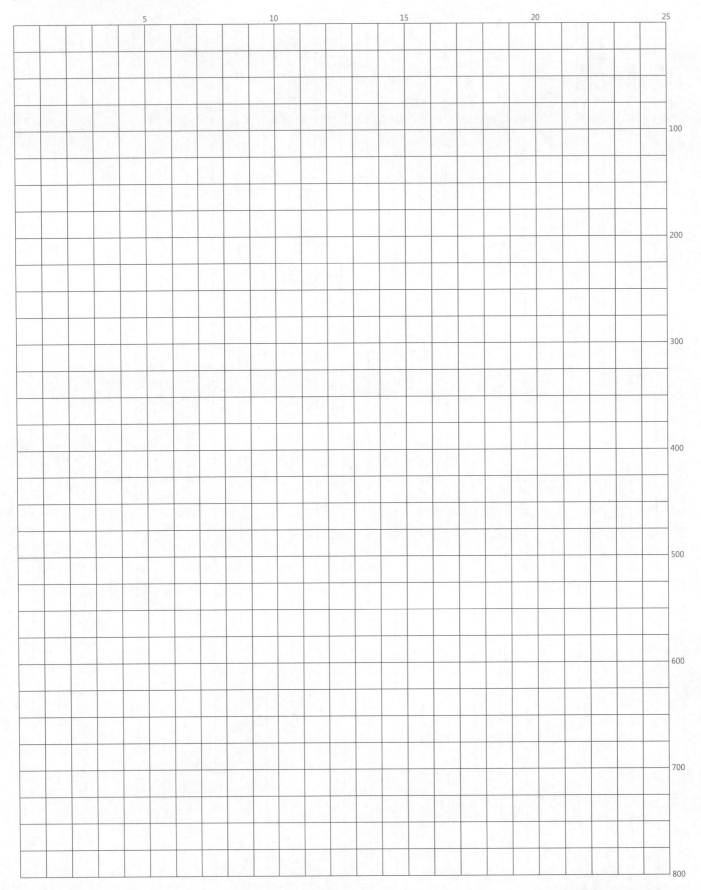

해커스로스쿨

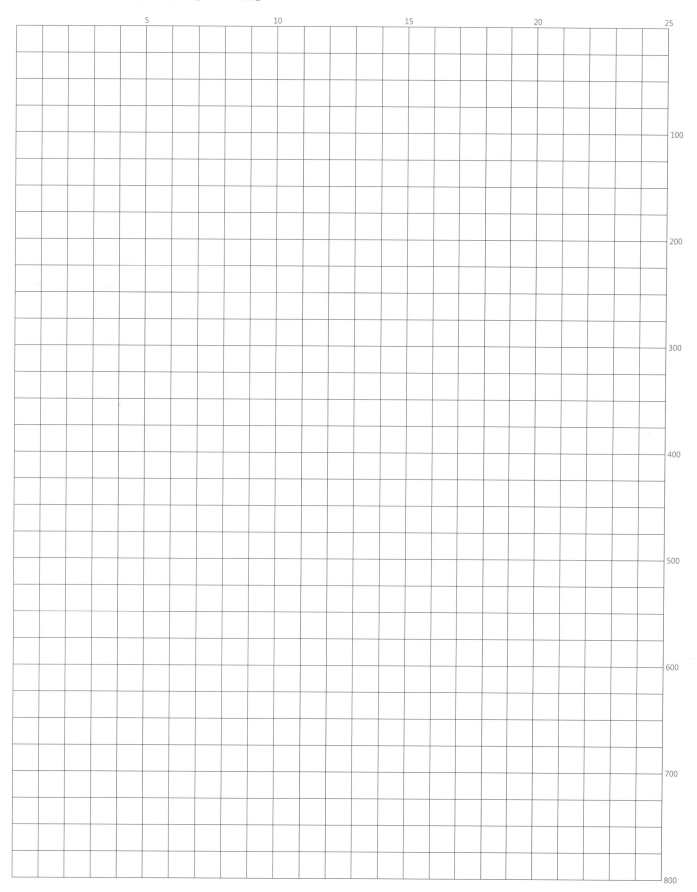

해커스로스쿨

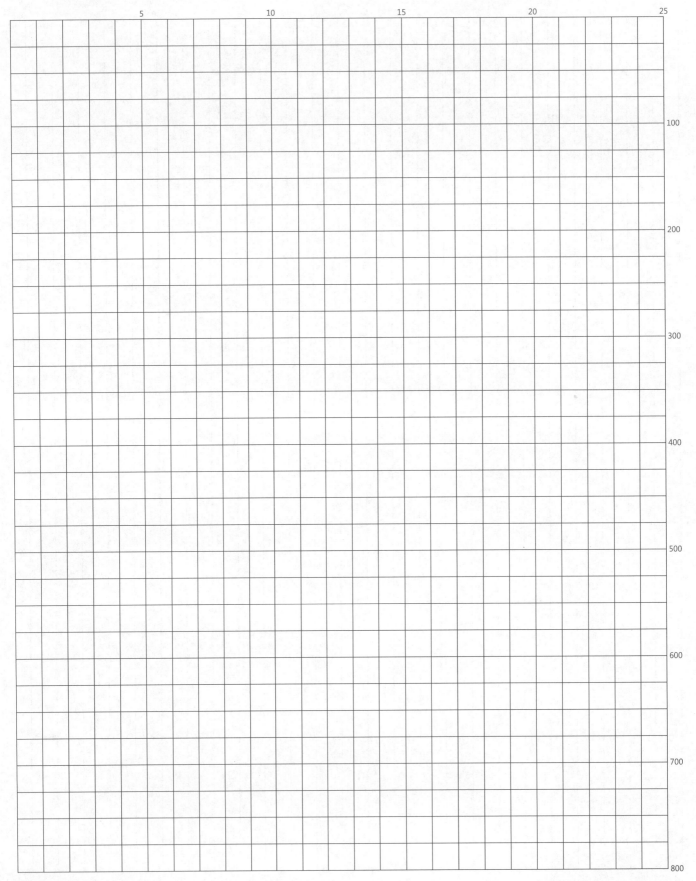

해커스로스쿨

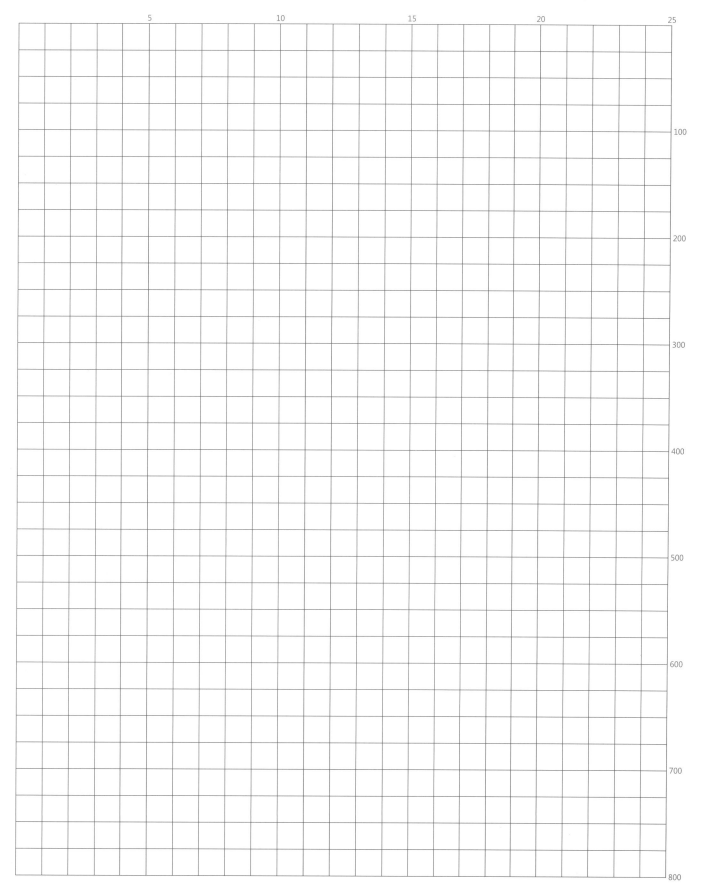

해커스로스쿨

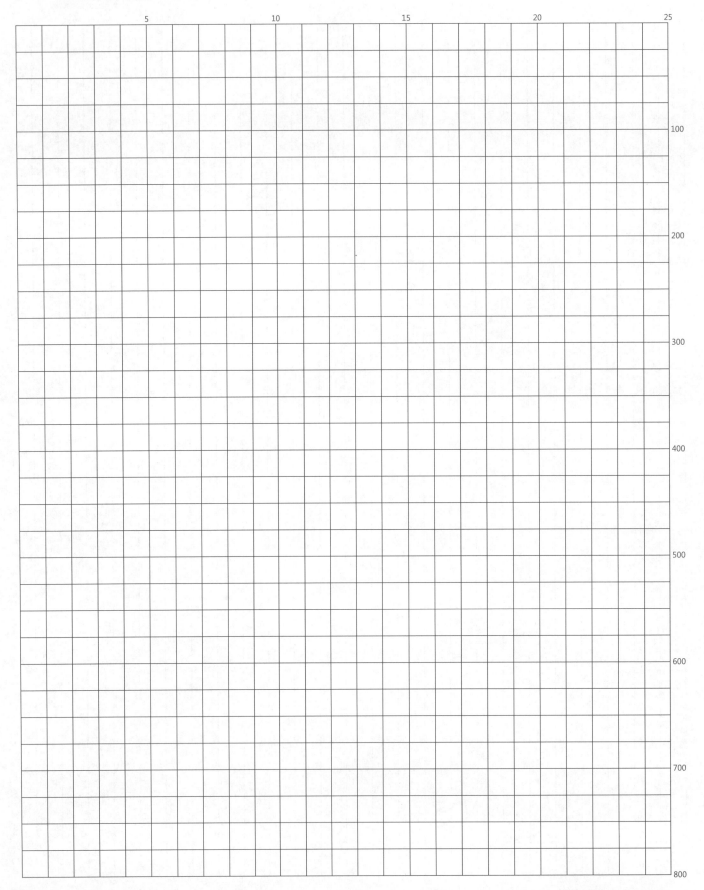

해커스로스쿨

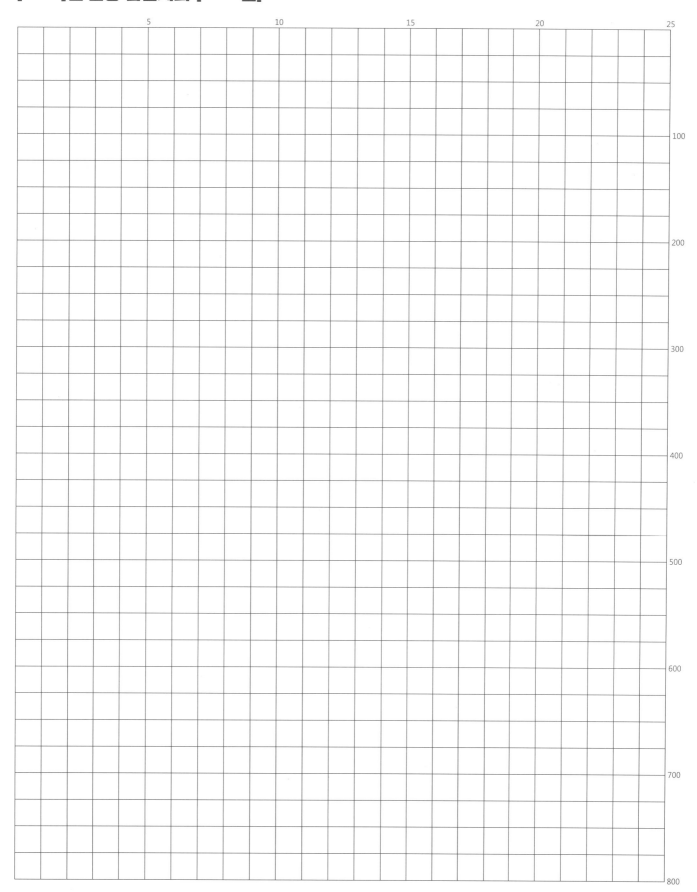

해커스로스쿨

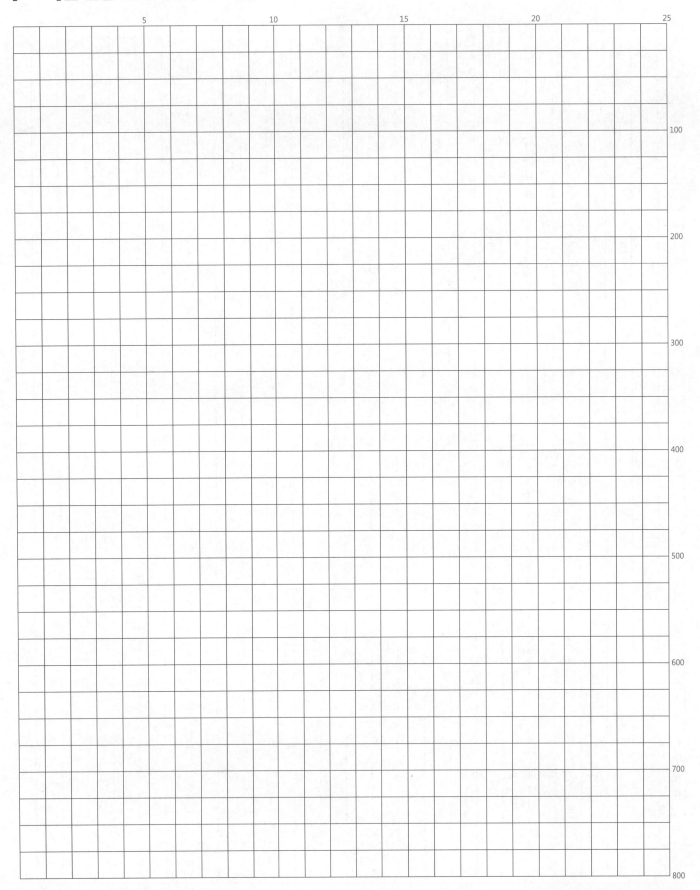

해커스로스쿨

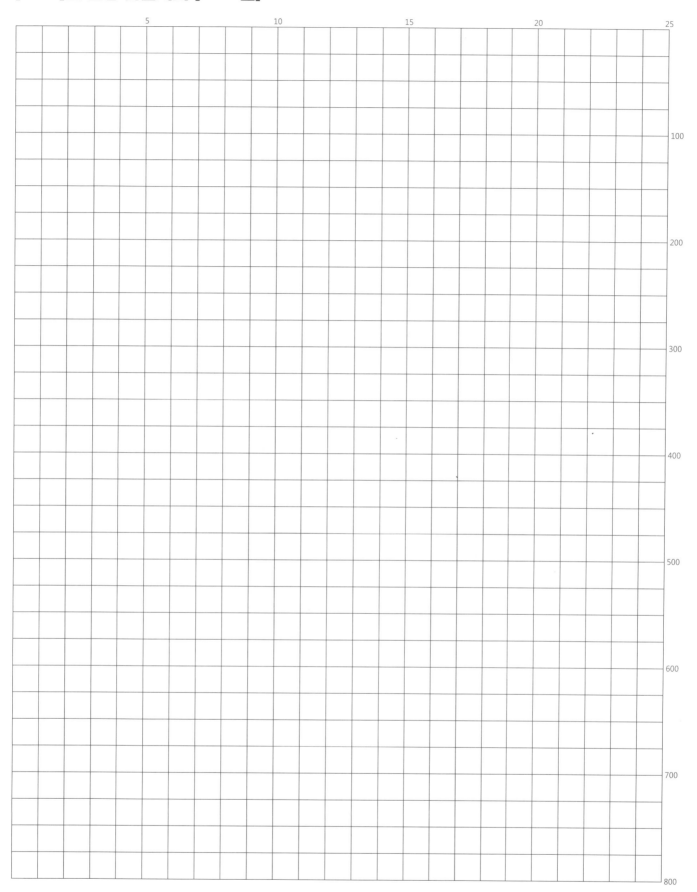

해커스로스쿨

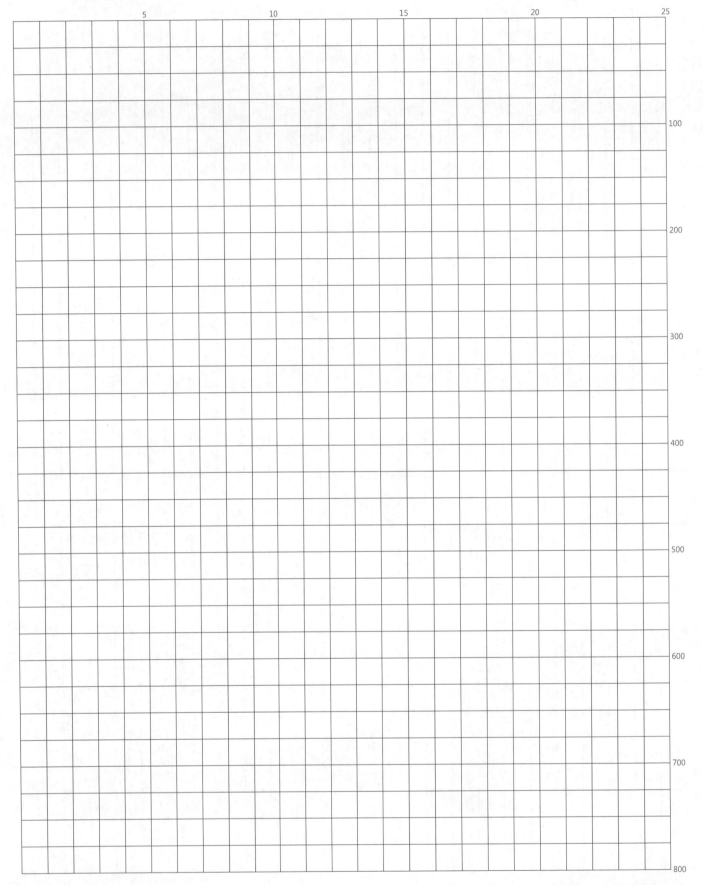

| ⓪ | ① | ② | ③ | ④ | ⑤ | ⑥ | ⑦ | ⑧ | ⑨ | ⑩ | ⑪ | ⑫ | ⑬ | ⑭ | ⑮ | ⑯ | ⑰ | ⑱ | ⑲ | ⑳ |

관리번호   ○   ← 수험생 및 감독관은 표기하지 마시오.

해커스 LEET

김종수 논술

17개년 기출문제+해설집

개정 3판 1쇄 발행 2025년 2월 24일

지은이	김종수
펴낸곳	해커스패스
펴낸이	해커스로스쿨 출판팀

주소	서울특별시 강남구 강남대로 428 해커스로스쿨
고객센터	1588-4055
교재 관련 문의	publishing@hackers.com
학원 강의 및 동영상강의	lawschool.Hackers.com

ISBN	979-11-7244-496-9 (13360)
Serial Number	03-01-01

로스쿨교육 1위,
해커스로스쿨 lawschool.Hackers.com

해커스로스쿨

- 해커스로스쿨 스타강사 김종수 교수님의 **본 교재 인강**(교재 내 할인쿠폰 수록)
- 실전 감각을 극대화하는 **무료 논술 답안지**(PDF)